国家出版基金项目
NATIONAL PUBLICATION FOUNDATION

名家论语文丛书

名誉主编　　　主编
刘国正　　　曹明海

语文教育现代性的建构

刘正伟｜著

山东教育出版社

图书在版编目（CIP）数据

语文教育现代性的建构 / 刘正伟著 . — 济南：山东
教育出版社，2021.6
（名家论语文丛书 / 曹明海主编）
ISBN 978-7-5701-1589-1

Ⅰ. ①语… Ⅱ. ①刘… Ⅲ. ①语文教学－教学研究
Ⅳ. ①H19

中国版本图书馆CIP数据核字（2021）第 032437 号

MINGJIA LUN YUWEN CONGSHU
YUWEN JIAOYU XIANDAIXING DE JIANGOU
名家论语文丛书
曹明海/主编
语文教育现代性的建构
刘正伟/著

主管单位：山东出版传媒股份有限公司
出版发行：山东教育出版社
　　　　　地址：济南市市中区二环南路2066号4区1号　　　邮编：250003
　　　　　电话：（0531）82092660　　网址：www.sjs.com.cn
印　　刷：山东临沂新华印刷物流集团有限责任公司
版　　次：2021 年 6 月第 1 版
印　　次：2021 年 6 月第 1 次印刷
开　　本：700 毫米 × 1000 毫米　1/16
印　　张：23.75
字　　数：320 千
定　　价：70.00 元

（如印装质量有问题，请与印刷厂联系调换）印厂电话：0539-2925659

刘国正先生为"名家论语文丛书"题词

论　文

若谓文无法，矩矱甚分明。暗中自摸索，何如步随灯？

若谓文有法，致胜须奇兵。循法为文章，老死只平平。

学法要认真，潜心探微精。待到秉笔时，舍法任神行。

谓神者为何？思想与感情。聆彼春鸟鸣，无谱自嘤嘤。

总　序

　　新时代语文教育的研究已进入一个深度挖掘中华优秀文化及精神财富的新境域，语文课改的阔大视野和思维创新之树根植于中华民族文化生活沃土之中，并且向"语文强天下"的教育方向伸展。在庆祝中华人民共和国成立70周年之际，我们积极策划并组织编写"名家论语文丛书"，旨在落实《中共中央　国务院关于全面深化新时代教师队伍建设改革的意见》，大力振兴新时代语文教师教育，促进新时代语文教师的专业发展。

　　"名家论语文丛书"，是新中国成立70年来第一次系统呈现我们自己的语文教育名家的作品。中国教育史本质上就是语文教育史，要写新中国语文教育史，就必须写好我们的语文教育名家。他们的语文教育思想和智慧、情感与理思、教学与研究，能直接勾画出新中国成立以来语文教育的课改轨迹和实践成果。以庆祝新中国成立70周年为节点，我们遵照中央关于加强新时代教师教育的指示要求，全力推出语文教育名家的精品力作，以更好地满足广大中小学语文教师专业发展的教学需要和语文文化生活新期待，为大力促进新时代语文教育改革、实现语文教育"立德树人"的教育目标提供良好的语文思想文化食粮。

首先，本丛书积极实施《中共中央　国务院关于全面深化新时代教师队伍建设改革的意见》中的指示要求，即"大力振兴教师教育，不断提升教师专业素质能力"，"培养造就学科知识扎实、专业能力突出、教育情怀深厚的高素质复合型教师"，"培养造就数以百万计的骨干教师、数以十万计的卓越教师、数以万计的教育家型教师"。作为语文教育名家，丛书作者团队打开创新的思维，拓展教学的智慧，求索新时代语文教学新的内质，标举新时代语文特有的教学理想和追求，探讨新时代语文教学思想和方法，给广大语文教育工作者带来新的教学信息，特别是通过与广大一线教师进行大量的语文教育对话，广泛交流新时代语文的情感智慧和教学思考。可以说，本丛书的问世恰逢其时，可以唤醒教师教育思想和丰富教学资源，以独特的与名家对话的渠道和形式培养造就符合新时代需要的高素质复合型教师。

其次，本丛书能反映语文教育自主性、独创性的最新研究成果，有助于持守中国特色语文教育的思想理念，完善教材编制，促进教学创新，提高语文教师的学科核心素养和教育教学能力素养。语文教育教学设计能力素养是教师实施教学活动的具体构思，是针对教学的整个程序及具体环节进行精心策划的思维流程。它是优化教学过程、保证教学质量和效果的有力措施。教学设计能力素养的核心在于课堂教学的建构与创新。基于学科核心素养的课堂教学设计创新，应该立足于"语言建构与运用"的教学基点。新时代教师要在把握学科核心素养、吃透课程标准精神的前提下，根据不同的学段和学生实际，创造性地进行教学设计。教师要凭借自己的教学智慧用心设计和经营课堂，对各种新型教学方式进行有效尝试。要想不断提升教学设计能力素养，教师在教学实践中必须把握教学目标、教学重难点、教学过程和教学策略等基本要素。对此，本丛书进行了不少教学论述和案例分析，而且这些教学细化例证分析颇具启示性和唤醒性。可以说，这是对新时代教师专业化发展素质的细化要求。

再次，本丛书深入研究阐释了中华民族优秀传统文化所蕴含的思想观念、人文精神、道德规范，对实现语文教育优秀传统文化的创造性转化和创新性发展具有重要意义。丛书提出语文教育"语言文化说"的观点，认为语文是文化的构成，应从语文本体构成的文化特质出发来分析理解语文教育，从而打破语文教育只是"知识获得的过程"的理论。倡导语文课程的文化建构观，建立以人的发展和完整性建构为主体的理论新结构，不仅有助于我们从理论上重新认识语文教育，而且有助于我们从实践上助推语用教学的文化渗透过程，以促进语用教学改革的深化，加快语用素养教育的进程。丛书昭示了新中国语文教育的发展水平，反映了语文教育最新的原创性成果，是对新时代语文教育的生动书写。

丛书作者皆为我国当代语文教育名家，是语文教育与课程改革的引领者，标举"立德树人""守正出新"的教育理想和追求。根据中央对新时代教师队伍建设改革的意见，着眼于新时代教师教育发展的需要，丛书内容侧重于三个方面：一是守正创新。丛书阐释了语文教育的基本特征和根本任务，包括语文课改、语文课程的根与本、语文教育的本来面目、语文教育的现代性等。二是立德树人。丛书着眼于核心素养的教学探索，以语用为本，以学生为本，以文本为本，包括语文教学的"实"与"活"、语文教学的反思与重建、语文阅读与成长、语文课程与考试等。三是教材建构。丛书围绕"该编什么""该怎么编""该怎样用"的原则方法，系统论述了高质量语文教材的编制与使用问题，具体包括语文教材的性质与功能、教材结构与类型、教材的教学化编制等。总的来说，丛书多层面探讨了语文课标、课改、课程、教材、教学、考试，以及传统与现代、问题与对策等，多视角展示了语文教育名家的教育思想和教学智慧。丛书既有高屋建瓴的指导性，又有具体而微的针对性，搭建了名家与教师对话的独特渠道。

从本丛书全新的营构创意来看，把"名家论语文"作为一种名家与教师的交流对话，是为新时代语文教师专业发展拓开的新场域。作为名家与教师以书面文字对接的阅读平台，本丛书实质上是主体与主体的对话、心灵与心灵的沟通，是情感的交流和思维的碰撞，是名家与教师交流语文思想智慧的对话场，能够切实引领语文新课改、语文新教材、语文新教学。

应该说，作为新时代语文教师教育的教本和范本，我们相信，本丛书对广大语文教师专业素养的提升及新时代语文教育课改的深化发展必将发挥积极的引领与助推作用。让我们携手共进，共同创造语文教育的美好未来！

曹明海

2020年6月于济南龙泉山庄

目　录

第一章

观念之维

一 现代性：语文教育的百年价值诉求

（一）语文教育现代性的产生

和封建语文教育相比，近100多年来语文教育发生了根本性的变化。如果从世界范围看，这一变化总体上表现为对现代性价值的追求。这一现代性价值追求不仅使它与封建语文教育划分出一道截然分明的界限，而且，历经一个多世纪，建构了一幅语文教育现代性发展的历史图景。

在西方语境里，现代性是一个意蕴丰富的概念。一般认为，它是指18世纪以来西方社会文化不断分化、独立，彼此影响的过程。按照霍尔的观点，这一过程以神圣的宗教世界观的衰落，世俗的和物质文化的崛起，个人的、理性的和工具性的冲动的展现为标志。霍尔还指出，现代性是一个复杂的多重建构过程，它涉及政治、经济、社会和文化各个领域的变化，它们的交互作用构成了现代性。"现代性就成为一种结果，但不是单一进程的结果，而是许多不同进程和历史凝缩的结果。"①从西方学者对现代性概念的揭示及运用看，它至少包括三个方面的内容：一个是涉及整个社会意识形态、社会结构和文化变迁的结构概念的现代性。它意味着一种历史意识，一种历史连续性的意识，"过去在现代延续的途径"。一个是作为社会历史范畴的现代性，"它与科学和人类进步的启蒙规划密切相关。在这个规划中，不断增长的知识和文化的自律性构成了变化的基础。"②还有一个是作为文学—审美概念的现代性。它是一种与"新颖、变动、不断变化"联系在一起的价值与概念。③

现代性自欧洲出现以后，"在后来的岁月里，程度不同地在世界范围内产生着影响"④。自1840年代起，由于晚清封闭的大门被西方列强打开，中国被强行纳入世界资本主义发展的格局之中，中国社会与文化发生了根本性变化。传统意义上的中国封建社会开始走向分化，在政治、伦理道德、文化教育各个领域表现出疏离传统的价值取向。正是在这样的背景之下，中国近代社会发生了转型，出现了现代性。当然，产生于中国近代社会的现代性与西方社会的内源性现代性不同，一方面，它是一种外缘性的现代性，即在西方列强沉重打击下被动出现的；另一方面，中国社会现代性的追求又以抵抗西方列强侵略、建设富强的国家为出发点。这两方面正是中国社会现代性与西方社会现代性的区别所在。现代性在中国出现以后，在社会的各个领域引起了广泛而深刻的变化。当然，在不同领域及不同层面，现代性价值追求及表现又诉

---

① ［英］斯图亚特·霍尔：《现代性的多重建构》，吴志杰译，见周宪主编《文化现代性精粹读本》，中国人民大学出版社2006年版，第43页。

② ［英］艾伦·斯温伍德：《现代性文化》，吴志杰译，见周宪主编《文化现代性精粹读本》，中国人民大学出版社2006年版，第57页。

③ ［英］艾伦·斯温伍德：《现代性与文化》，吴志杰译，见周宪主编《文化现代性精粹读本》，中国人民大学出版社2006年版，第57页。

④ ［英］安东尼·吉登斯：《现代性的后果》，田禾译，译林出版社2000年版，第4页。

诸不同形式、因素、价值及最终目标，从而构成了一幅幅风格独特的现代性篇章。

语文教育现代性是在教育现代性乃至整个社会现代性背景下产生的。这个背景就是，西方资本主义列强侵入中国后，中国的文化教育再也不能封闭自守、故步自封、与世界隔绝了。中国教育文化的发展被卷入了世界教育文化发展的潮流。在这样的形势下，人们的思想观念、文化知识及价值取向不得不发生巨大的变化：一方面，西方新的学科及知识，特别是科学知识，进入了中国社会。它不仅改变了中国文化知识构成状态，而且是促进近代中国文化教育分类及引领学科发展的重要标志和核心因素。用吉登斯的话说，它构成了现代性的"非地域化"[①]。另一方面，现代性不可能在封建教育母体内自发产生，从语文教育现代性产生的过程看，科举制度的废除从根本上使它摆脱了封建制度的束缚，获得了自身解放的力量。这一历史性变革不仅是语文教育现代性产生及发展的前提和基础，而且也是语文教育现代性的"非地域化"的重要标志。当然，语文教育现代性的生长还与语文现代性密切相关。语文现代性不仅为语文教育现代性提供了充分的资源和素材，而且，二者相伴相生，互相推动，交织在一起。如果说近代以来语言文学的变革，特别是晚清以来的白话文运动，推动了语文现代性产生，诸如文字的通俗化、表现形式的多样化和内容的平民化等，那么，随后而起的新文学运动则为语文教育现代性发展提供了大量主题鲜明且具有多样化反对封建主义、争取个性自由思想的文本，加快了现代性的步伐。

总之，语文教育现代性，一方面以现代性的价值为目的追求，另一方面，它又通过学科自身内容及形式表现出来。换句话说，语文教育现代性是在近代整个社会转型形势下发生的；同时，它又是近代文化知识及学科分化的结果。如果说，1904年《奏定学堂章程》颁布，

---

① ［英］安东尼·吉登斯：《现代性的后果》，田禾译，译林出版社2000年版，第123页。

语文学科与经学的分离，标志着语文教育现代性的开始，那么，随后的科举制度的废除，以及清末的白话文运动，则把语文教育推向了现代性的轨道，其100多年来的变革发展生成一幅语文教育现代性的多彩图景。

（二）语文教育现代性价值的两个表征

现代性自诞生以来，在社会各个领域引起了广泛而深刻的变化。在社会领域引起的广泛而深刻的变化中，现代性核心因素——现代价值的生成变化在其中起重要作用。任何领域现代性的生成都是现代价值多重建构的过程。当然，社会不同领域对现代价值既有所取舍，又表现出各自不同的蕴含。语文教育作为课程领域的一个重要分支，其现代性至少表现在两个层面：在教育层面，启蒙的现代性和学生主体性的发现构成了两个最核心的现代性价值；在学科（语文）层面，审美的现代性和科学性则是主导一个多世纪语文学科变革与发展最主要的价值力量。当然，把语文教育现代性分为两个层面，只是为了认识及叙述的方便，实质上，在教育实施中，二者是合而为一的东西，是无法分割的。

所谓启蒙的现代性，用韦伯的话说，这是一个"祛魅"的过程。和西方社会表现出的对神圣的宗教世界的否定与批判以及对世俗社会合法化的确认与呼唤不同，在中国，它主要表现为对封建主义的"彻底解决"。它积极肯定现实生活，强调人格的独立、平等，崇尚个性的自由发展。在课程的内容取向上，从崇尚封建经典教育转向现实生活的关怀，就是这一现代价值的具体体现。在中国漫长的封建教育中，语文教育并不是独立的，而是作为经学教育的一部分而存在，社会教化是它负载的最重要功能。雅斯贝斯曾经指出，"精神之修养和思想的能力"及其形成的一种系统的认识乃是教化的支柱。[①]换句话说，在传

①［德］卡尔·雅斯贝斯：《时代的精神状况》，王德峰译，上海译文出版社1997年版，第106页。

统语文教育中，封建伦理道德的灌输是它的最主要职责。所谓"文以载道""代圣贤立言"，语文教育中充满着浓厚的封建伦理道德教化的意味。在近代教育变革中，语文教育的现代性首先表现在从经学教育中分化出来，并在学校课程中获得了一席之地，随后，始在学科内部对封建主义进行批判与清除，确立了人格独立、平等及个性自由发展的培养目标。清末学科的分化与独立实际上并没有使教育真正摆脱封建主义的束缚，因为整个改革是在"中体西用"的框架内进行，因而封建伦理道德教育仍然是统摄各学科的根本目标。《奏定学堂章程》对此做了非常明确的阐述："至于立学宗旨，无论何等学堂，均以忠孝为本，以中国经史之学为基，俾学生心术壹归于纯正，而后以西学瀹其智识，练其艺能，务期他日成材，各适实用，以仰副国家造就通才、慎防流弊之意。"[1]《奏定学务纲要》则谓："中国之经书，即是中国之宗教。若学堂不读经书，则是尧舜禹汤文武周公孔子之道，所谓三纲五常者，尽行废绝，中国必不能立国矣。"[2]然而，教育既然是政治建构的产物，也必然随着政治的解构而解构。从民国初年资产阶级民主共和国的建立，蔡元培宣布取消读经科，把"通解普通语言文字，能自由发表思想，并使略解高深之文字，涵养文学之兴趣，兼以启发智德"作为语文教育目标，到五四新文化运动时期积极倡导个性解放，以及道德革命，语文教育逐步从以儒家"三纲五常"为中心的封建经典教育转向了对现实生活关怀上，其核心指向了学生人格的独立及个性的自由发展。总之，在近代课程改革中，封建经典教育逐步被消解，那些历史上具有进步意义或具有民主、平等价值取向的儒家经典被重新阐述，或被赋予特殊价值；与此同时，一大批反映普通民众现实生活、关注儿童成长及发展的白话作品，特别是"五四"新文学代

---

[1] 《奏定学堂章程》，见璩鑫圭、唐良炎编《中国近代教育史资料汇编·学制演变》，上海教育出版社1991年版，第492页。

[2] 张百熙、荣庆、张之洞：《奏定学务纲要》，见璩鑫圭、唐良炎编《中国近代教育史资料汇编·学制演变》，上海教育出版社1991年版，第498页。

表作家的作品进入语文教科书，并逐渐构成了语文教育内容的主体。民主自由、劳工神圣、男女平等、婚姻自主、个性解放等思想，不仅解构了封建语文教育道德教化的主题，使青年学生摆脱了精神思想上的束缚，寻找到了自身解放的力量，以丰富多样化的主题揭示了启蒙的现代性的多重思想意蕴，而且打破了语文教育的封闭结构，取而代之的是一个关注个体现实生活的、不断朝向未来的、开放的文化体系。在封建语文教育中，女性生活及女性形象一直处于缺席的位置。在极少的课文中，一般以恪守妇道、表彰贞节等主题为中心，其形象不外乎孝女、烈女、贞女、节妇、慈母。新式语文教科书在反映女性题材上，一扫过去内容之单调，而从重建家庭伦理关系入手，塑造新型女性形象。解放被束缚的情感，张扬个性，歌颂男女平等，以及追求幸福生活的主题，成为这一时期广泛反映社会生活，特别是妇女生活的重要内容。自主、自由、自立、自强等女性形象，取代了长久以来恪守礼教、闭门不出的传统妇女形象。新文化运动以后，中小学国语、国文教科书不仅编选了许多抨击与批判残害女性的封建恶俗的课文，如对封建缠足陋俗进行揭露，而且选入了冰心、陈衡哲等现代女性作家的作品，以女性独特的视角塑造了一批富有牺牲精神及独立性强、追求平等、从家庭走向社会的女性革命者新形象，如鉴湖女侠秋瑾（《吊秋瑾诗》），献身于人类解放事业的杰出女性科学家代表——居里夫人（《居里夫人小传——一个新女子的模型》），甚至还有边区政府领导下的妇女劳动者的形象——《新妇女洋片》。这些多元的女性社会角色，迥然有别于传统形象而成为新生活的模范与典型，也成为引导青年学生个性解放，不断追求自由平等、幸福生活的重要思想力量。[1]

---

① 王毅：《从贤妻良母到平等劳动者——中国近代初小语文教材中女性形象和角色分析》，见史静寰主编《走进教材与教学的性别世界》，教育科学出版社2004年版，第193页。

传统社会的重要特征是"以过去为定向"。在其影响之下,"教育的最高理想是重建过去"。①从文化的角度说,以封建经典内容为中心的传统语文教育,实质上是一种以重建过去为使命及最高理想的后喻型文化。它以过去为取向,引导士子埋首于儒家经典,皓首穷经,在"四书五经"及历代注疏中钻研,否则即被视为离经叛道。这是一种封闭的、以过去为取向的课程体系。它在人的关系上,强调个人在宗法血缘纽带及"家""国"同构网络中的既定位置,而不是其作为独立人格的主体所具有的独特价值与需求。换言之,在中国传统文化中,"人"的真实内涵是社会的"群体",而不是"个体"。人们基本上是"身"存于"现在"而生活于"过去"。②在近代文化思潮,特别是进化论思潮的推动下,语文教育新的内容体系的确立,改变了其后喻文化的取向,转向了一种以关注现实、开拓未来为使命的前喻文化取向。这种新的文化转向的确立,不仅使语文教育内容焕然一新,为封建主义唱起了挽歌,而且"打破了那些束缚精神的枷锁镣铐",寻找到一种崭新的语文教育价值。尽管在如何进行思想启蒙及回归学生的生活等命题上,致力于语文教育改革的先驱者们还有争执和分歧。比如胡适倡导通过白话文学教育改造并引导学生的生活,认为"小说""白话的戏剧""长篇的议论文与学术文"均可进入课本。梁启超、刘半农等人则主张对"文学"和"文字"加以区别:"文学"是指"诗歌、戏曲、小说、杂文、历史传记";而"文字"或"科学上应用之文字",包括"新闻纸之通信""官署之文牍告令""私人之日记信札"。"文学偏于想象,(国文教育则重在)养成常识,不在专门的文学家"。但是,通过现代语文学习,让学生掌握自由思维、表达与交流的工具,养成独立的人格,则是共识。刘半农就曾撰文强调,语文教育"当处处不忘有一个我,作文亦然。如不顾自己,只是学着古人,便是古人

① 狄考文:《振兴学校论》,见《万国公报》(第14本),华文书局影印本,第8363页。
② 吴康宁:《教育社会学》,人民教育出版社1998年版,第96页。

的子孙；如学今人，便是今人的奴隶。若欲不做他人之子孙与奴隶，非从破除迷信做起不可。"[①]事实上，正是这种文化的转向使语文教育获得了强烈的批判色彩和理性精神，并使现代性——确切地说，启蒙的现代性，不断获得新的蕴含及变革的空间。虽然在不同历史时期，启蒙的现代性所蕴含的内容有很大的不同，但是其批判理性精神却一以贯之。启蒙的现代性除了在语文教育目的及课程内容上引起了深刻的变革外，在语文形式上引起的变革也极为明显。以文体为例，清末中学国文教科书如吴增祺编写的《中学国文教科书》选文619篇，涉及的文体达30多种，不少文体本身就是封建关系及旧伦理道德的一种反映，如墓志铭、祭文、表、诔、疏、铭箴、颂、赞、刻石、檄、诏，等等。五四新文化运动以后，这些反映封建关系与旧伦理道德的文体因为与现代价值格格不入而先后被抛弃。与此相反，很多反映变革时代社会普通民众生活及审美追求的新的文学样式进入语文教科书，白话小说、诗歌、散文、话剧且不说，一些社会调查、时事评论、小品、日记、书信等文体也进入语文课堂。20世纪二三十年代的语文课程改革还对当时涌现出来的各种文体及表达形式进行整合与改造，最终形成了一种便于中学生读写训练的语文教育实用文体结构，即记叙文、抒情文、议论文和说明文。文体的变革反映了教育目的及培养目标的变化，胡适提出的白话小说，刘半农鼓吹的作"有趣味"的科学说明文，以及夏丏尊所倡导的小品文写作，都在某种意义上反映了作者对语文教育启蒙的现代性的探索与思考。如前所述，封建语文教育是一种脱离实际生活的以伦理道德为主要取向的课程。这个结论主要就其总体而言，如果深入地加以考察就会发现，封建语文教育也不是完全与生活隔绝。以童蒙教育为例，一般地说，对于耕读世家，在接受了《三字经》《千字文》《千家诗》的启蒙教育以后，就转而学习八

---

① 刘半农：《我之文学改良观》，见《刘半农文选》，人民文学出版社1986年版，第6页。

股试帖一类"举业"，把主要精力集中到攻读儒家的经典作品"四书五经"上。而一般的"市井乡村贫穷儿童"等则继之学习《四言杂学》一类，期"能识日用字，写柴米油盐账而已"[①]。不过，在封建语文教育的传统中，后者并不占据主流，且教学对象限于"市井乡村贫穷儿童"。

伴随启蒙现代性的变革，语文课程经历了一个经典教育转换的过程。如果说封建语文教育主要以儒家经典，特别是以"四书五经"为中心，以"过去为取向"，其结构是封闭的，那么，五四新文化运动以后，封建经典教育的结构则逐渐被消解、打破，五四新文学作家的作品以单篇课文的形式进入教科书，并构成了语文教育的主要内容，部分外国文学经典开始进入视野，经典教育变成了一个面向现实的开放的结构。到1950年代，经典教育又形成了一种新的结构，它主要由口头文学、古典文学、现代文学和苏联文学构成。当时中学语文教学大纲即明确指出："口头文学作品，古典文学作品，现代文学作品和外国文学作品的现代汉语译文，在语言的运用上都具有典范意义。"[②]如果说封建经典教育主要以道德教化为主，那么现代经典教育则以学生的生活和发展为中心目标。无论是思想题材，还是体裁与形式，都被大大拓展了。比如，在文体上，"经典性的论文"也进入了语文教材。新中国成立以后，特别是1963年重视"双基"教学以后，文体在原来的基础上，又有了较大的扩充，故事、寓言、特写、传记、游记、杂文、科学小品等新文体进入中学语文教科书，散文教学开始占据语文课文的绝对地位，占80%，议论文只占20%。与此同时，一个新的概念——经典课文，逐渐取代先前封建经典的话语地位，成为语文教育内容的中心词。经典课文的基本内涵包括："必须是范文，要求文

---

① 刘成禺：《世载堂杂记》，辽宁教育出版社1997年版，第2、3页。

② 课程教材研究所编：《20世纪中国中小学课程标准·教学大纲汇编：语文卷》，人民教育出版社2001年版，第343页。

质兼美，具有积极的思想内容和优美的艺术形式，足为学生学习的典范。""一般应该是素有定评的、脍炙人口的，特别经过教学实验证明是良好的。"①

学生主体性的发现是语文教育现代性的又一重要理念和核心价值。在现代性理论中，主体的发现常常被视为现代性的重要标志。笛卡尔因为首先在哲学上提出主体的概念而被视为现代性哲学的先行者；黑格尔也强调，主体性是现代的原则。教育主体性的发现是现代教育理论不断探索、认识及反思的结果。然而，在近代中国，由于新式教育是在"中体西用"的框架内展开的，封建主义的教育目的在相当长时期内主宰了教育的全部，因此，在教育目的，特别在教育过程中，在清末的新式教育改革中，学生的主体性始终没有被提上议事日程。就语文教育而言，教育目的且不说，在教育过程中，仍然以教师的讲授为主，教师居于至高无上的地位，是知识的传授者和权威。所谓"其要义在使识日用常见之字，解日用浅近之文理，以为听讲能领悟、读书能自解之助，并当使之以俗语叙事，及日用简短书信，以开他日自己作文之先路，供谋生应世之要需"。②实际上，徒有具文，学生在学习中毫无主体性可言。除了当时课堂上充斥着大量的经学课程外（清末中学国文课程虽然提出以阅读平易雅致的经史子集之选文的要求，但是，仍然与封建经学课程有相当密切的关系，如《奏定学堂章程》推荐的《御选古文渊鉴》即与传统语文注重封建伦理道德教育课程几无二致），《奏定学堂章程》对教师讲授也有严格的规定："凡教授儿童，须尽其循循善诱之法，不宜操切以伤其身体，尤须晓以知

---

① 课程教材研究所编：《20世纪中国中小学课程标准·教学大纲汇编：语文卷》，人民教育出版社2001年版，第418页。

② 《奏定初等小学堂章程》，见璩鑫圭、唐良炎编《中国近代教育史资料汇编·学制演变》，上海教育出版社1991年版，第295页。

耻之义；夏楚只可示威，不可轻施，尤以不用为最善。"[①]教授方法虽然提出要合乎学生的学习兴趣与学习心理，适合学生的接受水平等要求，但并不否定惩罚在教学中的作用。而中小学堂讲经特别强调，"尤不可务新好奇，创为异说，致启驳杂支离之弊"[②]。当时传教士批评说，中国教育犹如一辆脚踏车，循环往复，围绕着古老的经典转圈子，"它永远重复着正统的解说与注释，在雷同的题目上以雷同的风格写文章，一代又一代，一次又一次使用相同的坩埚与模型浇铸相同的精神"[③]。的确，既形象又准确。

孟宪承指出："向来国文课，只有教师的活动，没有学生的活动；只有教师的教授，没有学生的学习，这实是国文教学失败的总原因。"又说："现代教学的精神，根本上是要生徒活动，生徒自学。"[④]这是对学生在语文教育中的主体性的最好诠释及呼唤。然而，从课程政策及制度层面对学生主体性给予阐述的是在民国初年。当时教育部颁布的《中学校令施行规则》提出："国文要旨在通解普通语言文字，能自由发表思想，并使略解高深文字，涵养文学之兴趣，兼以启发智德。"教育的目的开始从注重社会的人转向个体的人，实际上，这也是对教学过程中学生的地位与作用的重新定位。然而，真正确立这一核心理念的，却是在新文化运动之后，特别是杜威教育哲学在中国广泛传播及影响之后。杜威认为，在学校生活中，儿童不仅是教育的起点，也是教育的目的所在。教育过程是儿童生活的过程，也是儿童与教师共同参与及合作的过程。生活有两层含义：一是儿童自己的生活，一是

---

① 课程教材研究所编：《20世纪中国中小学课程标准·教学大纲汇编：语文卷》，人民教育出版社2001年版，第7页。

②《奏定初等小学堂章程》，见璩鑫圭、唐良炎编：《中国近代教育史资源汇编·学制演变》，上海教育出版社1991年版，第294页。

③ C.W.Mateer，Chinese Education，The Chinese Recorder，VOL XIX，pp.456-457.

④ 孟宪承：《初中国文之教学》，见顾黄初、李杏保编《二十世纪前期中国语文教育论集》，四川教育出版社1991年版，第323页。

儿童不断社会化的过程。教师不仅应该给儿童提供生长的适当机会，而且应该观察儿童的生长并给以真正的引导。儿童的生长是其自身积累经验，适应生活，发展才智的过程，其重心在儿童。"儿童是中心，教育的措施便围绕着他们而组织起来。"众所周知，新学制是在杜威民主主义教育思想影响下产生的。新学制课程一些重要指导原则即来自杜威民主主义教育的核心理念，如"适应社会进化之需要"；"发挥平民教育精神"；"谋个性之发展"；"注意国民经济力"；"注重生活教育"；"使教育易于普及"，[①]等等。这些指导原则实际上又从不同侧面及维度阐述了学生主体性的内涵。换句话说，新学制不仅在哲学上确立了学生的主体地位，而且从制度上比较深入地建构了其主体地位的实现路径。新学制语文课程纲要主要从三个方面阐述了学生在教学过程中的主体性：第一，强调儿童在教学过程中的主体地位；第二，通过多样化的学习方式实现儿童在教学过程中的主动性；第三，通过活动的方式学习语文课程。首先，如果说清末由于赫尔巴特形式教育学理论的影响，教学主要以教师的讲授为主，教师是教学过程的权威的话，那么，新学制则以杜威民主主义教育思想为理论基础，提出了以学生为教育主体的观点。以新学制《小学国语课程纲要》为例，该纲要在语言方法的训练项目中提出，初年用演讲法，"以后多用会话、讲演、表演"。这一阐述就体现了教学中"使学生有自由发表思想的能力"的目标，体现了学生在教育过程中的主体地位。其次，如果说以前在教学过程中把学生学习看作被动接受的话，新学制则强调把学生的学习看作积极主动地探求知识的过程，这个学习过程不是由教师单方面完成的，而是在教师的指引与帮助下，学生运用多种多样的学习方式实现的。1920年代，中小学国文、国语课程十分强调让学生掌握系统而多样化的学习方法，这一时期提出精读与略读就试图让学生通过自

---

①《大总统颁布施行之学制系统改革案》，见璩鑫圭、唐良炎编《中国近代教育史资料汇编·学制演变》，上海教育出版社1991年版，第990页。

己的阅读掌握学习方法，达到课程目标，等等。比如关于读书问题，1929年教育部颁布的暂行标准提出"在所读书内提出问题，令学生作有系统的研究"。在儿童学习中，主张通过游戏的方式实现快乐的学习。再次，通过活动的学习方式，改变传统的被动的机械学习方式；让学生通过探索、表演培养其意志，实现主动学习。如1929年颁布的《小学课程暂行标准小学国语》对读书提出的要求是："启发民权思想，养成民生观念"。这个课程纲要明确提出鼓励学生的学习意志问题："积极前进，乐观解放，而非消极退缩，悲观束缚。"此外，还提出了合作学习、活动学习等理念，如小学国语课程暂行标准强调："提倡合作，互助，勇敢，劳动，规律，而非自私自利、懒惰浪漫。""合于儿童学习心理，并便于教学的。"[①]中学国文国语的学习又重申"合于现实生活的""乐于社会生活的""合于学生身心发育的程序的"等任务。这一时期语文课程中提出的活动学习，最有代表性的学习方式是在写作上倡导"野外写生"。所谓"野外写生"，是"借用图画的习语，分学生为几组，由教师率领，到郊外实地描写景物。教师即就地指示观点的迁移、景物的远近及色彩的浓淡等，以定叙述先后的方法"。练习后须有"个别与共同的批评、订正，或先加批指，使自行订正"[②]。

美学的现代性是语文教育现代性的又一个重要价值及核心理念。所谓美学的现代性，是指与古典的崇高、绝对、永恒等美学标准相对应的一种新的审美观念。这种审美观念基于现实生活。它崇尚通俗、简洁、短暂、偶然以及瞬间即逝等新的观念。在封建语文教育中，儒家经典教育除了传承封建主流文化及价值外，还以深刻的传统关怀、古典的审美趣味、精致的艺术表现形式而获得超越时代的价值。不

---

① 课程教材研究所编：《20世纪中国中小学课程标准·教学大纲汇编：语文卷》，人民教育出版社2001年版，第19页。

② 课程教材研究所编：《20世纪中国中小学课程标准·教学大纲汇编：语文卷》，人民教育出版社2001年版，第285页。

过，这种产生于封建时代的传统美学观念虽然在某种意义上有其超越时代的普遍价值，但它毕竟形成于某一特定时代，是那个时代意识形态及思想文化的反映。近代以来，伴随着社会转型，以及思想文化领域对封建主义的批判与反思，过去那种专门用以表达封建时代思想文化的形式，或者腐朽、过时，或者成为束缚人们思想与精神的枷锁，不能适应时代的变迁和社会的诉求。人们迫切需要一种崭新的、能自由反映其精神生活诉求的表达形式与文体。恰如胡适所指出："形式上的束缚，使精神不能自由发展，使良好的内容不能充分表现。若想有一种新内容和新精神，不能不先打破那些束缚精神的枷锁镣铐。"[①]在这样一种思想文化变革的背景下，一种新的审美观念宣告诞生。它倡导关注现时的生活，崇尚平民化、通俗化的表达风格，以及朴素、简洁、自由及充满不确定性等审美观念。审美的现代性在语体、叙述形式、时间概念及审美视角，甚至在课程名称等各个方面，都引起了很大的变化。在语体上，文言文被白话文取代。白话文"不仅成为文学的正宗"，而且成为学生思想自由表达、情感交流的工具。当时教育部颁令，自1920年秋季起，国民学校一、二年级改用语体文，以后中学国语与国文逐步改行语体，语体成为中小学学生自由发表思想的工具。这一事件的革命意义确如后来学者所言，它标志着语文教育进入了一个"人的发现，个性的发现"时期。"这是一次空前的精神的大解放。于是，被压抑的创造力就得到了空前的释放。"[②]在叙事形式上，过去那种陈腐过时、注重雕琢、仅在少数人中流传的文体，被丰富多彩的体现平民情怀的白话小说、童话、神话、谜语、日记、调查报告、新闻报道等多种实用文体所取代。在叙述方式上，确立了新的时间概念，现代派作品、意识流小说进入了学生的视野，并在语文

---

① 胡适：《谈新诗》，见欧阳哲生编《胡适文集》第2卷，北京大学出版社1998年版，第134页。

② 钱理群：《五四新文化运动与中小学国文教育改革》，见金生鈜主编《教育：思想与对话》，教育科学出版社2005年版，第40页。

教育内容中占据了一席之位。从五四时期起，鲁迅、周作人、郭沫若等作家作品入选语文教材，到20世纪二三十年代，闻一多、徐志摩、戴望舒等现代派作家作品进入课堂，可以清晰地看到语文教育审美现代性变化的轨迹。事实上，这种美学观念上的变化，在课程名称上也有明显的反应。一个多世纪以来，语文课程名称几易其名，从1902年《钦定学堂章程》的"词章"，1904年的"中国文字"（小学）、"中国文学"（中学），1912年的中小学"国文"，到1920年的"国语"，再到1949年的"语文"。语文课程名称的变革自然有对课程功能及认识的变化，但是，更重要的是，其中包含着现代性价值的变迁及审美观的演变。如果说，在建构语文教育现代性时，传统上那种超越时代的永恒的绝对美还占据语文教育审美世界的一半的话，那么，另一半则让位于现代性审美标准了。换句话说，自此以后，审美现代性观念不仅进入了语文教育，构成了语文美学价值世界的半壁江山，而且还拓展了语文教育的现代性内涵。西方现代主义美学理论的奠基人波德莱尔曾说过一段被后来学者称为经典的话，可以用以解释语文美学现代价值的重构问题。他说："现代性就是过渡、短暂、偶然，它是艺术的一半，另一半则是永恒与不变。"①尽管整个20世纪审美现代性也有变化，但是为了表达现代社会的"新"而不断寻求新的语言和新的形式，却是语文美学现代性的不变内涵。20世纪我国语文教育的变革与发展，与此都有很大的关系。

科学性是语文教育现代性的又一个核心理念及价值。西方学者指出，科学和技术在教育领域的广泛运用是现代性的重要内容，而且始终与革新及进步相联系。②20世纪初，伴随着西学东渐，西方科学主义在中国的传播曾经一度构成启蒙与救亡运动的重要主题，从严复引进"实测内籀"之学、王国维号召用实证主义的方法治理传统学问，到

---

① ［德］波德莱尔：《现代生活的画家》，郭宏安译，见周宪主编《文化现代性》，中国人民大学出版社2006年版，第9、10页。

② ［美］詹姆逊：《现代性、后现代性和全球化》，王逢振译，中国人民大学出版社2004年版，第6页。

陈独秀标举"科学"的大旗进行思想革命，都始终围绕着科学性主题展开。在中国近代文化教育变迁中，科学进入语文学科，不仅表征着传统语文教育的深刻危机，而且意味着它在改造和重建语文教育中的价值与意义。如前所述，语文学科与经学的分离，并不表示它已经获得了一种与传统课程不同的内涵，只有当它建立了属于学科自身的新的自足的价值与体系时，才谈得上被赋予意义与价值。科学进入语文学科，其意义恰恰就在于此。它一方面改变了语文，另一方面又构成了语文。在科学之光的烛照之下，语文获得了重新定位。从1898年马建忠撰著《马氏文通》，构建近代汉语语法体系，探讨通过科学化途径提高语文学习的效率，五四新文化运动时期杜威实用主义教育哲学的广泛传播，与此同时，语文教育研究采用科学实验方法，直到1980年代以后语文教育中科学主义盛行，科学在语文教育中主要表现为三种形态：

第一，不断逻辑化、系统化的语文课程知识、结构及体系。科学知识及科学认识方式不仅是现代语文课程知识及体系的分类标准，而且构成了语文知识重要的一部分。众所周知，封建时代的语文课程主要以课文为中心混合编制而成。科学进入语文学科以后，语文课程知识的构成发生了重大变化。语文知识首先被按语体划分为文言文、白话文两种新旧知识，白话文上升为语文知识的中心。同时，传统语文教育的读写两大块、以写为中心的结构被听说读写四大块所取代，听说被置于重要地位。一方面，语文课程知识不断系统化、逻辑化，即使一个子系统也按照一定的标准被细分为一个严密的体系，比如语文知识就被划分为语法、逻辑、修辞和文学知识，等等；另一方面，不仅科学知识构成语文学习的重要内容，而且语文知识系统中最重要的知识被冠以"基本的科学知识"之名出现在语文教学大纲中，如1956年汉语、文学分科教学时期就提出了掌握"基本的科学知识"的目标和要求。①从当时的语文教学大纲阐述看，所谓"基本的科学知识"主要指带有理论性、规律性的汉语知识及文学理论知识。实际上，早在1920年代，胡适就积极倡导语体文教育，强调把文法教育放在突出位置，即强调语文教育中科学知识的重要性。换句话说，经过科学洗礼的知识被视为语文知识中的合法性知识。

第二，语文教育中的科学方法。科学方法包含了两层含义：一是指一般的科学方法论原理，包括强调逻辑推理，注重事实验证；一是指运用自然科学的研究范式，如实验、测量和计算，等等。语文教育中的科学方法的运用，主要有两种形式：一种是用实验的方法研究语文教育问题；其次是通过可以控制的、程序化的范式设计教学。通过科学方法研究教育问题，对于处于文言文向白话文转型时期的语文教育而言具有重要意义。因为采用实验的方法，一方面，当时语文教育出现的许多重要的问题，获得了比较好的解决；另一方面，以精确性、严密性为中心的科学思维方式代替传统模糊的思维方式，依据这一思维方式进行的程序化教学设计，则使语文教育现代性，特别是科学性的内涵获得了扩展。从民国初期的设计教学法，到20世纪二三十年代以儿童心理学和汉语语言规律为基础编写各种学生自主学习的语文教材，再到1950年代文学教学流行"起始—阅读和分析—结束—复习"的模式，1980年代以来积极倡导大力提高语文教学质量与效率，以及后来的目标教学、标准化测试，都试图寻求通过严格有序的、可以预测的目标，组织、规范及控制教学过程。

第三，科学态度和科学理性精神。"科学的最大特性是怀疑和问难一切的精神，对事物进行谨慎而有保留的判断，并对这一判断的界限和适用范围进行检验。"②在语文学习中，提倡怀疑和问难的精神，严

---

① 课程教材研究所编：《20世纪中国中小学课程标准·教学大纲汇编：语文卷》，人民教育出版社2001年版，第323页。

② ［德］雅斯贝尔斯：《什么是教育》，邹进译，生活·读书·新知三联书店1991年版，第112页。

肃的科学探究态度，可以说古已有之。然而，现代意义上的科学态度和科学理性精神却是在近代西方科学主义及民主主义教育理论思潮双重影响下诞生的。它强调不盲从权威，积极探究的态度以及强烈的批判精神。胡适在《中学国文的教授》一文中就指出，质疑、问难及讨论等研究方式是当代语文教育的新潮流。此后，包含探究、质疑及讨论等环节的语文教育研究方法及科学理性精神被明确地写进中小学语文课程标准中。1929年高中语文课程暂行标准就要求，教师在教导学生阅读时，"须教学生作有条理，成片段的笔记。尤须注重养成怀疑不苟且，不潦草的习惯"。在专题研究时，倡导"有证据的批评"。[1]从这个意义上说，科学的价值在于："不仅帮助人们获得有限的知识，它更多的是培养了人们的理性。"[2]

（三）和而不同：中国语文教育现代性变革的样态

英国社会学家安东尼·吉登斯在揭示现代性的意义与内涵时曾经指出："现代性以前所未有的方式，把我们抛离了所有类型的社会秩序的轨道，从而形成了其生活形态。在外延和内涵两方面，现代性卷入的变革比过往时代的绝大多数变迁特性都更加意义深远。在外延方面，它们确立了跨越全球的社会联系方式；在内涵方面，它们正在改变我们日常生活中最熟悉和最带个人色彩的领域。"[3]现代性在席卷全球的浪潮中以普遍的启蒙的理性，"对进步的虔信，经验科学以及实证主义"等多种名义挑战传统，形成了其独特的批判性思维、人文主

---

① 课程教材研究所编：《20世纪中国中小学课程标准·教学大纲汇编：语文卷》，人民教育出版社2001年版，第288页。

② ［德］雅斯贝尔斯：《什么是教育》，邹进译，生活·读书·新知三联书店1991年版，第112页。

③ ［英］安东尼·吉登斯：《现代性的后果》，田禾译，译林出版社2000年版，第4页。

义及理性精神实质。①从世界范围看，语文教育自卷入现代性变革以后，就开始展现出一派新的气象。它在颠覆封建经典教育之后，以普通民众的生活为指向，在精神生活上以具体的实用及当下的需求为目标，在课程编制上，选择绝大多数学生都能普遍接受的知识及通俗简明的形式。过去课堂上那些需要精心研读的可以享用终身的经典著作被一些不断更新的多样化的经典课文所取代。从整体上看，各国语文教育现代性都表现出相当的一致性和趋同性。然而，无论是现代性的进程，还是现代性的具体内涵，抑或各国语文教育现代性对现代价值的诉求诸方面，又都表现出各自的独特性。19世纪中叶，西方国家开始了语文教育现代性的建构，其重要标志是，语文教育从过去的希腊语和拉丁语教育转向了本民族语教育（所谓"土语"）。其间，法语教学曾一度作为其中的过渡存在过，以后，则逐渐确立起了以本民族语为主要内容的现代语文教育体系。当然，各国在语文教育现代性的建构中，由于各自文化传统及语言习惯不同，又表现出多样性特质。与西方国家相比，中国语文教育现代性变革不独起点、阶段及轨迹不同，而且在内容、价值诉求诸方面都表现出大异其趣的地方。

第一，在一个多世纪语文教育现代性建构中，现代价值并非同等程度地参与。在某一历史时段，往往其中一些价值以强势姿态介入，成为中心话语，另一些价值则处于边缘甚至缺失状态。这种现象导致语文教育现代性的生成及发展呈现出不平衡性和单一性等特点。本来，现代性历史图景的生成是现代价值的复杂的多重建构过程。它们之间既各具特性，又彼此影响，其中"没有哪一个具有解释的优先权"。然而，在中国教育现代化进程中，它们并不是同时被认同，并参与现代性的建构，而是表现为一些价值在某一历史时期成为现代性的中心话语，甚至被强化到不恰当的地步；另一些价值则处于尚未被

---

①［英］艾伦·斯温伍德：《现代性与文化》，见周宪主编《文化现代性精粹读本》，中国人民大学出版社2006年版，第56页。

认同，或者被排斥的地步。除启蒙的现代性在20世纪语文教育现代性建构中获得比较持续的认同外，其他几种价值地位始终摇摆不定，很少看到几种现代核心价值共同参与语文教育现代性建构的史实与案例。1920年代新学制国文国语课程被认为是蕴含多种现代价值理念及追求的一次变革，然而，就整个语文课程改革看，废除封建主义、确立学生的主体性以及美学的现代性是其中最主要的价值诉求。科学价值虽然被奉为本次新学制课程改革的重要原则，在课程实施中亦或隐或现，但与前三种价值相比，特别是在废除封建主义、确立学生主体性价值光芒的照射之下，科学价值显得黯然失色。再比如，1956年汉语、文学分科教学，它以系统的语言教学和文学教育作为改革所追求的目标，它在突出反对封建主义、还语文教育以美学价值及科学价值外，又因为过度强调语文教育的美学价值，特别是科学价值，忽略了教育过程中学生的主体性价值诉求。为了突出科学价值，语文课程知识的编排及训练强调系统性、逻辑性。然而，问题也随之而来，其中文学教育且不说，系统的语言训练实际上很少考虑到学生的接受程度及教学过程中学生的兴趣。换句话说，学生的主体性被弃之不顾。实际上，20世纪前期对语文教育现代性，确切地说，对语文教育现代性中心价值的理解也大致可以划分为两派：一派强调语文教育的美学价值，他们大多为新文学作家，因为自己就是五四新文学的干将，以丰富而独具个性的创作促进了新文学的繁荣。因此，他们在语文教育现代性的变革中，不断探索反映普通民众生活及审美趣味的主题及内容，在语言学、修辞学及文学视野内积极建构语文教育现代性。比如叶圣陶、夏丏尊、朱自清、刘大白等人，都十分注重通过具有民族特色的语文传统经验及汉语特有的方式学习语文。夏丏尊提出的培养学生语感的主张，叶圣陶、朱自清提倡的"精读"与"略读"，特别是朱自清倡导的"诗教"等主张，基本上反映了这一派对语文教育美学价值的强调及追求。另一派则更为推崇科学价值。他们大多是一批海外留学归来的学者，先后接受过西方科学理性精神的熏陶，其中不乏新文学领袖，但他们对现代性的理解表现在主张通过科学实验及实证的方法研究语文问题，以提高语文教育的质量与效率，如胡适、艾伟、刘半农等。

第二，在20世纪中国教育现代化曲折而多变的轨迹中，现代性价值的确立与建构呈现出反复多变等特点。一方面，一些重要现代性价值在语文教育现代性发展的不同阶段被反复地确认、叙述；另一方面，其内涵又被不断重写，甚至多次被引入"系统再生产的根基"，甚至出现推倒重来的现象。由于不同历史时期进入中国教育界的西方教育理论及思潮的哲学基础不同，语文教育现代性价值也因不同西方教育思潮的包裹而赋予不同内涵。即使是同一价值，其内涵也有很大的不同，它们既各有侧重，又不断被扩展、被重写。在中国的语境中，这一现象表明语文教育现代性的建构不可能"随便跨越"或被舍弃，"它还会在不同的历史时期去完成未竟的事业"[①]；当然，当它在现代性建构中重新出现的时候，其重心既会发生游移，又会打上时代的特征和精神诉求的印记。正是在这样一个过程中，语文教育现代性内涵被不断丰富及补充。以科学价值为例，清末，科学价值的理论基础是赫尔巴特的形式阶段教学学说，五段教学法在语文教育中的兴起就是科学价值诉求的重要反映。1920年代，科学价值的上升则是杜威教育哲学传播与推动的结果。从哲学上考察，这是一次带有根本意义的变革。它虽然以实验精神与科学理性态度为语文教育科学价值的核心，但其内涵却不止此，而以批判社会封建思想的民主价值及学生的主体性为前提。科学价值的内涵及重心与清末相比，又有了重要补充。1960年代初期，语文教育倡导以基本知识、基本技能为主的"双基"教学，虽然没有冠以"科学"之名，但实际上，是在努力探索既有外国先进教育理论基础，更有中国教育文化传统的科学的训练体系及方

---

① 陈晓明：《现代性：后现代的残羹还是补药？》，载《社会科学》2004年第1、2期。

法。比如，首先，把阅读分为"精读"与"略读"两部分。通过"精读"加强识字、写字、用词造句、布局谋篇等基本训练，"基本训练要通过多读多写来完成"。在"精读"训练中，课程学习提出了"背诵"训练的要求，初中全册30篇课文，要求背诵的每册达一半左右；高中全册30篇课文，要求背诵的达三分之一左右。通过课外阅读扩展学生的视野，"既要有统一的布置和一般的要求，又要适当地考虑到学生能力的差别和爱好的不同，尽可能做到切实具体，因材施教"[①]。第二，强调在"多读多写"中掌握语文这个基本工具。"多读是学习语文的有效方法，在我国有悠久的传统。古人说'读书百遍，其义自见'，多读对于理解课文，的确帮助很大。指定背诵的文章应当教学生记得牢固，做到这样，自己写作的时候，用词造句就能得心应手。多写也是我国语文学习的传统。'拳不离手，曲不离口'，要提高写作能力，非多写多练不可。编入课本的练习题，要让学生严肃对待，认真完成，作文要加强指导，严格要求。"[②]第三，强调教师在学生"多读多练"中的指导作用及自身修养的重要。"教师在严格要求学生的同时，必须严格要求自己，说话、朗读、写字、作文，都要以身作则，在教学上力求做到不出错误。如果自己的基本训练不够，就要根据工作的需要，努力自修。"[③]1970年代末，吕叔湘曾大力呼吁研究"如何提高语文教学的效率，用较少的时间取得较好的成绩"。他曾经质疑中小学语文教学效率低下，抨击其少、慢、差、费，[④]从而引发了对语文教育中科学价值的重视与研究。此后，科学化浪潮在语文教育中悄然而起。

① 课程教材研究所编：《20世纪中国中小学课程标准·教学大纲汇编：语文卷》，人民教育出版社2001年版，第420页。

② 课程教材研究所编：《20世纪中国中小学课程标准·教学大纲汇编：语文卷》，人民教育出版社2001年版，第420页。

③ 课程教材研究所编：《20世纪中国中小学课程标准·教学大纲汇编：语文卷》，人民教育出版社2001年版，第420页。

④ 吕叔湘：《当前语文教学中两个迫切问题》，载《人民日报》1978年3月16日。

以后，语文教育科学化探讨主要从布卢姆的教育评价理论及目标教学法中寻找理论支撑。然而，由于对科学化的过度强调及追求，结果又陷入了技术主义的路线。

第三，语文教育现代性内部始终存在着矛盾、张力及暧昧。西方学者用对"新"的迷信概括现代性价值的整体取向。"现代传统是以作为价值标准的新之诞生而开启的，因为新在过去从来就没有被当作过价值标准。……它以含有传统和决裂、演变和革命、模仿和创新之意的概念为基础来书写自身。"①然而，现代性在"新"的价值崇拜及引导之下，因为紧紧围绕着"新"，而又使自身"疲于更新"，形成了现代性的悖论。"在这种情况下，新的真正价值还能剩下几许呢？……本是同一轮回，却自以为是更新——岂不是时髦或媚俗。"②不过，这也许正是现代性的魅力所在。"每一种发明宣称自己绝对新颖而最终表现为重复，这两者之间明显的矛盾并没有取消这种特性，相反，这一特性反而使它具有一种魔力，一种永远使人困惑，但同时又令人着迷的魅力。"③这一现代性的悖论在语文教育现代性建构中更是暴露无遗。如前所述，真正意义上的语文教育现代性建构是在现代教育制度建立以后。然而，即使在现代教育体制框架内，它与语文教育传统也无法一刀两断。一个不争的事实是，在语文教育现代性建构中，传统一直在场。语文教育现代价值诉求，或宣称"新"的东西，在语文教育传统中都有很丰富的资源，只不过长期被遮蔽，没有被发掘罢了。在语文教育现代价值中，启蒙的现代性是20世纪中国语文教育现代性的中心话语，在一个多世纪语文教育发展的几个重要阶段都有很重要的意义

①［法］安托瓦纳·贡巴尼翁：《现代性的五个悖论》，许钧译，见周宪主编《文化现代性》，中国人民大学出版社2006年版，第231页。

②［法］安托瓦纳·贡巴尼翁：《现代性的五个悖论》，许钧译，见周宪主编《文化现代性》，中国人民大学出版社2006年版，第230页。

③［美］弗雷德里克·詹姆逊：《现代性、后现代性和全球化》，王逢振、王丽亚等译，中国人民大学出版社2004年版，第103页。

和价值，其基本内涵是注重个性的自由发展及人格的养成。它在写作中表现为积极抒写和表达个体的真情实感及心灵。这是对封建语文教育"文以载道""替圣贤立言"的主流价值取向的批判与否定。然而，在我国语文教育传统中，也一直有"在心为志，发言为诗"的"诗言志"及"诗教"传统，实际上，在语文教育现代性的价值诉求中，这一传统一直在场，只不过被时代的变革浪潮掩盖而已。换句话说，在文化的深层，现代性与传统貌似断裂，实质上又始终勾连在一起。现代性趋"新"的价值追求，一方面促使语文教育向更激进的路径上迈进；另一方面，传统又迫使现代性进行改造、重构。"在中国现代文化的独特语境之下，二者不是持续地断裂、分化与背反，相反却是相互改造，彼此拉近。"一方面，传统被改造得貌似现代性的东西；另一方面，现代性又不断被传统拉过去，打上浓厚的传统色彩。①百年以降，语文教育现代性的几次重要变革虽然较少认真总结和研究既有的经验及成果，不少改革缺乏充分的历史准备和条件，一些改革非但无视传统，甚至不惜以摧毁以前的经验及成果为前提，习惯于推倒重来，然而，最终却又无一能脱离传统的掌心，或在深层延续传统。比如重新解释或阐明传统，或者"被引入系统再生产的根基"，对整个语文教育现代性建构本身进行整体反思，从而在结构上改变着自己的特征。

　　除此而外，现代性价值之间还存在着一种既矛盾又暧昧的关系。和西方启蒙的现代性和审美现代性之间两极分化对峙而形成张力不同，在中国语文教育中，特别是在构成语文教育内容主体的现代文学内部，启蒙的现代性与美学的现代性之间既存在着一种张力与矛盾，如一些激进的思想启蒙的文本往往缺失审美价值，因为美学的现代性自有其"自身的合法化"。同时，二者之间又并非如西方文化那样表现得激烈、尖锐，彼此势不两立，而更多地表现为一种调和、妥协及

---

　　① 张光芒：《混沌的现代性——对中国现代文学思潮总体特征的一种解读》，载《南京大学学报》2004年第3期。

互文性等复杂的暧昧关系。"启蒙现代性既是审美现代性形成之因，又是导致审美现代性反过来与之对抗之果。"[①]语文教育现代性内部的这种既冲突、矛盾又暧昧的关系，表明在现代化进程中，语文学科内部并没有在各个维度及侧面得到充分的分化和展开，现代性没有获得足够的生长，结果造成了语文教育现代性变革在共时性上失去了多元共进、均衡发展的势态，而表现为某一现代性价值"一枝独秀"，其他价值处于从属甚至了无声息的局面；在历时性上则表现为对前一阶段价值诉求的不断否定，又不断地反复、补充与重构的倾向。如前所述，在20世纪中国社会文化变迁中，启蒙的现代性一直是社会所追求的中心目标之一，在语文教育现代性建构中，它一直处于被关注及不断重写的地位，这种价值诉求不但把启蒙的现代性抬到至高无上的位置，也使它获得了压倒一切价值的话语霸权。相形之下，即使与启蒙现代性存在暧昧关系的审美现代性也变得无足轻重，经常被牺牲、被丢弃。20世纪语文教育现代性的建构充满了太多的"政治化倾向"，或充斥着太多空洞的说教，所付出的沉重代价是舍去审美现代性等价值诉求。

（四）重建语文教育现代性两大重要问题的反思

1990年代中期，社会上曾就语文教育问题开展过一场广泛而深入的讨论。这场讨论表面上是对新时期语文教育科学化追求的不满以及语文教育内容严重滞后的批判与反思，实际上是对百年来语文教育现代性的一次整体上的检视与反省。当然，论者并没有意识到的是，语文教育问题之所以在当时爆发，是社会转型时期语文教育仍然恪守旧的条条框框，没有及时做出调整与应变的结果。简言之，没有在社会转型之际对语文教育现代性进行时代的建构。从意识形态变迁看，这一时期正处于工业社会向后工业社会过渡阶段，现代主义和后现代主

---

① 张光芒：《混沌的现代性——对中国现代文学思潮总体特征的一种解读》，载《南京大学学报》2004年第3期。

义思潮交相传播。其社会特点是，人们的生活日益碎片化，消费主义观念盛行，休闲、时尚成为生活的重要话语。媒体文化、网络文化等大众文化兴起，特别是电视文化在学生的学习生活中越来越占据重要位置。在这样一个所谓"后现代"状况之下，如何理解语文教育的现代性？如何在社会转型时期对语文教育现代性进行时代的建构？这是社会及时代发展赋予语文教育的一个新的课题。那么，是否如激进的后现代主义者所宣称的那样，现代性已走进死胡同，要用后现代性颠覆现代理性，一切重新开始呢？法国社会学家、后现代主义代表人物利奥塔的回答是，后现代是现代的重写。他反对后现代是一个时代的观念。因为现代性之中已经暗示了后现代性。"现代性是以一种自我超越（不断由一种状态改变为另一种状态）的冲动的形式存在的，因此，在现代之中就暗示了后现代，后现代性是现代性所主张的某些特征的重写。"①吉登斯指出："我们实际上并没有迈进一个所谓的后现代性时期，而是正在进入这样一个阶段，在其中现代性的后果比从前任何一个时期都更加剧烈化更加普遍化了。"②当然，"没有后现代的挑衅，就谈不上对现代的这种重新确定——人们就会一直固执于毫无疑问地和完全一致地引用现代传统。"关于语文教育发展问题的广泛而深入的讨论，恰恰给转型时期的语文教育一次重新自我定位的机会。

这场讨论是一次现代性意义上的反思。它与传统的反思区别在于：它不是在"重新解释和阐明传统"，而是"被引入系统的再生产的每一个基础之内"③，让语文教育从思想到实践都"重新进入到它所分析的情境中"，即返回语文教育现代性根源上进行审视与反思，不断接

---

① 肖鹰：《目击时间的深渊——利奥塔美学评述》，见杨雁斌、薛晓源编《重写现代性》，社会科学文献出版社2001年版，第18页。

② ［英］安东尼·吉登斯：《现代性的后果》，田禾译，译林出版社2000年版，第3页。

③ ［英］安东尼·吉登斯：《现代性的后果》，田禾译，译林出版社2000年版，第35页。

受来自语文教育思想和实践本身的新认识的检验和改造，"从而在结构上改变自己的特征"。换言之，这次深入讨论是在对包括语文教育现代性反思自身的反思中，彰显现代性本身所蕴含的开放的超越性维度。具体地说，当时语文教育存在的主要问题是，课程内容有些陈旧过时，在语文教材中一些被奉为经典的课文不仅在思想内容上与时代落伍，表现出封闭、保守、刻板、教条等特点，而且在审美趣味及风格上也非常粗陋、单一，几无新颖可言，看不到时代的变化，更满足不了学生的审美需求；科学主义从边缘走向中心，技术理性逐渐上升为一种对语文教育起宰制作用的价值；教育过程中学生处于被忽略的地位，丧失了主体性。这是当时语文教育现代性价值偏差等问题的一次暴露。

就当时语文教育讨论情况看，固然有现代性内部不同维度之间价值本身存在着的内在矛盾及冲突，同时也有某些价值过度上升引起的语文教育现代性失衡及危机问题，比如科学价值被强调到不适当的地步。如何在新的文化语境下重建语文教育呢？或者用利奥塔的话说，如何重写语文教育的现代性呢？平心而论，语文教育现代性价值依然是语文教育变革与发展的不可替代、安身立命的精神支撑，具有不可或缺的意义。在重建语文教育过程中，"我们依旧没有能够从根本上在现代性的范畴和范式之外思考和生存"。一方面，我们在进行语文教育现代性建构时，既要防止现代性价值及据此建立起来的语文教育理性大厦基础的颠覆与崩溃，防止语文教育现代性目标的偏离；另一方面，我们又要防止现代性某一价值的过度上升乃至膨胀，造成语文教育现代性内部结构的失衡与偏差，让语文教育现代性在合理的限度内进行积极的建构，不断调适，从而指向现代性本身的蕴含开放的超越性维度。实际上，如果深入分析，当时语文教育所暴露出的诸多问题又可以归结为两个大的问题：（1）如何看待语文教育与经典教育及生活的关系问题？（2）如何看待语文教育科学化问题？这两个问题也是我们在21世纪建构语文教育现代性必须回答的两个重要问题。

在语文教育重建中，我们对语文教育与经典教育及生活的关系问题的认识是：第一，经典教育是人文教育的重要价值所在，也是语文教育的永恒魅力之所在。面对大众文化的兴起，人们往往在强调语文课程回归生活时肆意消解经典教育。这是对人文教育本质的漠视，实际上走向了学校文化的反面。教育的一切价值都在促进学生的生成，但学校文化在促进学生的生长时有其特殊的功能。它是向所有人传递一种深思熟虑的共同文化，"它拥有不可替代的特性……有一些文化内容只有学校有责任传递，而这些文化内容不是人的日常生活中所必需的，如在成年人的生活中很少有古典文学的身影，但是这些东西是人们获得新的信息，并充分理解之的主要参照"[①]。经典教育的价值就在于此。"经典在本质上是教育的、具有社会代表性的，用来发挥特定的文化上的纯粹主义功能——保留那些被认为是纯正文化传统的东西。"[②]经典不是远离时代的代名词，它不是过时的文体和古雅的形式，也不是现实政治的传声筒，而是具有永久的价值和永恒艺术魅力的文本。总之，它不以时间的早晚为区别，而以深邃的思想文化和美学上的永恒与不朽为人文主义教育奠基。第二，经典不是一成不变的、封闭的，而是一个开放的文本。一方面经典随着时代的发展、意识形态及审美趣味的变化不断地进行重构。一些文学史上曾经被冷落的作品从边缘走向了中心（与此同时，也会有一些作品从中心走向边际，直到消失在人们的视线之外）。另一方面，一些传统经典又在新的视域被置于批判与反省的席位上，并在不同层面及维度被阅读与重写，经典正是在这样的重构中不断被丰富和扩展的。美国学者理查德·特迪曼指出："从某种程度上讲，这就意味着即使是读经典之作时，也要摒弃传统意义上的理解，以一种批驳而非推崇的态度读

---

① 汪霞主编：《国外中小学课程的演进》，山东教育出版社1999年版，第457页。

② ［英］E.迪恩·科尔巴斯：《当前的经典论争》，阎景娟、贺玉高译，见陶东风主编《文化研究》，中国人民大学出版社2006年版，第391页。

出新意来。"如前所述，当时语文教材之所以饱受诟病，一个重要原因是，一些被奉为经典的课文从内容到形式均陈旧、僵化，实际上早已成为一个封闭过时的文本。第三，经典之所以被称为经典，因为它有独特的人文意蕴蕴含其中。西方一位哲学家说过："凡在青年时代学过希腊文和拉丁文的人，凡曾读过古典诗人、哲学家和历史学家的作品的人，凡通晓数学、研究过《圣经》以及自己祖国的富有想象力的伟大作家的作品的人，都可能进入一个无限灵活而广阔的世界，这个世界将赋予他一种不可剥夺的内在价值，将授予他开启其他世界的钥匙。"[①]众所周知，在经典阅读上，要选择并采用相应的方法和手段，才能发掘经典文本的内在价值，而不能简单地以一般所谓新的教育方法处置。加拿大学者范梅南指出："西方人文科学的目的在于通过语言手段获得对具体生活经验的体验，而东方的方法运用的则是非语言脚本的思悟的方法。"[②]这种所谓非语言脚本的思悟方法就是经典解读的一种重要方法。

当然，提倡经典教育并不拒绝生活关怀。把课程与学生的现在与未来生活联系起来，在学校和社会之间架起一座桥梁，从而改变过去以经典文化学习为中心的与学生生活隔绝的封闭状况，是今天语文教育工作者的重要责任。在语文课程的编制中，通过以"生活"为导向的单元课文的编排，引导和培养学生的生活能力是值得肯定的。但是，以生活为导向不能简单地理解为语文课程的完全生活化，甚至为了学生的生活，把课程及教材混同于一般课程资源。强调经典教育而不拒绝生活关怀，是要把自己提升到一个超越现实的世界之上，对生活保持一种批判与反省的态度。用英国现代派代表作家的话说，通过诗化的语言和复杂的审美形式，"把自己提升到日常的、通俗的、商业

---

①［德］卡尔·雅斯贝斯：《时代的精神状况》，王德峰译，上海译文出版社1997年版，第107页。

②［加］马克斯·范梅南：《生活体验研究——人文科学视野中的教育学》，宋广文译，教育科学出版社2003年版，第27页。

化的文化世界之上"，把语文教育"定位成一种对报纸、杂志、流行小说、音乐厅等新文化消费主义的自主批判"。从语文教育百年发展历程来看，对语文课程回归生活的简单化理解早在1920年代就曾出现过，朱自清先生曾讽刺这种课程为"杂志之学"（所谓六本《新潮》、十二本《新青年》即可对付中学语文课堂）。朱自清指出，这些杂志上虽然有许多最新的思想与学问，但"尚未系统"，"杂凑材料，东拉西扯的却非常的多！"在他看来，仅仅凭这些杂志，是不能"成人之学"的，应该经过经典作品的训练，"有了充实的根柢，正确的判断力"，再从杂志里补充一些新思想与学说，"自然能相得而益彰"。[①]朱自清先生这段论述在生活越来越碎片化的今天仍然具有极其重要的现实意义。无论在什么状况之下，学术性课程在学校教育中都居于十分重要的地位，学校文化自有其特殊的内涵与特质。"掌握共同的文化遗产"，这一功能是其他任何机构及机关所代替不了的。总之，语文课程在重构时既要保持它对生活的开放性和拓展性，又要分清楚学校文化与生活文化的区别。

英国哲学家怀特海曾经提醒英国人说，工业社会的人文主义教育与文艺复兴时代是不一样的。如果说文艺复兴时期从美丽乡间成长起来的英国人可以通过阅读莎士比亚的作品领略大不列颠华丽多彩的生活画卷，感受那个时代的人文精神气质的话，那么，在工业社会，对在科学时代成长起来的聚居的都市人来说，科学已构成了其精神生活的重要一部分。人文主义教育与科学已经不可分割了。[②]马尔库塞也指出，当今之世，科学不仅是一个认识论的范畴，而且是一个文明范

---

① 朱自清：《课余》，见《朱自清全集》（第四卷），江苏教育出版社1996年版，第145页。

② ［英］怀特海：《教育的目的》，徐汝舟译，生活·读书·新知三联书店2002年版，第73页。

畴。^①这些阐述可以为我们认识语文教育中科学价值及科学化问题提供一个基本的思想基础。

作为语文教育现代性的重要体现，语文教育的科学性探索不仅是构筑现代人文学科的一个重要基础，而且是人文价值的一个必要补充。语文教育百年的发展，科学性的追求在语文教育现代性建构中，其意义非同一般。如果没有科学性的启蒙，无论是在语文教育目标的变革、学生主体性的发现，抑或是在语文现代化（识字教学、文体写作及文章的结构方式）推进上，均不可想象。当人们以怀旧的心态重叙传统语文教育所散发出来的种种古典人文主义之美时，首先应该承认科学给语文教育所带来的根本性变化：它揭开了被传统人文主义所遮蔽的价值与意义。这一点，法国社会学家涂尔干的论述十分精辟。他说，科学"在我们的教育体系中所充当的绝不是一种外来侵入的异在元素，绝不是一个外来者，一种对体系结构的威胁；实际上，对于在很长时间里一直占据着彻底的主宰地位的旧式人文主义教育来说，它是一种很有价值的补充，一种至关重要的元素。尽管它以外部的世界为取向，但它之所以将我们拉出我们自身，也只是为了把我们带回自身，不过在带我们回来的时候，已经用弥足珍贵的深刻见解武装了我们，丰富了我们，使我们对自己的本性有了新的认识"^②。仅仅从技术层面看，科学进入语文教育以后，对我们也产生了很大的影响，至少它使我们摆脱了经验主义和自然主义的传统教育方式，从自在自发中走向自由自觉。当然，对语文教育中科学价值的认识必须置于人文主义框架之内，而不是在科技文化的架构中。这是人文主义教育本质属性所决定的。

语文教育科学性追求是语文教育借助的重要手段和工具，也是一

①〔美〕安德鲁·芬伯格：《可选择的现代性》，陆俊等译，中国社会科学出版社2003年版，第34页。

②〔法〕爱弥尔·涂尔干：《教育思想的演进》，李康译，上海人民出版社2003年版，第478页。

种重要价值，但绝不是目的。"现代技术的突出特点在于这样的事实，即它在根本上不再仅仅是'工具'，不再仅仅处于为他者'服务'的地位，而是相反……具有鲜明的统治特征。"①就语文教育现代性而言，科学固然是一种价值，但更主要的是作为一种手段和工具，而不是超越手段和工具的目的，甚至凌驾于目的之上成为一种统治力量，否则，科学性就走向了语文教育现代性的反面。如前所述，科学在语文教育中是一个意蕴丰富的概念。它包含多个层面的意蕴。我们在理解语文教育科学化问题时，应该透过不同层面进行整体把握，既不能简单地把语文教育科学化等同于语文教育中仅仅属于缺少思想价值及情意价值的技术层面的问题训练及操作路径的设计，又不能无限制地扩大其范围和价值。"真正的科学是这样一种知识：它包含着关于知识的方法和界限的认识。"②我们应该记住狄尔泰的一句话，他说，在我们思考人文科学科学化问题时，我们应该从研究对象的本性出发，"并以此为基点"，"并找到其通往目标的路径"，这才是我们人文科学研究的科学方式。③在语文教育现代性建构中，科学性自有其特定的界限和范围，一旦超越其界限和范围，甚至覆盖整个语文领域，就可能危及其他现代性价值，从而导致语文教育误入歧途。

在语文教育科学化的追求中，不同的民族借助科学的手段和工具是不一样的，不能用西方语言学逻辑分析的方法解决中国语文教育的一切问题。"人类文化是多元的，每一文化都有一种语言、一套习俗，这种语言和习俗规范了人们对于人、社会、心灵状况、好坏、善恶等

① ［美］安德鲁·芬伯格：《可选择的现代性》，陆俊等译，中国社会科学出版社2003年版，第27页。

② ［德］卡尔·雅斯贝斯：《时代的精神状况》，王德峰译，上海译文出版社1997年版，第129页。

③ 转引自邹进：《现代德国文化教育学》，山西教育出版社1992年版，第26页。

的独特理解方式。这种语言之间通常不具有互译性。"[1]毋庸讳言，汉语与西方的语言是两种不同的语言文化。西方文字是音符文字，中国文字是义符文字，两种语言文字规律是不同的。曾几何时，作为表意性文字，汉字现代化一直以西方分析性及逻辑结构强的表音的拼音文字的现代性为中心取向，从白话文运动、国语运动、汉语拼音运动，到汉字改革，在推行汉字简化的方针之下，一方面，语文现代化不断降低了汉字认知难度，提高了语文学习的效率，另一方面，在语文现代化过程中，又出现了许多背离汉字及汉语特性及规律的东西。比如，在语言表达上，较多地采用了欧化的句式；注重语句表达的严密性、逻辑性，等等。无形之中，它又消解了汉语独特的审美的价值及人文蕴含。如何正确地理解，或者在哪些层面上理解科学化，确实是语文教育现代性建构的重要课题。在这个问题上，别无选择，只有回到汉语及汉语教育的轨道上来，在分析与解决语文教育问题时从汉字及汉语本身出发，通过汉语特有的学习方式发掘文本的美学蕴含及人文价值。在学习和运用语文过程中，从语文整体性出发，通过各种不同的方式挖掘与揣摩文本，不断丰富其内涵，非逻辑性、不一致，甚至含糊、看似杂乱的解释只要能给予语文教育以审美性和现代性，就不能以非科学性的名义加以排斥，在这方面，我们有过深刻的教训。新中国成立后的一段时期，特别是1956年的汉语、文学分科以及后来的几次改革，由于对我国汉字及汉语表达特点认识与研究不够，没有充分重视和挖掘汉语教育传统经验，忽略了汉语本身的内在特性及规律，在科学化的口号之下，追求所谓的语文教育现代化，导致语文教育质量严重下滑。比如，传统语文教育从识字教育入手，通过吟诵练习，字句的推敲，以及歌咏及诗赋，特别是属对的方式训练学生语言，在反复练习中让学生掌握汉语语言独特的节奏、韵律和结构，

---

① ［加］查尔斯·泰勒：《两种现代性理论》，吴志杰译，见周宪主编《文化现代性精粹读本》，中国人民大学出版社2006年版，第128页。

养成语感，就含有科学化的成分，值得研究。有鉴于此，1963年以"双基"为中心的语文教育改革，认真反思与批判了1950年代以来的语文教学改革照抄外国经验的错误，在总结我国自己的教学经验的基础上，结合外国先进的教育理论，提出强调基础知识及基本技能的获得，不断改革教学方法，在民族化的视角下探讨语文教育科学化问题，取得了重要成果。[1]这一时期对语文教育科学化的探索，值得认真总结和研究。

---

① 课程教材研究所编：《20世纪中国中小学课程标准·教学大纲汇编：课程（教学）计划卷》，人民教育出版社2001年版，第270页。

二 语文教育40年：思想与观念的谱系

（一）40年语文教育思想观念的变革与发展

柯林武德说："一切历史都是思想史。"[①]20世纪中国语文教育的发展，尤其是近40年语文教育的改革与发展，都与思想、观念的变革与探讨有关。改革开放以来，语文教育界思想观念的解放、探索、争鸣与冲突，不仅反映了这一时期语文教育思想界从封闭走向开放，由单一趋向多元的异常活跃的局面，而且直接引导40年来语文教育的改革与发展。和新中国成立初期的语文教育发展比较，近40年语文教育的思想观念变革异常活跃。不仅对于语文教育发展的一些重要问题认识越来越深刻，产生了一些新概念，而且吸引了社会各界学者广泛的关注及参与，在语言学界、文学界以及教育学界众多学者的积极鼓吹和热心推动下，语文教育初步建构了一套新的话语体系。

最近40年语文教育思想观念的变革与发展，先后经历了四个阶段。

第一个阶段从1978年到1986年。这一阶段主要是恢复及重新确立语文教学秩序阶段，以1978年3月16日吕叔湘在《人民日报》上发表《当前语文教学中两个迫切问题》为标志。他在大力呼吁语文教育改变少、慢、差、费落后状况的基础上，提出捍卫语文教学工具性的问题。也是在这个月，叶圣陶发表《大力研究语文教学，尽快改进语文

---

①［英］柯林武德：《一切历史都是思想史》，陈新译，见丁耘、陈新主编《思想史研究》（第一卷），广西师范大学出版社2005年版，第5页。

教学》的讲话，提出加快研究多、快、好、省改进语文教学的建议。在此前后，张志公先后发表了《大力提高语文教学的效率》《语文教学需要大大提高效率——泛论语文教学科学化和进行语文教学科学研究的问题》等文章，比较全面系统地阐述了语文教学的工具性问题。这是对"文革"以后过度强调语文教育思想性的一次思想"去蔽"、启蒙与重新定位。很显然，当时强调语文的工具性，并与思想性并提，重心在讨论如何加强基础、培养能力、发展智力的目标，具体落实工具性的实施。在这一思想背景下，如何多、快、好、省及进行语文教育的科学化训练成为当时语文教育界，包括理论界、实践领域都普遍关注的一个问题。在语文教育上，工具理性的兴起，以及随之出现的训练说及目标教学、语文教学科学化等问题急骤上升为语文教学的关键词。重视语文基础知识及基本技能的训练，成为这一时期语文教学的主要任务及目标。一些以"双基"为中心及主要教学取向的语文教学模式先后问世，成为影响广泛的教学成果。

第二个阶段从1987年至1996年。如果说前一个时期是语文教育思想性和工具性相并列或交替的一个时期，那么，1987年以后，语文教育的思想性首先被重新审视。以1987年7月陈钟梁在《语文学习》上发表《是人文主义，还是科学主义》为起始，人们开始反思语文教学为提高效率以及探讨科学化导致的语文教学舍本逐末、陷入技术主义路线问题，呼唤人文性成为当时语文教学界一些有识之士思考的重要课题。当时两股思潮引发了语文教学界对此的思考：一个是一些大学人文学者由社会人文精神失落而提倡人文性的思潮；一个是语文教学过度的功利化使语文教学界深感缺失人文价值问题之严重。对人文性内涵的界定与阐释是在工具性已经获得共识的前提下展开的，又是对思想性的检讨与反思。当时语文教学界主要期刊开展淡化语法以及有关中心思想及主题教学的问题的讨论，实际上是对意识形态，特别是以阐述作品的思想主题及价值，从而表达对课文教学与意识形态过度解读状况的不满。不过，当时的批判反思实际上只是后来语文教育界反思与批判之前奏与序曲。虽然，这期间有不少学者参与讨论，或重拾话题，但由于参与者的知识准备不足以及主要局限于语文教学界内部，因此，后来并没有掀起更为巨大的高潮。10年期间，工具性仍然是语文教育界的霸权话语，人们围绕语文教育的工具性阐述了其综合性、实践性等特征。这种过度阐述最终使语文训练愈演愈烈。对掌握语文基础知识、语文基本技能的强调，逐渐形成了以"知识学习"为中心的抽象系统。"字、词、句，乃至段落、篇章，都通过语法教学、修辞教学、作文教学等手段被抽象出来，不注意词语、句子在具体语境中的实际运用，而是注意它们在词典中的含义，它们的语法结构。"①

　　第三个阶段是1997年至2010年，这是语文教育重建的一个时期。前期以1997年语文教育大讨论为主，后期则以语文新课程实施为标志。1997年语文教育大讨论是以大众媒介为平台对语文教育进行的一场广泛深刻的反思，其核心是对以工具性为中心的语文教育进行批判与审视。当时，语文教育界的大讨论是对语文教育多年来形成的一套陈旧的话语体系及教学系统的抨击，提出以文学性取代工具性的语文教育。当时批判虽然从语文教学远离文学及学生的生活开始，譬如其中代表性人物对语文教学内容缺乏文学价值，以及脱离生活的声讨，其影响所及，远远超过语文教育界以往任何一次学术争鸣和思想交锋。文学教育成为语文教育人文性及中小学语文教育的中心话语，强调人文精神和价值教育，可以说是语文教育价值理性不断上升的一个转折。这种呼唤与工具主义最大的区别在于注重人文精神之教育，大力提倡文学教育，强化学生在学习过程中的主体性。它是对以往过于注重形式、不注重内容意味或微言大义的一种反拨。这次语文教育大讨论呼唤语文课程的改革，其结果是，在语文教育中加强了人文性。它不仅表现在语文课程中对知识、技能的再认识，而且还表现在建构语文教育中确立了情感、态度、价值维度目标。当然，在由新课程改

---

① 薛毅:《当代文化现象与历史精神传统》，广西师范大学出版社2007年版，第197页。

革而掀起的语文教育重建运动中，就思想发展而言，又可再划分为前后两个阶段：第一阶段即《义务教育语文课程标准》颁布以后，作为对科学化话语霸权的反拨，语文新课程在整个基础教育改革运动的直接推动下，特别是在建构主义理论和后现代主义理论的影响下，对工具主义进行了深刻的检讨与反思，强调人文性，注重语文教学的体验与感悟，强调语文教学的趣味，提出了语文学科的性质是工具性和人文性统一的命题。之后，随着语文新课程的实验与推广，人们对其有关概念的反思又进入了调适阶段。实际上，以高中语文课程标准颁布为契机，语文教育界，包括语文高中课程标准的研制组核心成员在内，开始在观念上进入了一个对"工具性和人文性"深入反思的阶段。或者说是一个对人文性重新认识的时期。对语文教育中一些重要的基本概念及问题的反思，包括语文素养、语文课程、语文教育回归生活、语文教学的主体性问题，等等。一些学者强调，语文教育是人文教育而非文人教育，训练是语文教育的一项必要内容，以及其他学者对新课程实施中窄化理解回归生活的问题，都说明人们开始在一个较深的层次上反思与认识语文教育问题。

第四个阶段是2011年至今。经历了21世纪初10年语文课程的改革与实验探索，2011年、2017年教育部先后颁布了《义务教育语文课程标准》《普通高中语文课程标准》，标志着新时代面对经济全球化、科学和技术信息化迅猛发展的挑战，基础教育为实现提高全体国民素质和人才培养质量的目标和要求，语文教育开启了改革的新征程，进入了正式标准实施的时期。恰如《普通高中语文课程标准》前言所指出的，新一轮语文课程改革是在总结21世纪前10年我国中小学语文课程改革的宝贵经验基础上，充分借鉴了国际语文课程改革的优秀成果而建构了既反映"我国实际情况，又具有国际视野"的课程体系。

首先，提出了中小学语文教育的目标是着力发展学生语文学科的核心素养的概念。如果说2011年《义务教育语文课程标准》提出了"语文素养"的概念是对此前语文教育知识、技能、情感、态度与价值观三维目标的聚焦与整合，那么，2017年《普通高中语文课程标准》则是在中国学生发展核心素养的框架下对语文素养目标的进一步拓展，明确了学生学习以后应达到的正确的价值概念、必备的品格和关键能力。"语文学科核心素养是学生在积极的语言实践活动中积累与构建起来，并在真实的语言运用情境中表现出来的语言能力及其品质；是学生在语文学习中获得的语言知识与语言能力，思维方法与思维品质，情感、态度与价值观的综合体现。"它包括"语言建构与运用""思维发展与提升""审美鉴赏与创造"和"文化传承与理解"四个方面。其次，在强调语文课程性是人文性和工具性统一的基础上，阐述了语文是"一门学习语言文学运用的综合性、实践性的课程"。《义务教育语文课程标准》将"语文实践"既看作一种语文能力，又将其视为培养语文能力的途径，更强调其作为语文学习资源的重要，"应该让学生多读多写，日积月累，在大量的语文实践中体会，把握运用语文的规律"。《普通高中语文课程标准》对"语文实践"的阐述更为深入和具体，并且指出，在真实的语言运用情境中，通过自主的语言实践活动学习语文，而语文实践则是通过必修、选择性必修、选修三类各7—9个任务课程群实施。再次，阐述了语文课程的自主、合作与探究的学习方式。作为语文素养的重要构成，《义务教育语文课程标准》在确认学生是学习的主体的同时，强调要鼓励学生"自主阅读、自由表达，充分激发他们的问题意识和进取精神，关注个体差异和不同的学习需求，积极倡导自主、合作、探究的学习方式"。《普通高中语文课程标准》提出了学习任务群的概念。学习任务群的设计旨在通过精选语文学科内容进行教学，破除以往语文教学的讲解分析的教学模式，促进语文学习方式的变革，并使之成为学习语文的根本途径。"学习任务群以自主、合作、探究性学习为主要学习方式，凸显学生学习语文的根本途径。"最后，《普通高中语文课程标准》把语文课程结构划分为三种类型，即必修、选择性必修、选修三类，每一类分别安排一定的学习任务群，这样的设计与安排确实是义务教育阶段语文教育的"延伸、拓展、提高和深化"，在表现高中阶段对每个学生基本、共同的语文素养规定及要求的基础上，又体现出高中阶段语文核心素养及语文学习的层次性和不同的学习要求，"以满足学生对不同发展方向，不同发展水平语文素养的追求"。简单地说，既保证了基础性，又兼顾了选择性。

（二）话语重构：40年语文教育思想观念变化的表现与影响

在论述思想史形成的原因时，西方学者有两种不同的观点：一种观点认为，思想史是对一些永恒问题的永恒思考；另一种观点则认为，思想史并非对于永恒问题的不断贡献，而是来自对变化着的问题的变化着的解答。①从总体上看，二者实质上又并不矛盾，因为人总是现实情境中的人，即使对一些永恒问题的追问与思考，也总是缘于现实情境的触发，以及解决问题的需要。40年语文教育思想观念的变革与演进，就充分印证了这一点。实际上，从新时期众多不同学科的学者对语文教育中的一些根本问题的不断认识、深入思考及反复阐述，可以深刻地看出这40年语文教育思想观念的变迁及其轨迹。当然，他们对语文教育发展中一些重要问题的思考与他们对这40年来语文教育实践现状的观察、洞悉及探寻解决的途径有关。对语文教育发展的一些重要问题的思考所形成的新的话语概念及内涵，不但不断丰富、拓展了人们对语文教育理论与实践的认识，而且产生了规范性影响，重构了语文教育的话语体系。

40年语文教育思想观念的变化主要体现在对以下一些基本问题及概念的追问与诠释上。

1. 语文的再定义

1978年，吕叔湘在《叶圣陶语文教育论集序》中说，当代语文教育的问题，"表现是新问题，骨子里还是老问题"。这句话可以看作是

---

① 彭刚：《历史地理解思想——对斯金纳有关思想史研究的理论反思的考察》，见丁耘、陈新主编《思想史研究》（第一卷），广西师范大学出版社2005年版，第125页。

新时期语文教育思想反思与建构的出发点和基本取向。当时，语文教育改革的许多问题正是从反思和审视一些基本概念及老问题开始的，其中对"语文"再定义的反思首当其冲。

众所周知，"语文"课程命名于新中国成立初期，叶圣陶对此解释说："彼时同人之意，以口头为语，书面为文，文本于语，不可偏废，故合言之。"①新时期这一命名，实际上是通过对叶圣陶语文命名的确认，重新确定了语文教育的思想体系和价值取向。不过，与当初语文强调口头和书面语言表达能力，以巩固白话成果略有不同，吕叔湘承认，语文可以解释为语言文字、语言文学、语言文章等义项。然而，考虑到"文革"结束以后语文教育发展的实际状况，即学生语文基础知识和基本技能薄弱，在最初几年，语文课程偏重于语言文字或语言文章的学习与训练，即侧重于语文基础知识的学习以及阅读、写作技能的培养上。因此，如何提高语文教育效率成为当时语文教育最为关注的一个话题。随着1980年代中期语文教学越来越陷入支离破碎的语文知识学习、技能训练目标上，人们又开始回到语文教育的根源问题上思考语文到底是一门什么样的学科。

作为一位语言学家，王宁在比较了语言和语文的概念之后指出，"语言"是一个已经成熟的科学术语，而"语文"则是一个未经规范的普通名词。她以鲁迅的著作为中心考述了20世纪上半叶语文这个词的发生及变化，指出语文"专指书面语或文章"，一般与口语相对。她又援引《汉语大词典》对"语文学"释义进一步揭示"书面语"的内涵：语文是一门"偏重从文献和书面语的角度研究语言文学的学科"，包括文字学、音韵学、训诂学、校勘学等。

王宁认为，从现代"语文"概念及演变看，无论是把语文理解为"语言文字"抑或是"语言文学"，都与语文课偏重于用书面语的言语作品进行读写训练分不开。新中国成立以后，我国语文课程，特别是

---

① 叶圣陶：《语文教育书简》，载《教育研究》1979年第4期。

语文课本一般分为语言知识和文学篇目即基于这一考虑。而1950年代语言和文学分科教学则更是其突出表现。不过，王宁在1949年以后语言和文学的分科教学中看到了其问题所在。王宁认为，作为一门学科或课程，语文学科内容的建构不应当是语言文学的拼盘，而应当在它们之间建立有机联系："语文的基础是语言，它是通过语言认知、语言传意和语言训练来提高人的思维、认识与表达的能力和素养。一般地说，人的书面语是经过进一步加工提炼的，它不但可以用来表达思想和交流思想，而且具有超越时间、空间传播文化的更深远的作用。"①王宁从培养语言表达的丰富性、严密性及形象性，以及在训练思维和传意上的优先性和重要性等方面强调，书面语的培养需要专门的训练。"文学作品和文章，则是典范的书面语作品，是培养书面语言能力的语料，而且，它自身在通过典范的语言运用所表达出来的思想和感情，又是一种具有自身的独立价值的思维成果。"②正是从这个意义上，王宁强调说："文学是语言的成品，语言是文学的载体，二者不可或缺。"按照这个思路，她认为，把语文理解为"语言和文学"是可以成立的。王宁虽然从学理上对"语文"概念提供一番考述、论证及支持，但实际上，是对改革开放以来对语文学科任务及教学目标认识模糊、错位的一次清理及反省。比如，在很长一段时期，语文教育过度强调语法教学，存在着所谓把语法规则套用到语文教育的现象。王宁认为，语文教育应该从语言现象中学习语文，这是"语文"一词背后隐含的根本意义。

如果说王宁从语言学立场出发对"语文"命名进行反思、试图在以往的偏颇中纠正和建构一种语文课程观，那么，王富仁则是从古代教育和现代教育的变迁中厘定"语文"的范围，揭示其内涵，并从目标到内容对语文教育进行重新定位。

---

① 王宁：《汉语语言学与语文教学》，载《中国社会科学》2000年第3期。
② 王宁：《汉语语言学与语文教学》，载《中国社会科学》2000年第3期。

　　王富仁认为，在古代教育中，"语文"是一个大语文概念；而在现代教育中，"语文"是一个小语文概念。在中国古代，"语文"是一个无所不包的概念，几乎就是整个教育的代名词，其中文学、伦理学、道德学均蕴含其中，"它体现的是一个民族文化的全部，而不是它的一部分"①。而中国近代教育体系是在西方教育思想体系的冲击下形成、伴随着社会分工而产生的，知识的门类及分工越来越细密。语文学科是在排除了自然科学、社会科学等庞杂的知识内容之后形成的一个"小语文"概念，"它体现的不再是一个民族文化的全部，而是它的一种表现形态。"②王富仁说，近代社会的转型，其中一个重要变化就是，语文由过去的"大语文"转向现在的"小语文"。如果说，中国古代社会培养的主要是专门从事社会管理的政治人才，其主要任务是保证稳定社会、巩固封建统治，那么，中国现代教育则是建立在全社会"人"的培养理念之上，把社会生产的发展和社会历史的进步作为个体发展的基本目标。因此之故，在古代语文教育中，文学和伦理道德教育构成了教育的最重要的内容，其目标是注重非生产性的才能的培养，而现代中国教育是全社会"人"的培养。他强调说："自然科学的课程必须成为现代教育的一个重要组成部分。""教育内容也从过去更多地考虑家庭问题转向社会问题。"③在讨论语文课程改革的时候，王富仁说："假若把整个社会语言实践中存在的问题全都放在中小学语文教学及其改革中来考虑，势必会造成中小学语文教学观念的混乱，也无助于中小学语文教学及其改革。"王富仁认为，学校语文教学，确切地说，中小学语文教育，把语文界定为人类交际工具，人类文化的载体，实质上是混淆了"大语文"和"小语文"的差别，误把"大语文"当作"小语文"了。王富仁强调，要把语文置于中小学其他各门

① 王富仁：《"大语文"与"小语文"》（上），载《现代语文》2002年第6期。
② 王富仁：《"大语文"与"小语文"》（上），载《现代语文》2002年第6期。
③ 王富仁：《"大语文"与"小语文"》（上），载《现代语文》2002年第6期。

课程的比较中加以认识及区别：既看到语文学科借助文学语言进行表达的特点，也应该看到它的知识性、科学性和逻辑性，即"科学"的共性。这一特点，反映着人类科学文化的发展，反映着人类生活的科学化，同时，也反映着人类理性思维能力的提高。

一位是语言学家，一位是文学史家，王宁、王富仁对语文的反思以及建构都超越了各自学科的立场和观点。他们对语文学科的"文学"与"科学性"内容的认识、理解与强调，表现了语文教育界对语文认识的深化与不断丰富，从而摒弃了过去一元化及各执一词的偏颇，表现出充分的理性。实际上，正是在这些学者的思想及观念的争鸣中，语文课程的内涵获得了拓展，其属性及地位得到了准确的定位。

2. 性质归属：工具性、人文性、工具性和人文性的统一

改革开放40年，对语文学科属性的追问与反思一直缠绕着语文学科的发展。从讨论的轨迹看，先后经历了工具性、人文性、工具性和人文性统一这三个阶段。而卷入这场讨论人数之多，时间持续之长，都是前所未有的。

新时期关于语文工具性的追问首先是从认同叶圣陶语文是工具这一命题开始的。如前所述，吕叔湘在《叶圣陶语文教育论集序》中指出，"语文是工具，是人生日用不可缺少的工具"是叶圣陶语文教育思想内容的核心，揭开了语文性质讨论之序幕，不过，在吕叔湘看来，叶圣陶强调语文的根本属性是工具性，并没有把它与"教育性"对立起来。吕叔湘认为，对于叶圣陶的论断，不应该因他强调技术的训练而忽略了他对教育意义的肯定，当然，叶圣陶也反对"把精神训练的一切责任都担在自己肩膀上"，认为那"实在是不必的"。[①]可以说，无论是叶圣陶，还是吕叔湘，在理解语文工具性这一个根本问题上都始终将其置于一个恰当的位置，限制在一个恰当的范围之内。

---

① 吕叔湘：《语文散论》，山东教育出版社2002年版，第443页。

　　作为新中国成立以后多次语文课程及教学改革的亲历者、参与者及组织者，刘国正始终坚持语文学科的工具性。在他的论述中，值得注意的有三点：第一，强调语言是人类自身具有的工具；第二，语言是与生活有密切联系的工具；第三，语文是与人的思想和情感不可分割的工具，是人类精神的一个重要组成部分。总之，他是基于语言的工具属性和语言与人的关系来阐述语文学科的工具性属性的。当然，他也强调语言学科的技能性，指出语言是技能性很强的工具。"它的发展也主要依靠语言的实践。语言（包括写作）理论的产生远远后于实践。"①这些概念与话语的提出，都丰富了前人对语言的工具性的理解，以及对语文工具性的性质特征的认识。和刘国正基于语言的工具属性阐述语文学科性质不同，作为语言学家，陆俭明从语文修养主要是书面语修养和水平这一根本认识出发，认识及阐述语文学科工具性属性。陆俭明指出，为提高学生语文的掌握水平，要恰到好处地给学生一点语言知识。"重要的是我们必须明确，中小学语文教学中讲授语言知识，其目的并不是为了给学生灌输一套死的语言知识，而是为了让学生更好地理解语文课文，是为了更好地增强学生良好的语感，帮助学生更好地表达，帮助学生不出现或减少出现语病。"②

　　1990年代中期以后，由于社会人文精神的失落，加之语文教育界对于工具性理解的片面性，导致了语文教学过于注重形式的训练，甚至一度陷入技术主义的泥潭。对此，一些大学的人文学者开始自觉反思语文学科的属性问题，有的学者直接对工具性提出质疑，并明确提出了语文学科的本质属性是人文性。童庆炳认为，应该从语文教育的"元问题"上反思语文教育的性质。所谓语文教育的"元问题"，就是建设什么样的人是确定语文教学属性的根本问题。概括地说，"是通过

　　① 刘国正：《我的语文工具观》，载《课程·教材·教法》1996年第7期。
　　② 陆俭明：《关于中学语文教学中语言知识的分布与教学问题》，载《语言文学应用》2002年第1期。

语文教学使学生对自身的本质真正占有的问题"。换言之,"就是要通过语文教学挖掘学生的潜能,把学生潜在的感性和理性挖掘出来,发挥出来,而不是用刻板的教学模式死死地束缚着学生的潜在能力"。[①]童庆炳从哲学上对工具论展开批判,认为所谓工具论其哲学基础是认识论,即用主客二分的方式解释语文教学,把课文当作认识对象,"而不是感受、体验和领悟的对象"。在认识论哲学的影响之下,语文教学,特别是课堂教学注重知识和概念的教学,而不是生动形象和艺术意味的体验,"完全抽去了审美的欣赏,这怎么能不失败呢?""而导致失败的原因又与教学的哲学思想相关。我们过分相信认识论,而完全不相信存在论。"[②]他分析指出,对于像语文学科这样的一门人文性课程而言,完全采用认识论的哲学方法论还不够,甚至会产生技术主义的流弊,"导致千篇一律、简单生硬、枯燥缺味,应该充分看到语文课程的独特性,语文课中有知识,但又不止于知识"。他批评语文教学没完没了地强调语文知识的重要性,忽视了感悟性的东西,情感性的东西。他认为,以体验、感悟为中心的学习方式正是语文人文性属性的重要表现,与人文性互为表里。他的这一区别,确实把语文学科的人文性特点做了深刻的揭示:"领悟和认识是两条不同的掌握世界的方式。认识就是把对象当作一种科学知识来把握,领悟不是把文学当作科学知识来把握,文学不是什么科学,那样强调知识有什么意义?"[③]

钱理群是一位现代文学史家,他也是在语文教学的"元问题"上思考语文教学的属性的。他说,教育的本质就是"立人","这是整个教育的中心,是需要各个学科共同完成的。语文教育的任务,是要通过'立言'来'立人'"。因此,他强调,人文性是语文教育的本

---

① 童庆炳:《语文教学与人的建设》,载《课程·教材·教法》1999年第5期。

② 桑哲:《语文教学:语言与文学的互动——访著名文学理论家、北京师范大学童庆炳教授》,载《现代语文》2004年第5期。

③ 桑哲:《语文教学:语言与文学的互动——访著名文学理论家、北京师范大学童庆炳教授》,载《现代语文》2004年第5期。

质属性。他指出，教育是培养人，而不是工具。这是教育观念上的主要分歧。当然，中小学阶段是一个打基础的阶段，因此，教育的一切目的都应该是打好"精神的底子"①。语言是人的一种存在方式。"语言（说和写）是人的基本存在方式，言说的背后是人的心灵世界。因此，对语言的敏感、驾驭能力，也应是衡量人的精神素质的重要标尺，是提高人的精神境界，使人变得更美好的东西。"作为人文性的具体的体现，钱理群认为，要用艺术的眼睛而非科学的眼睛去看待文学。正是在这个意义上，钱理群十分强调文学教育的价值，并且认为，它是语文教育本质属性即人文性的必然要求。他说："如果说观察强调的是科学客观态度，而感受就是强调主体的嵌入，或者说客体向主体的转化，主客体的统一，因而真正是文学的。用文学的眼睛关照客观的物象（无论是大自然的风花雪月，还是人与社会），就浸透了主观的个体的色彩。"②

作为现代文学史家，温儒敏在充分肯定语文新课程改革张扬人文性的同时，并不"赞成那种过分人文化、文学化的语文课改"。把新课程改革理解为"就是加大人文性，弱化工具性"，在他看来，是一种误解。讨论语文教育改革问题要回到问题的原点。语文学科基本的原点是，"其功能在于解决他们的基本的读写能力，特别是阅读的能力，还有一般信息处理和文字表达、语言交际的能力"。他又进一步阐述说，"对大多数学生而言，提高读写能力是他们学习语文的起码要求，先要掌握语言表达的工具，然后才是审美、素养等方面的要求，后者相对而言是比较'奢侈'的东西"③。新课程改革主张语文教育性质是工具性和人文性的统一，但温儒敏对此比一般学者的理解更进一步。他说："但实际上在不同的教学环节，工具性和人文性的追求又往往是有

---

① 钱理群：《语文教育门外谈》，广西师范大学出版社2003年版，第137页。
② 钱理群：《语文教育门外谈》，广西师范大学出版社2003年版，第137页。
③ 温儒敏：《扎实稳妥地推进课程改革》，载《语文建设》2006年第5期。

分工、有侧重的。新课程改革可能对人文性要求比较突出，希望学生对语文学习更主动、更感兴趣，这是改革的需要和策略。我们必须意识到，语文课要培养读写能力，实践性很强，必须有反复的训练和积累，训练的过程不可能都是快乐的，甚至也不可能都是个性化的……毕竟它是实践性很强的学科。"[①]很显然，温儒敏虽然充分肯定了语文是工具性和人文性的统一，但他又主张工具性是基础，居于优先地位，人文性是在语文学科基础上体现的人文性；在讨论语文教学问题时，既不要加重语文负担，把什么东西都交给语文来承担，又不要随意夸大语文教育的功能。他明确反对把中小学语文教育等同于文学教育。他说："现在有些人主张以文学代替语文，其实也是夸大了文学的功能，那大都是搞文学的朋友们的一种设想，'可爱而不可行'，不切合语文教育的实际。不宜笼统提'快乐教育'，所谓教学中提升学生的兴趣和主动性，不是最终目的。"[②]

　　钟启泉是课程理论专家，他从语言的功能及语言活动的特点引申出他的语文性质观点。他说，语言是"认识手段与交际手段的统一"，"语言活动是认识与表达相统一的过程"。由此可以引申出对于语文学科性质认识的基本观点：（1）语文学科是"工具学科"。它是旨在发展学习其他学科所必需的知识、技能的学科，从这个意义上说，是"形式训练的学科"。（2）语文学科是"人文学科"，从逻辑上说，所谓"内容学科"是以理解、创造或表达思想为课题的"实质训练"的学科。如果说语词的学习具有形式性（工具性），那么文学教材的学习则是实质性内容（思想性）的学习。[③]这样看来，语文学科就是从形式与内容两个侧面发展学生语文能力、兼具"形式训练"与"实质训练"的一门综合性学科。不难看出，钟启泉主张语文学科性质是工具

[①] 温儒敏：《扎实稳妥地推进课程改革》，载《语文建设》2006年第5期。

[②] 温儒敏：《扎实稳妥地推进课程改革》，载《语文建设》2006年第5期。

[③] 钟启泉：《语言能力与语文学科》，载《中学语文》2000年第11期。

性和人文性的统一。

3.课程目标：人文素养、语文素养、文学素养及核心素养

课程目标的确立源自对培养人才规格的期待。语文课程目标的确立既反映了社会发展对教育提出的要求，也反映了一个时代人们对语文的价值诉求。与语文命名相联系，如果说培养书面语素养是语文课程确立的最基本目标的话，那么，40年来，特别是新课程改革以来，人们对语文课程目标的认识则越来越具体，表现出多样性的特色。

陆俭明持这样一种观点，即语文素养主要是指书面语的素养和水平。他说："一般地说，我们评价一个人的语文修养与语文水平，主要是就他的书面语修养和水平而言的。一个孩子进学校学习，从小学到中学，在语文方面主要是学习、掌握文字，学习、掌握好书面语。这样，他才能读书，才能不断接受高素质的教育，包括科技教育、文化教育、品德教育，才能用娴熟的书面语来表达自己的意见。而书面语的掌握主要不是靠习得，而是靠学得。"[1]依据这一定位，陆俭明认为，语文教学的目的和任务应该是：第一，帮助学生学习、掌握好书面语，以逐步养成以健康的审美情趣和文化品位来鉴赏文学艺术作品；第二，使学生不断受到真善美的教育与熏陶。

童庆炳认为，所谓语文素养，至少包括三个方面内容：第一个方面包括对汉语的热爱，能够让学生真正理解汉语的美质；第二个方面是要让学生能够理解、充分把握语文所包含的文化内涵；"学语文不一定光听、说、读、写，还必须理解语文的文化内涵。通过语文课应该对我们中华民族五千年文化的传统，'五四'以来的新文化传统，都有所领悟，不能说只有听说读写就解决一切问题了，重要的是还要能够理解语文所包含的文化内容"[2]。第三个方面，就是听说读写能

---

[1] 陆俭明：《关于中学语文教学中语言知识的分布与教学问题》，载《语言文学应用》2002年第1期。

[2] 桑哲：《语文教学：语言与文学的互动——访著名文学理论家、北京师范大学童庆炳教授》，载《现代语文》2004年第5期。

力。他认为，"这样多方面去理解语文素养，才是比较全面的"。

新世纪语文课程改革的重要内容之一，就是提出了语文素养的概念和目标。那么，语文素养目标到底包括哪些方面呢？方智范作为语文新课程标准研制组核心成员之一，他指出，语文素养不仅指语言修辞知识，也不仅指听、说、读、写的能力，它涉及种种因素，比方说思想道德、思维品质、文化修养、审美情趣、创新精神、个性发展、人格塑造等。他发问说："这些因素，哪一个方面能离开文学教育这个命题呢？都离不开，都可以通过文学教育来实现。所以，即使是小学语文课程，虽然没有大量的文学名篇，但许多课文都包含文学因素。21世纪，我们要呼唤新的人才观，新型的人才培养里面应该包含着人才的文学素养。而从人才的全面发展、终身发展的角度来讲，文学素养是一个健全的现代人的必备素养。要全面提高学生的语文素养，要德智体美全面发展，要有利于终身发展，文学素养是不可忽视的重要因素。""所以，就人的各种素养而言，和情感态度价值观、跟真善美相联系的是什么呢？是文学素养。它是人文素养的核心部分。"[①]不难看出，语文新课程改革十分强调文学素养在语文素养中的重要地位与作用。

经历了10年的改革与探索，2017年教育部颁布的《普通高中语文课程标准（2017年版）》则在此基础上提出了语文学科核心素养的概念。"语文学科核心素养是学生在积极的语言实践活动中积累与构建起来，并在真实的语言运用情境中表现出来的语言能力及其品质；是学生在语文学习中获得的语言知识与语言能力，思维方法与思维品质，情感、态度与价值观的综合体现。"它主要包括"语言建构与运用""思维的发展与提升""审美鉴赏与创造""文化传承与理解"四个方面。

---

① 方智范：《语文教育与文学素养》，广东教育出版社2005年版，第103、104页。

4. 课程内容生活化

在学校课程与生活的关系问题上，杜威的教育即生活的观点是20世纪课程领域里最具影响的观点之一。这一观点曾经影响1920年代我国新学制课程改革。为适应21世纪社会发展需要及形势的变化，新课程改革重新倡导语文教学回归生活的话题，引起了语文教育界深入的探讨。

早在新课程改革之前，刘国正就指出，语文教学要与生活相联系。他曾以作文为例指出，生活不仅可以为学生提供丰富的写作材料，解决其作文材料来源问题，而且，通过作文，特别是通过书写生活中有意义的、健康的东西，还可以改造生活，充实内心，塑造个性及精神。他说："我们要引导学生把他的作文跟自己的生活结合起来……学生生活中有意义的东西还是很多的，我们首先还得引导学生写他生活中有意义的东西、健康的东西。要指导学生学会从生活中选取材料的方法。比如有的同志培养学生观察生活的能力，指导学生写观察日记，这些做法是很有效的。总之，开源的工作，其中一个重要的方面，就是要帮助学生从自己的生活中去寻找写作的原料，从他们自己直接的经验中去寻找写作的原料。"[1]

童庆炳在哲学上充分肯定语文教育回归生活这一命题。但是，他认为，不能简单地理解回归生活或生活化的问题，特别是在编写语文教材时简单地对应生活的主题。他认为，在语文教材里注意加强人文精神和伦理道德的教育，使语文教材生活化是必要的。但是，选择所谓生活中的主题及题材作为教材编写组织单元的依据，这种做法只是简单地对英国、日本等国母语教材编写方式的模仿和移植。他质疑道："第一，生活海阔天空，无限宽广，中小学的语文教材的主题单元如何能穷尽它的版图呢？或者说，某些生活不重要，可以略去，但你怎么知道这一方面的生活就不重要呢？现实的发展可能证明这一生活在

---

[1] 刘国正:《剪侧文谈》，文心出版社1986年版，第216页。

今天看起来不重要的东西，明天会变得非常重要。"第二，更值得考虑的是，把多义性的、蕴含丰富的文学作品，纳入文学想象应有的空间，并且人为地编入某一主题单元之内，根本不能保证选文的典范性，"这个代价太大了"。第三，以"生活"或"价值"为主题组织单元，与过去以政治思想、工具理性组织单元都不过是一个了无生趣的框框，不过是用"新框框"去代替"旧框框"罢了，并无实质性区别。①

孙绍振从哲学基础对语文课程生活化观点进行了深刻的批判与反思。他以作文要贴近生活为例分析说，"这种'理论'的哲学基础，具有机械唯物主义的特点，以为只要目击到对象的信息，就可以自然变成作文，而无视于作文是生命的精彩体验，是心灵的精致的创造。作文并不仅仅是客观生活的反映，而且是自我情思的升华和结晶，是生活的特征和情思特征的猝然遇合。作文的冲动以情思的活跃为前提"。其次，"没有体悟，哪怕自以为'贴近'了生活，充其量也只是感觉到了人所共知的现象。生活是离不开体验的，没有个人体验的生活，就不能成为写作意义上的生活。一些理论家，把那种与作者情感和思绪无关的现象当成了'生活'，是极大的误导。""从这个意义上来说，成功的经验并不是贴近了生活，而是贴近了自己。正是因为贴近了自己，读者才感到其中有真正意义上的生活……从写作实践来说，未经主体（或者自我）情思同化的，不带作者特别的痛苦和欢乐的生活，就不能算是生活。作文中的生活，不能没有作者特殊的体悟和发现。因而，贴近生活的前提不能不是贴近作者的自我，不能贴近自我活跃的心灵，则永远也不能贴近生活。"再次，"作文的根本是启动孩子的心灵。贴近生活的理论不但忽略了孩子心灵的活跃，而且带着很明显的成人化的色彩，难免以成人固定的观念扼杀孩子的心灵。孩子的感受、观念不同于成人，最集中的表现就是其想象远比成人自由、多元。而贴近生活的理论，则隐含着一种统一的生活真实的预设。要贴

---

① 童庆炳：《漫谈中小学语文教学的中国经验》，载《中学语文教学》2008年第2期。

近孩子的自我，就不能不贴近孩子的年龄特点，也就不能不贴近孩子的想象"①。总之，孙绍振针对机械反映论哲学，对作文是生活的客观反映说法提出了批判，同时对个体在生活中的体验作用及儿童在作文中的主体性给予了充分的肯定。

5. 谁是教学主体

在语文教学过程中，谁是主体不仅仅是一个哲学问题，也直接关系到课堂教学的组织和实施，因此，自1970年代末起，这个问题就被教育界不断追问、反复论争。当时，语文教育界比较认同的观点是：学生是教育主体，教师是主导，与此同时，也有学者提出教师和学生同为教学主体的命题。这一命题曾经有过一段相对沉寂的时期。随着新一轮课程改革到来，又逐渐引起人们的关注，许多学者参与了讨论。

如前所述，童庆炳对语文教学中主体性的思考是基于其哲学基础的批判与反思。他指出，过去学生的主体论其哲学基础是认识论或机械认识论，认识论主张主、客二分，势必把学生或文本当成认识的对象，"而不是感受、体验和领悟的对象"。主体性认识论当然有其重要价值，但它"仅仅是语文教学的起点"，语文教育，特别是面对作为课文的大量优秀文学作品，面对作品中蠲人耳目的形象和沁人心脾的情感和意蕴，"教学的任务就不仅是做些词语的训练，而且还要引导学生深深地进入作品的迷人世界，这就必须要调动学生的感受、体验、直觉、妙悟、移情等心理机制，让他们为作品的情景所吸引，为人物所感动……阅读鉴赏主体与客体完全融合为一"②。因此，他强调，在哲学上还需要存在论。

王富仁认为，在语文教学中，存在着三个主体，即文本创作主

---

① 孙绍振：《"贴近生活"不是一剂良方——小学作文教学指导思想的偏差》，载《小学语文》2008年第6期。

② 童庆炳：《语文教学改革的哲学思考》，载《语文建设》2003年第8期。

体、教师主体和学生主体。他说："任何一篇课文的作者都不是为了我们现在教师的'教'和学生的'学'而创作的，而是为了在自己的语境中向自己所实际面对的对象或自己假想的读者表达自己真实的思想感情而创作的。"[1]因此，语文教学首先必须充分尊重课文作者的创作主体，它要求授课教师不能随意脱离文本向学生灌输自己的思想和感情，以及自己希望学生具有的思想和感情。换言之，教师的主体性是有限度的，"它必须接受作者的主体性为它设定的这个特定的空间"，"必须避免那种离开文本本身许可范围进行纯属于自己的天马行空般的自由发挥，必须避免那种脱离开对文本作者的基本理解而进行的不着边际的思想批判和艺术挑剔"。[2]

王富仁认为，教师的教学主体性体现在根据自己对文本独立的感受、体验和理解解读文本和独立地组织语文教学的权利。每一个读者都有在自己的人生经历和生活体验的基础上感受和理解文本的权利。"语文教师也是这样一个读者，并且理应是一个对课文有着更丰富的体验和更细致的感受的读者。"[3]尊重语文教师教学的主体性，首先要尊重语文教师在课堂上以自己真实的独立的感受和体验分析和讲解文本的权利。王富仁指出，在教学活动中，教师的主体性体现在积极主动地创造一种自由和谐的教学活动上。"教学活动，特别是语文教学活动，是一种最自由的活动，是一种最需要自由的活动。最真实的语言，最优美的语言，最有感染力的语言，都是在自由的心境中从人的真实的感觉、感受和认识中流露出来的。"[4]

学生的学习主体性是指在语文课程学习过程中，学生始终处于主体的地位。它包含两层含义：第一，全部的语文教学活动，都必须落实到学生的"学"上，都是为了尽快提高学生的人文素质和语文素

---

① 王富仁：《在语文教学中必须同时坚持三个主体性》，载《语文学习》2003年第1期。

② 王富仁：《在语文教学中必须同时坚持三个主体性》，载《语文学习》2003年第1期。

③ 王富仁：《在语文教学中必须同时坚持三个主体性》，载《语文学习》2003年第1期。

④ 王富仁：《在语文教学中必须同时坚持三个主体性》，载《语文学习》2003年第1期。

质，不利于学生提高的太低俗的内容和形式固然是应当排斥的，太高远、为特定年龄阶段的学生所无法接受的内容和形式也是不适宜的。第二，在整个语文教学活动中，学生都是一个积极主动的参与者，而不是一个被动的服从者。这表现在学生学习课文时，不是被动地记忆、模仿文本，而是站在与文本作者平等地位上努力感受和理解文本作者的思想和感情。"这些思想和感情是与这样的文本一体共存的，但却是经过自己的感受和理解才从文本中发现出来的。"①

王富仁概括指出，在语文教学中必须始终坚持三个主体性："使学生在尊重历史文化遗产创造者的主体性和语文教师的教学主体性的同时，坚持自己的学习和成长中的主体性，承认别人的个性，发展自己的个性；承认别人的自由，争取自己的自由，则是学生人文素质提高的根本标志，而在这样一种人文素质提高的过程中重构自己的语言系统，则是学生语文素质提高的基本途径。"②

孙绍振认为，新课程改革强调学生的主体性，与过去把学生当作客体相比，是值得充分肯定的，但因此而忽略教师的主体性，把教学过程中教师的地位确定为"平等中的首席"，无疑又可能造成一种"蒙蔽"。孙绍振指出，学生主体性的哲学基础是启蒙主义的主体性哲学。所谓主体，是相对于客体而言。第一，就是相对于大自然客体，强调人是能够认识的主体，并不绝对是客体的被动反映，而有无限潜在的认识能力；"认识了必然，就能够获得自由"。第二，相对他人（者）而言，粗浅地说，也就是主动性，是被动状态的解脱，主体意志的自由不承认任何"他者"的统治。第三，从与社会交往来说，主体性就是个性的、不拘一格的、与众不同的、不可重复的，拒绝任何僵化的模式。第四，在教师与学生之间，不承认教师为真理终结的权威。真理是无限多元的，在教学过程中，教师不能忽视学生的存在，必须充

① 王富仁：《在语文教学中必须同时坚持三个主体性》，载《语文学习》2003年第1期。

② 王富仁：《在语文教学中必须同时坚持三个主体性》，载《语文学习》2003年第1期。

分尊重学生的主体思想的自由和无限潜在的创造力，"离开了学生的主体心理的主动性，不把学生从被动心理状态中解脱出来，不能有效地挑战学生本初的心理结构，使之产生个性化的调节和建构，一切都免不了落空"[①]。为了强调这一点，新课程改革突出了学生的主体性，也就是主动性、个性、不可重复的创造性，它所针对的是盲目信任教师的权威或者真理的垄断地位。与之相应的是，把教师的主体性降低，强调师生平等对话，同时又将教师定位于平等对话的"首席"。孙绍振认为，这实际上是削弱，甚至是抹杀教师的主体性。

从哲学基础上说，教师"首席论"的实质，是后现代解构主义文化哲学在教育中的一种表现，是解构主义理论的妥协的产物。因为它并没有在理论上解决教师主体问题。"发言的次序，与教师的任务是毫不相干的。排序第一，而又废话连篇，和排在末了，言不及义，效果上相差无几的。"[②]孙绍振的观点是，在宏观的大叙事中，绝对权威应该被否定；在微观领域里，在具体历史语境里，在学术前沿，应该承认相对权威的存在。平等并不表示在理解文本的内容上处于同等水平。"所谓'平等对话'，只能在最抽象的意义成立。平等只是在人格和层次上，在学养上，不平等是客观存在。一个合格的教师，其主体应该居于优势地位，学生主体居于弱势，是题中之义。"[③]孙绍振强调，我们应该理直气壮地承认教师的主体性，对教师主体性的正确理解应该是：第一，它是要教师以自己的强势主体性来树立的；第二，它不是自足的，而是相对的，在激起学生主体性的过程中发展的。因此，教师要用个体的主体性去唤醒沉睡着的学生的主体性。"大凡是主体

---

① 孙绍振：《语文教学中教师的主体性问题——兼译教师"首席论"》，载《语文建设》2005年第12期。

② 孙绍振：《语文教学中教师的主体性问题——兼译教师"首席论"》，载《语文建设》2005年第12期。

③ 孙绍振：《语文教学中教师的主体性问题——兼译教师"首席论"》，载《语文建设》2005年第12期。

性，其思维结构都有一定程度的自足性，也就是封闭性，不是随意就能动荡、开放起来的。学生的主体需要教师以强势的主体性去激动。如果教师的主体性没有一定的强势，学生的主体性就不可能轻易开放。越是深层次的心理结构越是带封闭的性质，也就越需要教师的主体强势去启动……主体性是动态的，双向互动的，在对话的过程中，不断激活，不断调节。"①当然，不可忽略的是，课堂上教师的主体性不是绝对的，而是有条件的。那种以真理的垄断者自居的霸权性的主体性只能窒息学生的主体性。教师的主体性功能就是解放学生的主体性，在开放、深化学生主体性的过程中，深化自身的主体性。孙绍振还从当代西方哲学主流从启蒙主义主体性哲学转向主体间性哲学的趋势强调，我们在强调教师主体性、学生主体性的同时，应该看到教育活动中的主体间性特点，至少它与主体性哲学可以互相争鸣。

（三）40年语文教育思想观念演变的结果

1. 语文教育思想观念的话语表达方式发生了变化

回顾40年语文教育思想观念的演变，最显著的变化表现在概念及话语表达方式上的不同。随着新时期语文教育理论探索的推进，过去一些耳熟能详的概念，如"双基""思想性""课外活动""训练"等概念逐渐被"三维目标""人文性""综合实践""体验"，以及"个性化学习""综合学习"所替代；有一些核心概念虽然在字面上没有发生变化，但内涵却被赋予了新的意义及价值，比如工具性、人文性、语文素养就与10年前的含义有了很大的差别，而融入了新课程改革的许多理念。实际上，即使在次级概念，如"训练"一词，经过近年来的反复讨论，其内涵也比以前扩展了许多，不再是简单的字词句的练习，而主要指语文素养的养成。如果以1978年教育部颁布的《中小学语文教学大纲（试行草案）》和《义务教育语文课程标准》比较，40年来

① 孙绍振：《语文教学中教师的主体性问题——兼译教师"首席论"》，载《语文建设》2005年第12期。

语文教育思想、观念话语变化的情况可能会看得更清楚。语文教育思想观念及表达方式的变化不仅仅是简单的语词的变化，也不仅仅是时代变迁的产物，它标志着认识事物本质的深化、视角的转换和价值的多元化。

语文教育思想观念的变迁，从某种意义上可以说又是语文教育话语的一次融合、建构与创新，甚至可以说是语文教育话语的一次重构。如果说传统语文教育是一门无所不包的综合性学科，现代语文教育是在学科分化以后与其他人文学科并设的一门课程，那么40年来，特别是近10年来语文学科与相关学科，如语言学、文艺学及教育学等学科保持深入对话，吸收与容纳相关学术成果，则使语文教育思想观念呈现出蓬勃生机和前所未有的活力。

如果说以往的语文教育思想观念话语主要来自语言学和教学论学科，在改革开放初期，对于恢复和重建语文教学秩序及教学规范，提高语文教学质量及效率发生过重要作用，那么，随着时间的推移，那些主导语文教育的话语则表现出思想僵化，形式简单，内容单薄的特点。而1980年代中期以后，思想的解放和学科自觉，语言学、文艺学、教育学、哲学话语的转换及范式的转变，及其先后输入语文教育领域，不仅改变了过去语文教育以某一学科话语为中心的格局，丰富了语文教育的思想资源，而且增加了思想的活力及话语的表现性，从而更加深广地反映了语文教育的丰富性、深刻性及活力。

2. 在多重理论视域中建构语文教育思想观念话语

改革开放初期，语文教育的思想观念主要来自教学问题、经验及常识，在理论上归于认识论，用分析哲学的话语说是认识论的语言模式。实际上是简单的认识论和机械的反映论。这种简单的认识论和机械的反映论只是片面地反映了语文教育的问题与现象。具体地说，既无法反映当时丰富多彩的语文教育改革实践活动本身，其理论又制约着语文教育思想的深化及探索。1980年代中期，当时语文教育界讨论人文性问题，是文化领域人文精神讨论的延伸与回应。其讨论的价值在于启发了一批青年学者用一种新的理论视角来审视语文教育的实践与问题。当然，在新生代学者中，不少人在批判认识论基础、颠覆权威时，又表现出急于摆脱既有理论话语及前辈权威阴影的偏激与标新立异。无论是知识背景，还是理论基础，他们都显得准备不足。因此，在思想界一度出现混乱。其主要贡献在于破除了旧的理论话语的霸权位置，使人们开始对语文教育问题发生自觉。1990年以后，这种情况发生了重要变化。由于语文教育大讨论引起社会广泛关注，特别是北京、上海等地语言学家、文学专家及课程专家介入语文教育，把语文教育的话语建构置于一个开放的多重理论视域及体系之中。

"人们除了用语言来指称世界之外，更用语言来表达愿望、发布命令，总之，用语言来做事。"[①]在语文教育思想观念的建构中，语言学、文学、教育学一些蕴含着学科最新学术探索的话语进入了语文教学话语体系之中，展开平等对话及相互碰撞，更重要的是，其话语背后的理论基础发生了重要变化。建构主义、多元智能理论、后现代主义成为支撑其话语的重要理论资源。来自不同学科的话语，以及不同理论学说相互激荡，不仅使语文学科实现了在一个开放的视域中进行话语整合，而且使语文教育思想保持多元对话的动态的历史画面，从而更全面地反映和诠释语文教育的实践活动。值得一提的是，以往语文教育的思想话语总是滞后于相关学科的学术进展，在此之后，语文教育的话语建构与其他学科处于一种共时性之中，具有共同的时代特征。

3. 在语文教育思想观念话语建构中，重新确定了语文学科自身的定位

长期以来，关于语文学科的定位问题始终摇摆不定。不要把语文课上成"思想政治课"，不要把语文课上成"文学课"，不要把语文课上成"语言训练课"，可谓聚讼不已。改革开放以来，这一问题仍然困

---

① 胡传胜：《自由的幻像——伯林思想研究》，南京大学出版社2001年版，第7页。

扰着语文教育的发展。如何对语文学科进行准确定位，有两个问题必须加以考虑：第一，语文学科自身的性质及规律。曾几何时，我们对语文学科自身定位认识不清，实践上出现反复，许多都与我们对语文学科性质的认识模糊有关。第二，社会发展状况及需要。

　　40年语文教育思想观念的演变，经过多次论争，在语文学科性质上基本达成了共识，即工具性和人文性的统一，这表明对语文学科自身的定位趋于理性和科学。无论是1970年代末及1980年代初的"工具论"，还是1990年代的"人文论"，实际上在认识上都存在偏差。1990年代以后，特别是语文新课程改革确定了其性质是工具性和人文性的统一，这种局面才有所改变。1980年代的"工具论"强调语文的现实致用能力，因此，提倡掌握系统化的语文知识，以及系统的语文技能。但是，因为强调效率至上，因而在实践中，出现了脱离文本语境，甚至把课文中的知识要点从具体文本中抽象出来，进行句段、语段训练的分析，强调知识体系的掌握和科学学习的程序及模式，又违背了语文学科自身的特点以及语文学习规律；忽略了通过文本直接感受现实世界，获得审美趣味及精神自由的价值。[①]恰如西方学者指出的："普遍法则的抽象体系，虽然（作为工具和武器）有助于我们支配和开发现实世界，但肯定也会遮蔽我们对鲜活的直接经验的感受，使我们看不到我们生活中那些独特而奇异、无法预见且常常是十分混乱的因素。"[②]"人文论"者在抨击工具主义思想歧路时，倡言个性自由，"打好精神的底子"，强调语文在传播文化、精神上的作用，但却没有指出，语文学科实现个性及精神自由的路径与方式，把语文学科与哲学、美学及文学等学科传播的价值和情感混为一谈，实际上也没有给予语文教育以准确的定位。语文教育的工具性和人文性的提出，它

① 詹丹：《新语文观的现实与历史背景》，载《上海师范大学学报》2005年第2期。

② ［英］伯林：《反潮流：观念史论文集》，冯克利译，译林出版社2002年版，第25页。

迫使语文在"具有文化性、精神性的前提下，使语文寻找到自身的位置。"①而语文学科特性正是在用语言"说什么"和"怎么说"，即在解决"形式"与"内容"，即"如何写"和"写什么"的反思中获得了准确的定位。

回顾40年语文教育思想观念的演进，对语文学科进行定位，还可以从思想观念之制约与包容上得到解释。新课程改革确定了语文学科的性质是工具性和人文性的统一，实际上是就总体而言。在这一观念之下，具有两层含义：第一，承认工具性和人文性及其在一定范围之内存在的合理性，甚至承认二者之间存在冲突，而不像过去那样以某一种思想观念压制另一种观念，甚至取消对方。承认统一性及其共存，甚至承认二者之间的冲突存在，表明人们在认识语文教育性质问题上具有包容性，从而体现对人的本性上的认识的差异。恰如西方一位学者所说："观念或理想的冲突源于人性与价值的冲突，源于人类天生就追求互相冲突的目标这样一种类本性，源于根本就不存在一个至高无上的、足以统辖所有目的的目的。这是人类的一种生存状态。"②第二，在一定时代的精神状况之下，以及针对不同区域的社会及人群需要来说，工具性、人文性及工具性与人文性的统一，又会有所偏倚，或者通过强调或追求某一属性反映社会发展的需要，当然，在反映社会需求而偏向某一属性时，在总体上又不能违背或脱离语文学科的本质属性，即工具性和人文性的统一。40年来在讨论语文学科的工具性和人文性时有其社会需求及合理性的一面，但又都存在着因迫切解决语文教育问题而矫枉过正、脱离根本性的一面。

4.形成了新的语文教育思想传统

早在1970年代末，张志公就曾指出："语文就是这样一门课。它是

---

① 薛毅：《当代文化现象与历史精神传统》，广西师范大学出版社2007年版，第199页。

② 转引自胡传胜：《自由的幻像——伯林思想研究》，南京大学出版社2001年版，第6页。

最不能'立竿见影'的，它给学生的帮助是最不容易被察觉到的。可是，当人们发现不少中学毕业生文理不通的时候，却想起了语文课，想起了语文老师，从而交相责难，简直闹得语文老师们有点抬不起头之感。学通了，功不在语文课；学不通，责任在语文课。世界上难道还有比这更不公允的事情吗？"①这一段话生动地揭示了语文教育追求工具理性及价值理性的复杂性与出现的问题。与对语文学科属性的认识相一致，40年来语文教育在工具理性及价值理性诉求之间始终存在着一种张力。

1970年代末1980年代初期，为改变当时语文教学"少、慢、差、费"的状况，无论是在思想观念上，还是在教学实践中，工具理性都支配着中小学语文教学活动。1960年代，张志公发表过一篇《说工具》，对语文学科工具性质做过专门阐述。1970年代末1980年代初，语文教育界在叶圣陶"语文是一门基本工具"的命题之下，对语文教学如何通过语文工具及语文训练达到语文教学目标进行了深入细致的探讨。工具理性的核心取向是效率。当时讨论的中心话题是如何采用科学的手段、方法及途径提高语文教学的效率。张志公的一段话颇有代表性："讲科学、讲方法，是达到'多快好省'的一个必要条件。"②吕叔湘在多篇文章中倡议，要研究如何用较少的时间取得较好的语文成绩，提高教学效率。张志公明确提出，为提高语文教学效率，应该把语文训练作为一个科学问题加以研究，突出科学性。他申明自己的态度是，反对那些"劳而无功、劳而少功"的形式主义训练，强调"效率"二字最重要。他又设想并号召致力于探讨形成若干有用的、有效的教学模式，以便教师可以在教学过程中灵活使用。之后，为提高学生学习语文知识水平，使其掌握语文技能，实现语文教学目标，设计科学高效的训练途径，并对学习活动进行控制，逐

---

① 张志公：《张志公语文教育论集》，人民教育出版社1994年版，第607页。

② 张志公：《张志公语文教育论集》，人民教育出版社1994年版，第185页。

渐占据语文教育界主流。

在工具理性和价值理性追求中，工具理性始终处于优先地位，没有工具性，价值理性就无法实现。但是，当工具理性并不指向价值理性预设的目标时，或工具理性目标至上时，就必然走向理性追求目的的反面。改革开放前10年，语文教育界致力于工具理性取向及行动实践，提高了语文教学效率与质量，促进了语文教育的发展和前进。但这一取向也存在问题，特别是后来走向极端，手段成了目的，甚至成为束缚语文教学及人的思想的工具，遮蔽了语文学科的特性以及语文学习的特殊性，形成与价值理性对立状态，因而导致1990年代中期对它的反思与批判。正如英国哲学家伯林批评理性主义思想家所指出："这些理性主义思想家全都相信，在某个地方，以某种方式，从原则上说可以找到一个唯一的、对事实和价值问题同样正确的统一的知识体系。他们追求无所不包的方案，普通有效的统一架构，在这个架构中万事万物展现出系统的——符合逻辑或因果律的相互关系，以及宏大而严密的结构，它没有给自发的、出人意外的发展留出丝毫余地，其中发生的一切事情，至少从原则上说，都可以根据不变的规律完全得到解释。"[1]然而，它自有局限性，"它阻碍了他们自己的世界观，桎梏着他们的想象、感情或意志，妨碍了精神或政治自由"[2]。当时社会倡导语文教育回归语文，强调人文性教育就是对语文教育异己力量的检讨与批判。

意大利人文学者维柯指出："人们的思维是由他们所继承的语言——词语和形象——形成的，而语言也相应地形成了他们的表达模式。寻找明白易懂和不偏不倚的风格，像利用枯燥的笛卡尔分析方法

---

① ［英］伯林：《反潮流：观念史论文集》，冯克利译，译林出版社2002年版，第15、16页。

② ［英］伯林：《反潮流：观念史论文集》，冯克利译，译林出版社2002年版，第100页。

教育学生的企图那样，会把他们的想象力剥夺殆尽。"①语言学习不仅是一种手段、一种工具、一种不断探寻人性的丰富性和深刻性的工具，语言也构成了人本身，构成了人性的丰富性和深刻性内涵。维根斯坦更指出，语言创造了一切。自1990年代开始，人们在批判与反思工具理性在语文教育中的霸权地位时，把寻找自我、自由精神及情感与体验作为基本诉求，希望为个体发展"打好精神的底子"，并以此来挽回"语文性"和人文精神，重建学生的生活世界。它对当时"冥顽不化、死水一潭"语文的教学以强烈的思想刺激，在痛陈语文教学的诸多弊端时，彰显一种"正义的激情，一种道德的激情"，对当时语文教学缺乏"人"的教育不止一次地矫枉过正，更是呼唤价值理性的回归与重建。当然，在这一过程中，价值理性的扩张，亦有忽视或无视工具理性的一面。如前所述，当时一批人文主义者在张扬价值理性的呼声中，非但没有正视工具理性合理性的一面，实际上，是搁置了工具理性对语文教学的手段、方法及路径的设计。历经了两种理性的追求的曲折与起伏，新课程改革通过揭示语文学科的"工具性和人文性"的统一，重建了语文教育思想和实践的传统，即工具理性和价值理性的统一。价值理性是语文教育追求合理性的实质，即终极目标，而工具理性则是实现价值理性的前提与条件，工具理性必须预设价值理性目标，违反价值理性的核心目标，一味地追求工具理性必然导致语文教育发展失去其历史的价值。

改革开放以来语文教育思想观念的发展及演变，也有一些值得思考的问题，比如，有不少思想观念，与其说来自语文教改实践，毋宁说是相关理论术语的直接"拿来"和借用，借鉴这些话语言说语文教育固然令人耳目一新，但实际上又无法真正反映语文教育变革的现实与问题，特别是在当前无限丰富的语文教育实践面前，一些学科话语

---

① ［英］伯林：《反潮流：观念史论文集》，冯克利译，译林出版社2002年版，第113页。

过度输入可能遮蔽语文教育实践的丰富性和广泛性。"思想观念要对应现实问题的改造。"因此，在未来语文教育思想观念建构之中，首先必须面向语文教育实践及问题，在解决语文教育实践及问题过程中构筑语文教育思想观念大厦，而不能把人文学科的一般问题当作语文教育的问题，更不能把相关学科的理论当成语文教育的思想根基。此外，还应该注意如何利用传统语文教育的思想资源。说到底，构建和创新语文教育思想观念的话语体系不能脱离其思想的根源。事实上，语文教育中有许多问题并不是这几年才有的，而是属于一些"老问题"或"永恒的问题"。对此，历史上不少学者都有一些重要的阐述和观点，揭示了语文学习的一些基本规律，富有教育智慧，其中不乏真知灼见，对今天的语文教育不乏启发，因此，在重建语文教育思想及观念的话语空间时，必须珍惜这一笔宝贵的遗产。

三 读经思潮与20世纪语文教育改革

1935年，语文教育专家阮真在《时代思潮与中学国文教学》一文中，把洋务运动后、新文化运动前语文教育运动思潮划分为注重读经和废止读经两个时代。阮真的划分大致概括了20世纪初期现代语文教育在启动和初发阶段，保守与变革、传统与现代性之间的矛盾与冲突。但在这一阶段泛起的读经论调，却并没有因为废止读经而消退，反而衍化为一股思潮，其跌宕起伏，几乎贯穿20世纪前期语文教育之始终。

近代中国社会，风云际会，读经思潮的每一次泛起，似乎都与政治上的反动与复辟有关联，或为前奏，或为其张本，因此，遭到猛烈抨击与批判，自是必然。揆诸实情，读经思潮的引发与泛滥，情况又很复杂。除了政治因素外，还涉及文化、思想、社会心理诸层面因素，事实上，就每一次读经思潮情况看，其原因也不尽一致，因此，不能笼统论之。近年来，国内文化史学界对与读经思潮有思想、文化渊源的国粹派、复古派及早期新儒家等文化保守主义历史功过，做了较为客观的剖析与评价，这为我们语文教育的研究提供了启发：如果顺着近代读经与反读经思潮轨迹，探寻和追溯其对语文教育发展的影响，从微观角度剖析语文教育从传统走向现代的过程，也不失为一个有意义的课题。

（一）传统教育的解体与裂变：清末读经与国文科独立

近代读经思潮的滥觞并非空穴来风。它和清末新式教育兴起很难截然分开。晚清兴学是在西学东渐及其对传统教育挑战后做出的被动回应。张之洞作为主要设计者，是以中体西用为指导思想构建变革旧教育方案的，因此，《奏定学堂章程》开宗明义，阐述其立学宗旨："无论何等学堂，均以忠孝为本，以中国经史之学为基。"又说："中国经史，即是中国宗教，若学堂不读经书，则是尧舜禹汤文武周公之道，所谓三纲五常者，尽行废绝，中国必不能立国矣。"由此看来，一方面新式教育以学科课程的科学体系取代了以伦理道德教育为核心的传统课程；另一方面又在新式教育的课程中尊崇读经讲经，就不难理解了。倡导读经的目的，除了维护封建统治、捍卫纲常名教外，保存国粹、发扬传统文化，也是一个重要方面。正因为此，自《奏定学堂章程》在中小学课程里设立读经、讲经后，至蔡元培1912年出任南京临时政府首任教育总长正式取消读经科止，尊孔读经之风一直很盛。其中，一些民族主义者、复古派也推波助澜，如1906年国粹派代表人物章太炎号召："用国粹激动种性，增进爱国热肠。"虽然，他倡导的国粹，并非完全是"尊信孔教"，但他声称以孔子所开创的真正儒家为宗对读经思潮无疑也起了相当的促进作用。

考察清末读经与国文科的关系，一是看读经科设立之初，即当它从传统语文教育中剥离后，对国文科的影响；二是着重考察在第一次废止读经前，读经思潮消涨与国文发展的关系。《三字经》曰："我教尔，唯一经。"在封建社会中后期，我国传统语文教育内容与体系已相对稳定，大致形成了三个层次：一是集中识字阶段，以《三字经》《百家姓》《千字文》《千家诗》等为主要内容；二是偏重儒家伦理道德教育阶段，以"四书五经"为主要内容；三是注重语言文学训练阶段，以《文选》《古文观止》等为主要内容。从结构上看，"四书五经"教育是其中的核心。从形态上看，传统语文教育是伦理、道德教育、语文教育及历史、哲学教育一体化的，因而其功能是混合的。

《奏定学堂章程》规定，中小学堂设立读经一科，以"注重中学根本"，在此前提下，引进了西方现代课程体系。这种课程结构的确立，意义深远巨大。它不仅宣告了整个传统教育体系的解体，也加速了传统语文教育的分化和裂变。

新式教育的发动者为捍卫封建纲常名教和中学根本，设立读经讲经一科从而使混合形态下的传统语文教育得以分化，成为一门专门化的儒学教化课程。这门课程的独立性表现在，既保持了传统经学教育内容的完整性，其伦理、道德教育目标更明确、具体，在中小学堂各门课程中，其课时安排也远远高出其他学科。按规定，初等小学堂读《孝经》、"四书"、《礼记》节本，共101 800字；高等小学堂读《诗经》《书经》《易经》《仪礼》，共计1 152 000字；中学堂读《春秋左传》及《周礼》两部，计240 000字。三种学堂每周课时均为12个钟点；而国文课时每周三种学堂分别为4、8、4个钟点。[①]

但换一个角度看，当读经科从传统语文教育内分化、独立并在中小学课程内处于至尊地位时，也恰恰是它赋予了国文的学科特性，使国文教育摆脱了封建社会长期以来浓厚的儒家道德伦理教育的束缚，从异化回归了本真。国文（当时小学堂称"中国文字"，中学堂称"中国文学"）独立伊始，虽偏安一隅，但它开始了自身体系的创制和探索，无疑又给自己留下了一片自由广阔的发展空间。虽然直到1906年，语文科才正式冠以"国文科"，但具有现代教育特征的独立的国文教育体系，已在《奏定学堂章程》中初具以下框架：（一）国文科的内容体系已基本确立。大致由读文、作文、写字、说话（附设官话）四块构成。读文既讲动、虚字连缀方法，又讲中国历代文章及名家大略，借以了解各个时期的盛行文风与文学史；作文从二、三句联句，到写作日用书信、简短记叙文、说理文；习字则为楷书、行书、小篆三体。不难看出，语文训练的特点已经十分突出。（二）国文教育

---

① 璩鑫圭、唐良炎编：《中国近代教育史资料汇编·学制演变》，上海教育出版社1991年版，第295、309、319页。

内容的世俗化。传统语文教育言、文发展不一致，陷入了贵族化的死胡同。在清末"诗界革命""小说界革命"的影响下，《奏定学堂章程》把官话、俗语明确列入国文学习中，这是一大进步。在内容上强调实用性，要求学生用俗语叙事，写日用书信及用俗语翻译文话等，都表现了现代语文教育世俗化、平民化的趋向，尤其是中学堂作文，一扫向来"代圣贤立言"的陈腐传统，"其作文题目，当就各学科所授各项事理及日用必需各项事理出题，务取与各科学贯通发明，既可易于成篇，且能适于实用。"已经散发现代教育理论色彩，预告封建语文教育即将终结。

　　总体上看，读经在20世纪初前10年是相对稳定的，但若联系语文教学考察，又明显地表现出削弱和减退的趋向。自《奏定学堂章程》设置读经讲经课程以后，1906年清学部又颁布了"忠君""尊孔""尚公""尚武""尚实"的教育宗旨，进一步确定经学为必修课目，中小学堂"对其经义，必条分缕析，编为教科，颁之学堂，以为圭臬"，但要求有了变化，"中学堂下取其浅近平实，切于应用，而尤以身体力行，不尚空谈为要者"。1909年学部对中小学堂读经又做出调整，初等小学堂提出《孟子》《中庸》《大学》三经缓读；中学堂借鉴德国经验，分为文、实两科。文科中学堂读《礼记》训本，而实科则取消《礼记》，只读《春秋左传》。1911年，又做了调整，规定初等小学堂只读《孝经》《论语》，《书》《易》则从高小移至中学堂，高小只阅读文字稍浅的《大学》《中庸》《孟子》。文科中学堂原来的《礼记》也统一规定读节本；实科中学堂只在一、二、三年级安排，四、五年级取消读经课。相反，这一时期的国文教学的调整与变革却总体上呈现上升和愈益强化的趋势。1906年清学部颁布教育宗旨时，在"尚实"一项之宗旨下，对国文科等提出了"课之以实用"的要求。其后，1909年、1911年两次变通学堂章程，都格外加重了国文科的分量，对国文教学的认识也比以前要深刻得多，如1909年的《奏请变通初等小学堂章程折》里说："其国文一科，原定授课时刻每星期四小时，不敷教授，现拟将国文一科钟点格外加多，较旧章约增数倍，当不致有荒经、蔑古、道丧、文敝之虑。"[1]从小学堂读经和国文科的课时演变中，我们也可窥其一斑。

表1-1　清末小学堂读经与国文科课时演变比较[2]

学科＼学时	1904	1909	1911
讲经　读经	12	12（自第三年加入）	5（自第三年加入）
国文	4	18（第一年） 24（第二年） 12（第三、四、五年）	14（第一、二年） 15（第三、四年）

读经科与国文科的此消彼长，既反映了清末封建统治者改革教育的弩新趋向，也反映了人们对西方教育理论传入后的认识。庄俞在《教育杂志》上发表了《论学部之改良小学章程》。他首先对读经质疑："其为保存国粹欤？尊重圣贤欤？抑牵掣于成见欤？""岂谓读经讲经重于国文乎？"然后从儿童心理学角度指出，执孺子而语以至高且深之经传，既无当于尊经、崇圣，而实为戕害儿童。注释从读经与国文科本身看，脱离形式训练的经学内容陈义过高，内容烦琐、枯燥，与时代脱节，和国文内容的通俗、生动和丰富又构成了强烈对比。客观上，有利于国文教学地位的巩固，并为以后融合和渗透经学内容提供了参考。

---

① 璩鑫圭、唐良炎编：《中国近代教育史资料汇编·学制演变》，上海教育出版社1991年版，第545页。

② 庄俞：《论学部之改良小学章程》，见李桂林等编《中国近代教育史资料汇编·普通教育》，上海教育出版社1995年版，第270页。

（二）文与道的近代阐述：1920年代反读经与国语教学

1912年，蔡元培出任南京临时政府教育总长，颁布了中华民国教育宗旨，指出"忠君与共和政体不合，尊孔与信教自由相违"，明令全国废止读经，给清末读经画上了句号。袁世凯任中华民国大总统以后，为恢复帝制，再度掀起读经运动。1914年饬京内外各学校中小学修身及国文教科书采取经训，"务以孔子之言为指归"。1915年1月22日又责令教育部抛出《特定教育纲要》，明令中小学均加"读经"一科，按学生程度在课程内分别编入与讲读。从内容和难度上看，这一次读经分量有所减弱。初等小学读《孟子》，高等小学读《论语》，中学校读《礼记》节本、《左氏春秋》节本。1915年7月31日教育部颁布《国民学校令》，又以法律的形式确定了读经课在国民学校中的地位。不久"洪宪帝制"失败，教育总长范源濂1916年10月再次发布废止"读经"令。自此以后，虽然读经在中央官方的教育法令中消失了，但读经思潮却没有平息，先是在新文化运动前骤然而起，成为新文化运动领袖讨伐和论战的对象；尔后又在1920年代中期聒噪不已，波澜时兴。

五四前后，尊孔读经派和新文化运动领袖思想交锋，主要集中在两个方面：（一）读经派认为，"孔子之道，亘古常新，与天无极"；"政体虽取革新，而礼俗要当保守"。中小学读经的目的，"但为道德计，为保存民族立国精神计"。"《论语》《孟子》于家庭社会国家之道德行为无不具备"，"而数千年固有道德之良，将及沦丧之时，要可借此重与发明，以维持于不弊"。陈独秀指出，所谓"封建道德"，其根本在"三纲五常"。尊孔读经的目的在于维护别尊卑明贵贱的封建阶级制度。它以封建等级制度及人身依附关系抹杀个性和人格，这与民国共和精神格格不入。"主张尊孔，势必立君；主张立君，势必复辟。"要铲除帝制，必须否定孔孟伦常。他指责"文以载道"，无非是载封建纲常，"代圣贤立言"，其伎俩唯在仿古欺人，无一字有存在价值。陈独秀主张在反对旧礼教、旧道德时，代之以个性解放、人格独立。黎锦熙的废除读经论更多的是理性剖析，反映了当时语文界认识的成熟。"夫国体既曰民主……苟欲厘定学术，整治教规，他事且不必谈，废绝经名，实为首务。经名不废，学绝道丧即在目前；经名不存，然后古训旧章，悉有归宿。盖必废经之名，然后可以存经之实。必取消读经之科，然后可得读经之益；则谓之'废经以存经'，可也。"[①] 黎氏从经典教育不在宣扬封建道德，而在学术文化的训练；不在专设"读经"一科，而应渗透在相关学科思想的角度，对读经论调做出历史性否定："冀经典之挽颓风者，幻想也；列读经为学校科目者，虚文也。"[②]（二）读经派认为，经书"文词古朴精微，可为文范。而经权正诡，无所不具，尤正发达思想"。对此，胡适相继发表《文学改良刍议》《建设的文学革命论》，提出废除文言文以及"须言之有物，不作无病呻吟"；务去滥调套语，不避俗字、俗语等文学改良八事，号召建设文学的国语和国语的文学，以取代腐朽的贵族的文学。钱玄同则以大胆怀疑态度，不但对经书，连桐城派古文，也斥之为"《选》学妖孽，桐城谬种"，彻底否定文言。陈独秀的文学革命三大主张："曰推倒雕琢的阿谀的贵族文学，建立平易的抒情国民文学；曰推倒陈腐的铺张的古典文学，建立新鲜的立诚的写实文学；曰推倒迂晦的艰涩的山林文学，建设明了的通俗的社会文学"[③]，为新文学的创造和发展廓清了迷雾，指明了方向，也为充满民主和革命精神的国语教育在思想上做了准备。

经过新文化运动的思想、文化的激荡和冲刷，读经思潮逐渐隐伏下去。尽管在偏远地区和私塾还有一定市场（如钱穆称自己这期间在无锡县小学校执教未曾一日中断学生读经），但从全国看，读经思想已

---

① 黎泽渝等编：《黎锦熙语文教育论著选》，人民教育出版社1996年版，第85页。
② 黎泽渝等编：《黎锦熙语文教育论著选》，人民教育出版社1996年版，第87页。
③ 陈独秀：《文学革命论》，见《独秀文存》，安徽人民出版社1987年版，第96页。

经松动，发生了根本变化。"四书五经"的完整内容体系已经解体，尤其是经书固有的伦理道德体系遭到了普遍怀疑，部分甚至被摧毁，其中一些积极的、有价值的内容按难易程度的不同编入了中小学公民、国文和历史等相关学科的课本中，其余则多为所弃。这场思想文化界的新、旧论战，对国文教学的发展，产生了划时代的意义。国语（白话文）进入了语文教学，并取得了重要地位，在小学甚至已完全取代了文言；反对封建专制、反礼教，追求个性自由、思想解放，关心社会变革成为语文教育的重要主题。

众所周知，清末《奏定学堂章程》里已有附设官话一科，但当时只是点缀而已。1904年4月1日，陈独秀以"三爱"笔名在《安徽俗话报》上发表《国语教育》，明确提出在蒙学堂增设"国语教育"一科。[①]随着白话报、白话小说的兴起，国语运动也在各地蓬勃发展。五四新文化运动，提倡白话文，反对文言文，则促进和加速了白话文革命的进程。1919年4月21日教育部举办国语统一筹备会，编辑国语辞典、国语文典；1920年4月又颁布新式标点12种。1921年教育部命令，从秋季起，国民学校"国文"科一律改用"国语"，"国文"读本改为"国语"，国民中学从1922年起渐次采用国语课本。正如胡适后来所说，"这一道命令把中国教育的革新至少提早了20年"[②]。1922年新学制《国语课程纲要》的颁布，又适时地促进了各地风起云涌的国语教育改革。如孙俍工在上海吴淞中国公学，倡导白话文和文艺文教学，把教学目标确定为："人人能用国语自由地明确地敏捷地发表情意，记叙事物。"陈望道、夏丏尊、李次九、刘大白等"四大金刚"在浙江第一师范学校锐意革新国文教学，把国文教授目的、形式的训练确定为：使学生能够了解用现代语，或近于现代语如各日报和中等学校以

---

① 陈万雄：《五四新文化运动的源流》，商务印书馆1996年版，第23页。

② 胡适：《〈国语讲习所同学录〉序》，见白吉庵等编《胡适教育论著选》，人民教育出版社1994年版，第122页。

下科学教科书所用的文言所发表的文章，而且能够看得迅速、正确、贯通；并使学生能够用现代语表现自己的思想感情，而且要自由、明白、普遍、迅速。这个时期，白话文学作品普遍开始进入国文教科书，有的甚至全部采用白话，如民智书局出版的孙俍工、沈仲九编的《初级中学国语读本》，就全部采用了五四新文化时期的白话作品（托尔斯泰的《三问题》、爱罗先珂的《我底学校生活底断片》也是这一时期白话文译作）。总之，这场论战，直接促进了语文教学从"文言"到"白话"的语体革命。

在中学国文教学中，反对封建专制、反对礼教、追求民主和科学的精神、追求个性解放，成为这一时期的重要主题。五四新文化的思想启蒙，使人们对封建纲常名教的腐朽性有了深刻的认识。浙江第一师范学校学生施存统在陈望道、夏丏尊、刘大白等老师国文教育改革思想的影响下，在《浙江新潮》上发表《非孝》檄文，提出"非孔""非孝"的口号，向封建家族制度发难，在全国国文教学界率先揭开反封建斗争的序幕。反对封建的革命思想还在国语教科书中得到了突出的反映。新文学作品，尤其是思想尖锐、锋利，主题鲜明的篇章，成为中学国文教科书的首选课文。如鲁迅的《狂人日记》、胡适的《终身大事》、蔡元培的《劳工神圣》、吴虞的《〈吴虞文录〉序》、陈独秀的《新青年宣言》、李大钊的《少年运动》、戴季陶的《到湖州后的感想》、胡适的《文学革命论》，都是较受欢迎的课文。这一时期国文教科书内容丰富，涉及面广，尤其是讨论有关人生问题和社会问题的作品颇受青睐。有些教科书，甚至围绕问题来组织单元，如人生问题、妇女问题、文字问题、科学问题、道德问题，等等。抨击封建政治与礼教，抨击复古文学，关怀妇女贞操与时代变革，俨然成为国中学文教学的一道道亮丽景致。而写作在文化启蒙、思想变革中的步伐和教科书相比，则有过之而无不及。不管是保守的、反对留心时务者，如钱穆，还是激进的、感到从实际生活着想命题困难者，如沈仲九，其作文命题，都与"以前可以拿出许多死人的姓名来，叫学生瞎论一番"迥然不同，如钱氏肯定的《请沈先生回校主讲书》《久雨等候友人》，以及记岳王精忠柏石、秦留树等题目，都能切中儿童生活实际。其实，经过新文化运动思想启蒙，作文命题指向更趋于多元化，如《豆腐是怎么做的？》、《肥皂为什么能去污垢？》、《松树为什么冬青？》（胡适，1920年）、《家族制度宜废除》、《革命》、《偶像破坏论》、《月》、《贫穷的原因》（孙俍工，1922年）。除了继承和发扬反对封建、张扬个性的基本主题外，关注周围生活，养成科学思想的方法、观念和精神，也是当时重要的思想倾向。

毋庸讳言，新文化运动中较少理性、思想上的过激倾向，在对国文教学解放产生历史性变革的同时，也留下了深深的印痕。白话文教科书过重反传统及思想价值，有些课文语言粗糙，缺乏基本语言文学标准；作文命题以意先行，大而无当，失之空洞；以及对待传统经典文言篇目的一味否定和排斥态度，在某种程度上，也为1930年代读经思潮的重新泛起提供了口实。正如叶圣陶后来所指出的，"五四以来的国文教学"专注精神或思想一面，忽略了技术训练，使一般学生了解文字和运用文字的能力没有得到适量的发展。

（三）离异与回归：1930年代读经思潮与语文教学的文化偏至论

1930年代读经思潮的发端，最初是因为南京国民政府建立以后国民党中央为实施所谓"三民主义"教育方针，在中小学培植"忠孝仁爱信义和平"的国民道德。"九一八"事变后，借救亡图存、振作民族自信心和恢复民族团结精神之名，全国各地复古读经之风骤然而起。广东军阀陈济棠率先在中小学恢复读经，并令省教委颁布所谓"经训读本"，供中小学生读经之用。湖南省政府主席何键不但在全湘境内中小学推行读经，而且还在国民党中央全会上，提议一个明令读经议案，要求儿童从小学到中学12年间，逐次阅读《孝经》《孟子》《论语》《大学》《中庸》。与南方遥相呼应，冀察以及北方其他省也纷纷响应，提出种种读经议案和方法。一时间，读经仿佛成了救国的代名词。这股读经思潮，是与当时政治上"攘外必先安内"，以及思想、文化上的专制与围剿相呼应的。

1934年汪懋祖在《时代公论》上撰文，倡导读经，并借此提出复兴文言，反对白话文的口号，在文化界、思想界引起轩然大波，挑起了1930年代读经问题的论争。随后，傅斯年、胡适、吴研因等立即著文予以反击。读经问题重又硝烟弥漫。1935年，当时影响最大的教育专业期刊之一——《教育杂志》推出特大专号（二十五卷五号），一一胪列了各界知名人士如蔡元培、胡适、唐文治、陈立夫、梁漱溟、赵廷为、任鸿隽、何键、杜佐周、钱穆、陈礼江、陈望道、高觉敷等七十多人的意见，把读经问题的讨论与交锋推向了高潮。

由《教育杂志》掀起的关于读经的讨论，虽处于民族危机高涨之际，但思想是理性的，态度是谨慎的、冷静的，尤其是对待民族传统伦理道德文化，全盘否定或全盘肯定都在少数。在七十余人中，坚决主张读经和彻底反对读经的，均在十人左右，绝大部分人持辩证的观点。

这场讨论，值得注意的有三点：第一，肯定了经学内容中含有固有的伦理道德文化。大多数参与者认为，借读经来挽救国运，抵抗外侮，实现政治上的某种企图，不仅是一种幻想，实际上也根本做不到。这其中，虽也不乏认为读经可以挽救世道人心者，如唐文治说："吾国经书，不独可以团结民心，且可以涵养民性，和平民气，启发民智，故居今世而欲救中国，非读经不可。"但大多数人持否定态度。柳亚子认为，诵读《孝经》，历史上既退不了黄巾，今日更难抵抗日本人的飞机大炮。高觉敷认为，国民道德堕落，不能叫学校课程不列读经一事专负其责。吴研因则尖锐指出，复古读经，政治上只能麻醉民族精神。居今之事，不在倡导读经，当局者应以身作则，改良社会风气。"至于军事长官的责任，则在'执干戈以卫社稷'，防止外侮迭重。"①

第二，肯定了读经的经典文化训练价值。读经必须以儿童生活实际、儿童心理及时代发展为前提。比较一致的看法是：小学不能读经；中学可以适当阅读，但必须经过一番科学化的整理，并且融合到修身、国文等学科中。蔡元培说："我认为小学生读经，是有害的，中学生读整部的经，也是有害的。"崔载阳认为："我觉得经书文义虽多深奥，或失却时代性，可是其中文字显浅，意义纯正，适合现代中学生研读的，量亦不少，选择一些来读，结果未必比读我们今日做的教科书来得坏，而且借着这个机会带青年接触古籍，以使将来为更高深的研究与认识，那亦不无补益的。"忆钦还设计了一个适合儿童心理的具体编排方法，如《论语》"学而时习之"一句，编辑时，可画一只羽毛丰满的老鸟，在前面飞，一群羽毛未丰满的小鸟跟在后面，拍拍翅膀学着飞，在这画的角上，画一圆圈，中为一个"习"字。

第三，承认白话文教科书有些课文，形式粗糙，需要改进，但反对以文言文来打倒白话文。和陈朝爵等顽固派把当时小学国语教材称为与猫狗禽蚁为友不同，梁启超、胡适都认为适当读些经书可以济白话文训练之不足，但读经不能代替白话文训练。任鸿隽指出："除非科举复兴，大家又靠着经义、八股来作进身的敲门砖，我想决不会有人以为读经可以代替中小学的基本文字的训练罢，这一层做不到，拿读经来打倒现今白话文自然做不到。"②

经过这场讨论，在中小学课程里专列读经一科成了历史。经书内容被有选择地分散到相关学科中，其中直接受益者是国文科。传统语文教育在清末解体和裂变之后，获得了独立；五四新文化运动，又使语文教育在传统的"文"与"道"上做了富有时代性的近代化阐述；而当其

①《全国专家对于读经问题的意见》，载《教育杂志》1935年第二十五卷第5号。
②《全国专家对于读经问题的意见》，载《教育杂志》1935年第二十五卷第5号。

矫枉过正、摆脱语文教育的传统轨道，1930年代这次讨论，又使它重新回归。这次回归，不是回复到传统封建语文教育体系之内，而是在整合新文化精神和传统文化特质的更高层次上的一次回归。这次回归，给国文教学带来了两大方面的变化：

1. 国文教学重视了传统文化的熏陶

在新文化运动激进思想以及杜威实用主义思潮等影响下，中学国文教育过分重视和强调了思想革新和内容的实用。张东荪1920年代中期称，国文教育非古典主义势力与潮流之盛，甚至主张"不必教作文而只要教写明信片"①，指出了当时中学国文教育中某些偏颇。孟宪承则深有感触地认为，当时国中小学文教科书质量稀少、浅陋，利用小说故事等材料，来破国文教室的沉闷，趋易避难，虽迎合生徒一时的嗜好与娱乐，而不顾他们永久的需要。这是教育效能低减的表征，也是一国文化衰败的征兆。但1930年代中期以后，这种情况有了较大改观。这可从《初级中学国文课程标准》的变化中看得出来。1929年，《初级中学国文暂行课程标准》对"传统文化"只字未提，只提培养学生文言文读写能力。但1940年《修正初级中学国文课程标准》却加入了这一项："使学生从本国语言文字上，了解固有文化，并从代表民族人物之传记及其作品中，唤起民族意识和发扬民族精神。"传统文化熏陶的内涵也逐渐扩展，不仅是指传统伦理道德的濡养，更偏重学术思想、文学旨趣、国学研究的训练。

2. 在国文材料的选择上，文言和白话兼重，课文以语言质量为主要标准

胡愈之说："五四时代改'文言文'为'白话文'，是成功的，但是还没有建立起现代中国的语文科学体系。半文半白，不文不白

---

① 张东荪：《国文教授中之读古书问题》，载《教育杂志》1923年第十五卷2号。

的文字，仍然充斥于书籍报刊之上。"[1]1920年代为追求语体革新，排斥文言文，出现了一些全部采用白话的国文教科书。由于这一时期新文学作品还处于倡导和试验阶段，因而不免"半文半白，不文不白"，语言形式简陋。如胡适的《尝试集》中一些诗就被选进中学国文教科书。有些编者为一味趋新，选入了长篇调查报告等，如孙俍工等编《初级国文读本》选辑的《海属社会面面观》，篇幅数万字，枯燥乏味，缺乏文学性，这些都影响了中学国文教科书和语言训练的质量。1930年代以后，中学国文教科书重新开始注重教学材料的文学性、语言的典范性。《修正初级中学国文课程标准》在选材上强调："叙事明晰，说理透彻，描写真实，抒情恳挚者；体裁风格堪为模范，而能促进学生写作之技能者。"[2]其后，鲁迅、周作人、茅盾、叶圣陶、朱自清、俞平伯、冰心等作家优秀的典范之作进入教科书，成为国文教学经典课文。另外，在"合于现实生活及学生身心"前提下，也选入大量传统的文言经典名篇。对文言与白话的比例达成了共识，初、高中国文教科书比例分别为3：7，4：6，5：5，7：3，8：2，10：0。

总之，1930年代关于读经的讨论，使中学国文教学重新转向传统文化的训练，虽也不乏消极之处，但基本应该是肯定的。

（四）世纪回响：海峡两岸语文教育的共识与走向

读经作为一种思潮，1949年新中国成立以后已偃旗息鼓，完整的经学教育体系，也不复存在。但与读经有关的经典文化训练，即重视传统伦理道德灌输，重视经典学术文化思想熏陶，以及了解国学知识等，又与20世纪后50年两岸语文教育发展与变革不可分割。

---

[1] 胡愈之：《〈陈望道文集〉序》，见陈光磊等编《陈望道论语文教育》，河南教育出版社1987年版，第136页。

[2] 课程教材研究所编：《20世纪中国中小学课程标准·教学大纲汇编：语文卷》，人民教育出版社2001年版，第305页。

1950年代以后，台湾地区中学国文教学因袭了1930、1940年代国文教学指导思想，比较强调经典文化的训练。在强调培养学生阅读、写作文言文能力的基础上，一向悬着"养成伦理观念，民主风度及科学精神，激发爱国思想，并弘扬中华民族文化"的教学目标。台湾初中国文强调国语教学，高中则把"指导学生精读文言文，培养其阅读浅近古籍之兴趣及写作明易文言文之能力"作为基本目标。1980年代"国立编译馆"主编的中学国文教材文言文比例初、高中依次为40%、50%、60%、70%、80%。1960年代以来台湾地区大学联考作文试题，绝大多数为文言，有的出自儒家经典。如"论'己所不欲，勿施于人'"（1961年），"'先天下之忧而忧，后天下之乐而乐'说"（1962年），"孟子云：'生于忧患，死于安乐。'试申其义"（1963年），"孔子云：'知之者，不如好之者；好之者，不如乐之者。'试申其说"（1964年），"迁善改过论"（1967年），"论恕道与公道"（1968年），"荀子云：'吾尝终日而思，不如须臾之所学。'试申其义"（1974年），"言必先信行为中正说"（1975年）[1]。台湾地区教育界认为，中小学国文教学具有传递文化、发展文化的功能。1960年代以来，台湾地区经济持续高速发展，带来越来越多的道德伦理问题，有人称为"经济巨人，道德侏儒"。旧道德文化的没落，新伦理规范的欠缺，以及社会失序，人们迫切感到继承民族伦理道德文化的重要。鉴于此，台湾地区对经典文化方面训练提出了具体要求："教导学生研读中国文化基本教材，培养伦理道德观念，爱国淑世之精神。"（《高级中学国文课程标准》）台湾地区中学国文课上使用的中国文化基本教材，主要选授《论语》和《孟子》；高中社会学科组，还另加《国学概要》，把经典的训练从伦理道德扩大到：（1）文字构造与演变；（2）修辞种类与方法；（3）文学体类与源流；（4）史学略说；

---

① 颜禾：《在传统教育影响下的台湾国文教学》，福建教育出版社1988年版，第34页。

（5）经学略说；（6）子学略说。

大陆1950年代的汉语、文学分科，尤其是高中设立文学科突出了中国文学的分量，如文学教材按专题编排，秦代以前分《诗经》《战国策》等六个专题，并在专题后附录文学史概述，虽说当时改革的初衷是加强系统的语言教育和文学教育，但实际上也涉及传统经典文化熏陶，只是更多地着眼于其文学性。

是否与1980年代中期大陆的文化寻根热有关且不论，人民教育出版社在1984年着手改革重点中学高中语文教材的探索，标志着大陆语文教学改革认识的深化。这套语文教材引人注目的是高中3年确立的训练重点，分别是文言阅读能力训练、文学欣赏能力训练、思想境界和文化素养的提高。阅读教材分别以《文言读本》《文学读本》《文化读本》为纲，同时课外配备《现代文选读》《文学作品选读》《科技作品选读》。就《文化读本》来分析，其指导思想是，选读古今中外文化名著，以时代为序，按内容分类，把重点作品选读和重要作者评价以及有关历史文化知识概述结合起来，进一步开拓学生的知识领域，提高其思想境界和文化素养，同时锻炼他们的读写能力，发展他们的智力。因此，其选材范围比以往的传统文化训练大大拓展了，分别选读中国古代文化名著，中国现代文化名著，外国古代文化名著，外国现代文化名著。从孔夫子到孙中山，从西欧到东方，其内容的丰富及其涉及范围之广，都是前所未有的。这与台湾地区重视传统伦理道德文化的训练囿于儒家一宗相比，显然视野更为开阔。

世纪之交，大陆《高中语文教学大纲》的修订，在素质教育的大背景下，对民族文化素质在语文教育中的地位与作用，又提出了新的阐述。庄文中曾说："语文是民族性很强的学科，不加强民族文化与素质教学，语文就失去了文化基础，失去了民族的根源。"①大概反映了中学语文教学大纲制定者的共识。总之，海峡两岸语文教育界，对经典文化、民族传统文化素质方面的认识尽管有先后，甚至还有不尽相同的地方，但有一个共识是，在语文教育跨世纪的变革中，必须立足民族文化传统。这或许可以看作世纪初始设读经科引发的回响吧。

---

① 庄文中：《构建现代化和民族化相结合的中学语文教学体系》，载《语文教学通讯》1994年第9、10期。

第二章
知识之维

一 文体、文类与文本：
现代语文教科书考察

（一）背景和历程

近代教科书的出现，有两个基本特征：在时间分割上，采用年级安排，即必须体现现代学制中一门课程的某一段教学计划；在内容的选择上，趋向科学化、大众化。以这两个特征来考察中学语文教科书，在20世纪初，其发轫的难度和阻力不言而喻。它既不可能像早期自然学科教科书那样直接从外国翻译引进——在华传教士为此立下了汗马功劳，也不可能像小学语文教科书那样在形式上借鉴《三字经》《百家姓》《千字文》等优秀传统蒙学教科书的经验。因此，它稍晚于近代小学语文教科书和自然学科教科书，直到癸卯学制正式付诸实施后才粉墨登场。中学语文教科书的近代化，首先是在形式上取得突破：采用年级安排。其后在教科书内容的科学化、大众化道路上的探讨则复杂得多，贯穿在整个20世纪前半期。考虑到教科书出版的时间差，及清末兴学始于1901年实行的新政，因此，本书把1901年作为探讨近代中学语文教科书发展的起点。从1901年至1949年中华人民共和国成立，中学语文教科书发展经历了五个阶段。

1. 1901—1911年

1901年清廷宣布实施新政，举办新式教育。1904年颁布的《奏定中学堂章程》规定，中学堂设置12门课程，其中中国文学含讲读、作文等项。这是中学语文单独设科之始。因为《奏定学堂章程》"以忠孝为本，以中国经史之学为基"，因此，这个时期语文教科书充满着浓重的经学气味，内容偏重儒家封建纲常和伦理道德，选文以"经史子集中平易雅训之文"为宗。在教科书的编写形式上，仍是传统文选型教科书的结构：选文以文学史上的大家为重点，结构以时代发展顺逆为经，以体裁为纬。课文以文章为中心，略加题解和评点，语体一律采用文言。《奏定学堂章程》虽已强调文义、文法、古今文章流别等语文知识对于学习语文的重要性，但大多数语文教科书并没有将其集中地编入。不过，这一时期语文教科书也取得了突破性进展：（1）按《奏定学堂章程》中规定的学制编排。当时规定中学堂学制为五年，因而有的按学年编写，如潘博等编《高等国文读本》（1906）为5册；有的按学期编排，如林纾编选的《中学国文读本》（1909）为10册。（2）一些教科书选入了当时颇为激进的针砭时弊的议论文，如吴增祺的《国文教科书》（1908）就选入晚清思想家冯桂芬的《〈校邠庐抗议〉序》、鲁一同的《秦论》等文章，开始引导学生关注现实问题。（3）出现了一些与语文教科书相配套的有内容提示及教授方法指导等方面内容的教学参考书。

2. 1912—1921年

1912年南京临时政府成立伊始，就颁布了一个旨在改造封建教育的法令《普通教育暂行办法》。该办法规定："凡各种教科书，务合于共和国宗旨。清学部颁行之教科书一律禁用。"同时将中学堂学制改为4年。教育总长蔡元培发表了《对于教育方针之意见》，倡导军国民教育、实利主义教育、公民道德教育、世界观教育和美感教育。他指出，"五育"应视各学科性质不同，分配于具体教学中。就中学国文学科说，"国语国文之形式，其依准文法者属于实利；而依准美词学者属于美感。其内容则军国民主义当占百分之十，实利主义当占其四十，德育当占其二十，美育当占其二十五，而世界观只占其五"①。蔡元培对语文教学中实施"五育"的阐述，一扫忠君尊孔的封建经学教育传统，把实用的语文内容、文法知识教育放在十分重要的地位，同时对以民主、自由为核心的思想道德教育和以趣味为核心的审美教育给予充分重视。随后，教育部颁布的带有临时课程标准性质的《中学校令施行规则》，对中学国文教学做了更为明确的规定："国文要旨在通解普通语言文字，能自由发表思想，并使略解高深文字，涵养文学之兴趣，兼以启发智德。国文首宜授以近世文，渐及于近古文，并文字源流文法要略及文学史之大概。使作实用简易之文，兼课习字。"虽然其后出现过短暂的袁世凯推行"尊孔读经"的逆流，但总体说来，这些规定对语文教科书的发展产生了很大影响。从当时出版的主要教科书看，这些影响表现在语体选择偏重浅易之文言文，内容的纵向排列一般均采取由近逆推到远古的方法。课文仍以文章为中心，略加评点，但评点则着重于文学趣味的培养和训练。在横向组织上，虽仍以体裁为纬，但分类则更为集中明了（传统分类较为繁杂，《文选》将选文分作38类），出现了"传志之属""论著之属""序录之属""诗赋之属"等大而化之的一般概念。这个时期教科书的最大特点是课文开始正式编入语文知识（文字、文法、修辞、文学史）。

五四新文化运动后，白话文是否进入中学国文教科书成为争论

① 蔡元培：《对于教育方针之意见》，见璩鑫圭、唐良炎主编《中国近代教育史资料汇编·学制演变》，上海教育出版社1991年版，第613页。

的热点。1920年1月24日，教育部正式下令小学国文改为"国语"，并自该年秋季起教科书一律改用白话。随后中学语文教科书也逐渐采用白话。1920年洪北平编《中等学校白话文范》，最先从当时的报刊中采文，并试行新式标点，成为最早一本语体文中学国文教科书之一。这一时期比较有影响的教科书有许国英的《共和国教科书国文读本》（1913），刘宗向编辑、黎锦熙等参订的《中等学校国文读本》（1914），谢无量的《新制国文教本》（1915）等。

3. 1922—1928年

1922年11月1日颁布了《学校系统改革案》，中小学学制改行"六三三"制（小学6年，初、高中各3年）。中学采用中小学学分制。这个改革方案提出了适应社会进化之需要、发挥平民精神、谋个性之发展、注意生活教育等七项教育标准。同年12月公布了新学制课程标准草案。由胡适主持的新学制语文课程标准，初中国语课程纲要由叶圣陶起草，高中国语、国文课程纲要分别由冯顺伯、穆济波起草。新学制中学语文课程纲要强调了以下几点：养成学生自由发表思想的能力；使学生发生研究中国文学的兴趣；教材应以学生兴趣为主。在"课程作业"项目里，列出课内精读选文与课内外自读、略读丛书专集并提出要求。高中注重培养学生欣赏中国文学名著及增强使用古书的能力。这一时期出版的重要的中学语文教科书，如孙俍工等编的《初级中学国语课本》（1922），顾颉刚、叶绍钧等编的《新学制初中国语教科书》（1923），吴遁生编的《新学制国语读本》（1924），穆济波编的《高级古文读本》（1925）等都基本体现了新学制国文课程标准精神：在教科书编写中，就语体而言，语体和文言二分天下，有的甚至全部采用白话；选文注重内容的时代性、社会性和兴趣性。五四以来的许多新文学作家，如鲁迅、胡适、周作人、叶圣陶、康白情、刘延陵等精美短章入选课本。有的教科书在组织时，以社会问题为中心，选择各体文章，以培养学生批判现实、改造社会的思想，令人耳目一新。高中为培养学生欣赏中国文学、阅读古书的能力，虽以选经史子集中短篇隽永之作为主，但对不合时宜及"故作奇崛"的"费解语"，则做删削处理，以更适合学生水平和学习需要。教科书大多在书前和书后列入详细的关于每一篇课文的教学目标、教学任务、教学进程及教学方法指导等内容的教授大纲或教材支配表。教科书不但有了清晰而具体的教学目标，而且出现了可资进阶的教学程序，毫无疑问这是重要的进步。教科书的结构虽然仍为文选与题解注释等，但编者在诠释时多注重启发，以培养学生统贯及互相参证的学术性研究能力。

4. 1929—1939年

南京国民政府成立后，先后于1929年和1932年颁布了中小学课程暂行标准和正式标准。中学国文科对教学目标、教材选择标准及组织原则等做了详细规定。教材选择标准为：（1）包含党的主义及策略，或不违背党义的；（2）合于社会生活的；（3）乐于社会生活的；（4）含有改进社会现状的意味；（5）叙事明晰，说理透彻，描写真实的；（6）造句自然，音节和谐，能耐讽诵的。在教材的排列程序上，中学国文课程暂行标准规定，初中语体文与文言文并选，语体文渐减，文言文渐增，三年分量的比例递次为7：3，6：4，5：5；各种文体编选需错综排列，其中第一年偏重记叙文、抒情文；第二年偏重说明文、抒情文；第三年则为议论文、应用文。高中则均以文言文为主（第一年约为7：3，第二年约为8：2，第三年全授文言）。文言文第一学年以文体为纲；第二年以文学源流为纲；第三年以学术思想为纲（这个课程标准后来因时局变化，尤其是抗战爆发，曾做过修正，突出了民族精神教育。在高中各体文言文的编排上，改与初中一致。三年分别以记叙文、说明文、议论文为中心）。值得一提的是，中学国文课程标准提出学习文法与修辞等知识，就精读选文中采取例证及实习材料的意见，为中学语文教材如何编写语文知识课文提供了指导性意见。当时由于推行了会考制度，因而课程标准中许多规定大多在教科书编写中得到充分贯彻，使这一时期的教科书发展成为现代语文教育史上的黄金时期。除此而外，这一时期语文教科书在课文的结构上也取得了重大突破，单元编制的方式诞生并成为主流。课文结构亦由单纯文选加题解，一变而为融文选、作者、注释（暗示）、提问、练习等功能齐备的单元编排的课文系统。孙俍工的以"文章"为中心，叶绍钧、夏丏尊的以"文话"为中心，施盛阳通过精读带动略读及文法、修辞学习，傅东华把精读与习作结合起来，等等，都对单元编制结构进行了创造性探索。朱剑芒编《初中国文》《高中国文》（1929），张弓编、蔡元培等校《初中国文读本》（1930），傅东华编著《复兴初级国文读本》《复兴高级国文读本》（1934），夏丏尊、叶绍钧编著《国文百八课》（1935），宋文瀚编著《新编初中国文》《新编高中国文》（1937）等是这一时期比较有代表性的语文教科书。

5. 1940—1949年

1940年7月，南京国民政府教育部公布了第二次修正初、高级中学国文课程标准。1941年9月又颁布了六年制《中学国文课程标准草案》。这两个课程标准保留了原课程标准中养成用语体文及语言叙事说理、表情达意，了解固有文化、增强其民族意识等项目标，但突出了党义教育的内容，提出国文教科书的选文应加入总裁言论、中国国民党史略、党国先进言论、历次重要宣言等项。如国立编译馆编、当时被奉为"国定本"的《初级国文甲编》（方阜云、羊达之等编，1945）就选入了蒋介石、戴季陶、张发奎等许多"党国要人"的文章，其中蒋介石的文章在6册课本中就多达10篇（每册选文一般在32—36篇）。中学语文教科书被严重异化，成了政治的传声筒。因此，总体而言，这一时期，中学语文教科书质量严重下降，除了陕甘宁边区《中等国文》外，1930年代形成的比较科学的单元编制方法，绝大多数教科书并没有继承。这一时期，叶绍钧等编的《开明国文读本》、《文言读本》（1946）、陕甘宁边区政府编的《中等国文》（1946）在质量和影响上是比较突出的两种。

（二）规模、分布及动因

在对现代教科书发展背景与历程回顾以后，再对各个时期及各地区教科书编写发展规模、分布做些具体分析，以全面了解近代中学语文教科书的发展脉络与特征。

现代语文教科书的发展变化，在一定程度上折射了社会之变迁。20世纪前20年，除北京、福州、杭州、绍兴等地出现几种新式教科书外，中学语文教科书编辑出版中心始终在近代商业文化大都市上海。1930年代上海的优势仍不可动摇，但分布地区开始扩散。一些基础雄厚、师资力量较强的著名中学，开始投身到教材改革中。如北平（北京）师大附中自编了《初中国文读本》，北平崇慈女中编写了《初级中学教科书国文》（1934），天津南开中学编写了《国文读本》。和北平、天津主要由民间编写教科书不同，作为当时政治中心及经济、文化发达的江苏，除鼓励民间编写外，如扬州中学、无锡县中等均有自编教材，江苏省教育厅还成立国文科教学进度委员会编写初、高中《标准国文》。1930年代教科书分布扩散的另外一个原因是时局的影响。伪满政权成立后，长春、天津等地相继编辑出版了奴化教育及经学味很浓的反动教科书《初级中学校经学教科书》（1936）、《国文教科书》等。后期因重庆成为陪都，也出版发行了一批中学语文教材。1940年代除上海、北平（京）、江苏保持教科书编辑出版发达的格局外，解放区中学语文教科书的编辑异常活跃。如陕甘宁边区政府组织编写的《中等国文》（1948）、晋察冀边区政府组织编写的《初中国文》（1948）、郭绳武编写的《中等活页文选》（1949）等，都是当时具有新民主主义特点的中学语文教科书。

表2-1 近代中学语文教科书各个时期分布（单位：种）

时期 类别	1901—1911	1912—1921	1922—1928	1929—1939	1940—1949	总计
教科书	23	12	20	75	53	183
百分率	12.6%	6.6%	10.9%	40.9%	29%	100%

表2-2 近代中学语文教科书的地区分布（单位：种）[①]

地区 时期	上海	浙江	北京	福州	江苏	天津	长春	佳木斯	解放区	其他
1901—1911	18	3	1	1						
1912—1921	12									
1922—1928	19		1							
1929—1939	44		8		6	6	3	2	3	
1940—1949	19	2	6		6	2			9	
总计	12	5	16	1	12	8	3	2	12	12

说明：统计时，涉及编辑出版异地的，以编辑地为准。统计时一般以正式出版的教科书为准，考虑到解放区教学的特殊性，其文选类教材一并录入。本统计，与实际出版教科书数量还会有较大出入，但大致能反映近代语文教科书发展变化情况。

综观近代中学语文教科书发展与分布，可以看出有三个特点：

---

① 本表系根据书目文献出版社《民国时期总书目·中小学教材》与所掌握的中华人民共和国成立前商务印书馆、中华书局、解放区出版的中小学教材书目统计，更详细情况可参阅王有朋主编、上海辞书出版社2010年出版的《中国近代中小学教科书总目》。

从横向看，上海是中学语文教科书编印出版中心；从纵向看，1929—1939年10年间是语文教科书发展的高峰时期；从20世纪全程看，现代语文教科书已相当发达。

上海是近代中学语文教科书编辑出版的中心。作为较早地在西方资本主义刺激下兴起的商业大都市，上海是我国近代教科书发源地。1877、1887年外国传教士成立的教科书编写机构——教科书委员会、同文书会开中国近代教科书编写之先河。此后沪上出现了以专门出版教科书为主的文明书局、世界书局、商务印书馆等机构。到1930年代末，上海出版教科书的书局总计已达30多家。出版机构的剧增及商业利益的驱使，迫使各书局在教科书编写质量及发行上竞争，因而使上海始终保持教科书编辑出版的领先地位。一些书局不仅建立了稳定的编辑队伍，还大量网罗当时文化界精英，在教科书编写质量上下功夫。从南社成员柳亚子、谢蒙，近代翻译小说之父林纾，到新文学运动以来重要作家胡适、叶圣陶、朱自清、施蛰存、徐蔚南、梁实秋、林语堂等；从文史专家顾颉刚、周予同、唐文治，到中央教育行政大员蔡元培、范源廉、叶楚伧、朱经农，等等。这些各个时期文化阶层精英人物的参与，不仅使教科书编写、出版与时俱进，在思想内容上保持着先进性、丰富性，其社会身份也扩大了教科书的影响。近代上海教科书的繁荣，与许多书局在宣传和发行上采取有效措施也有很大关系。其中，创立专业期刊，为教育理论及教科书传播做宣传，是一个颇值得注意的现象。商务印书馆拥有《教育杂志》，中华书局拥有《中华教育界》，这两家成为近代中学语文教科书最有影响的出版机构。后来有人回忆《教育杂志》创办目的时说："《教育杂志》以讨论教育学术为名，实际的目的是把它作为推广教科书的工具。"[①]由此可见一斑。

1930年代是中学语文教科书发展的最辉煌时期。1929—1939年

---

① 商务印书馆编：《商务印书馆90年》，商务印书馆1987年版，第14页。

10年间中学语文教科书数量达75种，比前30年总数还多，而这一时期上海语文教科书也已逼近前30年数量之总和。1930年代中学语文教科书之发达，从内部发展来看，经过前30年的努力和探索，在内容选择、语体运用及分配、课文结构与编排方式上，均积累了相当经验，因而为1930年代中学语文教科书在形式上日趋成熟和多样化打下了坚实的基础。从外部动因看，南京国民政府建立以后采取了一些积极发展教育的措施，如推广义务教育等，使得全国普通中学及学生数直线上升。据统计，1918年全国普通中学为484所，学生数为77621人；到1937年全国普通中学已达1242所，学生数则在494771人（不包括高初中合设），①学生人数剧增。各地经济文化发展水平的不平衡，客观上需要多种形式的语文教科书与之相适应。而1930年代政治上又是多事之秋，先是日本在东北建伪满洲国，继而侵占华北，直至抗战全面爆发，时局动荡，语文教科书首当其冲。伪满时期编制的奴化教育国文教科书，以及宣传抗战、振奋民族精神的许多特种国文教科书都是这一时期的特殊产物。凡此种种，促使了这一时期中学语文教科书数量激增。到1940年代，国民政府教育部开始推行国立编译馆的国文教科书，使1930年代中学语文教科书发展势头受到了遏制，因而数量上有了减少。

如果把20世纪前50年与后50年中学语文教科书略作比较，不难发现，近代中学语文教科书已相当发达。究其原因，主要有三个方面：（1）教科书编写推行审定制。1906年清学部颁布了一系列审定教科书的制度政策，教科书编写实行审定制。此后由民间编写、由教育部审定颁行的教科书编审制度被正式确立下来并一直得以延续。把教科书编写权下放，鼓励民间组织力量广泛参与，为近代教科书繁荣和竞争提供了制度保证。北洋政府教育部规定审定后的教科书有效期限为

<hr>

① 第二历史档案馆编：《中华民国史档案资料汇编》第五辑（一），江苏古籍出版社1998年版，第526页。

5年，南京国民政府时期规定有效期为6个学期。教科书更新替代有明确的期限，在一定程度上也刺激了教科书变革的速度。（2）政治的影响。前面讲过，时局动荡，语文教科书改革首当其冲。"城头变幻大王旗"，近代社会之动荡与新陈代谢，在历史上少有。从清末新政、南京临时政府、北洋政府、南京国民政府，到抗日战争、解放战争，每一个时期，政府都要求语文教科书迅速作出回应；同时，出版商为迎合时代，片面追求所谓"新"，也极大地提高了中学语文教科书编写的速度，从而改变了其正常运行周期，使语文教科书在数量上超前发展。以商务印书馆为例，清季兴学，编写了《最新国文教科书》；1912年南京临时政府成立，倡导共和，编写《共和国国文教科书》；1920年国语运动兴起，倡导白话，编写《新法国语教科书》；1922年，实行新学制，编写《新学制国文教科书》；1927年国民党北伐成功，倡导三民主义，编写《新时代国文教科书》；1929年南京国民政府教育部颁布中小学暂行课程标准，商务印书馆又编写《基本国文教科书》……正如当时瞿菊农所感叹："时代的要求变化太快，教育赶不及。"（3）语文教科书编写专家群体的形成和崛起，使语文教科书在编写质量上达到了比较高的水平。如果说当时文化界精英的参与，能使中小学语文教科书思想内容与时俱进，呈现出个性化、多样化的特质的话那么，以商务印书馆、中华书局、开明书店三家编辑出版机构为中心而形成的1920—1940年代著名语文教科书编辑专家群体，则使中学语文教科书具有广泛的适应性和针对性，在科学化、民族化道路上取得了可资后人借鉴的突破。这三个群体分别是由吴增祺、许国英、蒋维乔、庄适、孙俍工、傅东华、陈望道形成的商务群体，其活动时间大约从清末一直到1930年代中期；由沈星一、黎锦熙、陆费逵、孙怒潮、穆济波、宋文瀚形成的中华群体，其活动和影响从民国成立到1930年代中后期；由叶圣陶、夏丏尊、朱自清、吕叔湘等形成的开明群体，其活动和影响从1930年代中期至1940年代末。这三个语文教科书编辑专家群体的辛勤耕耘，为近代中学语文教科书的稳步发展提供了基本保证。

（三）形态、内容和结构：教科书的案例分析

20世纪前50年，正是近代中国教育从传统向近代化的转型时期。民主与专制、科学与迷信、进步与复古、革命与反动……各种教育思潮杂陈其间。这种复杂性或多或少地反映在教科书的编写中。近代中学语文教科书的表现形态丰富多样：既有传统文选型，也有比较现代的单元组合型；既有供普通中学教学用之书，也有专供自学或半工半读或女子学校用的课本；既有偏重语言学习、文学欣赏、创作和学术研究的读本，也不乏突出政治的空洞说教之作。本节将从上述问题入手，选择其中典型个案，从形态、内容和结构方面对近代中学语文教科书质量、发展情况做简要剖析与总结。

《国文教科书》（吴曾祺编，商务印书馆1908年版），是清末影响较大的一种教科书，全套5册，共选文702篇，按时代逆推。第一册为清文；第二册金元明文；第三册五代宋文；第四册晋、唐宋文；第五册汉魏文。这是典型的文选型语文教科书。教科书编制，以时代为经，以体裁为纬。每个朝代以名家为中心，搜罗各种体裁的代表性作品，以此让学生了解作家的创作道路、文学成就与风格。如第四册选韩愈诗文23篇、欧阳修28篇、苏轼24篇。此书特色是，选文注重儿童趣味和精神，选入了许多精致优美短章，如苏轼的《方山子传》、刘禹锡的《陋室铭》等。题解、评点，精要而富有启发性，如《方山子传》题解："始而侠，继而儒，终而隐，前用顺叙，后用追溯。"寥寥数言，涉及故事情节、人物性格及结构方法，可谓画龙点睛。采用学年制编排，每一学年一册。选入当代针砭社会时弊之作，引导学生关注现实问题。这是一个重要突破。如第一册选入了同光时期的冯桂芬、鲁一同、薛福成的作品，令人耳目一新。处在传统教科书向早期近代化过渡阶段，此书明显留有旧式教科书痕迹：录入文体繁杂，仅第一集就收录序、跋、折、笺、书、疏、诏等二十多种，其中许多是

空疏腐朽之文体；另一个特点是语体上全部采用文言。

《初级国文读本》（孙俍工、沈仲九编，1922年吴淞中学印），是一本全部采用白话文的中学国语教科书。主要选择新文学运动以来的重要作家作品及部分唐宋以来白话戏曲及小说，如鲁迅的《故乡》、胡适的《终身大事》、叶绍均的《一个朋友》、徐玉诺的《小诗》、周作人的《雨山小品》等。此外，本书还选录了大量当时有影响的抨击社会时弊的政论文及调查报告等，如蔡元培的《劳工神圣》、吴虞的《〈吴虞文录〉序》、胡适的《建设的文学革命》。胡适之倡导民主与科学、反对封建纲常礼教的时代精神，值得肯定。但此书内容太博杂，以问题为中心，涉及的面太广，小至恋爱、妇女贞操、女子经济独立，大到新村主义、社会主义等，在一定程度上，过分强调作品的社会性，忽略了语文教学的语言形式的训练。有些调查报告，如《海属社会面面观》，篇幅太长，语言也较粗糙，不适宜作课文，但作为最早一批采用白话的国语课本，其探索性值得肯定。它在书前设置了详细的有关课程、教材、教法、作文、演说等六项阅读、写作、说练的目标；在结构上，则采取文选、注释、各段大纲之提要及批判，试图对语文教科书在目标、编写结构上做量化及程序化探索，这是难能可贵的。它提出"养成有系统条理的思想能力""指导学生以研究的门径，使他们养成自己研究的能力和习惯"等项目标，能明显看出《初级中学国语课程纲要》的要求。全书分六编，平均每集选文37篇，但在每一集分配上，则并不均衡，六集分别选文57、55、34、39、15、23篇。

《新中学教科书高级古文读本》（3册）（穆济波编，戴克敦、张相校，中华书局1925年版），是一部紧扣新学制中学国文课程纲要，以了解古代文化，培养学生的学术研究能力为旨归的颇有特点的国文教科书，选文偏重经史子集。第一册选自诸史；第二册为诸子；第三册为群经。另选历代集部名作分散于3册之内。结构为文选、题解、诠释、考证。在文章的时代先后处理上，取与文学史相一致之文，突出文学发展的脉络。这套教科书按照道尔顿制学习方法编制，课文编制了可资进阶的严格量化体系及学程指导。每册编排10个学程，每个学程以学习时间为准则分配不同长度及难度课文内容。对编入的每篇文章长度均有严格计量，如第一册第一学程共选文字4200字，其中《礼记·檀弓下·公子重耳对秦客》356字，《诗经·谷风》194字，等等。教材前置有内容支配表，对各个学程的学习目标有具体规定，如第一册第一学程共选4200字，行课四周，每周读1050字，每小时读260字；第二册第一学程选文4290字，每小时读270字。显然，它是按照循序渐进的原则编制的。此书的另一特点是第一次对入选文章做删改处理，以期更适合教学之用。

《中学国文特种读本》（2册）（孙俍工编，商务印书馆1933年版），是最早一部为适应时局需要由官方编制的补充国文教科书。"九一八"事变，东北沦陷，激起了中华民族抗击日本侵略者的爱国主义精神。这套教材就是配合当时抗战宣传而编制的"以唤醒我国固有民族精神为主旨"的特种教科书。全书分编两册，第一册选文26篇，初中用；第二册选文32篇，高中用。选材标准为："对于我民族发展上有关系的先民著述及传记，含有抵抗外侮、不屈不挠的精神之革命先辈论著、诗歌及抒情文，中外富有爱国思想之文艺创作。"文章体裁以记叙文、论说文、文艺文为序。课文结构为文题、作者传略、注释参考书。初中卷选入林觉民《与妻书》、胡适译的《最后一课》、杨振声的《济南城上》等优秀作品，也选入汪精卫《执信的人格》等政论文，其中还集中选入了甲午战争前后一些著名的爱国诗篇，如黄遵宪的《旋军歌》《军中歌》，书前附有《中日战争地形图》。第二册主要集中选录中国古代民族英雄的传记及其诗作，如《苏武传》《史可法传》《文天祥传》、陆游的《书愤》、岳飞的《满江红》等。两册比较看，高中部分无论是思想内容还是语言形式，均堪称优秀，这是后来任何一个时期的补充教科书难以企及的。

《复兴中学国文教科书》（初、高中各6册）（傅东华编，教育部审定，商务印书馆1933年版），是近代影响较大、流行最为广泛的一部国文教科书，至1938年9月已印行70版。它是按照1932年中学国文课程标准编制的。其文体的训练顺序，遵循了记叙、抒情—说明、抒情—议论、应用的框架。初中选文240篇，每课平均1400字，由浅入深，单元编排；高中选文229篇，平均每课1800字。初中文言白话三年比例分别为3：7，4：6，5：5。高中除收部分当代学术论著外，主要选择上古至晚清文言诗文及古代戏曲，像《离骚》《庄子·天下篇》《大学》《中庸》等古代有影响的长文，皆全文载入，以突出传统古典文化的训练与研究。鉴于传统教科书语文知识薄弱、读写长期脱节等现象，该书突出强调读写联接及语文知识与语文能力相互促进的作用。全书采取单元编制方法。高中选文则通过每组进行单元组合。每周一组，每学期18组。以40篇精读文章为主，穿插排列20课习作与文章作法。其结构为选文—注解（暗示）—文章作法（单组）—作文练习（双组）等。

《高级中学国文》（叶楚伧主编、编注，许梦因、汪懋祖等校阅，正中书局1936年版），这套教科书是按修正中学国文课程标准编选的。全书六册，第一、二册以体制为纲；第三、四册以文学源流为纲；第五、六册以学术思想为纲。这套教科书的重要特点是，选文注重各类文体与风格，以培植学生的文学兴趣及学术创新能力。在思想内容上，编者称："旨趣在振起民族精神，琢磨人伦道德"，以及"切合时性，含有忠孝仁爱信义和平诸德之意义。"其课文结构为：选文—作者—题义—注释—习题。这套教科书没有采用单元编制方法，但在作者生平注释、题义及习题设计上有独到之处。这些设计看似简单笼统，实则蕴含编者的良苦用心。关于作者简介，往往三言两语，就能点出作家重要生平道路、与本文有关的写作背景及其创作风格，如对《永州八记》作者柳宗元的介绍，文字乍看很平淡，但却有一种魔力，诱发你为之生出许多感叹，并渴望读解本文。该书的题义设计也富有学术含量，很有价值，往往将学术史上的争议、公案与疑难置于其中，而很少给出一个终止性结论，例如《国殇》一文的"题义"："国殇，谓死于国事者。按《九歌》乃祀神之乐歌，《山鬼》以上诸篇各祀一神，独此《国殇》篇性质不同，疑本为独立诗歌。后人不察，误入《九歌》之群耳。张皋文曰'以忠死，故比国殇'，则屈原自况之作也。"

《国文百八课》（叶圣陶、夏丏尊编，开明书店1938年版），是一套在探讨语文教科书科学化道路上具有里程碑意义的教材。编者明确提出，"想给与国文科以科学性，一扫从来玄妙笼统观念"。该教材以课为组织单位、以文话—语文知识为中心编选课文。每课含文话、文选、文法或修辞、习问四项。文话是每课的核心，起统摄作用；文选是例子；文法或修辞是对选文的进一步研究；习问则是前三项知识、技能的习得与迁移。课文的四项设计既从总体上反映每课的教学目标，又保持各自独立系统，循序渐进，形成一个独特的教学程序体系。全书分六册，每册选文18课，共108课，就是108个语文知识训练项目。这套教科书既重视选取富有情趣和适合儿童阅读的材料，如胡适的《差不多先生传》、宋庆龄《广州脱险记》，《王冕的少年时代》等，又突出文章的实用性，凡"零星的便笺，一条一条的章则，朴实干净的科学记述"，皆适量选入。此书是对传统教科书以文选为中心的一次改革。在选文时不附注释。编者说，"何者应注释，何者不应注释，定不出明确标准。很可以把这余地留给教学者的"，很值得后人注意。

《基本国文》（陆高谊主编，朱公振编选，世界书局1939年印行），这是一部标示"有教科书之长而无教科书之呆板之活用课本"。20世纪30年代后期，由于抗战爆发、经济萧条，导致许多青年学生失学。《基本国文》就是一部供补习学校及自学之用的教科书读本。它以普通中学初、高中国文课程标准的最低要求为限，将初、高中国文教学内容压缩在一册之内。全书选文40篇，以纯文学为主。由今及古选择浅显平易的语体文、文言文，其中语体占十之六七，文言占十之三四。记叙文、说明文、议论文、诗歌、应用文分别占十分之三、十分之二、十分之一、十分之一、十分之二。每课结构为：范文（文言附语译）—注释—作法—文法—修辞—标点—习问等。书前附内容一览表解，对每一篇课文学习要点及方法均作规定。该书课文结构完整，其中作法指导与习问两项编选较为出色。作法指导不仅对各类文体写作环节有详细指导策略，还对每篇范文题旨、笔法、结构及修辞具体分析说明，如对《爱罗先诃》一文的段落分析："本篇分为三段，第一段叙述自己在四岁时瞎了眼睛的情形；第二段叙述到了盲童学校后的生活；第三段叙述先生对于发出愚问的责罚。"习问则分问题和练习两项，前者注重培养思维，后者注重训练技能。练习形式多样，既有知识性练习，如填写、默写，也有难度较高的技能性项目，如缩写、译述、改作、仿作等。这部教科书，内容虽较为单薄，但选文皆采自当时初、高中国文课本中的经典名篇，因而较少政治痕迹，是一本难得的内容纯粹的语文教材。

《初级中学国文》（甲编）（6册）（方阜云、羊达之等编，国立编译馆校订，七家联合供应社1945年印行），是一部国民政府教育部推重的"国定本"教科书。应该说，它以1940年修订的初级中学国文课程标准为依据，"采平实精神，以期内容具有模范群伦、包涵名家之风度"，培养学生欣赏文艺的趣味，其编选不无探索的地方，但印刷粗糙，结构、题解、注释呆板与割裂，尤其是选入大量国民党中央领袖以及政府要员的文章，严重削弱了教科书的质量。六册课本，每册选文32—36篇，其中蒋介石文章达10篇之多，其他如戴季陶、张发奎等的文章也分散在各册中。

《中等国文》（陕甘宁边区教育厅编，新华书店1946年版），是解放区编写的一本影响较大的教科书。它显著的特点是，"打破向来国文教材偏重文艺或偏重政治的缺点"，突出语文教学的实用性。因此，该书并没有选多少名家"名文"，却选取了很多朴素平易的文字。全书六册，每册30课。采用单元编制法，每五课为一组；每组的前三四课为读文，后一二课为语文规律的说明文。各课、组之间有一定联系，大致构成一个相对上升的程序。每课后附有教学参考、注释和习题三项。"教学参考"的目的在于向教学者说明教学时应注意之点；"注释"注解一些不易了解的词组；"习题"提示学者练习的方向。这部书富有鲜明的新民主主义教育特点，但由于过分强调实用性和汉语汉文知识性，因而语文学科的文学性等特质被淡化了。当然，这与当时解放区中等学校学生的基础较为薄弱有关。

通过对以上中等学校语文教科书个案的分析，我们大致可以归结出近代中学语文教科书演进的一些特征：从教学取向上看，已由传统的崇尚儒家经典教育转向经典文化与现实问题并重上。在单册教科书内，每册选文一般在35—40篇。在内容的具体分配上，大致达成了共识。初中语体与文言比例是7：3、6：4、5：5，高中则为7：3、8：2、10：0。从价值取向上看，初级中学更重视国文教学的工具性、实用性；高级中学则重视文学性和学术性。通过分析还可以看出，语文教科书思想内容的演进，其主流已从传统封建伦理道德教育转向民主观念、科学精神及美感教育。从结构上看，整个教科书演变遵循着这样一条轨迹：从以单篇文章为中心，以时代及体裁为经纬的文选型过渡到以一组文章为范例，建立了严密解释系统和作业系统，并且具有教学法功能的单元编制特征。在单元编制的具体形态上，或以课文知识为中心，或以范例为先导，又不尽一致，但目标的清晰性和指向性，是单元编制型教材区别于传统文选教科书的重要特征。

（四）几点思考

当我们对20世纪前半个世纪的中学语文教科书改革与发展进行反思时，其意义与其说是历史的，倒不如说是现实的。

第一，语文教科书编审制度的审视。确立于清末并为后来沿用的教科书审定制度，为20世纪中学语文教科书的繁荣与发展提供了制度层面的保障。它确定的一个基本制度是，在政府官方审定之下，允许并鼓励各社会机构、民间组织参与教科书的编撰、出版、自由竞争，20世纪上半叶中学语文教科书质量不断提高，数量剧增，与此有直接关系。30年代后期，由于南京国民政府加强了对教科书的审查与控制，国立编译馆主导地位的确定和日趋垄断，削弱了清末以来确立的教科书生产的公平竞争机制，致使中学语文教科书数量骤减，质量下降。

第二，对语文教科书与编写队伍的思考。20世纪前半叶语文教科书之所以发达，与一支高水平的编写队伍是分不开的。商务印书馆、中华书局不但专门成立了实力很强的以编写教科书为主的国文部，建立自己稳定的编辑队伍，而且还广泛吸收和延揽社会各阶层文化精英参与，从而使教科书编写始终保持有源源活水和丰富个性。现代美国著名课程专家泰勒强调，教科书编写应有学科专家参与。语文学科专家包含哪些？可以讨论，但文学家、语言学家、文学史家对语文学科的发言权，自不言而喻，如20世纪前50年夏丏尊、叶绍钧、陈望道、孙俍工、黎锦熙、傅东华等一大批作家、语文学家积极参与，锐意改革，努力奋进，推动了中学语文教科书编写的革新与进步。

第三，关于语文教科书的编写传统与科学化问题。在中国长期的封建社会中，传统中等教育程度的语文教科书是以《文选》《古文观止》为范本的。它与传统"三、百、千"等小学集中识字及"四书五经"等中等程度读文教育，构成了一个稳定的语文教育重读的体系。它崇尚"不言之教"，强调通过熟读、吟诵、揣摩来培养语感，并通过强化其文体特征及题解、评点功能完成其知识、技能之系统训练。20世纪实用主义哲学教育对语文教学的一个重大冲击是对语文教科书科学化做出了有益的探索——单元编制。单从结构上看，单元编制显然是一大进步，反映了学生学习认知的特点，代表着教科书编写方向，但就当时中学语文教科书编写看，无论是在单元目标上，还是在内部结构与功能的发挥上都需要进一步完善与规范。在单元目标及练习程序的度的处置上，仍然需要总结传统语文教材编写的经验。从20世纪前半叶中学语文教科书的编写看，传统文选制与单元编制均有成功与不很理想的例子，因此，评价一种教科书，除其内容外，怎样编制与在教学中如何充分发挥其功能，换句话说，如何让学生有效学习和使用，则至关重要。

二 夏丏尊与现代语文教学的建构

20世纪初期，在西方现代语言学的影响与推动下，中国语文教学开始从传统向现代转型。在语文教学以传统向现代转型的过程中，现代文章学的建构首当其冲，具体地说，对文章本体的重新认识，包括文体类别的重新划分与命名，各文体的结构顺序以及文体功能的阐释，等等。从晚清到1919年，现代文体的分类逐渐呈现出聚类集中、从采用兼顾内容与功能的复合分类标准转向以单一要素作为分类标准的特点。其时，文体的命名尚待统一。为新文体在教学过程中合理定序，并揭示其教学策略，是现代语文教学理论建构的一个重要课题。此外，以诗歌、小说、戏剧等体裁为中心的新文学创作在中小学语文教学中首先获得了合法化的身份，并占据着重要位置，如何厘清普通文章与文艺文的关系，重新认识并改造文艺文，也是现代语文教学理论建构过程中亟待解决的另一个重要课题。

（一）现代普通文章的文体建构及其与文艺文的分野

1902年清政府颁布的《钦定中学堂章程》规定，中学四年的"词章"课程分别按照记事文、说理文、章奏传记、词赋诗歌等文体进行教学。1904年《奏定中学堂章程》在"中国文学"课程里并没有提及具体的文体名称，对写作训练提出的要求是"用字必有来历（经史子集及近人文集皆可），下字必求的解"①，实质上仍然没有摆脱传统

---

① 璩鑫圭、唐良炎编：《中国近代教育史资料汇编·学制演变》，上海教育出版社2007年版，第329页。

文章学的藩篱。1912年南京临时政府教育部颁布的《中学校令实行规则》和1913年颁布的《中学校课程标准》都没有对中学国文科的文体做进一步的探讨与说明。1919年秋，在五四新文化运动的激荡之下，夏丏尊等在浙江省立第一师范学校开始国文教学改革，积极倡导使用白话文章来表达自己的思想感情。1920年秋，夏丏尊在湖南第一师范学校教授国文科时，努力开展新文体写作教学实验。他后来出版的《文章作法》的前五章就是这一时期所编写的讲义内容。在该书中，夏丏尊不仅阐述了现代文章学的性质、类别及功能，而且，对各种新文体的名称及其教学的顺序也进行了深入探讨，其理论依据主要来自日本国文教学界，特别是五十岚力的《作文三十三讲》一书。

五十岚力指出，西方现代文章学分类简明实用，更能反映现代人的思想生活及表达诉求。他将文章分为散文和韵文两类，又将散文分为记实文、叙述文、说明文、议论文为四类。从夏丏尊关于现代文体的分类看，其理论主要借鉴了五十岚力的文章分类理论。

五十岚力和夏丏尊分别将第一类文体命名为记实文和记事文，前者强调记录内容的真实性，后者突出记录内容的亲历性，即记录真实性经验和源于经验的想象。第二类文体以"叙—变化"为中心，五十岚力称其为"叙述文"，强调表达方式铺叙陈述，突出了时间要素，并以战争文、恋爱文为代表题材；[①]夏丏尊将此类文体改称为"叙事文"，在很大程度上拓展了题材范围，更符合中国中学国文教学的实际。二人都将第三类文体称为说明文，但夏丏尊对说明文的定义与阐释不仅增加了具象的事物、带有主观创造性和想象力的意象等内容，还阐述了此类文体的目的和功能。第四种文体是议论文，二人都将在观点上得到读者认可作为定义这一文体的要素，此外，夏丏尊还特别强调了在有所知基础上有所信，补充说明了该文体与说明文的区别。[②]

---

① ［日］五十岚力：《作文三十三讲》，早稻田大学出版部1913年版，第375页。

② 夏丏尊、刘薰宇：《文章作法》，中华书局2007年版，第71页。

对于文体命名及其功能的认识，除夏丏尊外，同时期众多学者对此也都做了各自不同的探讨。记叙文（记事文与叙述文的合称）、议论文这两种文体名称，作为当时中学语文教学界形成的共识，被正式写进1923年的《初级中学国语课程纲要》中。当然，由于当时对现代文体的命名与所指的探讨还处于学术争鸣时期，因而《初级中学国语课程纲要》对现代文章文体名称的采用还持比较审慎态度。例如，陈望道提出的诱导文，就名称来看似乎和夏丏尊的议论文（Persuasion）对应，二者都带有使读者采纳自己观点的意味，陈望道的诱导文"偏向情感的一面"，而夏丏尊所说的议论文，更倾向于以理服人。①

对于现代文章文体的功能及其在中学国文课程中的教学目标，夏丏尊主张突出其实用性质，在普通文章的范畴之内探讨文章的教学问题。与之相类似，陈望道在《作文法讲义》中"断然抛却"将文章分作实用、文学的分类方法。同一时期，梁启超也明确指出，"中学学生以会作应用之文为最要"②；高语罕出于便利中等学校学生研究作文的考虑，在《国文作法》中的相关讨论也未涉及文学。③但是，与实用的文章价值取向相对，当时也有许多学者积极提倡在中学国文教学中注重文艺文的教学。譬如，孙俍工认为，在中等学校的国文科里，纯文学应该占到十分之六七，或至少与实用文并重；④叶圣陶将具有文艺趣味、注重情感表达的抒情文与叙述文、议论文并列；刘大白则引用古人之说阐明抒情文体之于人的发展的作用，他特别强调记叙、描写、抒情三种文体的"分量要多、要在前"⑤。

---

① 陈望道：《作文法讲义》，见陈望道《陈望道全集》（第4卷），浙江大学出版社2011年版，第53页。

② 梁启超：《中学以上作文教学法》，载《改造》1922年第4期。

③ 高语罕：《国文作法》，亚东图书馆1922年版，第158页。

④ 孙俍工：《文艺在中等教育中的位置与道尔顿制》，载《教育杂志》1922年第14期。

⑤ 刘大白：《白屋书信》，大众书局1936年版，第21页。

（二）现代文体教学边界的挪移：对文艺文、应用文的讨论

1929年，夏丏尊应教育部小学课程标准委员会之邀，参加教育部小学国语课程标准的修订。①在同年颁布的《小学国语课程暂行标准》中，普通文被定义为"记叙文、说明文、议论文的总称"，能作没有文法错误的普通文，被列为小学毕业的最低限度。②1932年教育部颁布《小学课程标准·国语》，以附件的形式，把普通文所包含的文体胪列出来，对记叙文的说明尤为详细具体。1932年颁布的《初级中学国文课程标准》，正式确立了中学国文四大文体教学的结构和体系，记叙文、抒情文、说明文和议论文的文体名称及其教学顺序也得以确定。在强调以实用性普通文章为取向的同时，该课程标准也兼顾了文艺文与应用文的教学要求，但如何在现代文章学体系内对其进行科学合理的定位，并解决其在教学实践中的问题，是1930年代中学国文教学面临的重要课题。围绕这一课题，夏丏尊做了十分重要的探索。

1. 抒情文归属的探讨

作为一种具有文艺特质的文体，抒情文这一概念早在1924年由叶圣陶引入现代文章分类体系，并与叙述文、议论文并列。当时，叶圣陶已经意识到这一分类的问题所在，即"叙述、议论二事与抒情，性质上有所不同"。在叙述或议论中，作者和读者"一方面说出，一方面知道……这样的性质偏于理知"，在抒情中，作者和读者"一方面兴感，一方面被感……这样的性质偏于情感"。③叶圣陶深知抒情必须借助叙述和议论，但他将抒情与叙述、议论并列，这就造成了文章分类上的结构性矛盾，对此，他一直悬置不论。

实际上，叶圣陶和夏丏尊在"绝没有虚悬无着的情感，抒情必然

---

① 赵景深：《文人剪影·文人印象》，三晋出版社2015年版，第222、223页。

② 吴履平等：《20世纪中国中小学课程标准·教学大纲汇编：语文卷》，人民教育出版社2001年版，第25页。

③ 叶圣陶：《作文论》，见叶至善编《叶圣陶集》，江苏教育出版社1990年版，第223页。

依托叙事"这一点上的认识是一致的，这恰恰是二人在文章分类上实现调和与达成共识的基础。1935年，在夏、叶合编的《国文百八课》第十一课的文话中——抒情文在四分的文体中有了明确的定位和逻辑归属：抒情文作为记叙文的一个下位概念，特指以抒发胸中感情为特点的文章。这一处理方式在后来二人合作编写的《初中国文教本》中仍然沿用，"抒情文也就是记叙文，不过抒情文以表白情感为主"[①]，只是在记叙文报告事物的基础上多出一重内容而已。

2. 文艺文地位的考察

对于"文艺"一词，1928年，夏丏尊在《文艺论ABC》中曾用专章进行阐述。为了与广义的"文学"概念相区分，当时许多学者用"纯文学"概括诗歌、小说、谣曲、戏剧等体裁，这就是夏丏尊所称的"文艺"。夏丏尊从两个层面揭示了文艺的特质：从媒介上说，"文艺是以言语文字为工具的艺术"[②]；从性质上说，"超越现实功利的美的情感"是"文艺的本质"。[③]这一观点与孙俍工定义纯文学时强调"情"和"美"有异曲同工之妙，但夏丏尊更进一步用"现实的情"来比照说明"美的情"。前者是利己的，与他人无涉；后者则是非现实的，无功利的，[④]这是文艺的"情"的独特性。

既然"文艺"有特定的指称范围，那么，它在中学国文教学中与记叙、抒情、说明、议论四种文体的关系问题就凸显出来了。夏丏尊一方面强调四分法包括了一切文章，一方面又在《开明国文讲义》中将诗、戏剧、小说、小品文列为四体之外的第五类，可以看出他在现代文章学建构中的犹豫与矛盾心态。1934年，夏丏尊与叶圣陶合著的《文心》出版，他在该书中正式使用了"文艺文"的概念，并将记述文、叙述文、解说文、议论文定义为普通文，从而使普通文和文艺文

---

① 夏丏尊、叶圣陶：《初中国文教本》（第2册），开明书店1937年版，第82、83页。

② 夏丏尊：《文艺论ABC》，ABC丛书社1928年版，第4页。

③ 夏丏尊：《关于国文的学习》，载《中学生》1930年第11期。

④ 夏丏尊、叶圣陶：《国文百八课》第1册，开明书店1935年版，第63、64页。

在逻辑上对举。

3. 实用文和应用文的讨论

1929年教育部颁布的《小学国语课程暂行标准》指出，实用文是"书信条告的总称"；《小学课程标准国语》则进一步将其明确为书信和布告等，并提到了计划书、报告书的写作。《初级中学国文课程标准》规定，初级中学第三年内容偏重"议论文及应用文件"，"应用文件"包括书札、契据、章程、广告及普通公文程式。基于此，夏丏尊开始从文章与实际生活的关系出发探讨文章类型。1931年，夏丏尊在《关于国文的学习》一文中首次论述了应用文体。他把文章划分为实用的和趣味的两大类：前者用于"处置日常的实际生活"；后者"并无生活上的必要"。①这里所谓的"实用"，沿用了之前小学课程标准中的"实用文"概念，从他在文中所举的实例来看，也就是《初级中学国文课程标准》中所说的"应用文"。1935年，夏丏尊在《国文百八课》一书中，将此前使用的"实用文"一词改为"应用文"，意指"专门应付生活上当前的事务的……为了事物的逼迫而写作"的"有一定的型式"的文章，②并介绍了报告书、说明书、仪式文、宣言等若干类型，"应用文"概念从此正式进入他所编制的初级中学国文教材，并成为与普通文对等的一类文章。1937年，夏丏尊在编制《初中国文教本》中仍然坚持这一说法，并明确地将普通文、应用文、文艺文三者放在对等的位置上。

将普通文、应用文、文艺文放在对等的位置上，并不意味着三者在中小学国文教学中处于同等的地位。如前所述，夏丏尊最为看重和推崇的仍然是并不与实际生活发生直接关系、不为实际生活所迫而写作的普通文章，"一般地所谓正式的文章，大都属在这一类里。我们

---

① 夏丏尊、叶圣陶：《初中国文教本》（第1册），开明书店1937年版，第63页。

② 夏丏尊、叶圣陶等编：《开明国文讲义》（第1册），开明书店1934年版，第30页。

现在所想学习的（虽然也包括实用文），也是这一类。"①这种观点直接反映在后来的中学国文课程标准中，1936年的《初级中学国文课程标准》在文体安排上，除了第一学年中抒情文与议论文的比例持平，其他各学年均采取"记叙文—说明文—议论文—小说诗歌戏剧—抒情文—应用文"的结构。1940年，《修正初级中学国文课程标准》教材大纲中的精读选材完全按照记叙文（包括记述、叙述）、说明文、抒情文、议论文五体的格局编排，而应用文和文艺文不再列入精读的范围，意味着国家课程标准将普通文章的地位提高到前所未有的高度——实用性普通文占绝对优势、文艺文为辅、应用文为补充的初级中学现代语文教学内容体系和教材编写的格局正式形成。

普通文、应用文、文艺文之间也并非存在着截然对立的分野，相反，夏丏尊在确定各文体的边界范围时非常注重它们在内容上的沟通。他以书信为例，阐述了诸文体之间的区别"只在体式上，并不在内容上"②，并由此说明了在实际的写作实践中，普通文、文艺文分别与应用文在体式上的联系及相互转化的可能。此外，夏丏尊还指出，"五体（记述文、叙述文、抒情文、说明文、议论文）原系就普通文而言，然而应用文和文艺文也不外乎这五体"③。用五体来涵括所有文章体式，不仅肯定了五体作为最基本的语文教学文体不可动摇的地位，而且打破了各种书面言语作品的界限，使普通、文艺、应用三体横向地覆盖了各类文章文学体裁，五体纵向上贯穿所有文章的表达目的和方式的现代语文教学体系确立下来。

（三）心理学观照下的文体再定义和再分类

1930年代，夏丏尊从作者从事写作活动的心理学动因出发，探讨了中小学国文教学形成的现代文章体系及其依据。1932年，夏丏尊在

① 夏丏尊、叶圣陶：《开明国文讲义》（第1册），开明书店1934年版，第30页。
② 夏丏尊、叶圣陶：《国文百八课》（第1册），开明书店1935年版，第100、101页。
③ 夏丏尊、叶圣陶：《初中国文教本》（第1册），开明书店1937年版，第63页。

他与陈望道等人合编的中学国文教材《开明国文讲义》中指出，发表欲是一切艺术的根据，而满足和激发青年的这一欲望，正是学校设置作文课的目的所在。他将此前建构的四种普通文文体中前两者的名称分别调整为记述文和叙述文，并把各种文体同作者的不同心理需要进行一一对应，重新定义了这四种文体。例如，"我们自己知道了一件事情，更想叫别人知道，为着这种需要写成的文字叫作'叙述文'"[①]。同时，夏丏尊又将四种现代文体根据心理来源的不同分为两部分：记述文和叙述文，用于传达自己的觉知，大部分源于直觉、情感；解说文和议论文，用于传达自己的理解和主张，源于知识、理性。前者基本不受年龄限制，后者却与年龄、学力并行相长，[②]从内容的性质及来源上解释了四种文体在教学中的确立及其必须遵从特定序列的原因。此外，夏丏尊还特别指出，抒情从本质上说，仍然与感觉是一致的，解释了他把抒怀一类归入记述文、叙述文范畴的原因。

实际上，早在1920年代初，语文教学界已尝试根据写作心理的不同，对文章进行现代分类。1920年，陈启文在《中学的国文问题》一文中，按人类的精神知、情、意三个方面将文学的内容分为三种。不过，该分类中混杂着较多的传统文体名称，知、情、意三者与现代文体的关系论述得并不清晰。[②]直到1924年，孙俍工将文章分为知的文、情的文、意的文，并把三者分别与此前他提出的现代文体——记叙文、文艺文、论说文相对应。

夏丏尊在1928年所著的《文艺论ABC》一书中，开始将"知、情、意"运用到文章分析中。不过此时，他尚未明确提出将其作为文章分类的标准，只是列举了史书、论文、文艺三类分别具有知、情、意属性的文章，并没有在文章的分类上进行更多探讨。通常史书是记叙性质的，如果把史书推演为记叙文，把论文推演为论说文，那么，

---

① 夏丏尊、叶圣陶等编：《开明国文讲义》（第1册），开明书店1934年版，第96页。
② 陈启文：《中学的国文问题》，载《少年中国》1920年第1期。

夏丏尊此时的认识与孙俍工的观点就十分接近了。此外，由于该书立足于对文艺的研究，因而对知、情、意关系的认识也是立足于文艺写作的。夏丏尊认为，文艺中经验或事实的部分，其性质是知或意的，对经验或事实只有"仅作情的处理"①才能带给人情味，才具有文艺的本质。

1934年，夏丏尊在与叶圣陶合著的《文心》一书中，明确阐述了通过分析文章写作的心理根源进行文章分类的方法：心的作用，普通心理学家分为知、情、意三种。知是知识，情是感情，意是意欲。文字是心的表现，也可有三种分别，就是知的文、情的文与意的文。②

夏丏尊对知、情、意三者之间的关系也进行了充分阐述。他认为，"情意如不经知识的驾驭，就成了盲目的东西"③，强调了知识对情和意的制约作用，知识和经验是自觉地抒发情感、表达意欲的基础。

后来，夏丏尊在《国文百八课》中进一步明确了知、情、意三类文章的写作目的。他指出，知的文，目的是将一些知识传达给人家，读者可借以扩大知识的范围，心境是平静的；情的文，目的是将一些情感倾诉给人家，读者会产生情感上的共鸣，心境是激动的；④意的文章是有所主张、以发挥作者的意志为主旨的文章。但是，对于孙俍工等人将既有的文章分类与知情意简单对应的做法，夏丏尊并不认同。换句话说，夏丏尊认识到了不同文章分类结果对应关系的复杂性。他指出，知的文章和情的文章"不能够依据文体来判别"，因为同为记叙文或论说文，有可能属于知的文，也有可能属于情的文。这一方面从反面印证了"情感不能无因而起，必有所缘"，抒情必须依托于记叙或论说的观点；另一方面，情作为文艺文的主要特质，记叙文或论说文中属于情的文章的那部分，便兼有划入文艺文的资格，从而为普

---

① 夏丏尊：《文艺论ABC》，ABC丛书社1928年版，第6—10页。

② 夏丏尊、叶圣陶：《文心》，生活·读书·新知三联书店1999年版，第41页。

③ 夏丏尊、叶圣陶：《国文百八课》（第1册），开明书店1935年版，第26页。

④ 夏丏尊、叶圣陶：《国文百八课》（第4册），开明书店1935年版，第2页。

通文与文艺文的沟通提供了一个旁证。夏丏尊承认，"一般所谓议论文者也都是意的文"①。这一点也侧面体现在他对教科书的编排次序上，在《国文百八课》前三册文话在详细论述记叙文和说明文的基础上，夏丏尊又将"知的文和情的文"列为第四册的第一篇文话，以引出对这种分类方法的介绍。他将"意的文"安排在该册的文话十二中，并说明这是一种心理学的分类，紧接着又安排了若干篇文话对议论文展开详述。

（四）文体以外的写作教学理论建构

除了通过划分现代文体，从理论上认识并探讨写作教学体系内容以外，关注文章实际的生产及制作过程，发现作文规律并提出可行的写作策略，也是现代语文教学理论建构的重要内容。针对这一问题，夏丏尊曾先后借鉴了五十岚力的"六W"和五种文式理论：前者较为全面地考察了写作情境，以写作要素为中心阐明了文章生产的思维路径和基本范围；后者总结了文章的结构样式，通过强调文章的组织策略指示语文形式的训练。

1."六W"理论

1924年，夏丏尊在春晖中学做《作文的基本态度》讲演时，引入了五十岚力的"六何"理论。五十岚力在《新文章讲话》中曾提出"六何"的说法："何为六何？何故？何事？何人？何地？何时？何如？"夏丏尊将"六何"说进一步明确为执笔为文时所要思考的六个问题：为什么要作这文（why），也就是作文的目的；作这文要表述的是什么（what），也就是题义、文章的中心思想；谁在作这文（who），也就是作者的地位及其与读者的关系问题；在什么地方作这文（where），也就是作这文的所在地；在什么时候作这文（when），也就是自己的时代观念；怎样作这文（how），也就是作文的方法，统称

---

① 夏丏尊、叶圣陶：《国文百八课》（第4册），开明书店1935年版，第145页。

"六W"。①夏丏尊认为，这六点是作文的基本态度，"要使文章能适合读者的心情"，对它们的强调远比技巧的研究更为紧要，因此，他将其称作"文章的ABC"。1931年，胡怀琛在《一般作文法》一书中将"why"一分为二，加入"which"即"这是什么文"一项，变为"七W"。②其实所谓"which"，在夏丏尊的"六W"体系中已经包括，不过，他将其划归于最末一项"how"的范畴内，目的是突出why、who、where、when四项的重要性。用陈望道的话说，这四项不过是情境的问题。③四者构成的是一个以文章的交际对象为核心的相对完整的写作情境，夏丏尊将读者的接受置于比作文方法更为优先的地位，突出了写作的交际功能。

后来，夏丏尊在《关于国文的学习》一文中，进一步将读者的接受作为评判文章质量好坏的标准，"好的文字，就是使读者容易领略感动，乐于阅读的文字"。他指出，读者的性质、作者与读者的关系和作文的动机，是首先应该考虑的方面。夏丏尊还将"适当"列为文章"全体上态度上的条件"，而"适当的文字，就只是合乎这六项答案的文字而已"。④"六W"理论作为实现文章的"全体的适当"的方法被再次强调。

2. 五种文式

梁启超曾借用孟子"大匠能予人以规矩，不能使人巧"一语说明作文教学所能教给学生的只有规矩。他所谓的"规矩"便是"将自己的思想整理好"，也就是作文的组织结构问题。但当时中小学国文教学中"最大的毛病"恰恰是"不言规矩，而专言巧"，因此，梁启超主张"教人作文当以结构为主"⑤。夏丏尊作为语文科形式主义训练说的

---

① 夏丏尊：《作文的基本态度》，载《民国日报·觉悟》1924年3月13日。

② 胡怀琛：《一般作文法》，世界书局1931年版，第3—5页。

③ 陈望道：《修辞学发凡》，上海教育出版社1997年版，第8页。

④ 夏丏尊：《关于国文的学习》，载《中学生》1930年第11期。

⑤ 梁启超：《中学以上作文教学法》，中华书局1926年版，第1、54页。

倡导者，在作文教学中也非常强调"规矩"问题。他将文章分为内容和形式两个层面，其中"内容是各不相同的……形式上却有相同的地方，就整篇文字说，有所谓章法段落结构等等法则"；故而，他指出，"国文科的学习工作，不在从内容上去深究探讨，倒在从文字的形式上去获得理解和发表的能力"[①]。

为了使作文教学具象化，夏丏尊又借鉴五十岚力的文章组织理论，探讨从外部形制和式样来解析文章的思路，使普通文的结构型式化。事实上，早在1919年范祥善就在《缀法教授之根本研究》中引介了五十岚力的文章组织论——五式。他具体介绍了日本五十岚力将文章结构分追步式、散叙式、头括式、尾括式、双括式的做法，[②]但在当时并未引起太大的反响。

夏丏尊、叶圣陶等人在编制《开明国文讲义》一书时，比较完整地译介了五十岚力的追步式、散叙式、首括式、后括式、双括式五种文式理论。五十岚力在对各种文式进行解释时，均自然充以日本风物、景观及文学示例等，并配有示意图。例如，第一种追步式，其解释是："追步式，是从事物的一端直到另一端，一步步地加以叙述的方式。需使用诸如冒头、承引、转折、结束之类的复杂的技巧，只要将从上野到新桥、从山麓到山顶、从起床到就寝、从元日早晨到除夕夜所看见的、所听闻的，照原样依次如实写出就可以了。至今为止，古人的组织论都没有论及这一组织方式，但它应该是最单纯、最自然的一种组织法。"[③]夏丏尊将文式称作"文篇组织的形式"，将五十岚力的五式重新命名为直进式、散列式、首括式、尾括式和双括式。他在保留了原有图示的基础上，对具体论说文字进行改写，并在每种文式后面添加心理学原理的阐述。以直进式为例：

---

① 夏丏尊：《学习国文的着眼点》，载《播音教育月刊》1936年第1期。

② 范祥善：《缀法教授之根本研究（续）》，载《教育杂志》1919年第11期。

③〔日〕五十岚力：《新文章讲话》，早稻田大学出版部1909年版，第33页。

首—尾

直进式是逐步进行，一直到底的一种形式。不用外加的冒头和结尾，也不用插入的承接和转折，只是老老实实从头说到尾，到学校就说从家里一路行去，直到学校；登山就说从山脚一路上去，直到山顶；记一天就从早上说起，直到临睡；记一月就从初一说起，直到月底。什么接触在先就写在前头，什么发生在后就写在后头。看见什么就写什么，听见什么就写什么，是单纯地导源于"心理的自然"的一种组织法。[①]

夏丏尊在文字详述部分全部立足于中国的风土文化，论述过后，再换用陈衡哲创作的白话文作品《小雨点》作为文例。

夏丏尊在与叶圣陶合编《初中国文教本》时介绍了上述五种文式，又从中国中学生作文的实际情况出发进行了改写，对有些文式还做了补充阐述。作为从具体文章中抽象出来的写作策略，夏丏尊的五种文式为现代写作理论的建构提供了一个颇具启发性的范例。

（五）结语

在中国语文教学的现代转型过程中，夏丏尊带着日本及西方现代文章学、文艺学等语文学理论参与了建构，通过输入日本及西方现代文章学、文艺学理论，破除了腐朽的旧语文传统，以及旧的文艺观念，建构了中国现代文章学理论乃至现代中小学语文教学理论。从五四运动前开始，一直到抗战期间，夏丏尊在近20年时间里，直接借鉴日本文章学理论，初步建构了实用取向的普通文章学分类框架；利用西方文艺学理论，从培养中学生的文学趣味和日常白话写作能力出发，对文艺文和应用文在中学国文教学中的性质及归属问题进行讨论；还从心理学视角揭示了现代各种文体的科学理论基础，并通过吸收日本"六W"理论及五种文式，探讨了现代作文的模型及实践路

---

① 夏丏尊、叶圣陶等编：《开明国文讲义》（第2册），开明书店1934年版，第493、494页。

径。夏丏尊把他的理论建立在民主主义教育理论的坚实基础之上，由于他直接参与20世纪二三十年代中小学国文课程标准的起草与研制工作，因而得以把这些理论的探讨上升为国家层面的制度性知识，从而奠定了现代中小学国文教学的格局，并对中小学的教学实践产生了广泛的影响。

三　印象主义文学理论与新文学教育

　　1920年代新文学教育的发生，西方现代文学理论的译介、传播和吸收是其中重要的推动力量，自然主义、印象主义、表现主义等文学理论的输入与传播成为建构新文学教育的重要理论资源。但长期以来，这一现象一直没有受到学术界的重视，以至于造成人们对现代新文学教育知识体系的认知只知其然，不知其所以然。事实上，从知识考古学的角度对新文学教育知识的形成及演进进行追溯与探索，不仅可以认识新文学教育生成过程及呈现的特点，还可以深入理解现代语文教育与文学理论，特别是与西方文学理论互动的复杂关系。本文以1929年颁布的暂行中小学国文课程标准和1932年颁行中小学国文课程标准为考察对象，探讨20世纪二三十年代印象主义文学理论在新文学教育建构中的作用及特点。

（一）印象主义文学理论的引入

　　1920年代新文学运动重心由批判传统文学转移到了对西方文学的译介与学习上，印象主义文学就是在这一时期由文学研究会作为自然主义文学之一支被引入。新文学借鉴自然主义文学至少有两点：一是成熟的描写技术；二是对环境的忠实与客观叙述。它主要来源于以法国左拉为代表的自然主义文学。自然主义文学主张秉持科学的态度，将所观察的事物照实描写出来。印象主义文学则提倡表现主观的真实，因而成为弥补新文学初期自然主义文学偏重客观而忽略主观的重要理论。在茅盾、朱自清、夏丏尊、朱光潜等新文学作家的叙述中，印象主义被赋予了崭新的内涵：它是一种具有科学精神的描写技术和个人主观情绪书写相结合的艺术。

新文学的繁荣发展不仅为新文学教育提供了大量具有丰富思想内容的崭新作品，而且为新文学教育提出了新的读写技术标准和目标。1920年代初期开始，语体文教学的出现就是新文学教育改革的重要标志。1929年暂行中小学国文课程标准与1932年中小学国文课程标准的重要改革，就是增加语体文教学比重，提高学生语体文阅读与写作水平。1928年5月，全国第一次教育会议颁布的宣言通过了多项国文教学改革议案，不少提倡语体文教学的提案随后被转交至中小学课程标准起草委员会作为制订中小学国文课程标准参考。经中小学课程标准起草委员会委员孟宪承、经亨颐、廖世承、许寿裳、刘大白、俞子夷、吴研因、朱经农等专家的厘定，1929年教育部公布了《中小学国文暂行课程标准》。以后经过全国试行及各地实践，以及孙俍工、夏丏尊、周予同、赵景深等修订，1932年教育部颁布了中小学国文课程标准。[①]总之，在新文学作家的积极建构下，作为新文学运动的重要成果，其中最重要的莫过于语体文教学，不仅被列入国家中小学国语国文课程，而且，被视为新文学教育的基本目标和重要内容。

印象主义文学由于其相对容易掌握的写作方式——没有固定的叙事顺序、片段式印象的记录、"意识中心"的叙述方式、单一视角的观察等，成为新文学教育训练学生语体文阅读与写作的重要选择。新文学教育家将印象主义文学主张与新文学批评文体"读后感"和传统文学形式"游记""日记""书信"等结合起来，作为提高学生文学欣赏力，发展学生语体文技术的主要途径。

---

① 《聘任书》，载《教育部公报》1931年版第3卷第31、32期。

（二）"科学"与"印象"阅读范式的结合："读后感"的出现

1920年代初出现的一种新的文体形式——读后感，是一种以西方文学批评范式为框架分析文学作品的评论性文体。据刘禾考证，"读后感"一词源于现代日语的后缀前缀复合词。[①]因而这种文体的名称与内涵都是现代的，新文学批评的出现与发达反映了新文学作家对文学发展的焦虑与内省。随着西方文艺思潮在中国的传播，诸多文学批评范式被新文学作家接受，其中影响较大的两种，分别是以泰纳等为代表的"科学批评"范式和以法朗士等为代表的"印象批评"范式。

从国内文学界对批评理论的译介看，科学批评范式首先受到现实主义作家的青睐。科学批评理论主张关注文学作品中蕴含的作家经历、时代观念以及社会情形，它与现实主义文学寻求关注现实人生的欲求相呼应。在科学批评范式的影响下，国内文学批评逐渐形成了由外而内批评分析作品的方法，他们不是着眼于文本本身，而是强调作家经历、生活环境以及时代精神。这种批评路径传入中国后显示出一种简单化的倾向，梁宗岱在回顾科学批评在中国的接受情况时指出："缺乏泰纳的敏锐的直觉，深厚的修养，广博的学识，这批评方法间接传入我国遂沦为一种以科学方法自命的繁琐的考证。"[②]而"读后感"作为一种新的文学批评样式，最初便呈现出这样的特征。新文学重要刊物《小说月报》自1923年第14卷第3号起，特辟《读后感》一栏，刊载有关新文学作家作品的评论性文章。叶圣陶的《火灾》《归宿》，王统照的《黄昏》，孙俍工的《海的渴慕者》，朱自清的《毁灭》等作品都成为当时文学批评的主要对象。而综观这一时期的"读后感"，最突出的特征就是对作家的人生与时代、环境的揭示与分析。

---

① 刘禾：《跨语际实践：文学、民族文化与被译介的现代性（中国，1900—1937）》，生活·读书·新知三联书店2008年版，第431页。

② 梁宗岱：《文艺的欣赏和批评》，载《大公报·战国副刊》1942年第25期。

与科学批评范式相反，西方印象主义批评强调读者的情感体验必须参与到文学作品的鉴赏活动之中。法朗士认为，文学批评与文学创作同样重要，并且是一种以批评家为中心的创作活动，因而应打破一切原则的束缚，追求主观的欣赏。这种强调读者创造性阅读的主张不久就被新文学作家吸收到了"读后感"的写作之中，从而建构起一种以作家人生、时代、环境、读者体验为主要维度的文学批评与分析范式。以1924年新文学界对鲁迅小说《呐喊》的评论为例，成仿吾、茅盾、冯文炳、杨邨人等新文学作家先后均参与到这场讨论之中，其呈现出来的最显著的批评特征，便是将作者、社会现实、读者主观态度相结合。恰如杨邨人所说："我们反对批评文学的态度偏重客观的那一派，只用自己的规律来批评文学作品的好坏，和得失。我们也不赞成批评文学的态度偏重主观的这一派，批评文学的作品只写出自己的印象与鉴赏，我们以为批评文学的态度，主观固不可少，客观也应注重。"[①]新文学批评对新文学教育产生了两个重要影响：第一，加强对学生文学欣赏力的培养，学生的情感参与开始受到重视；第二，"读后感"开始以"读书笔记"的形式出现在中学作文教学中，丰富了语体文写作知识体系。

自1923年新学制起，"欣赏"作为学生阅读文学性选文的能力要求被写入中小学国语国文课程标准中。培养青少年相当的文学欣赏能力是新文学作家基于文学立场所形成的普遍共识，孙俍工曾指出："在中学时代的学生，对于文艺，虽然说不到专门的研究……但赏鉴兴趣的培养实在有十二分的必要呢。"[②]朱自清也谈道，"我极主张应该养成学生们的欣赏力，因为这是丰富的人生的源泉之一。"[③]1929年颁布

---

① 杨邨人：《读鲁迅的〈呐喊〉》，载《时事新报》副刊《学灯》1924年6月12—14日。

② 孙俍工：《文艺在中等教育中的位置与道尔顿制》，载《教育杂志》1922年第14卷第12号。

③ 朱自清：《白马读书录》，载《春晖》1924年第30期。

的小学国语课程暂行标准，提出小学国语要让学生"欣赏相当的儿童文学，以扩充想象，启发思想，涵养感情，并增长阅读儿童图书的兴趣"。儿童欣赏力培养的重点主要集中在"理解与记忆"这一较低鉴赏水平上。中学生的欣赏力培养，则偏重文学批评常识与鉴赏基本技能的掌握。"科学"与"印象"相结合的批评范式，为学生提供了丰富的阅读鉴赏视角。1929年初级中学国文暂行课程标准要求教师为学生提供适当的材料，并指导学生各种研究的方法，使学生对所读材料的内容与形式，有相当的认识与了解。这里所谓"研究的方法"，在高级中学国文暂行课程标准中具体表述为：在形式上注重对文学技术的领受，包括材料的运用、思想的条理层次、描写人物的技术等，以用于写作的借鉴；在内容上，标准首次明确提出讲解学生所阅读的书"在历史上的地位""在文学上的价值""作者时代的背景"，以及"个人的作风"等。从这里我们可以看出新文学教育对这两种文学批评范式的借鉴。另一方面，在文学界兴起的新批评文体——读后感，也开始以读书笔记的形式出现在中学国文课程标准的作文练习要求中。撰写读书笔记的目的有二：一是提高学生语体文写作水平，依据所读作品做片段性的笔记，随时随地锻炼学生的写作；二是鼓励学生情感带入，通过对文学作品创作的时代、作家、环境的认知与体验，对文学作品进行一种文学的再创造。1929年高级中学暂行国文课程标准中便提出："教学生多作有条理，成片段的笔记，尤须注重养成怀疑不苟且，不潦草的习惯。"因此，中学生欣赏力的培养不再满足于文学兴趣，而要形成一种稳定的具有一定立场和批评意识的文学审美能力。

（三）以"印象"为中心的新文体写作教学

在1920年代翻译自然主义文学理论与作品的热潮中，夏丏尊凭借其留学日本的背景及语言文字优势，译介了大量的日本自然主义文学作品，尤其是注重表现个体真实情感的日本自然主义作家国木田独步与山田花袋的作品，"夏丏尊是介绍此派作品最努力的人"①。这期间，夏丏尊极敏锐地认识到印象主义在新文学建设中的重要作用。不久，他便指出，要实现自然主义文学所注重的具体的个别的描写，"就不能不描写刹那间的印象"，只有这样，才能够把捉事物的中心和要点。因此，"印象主义在重主观的一点上，是由自然主义到自然主义以后的文学的桥梁"②。之后，夏丏尊在印象主义文学注重主观的基础上不断丰富其文学内涵，并将其运用于新文学教育中。"小品文"与"游记"，因其题材与内容上的灵活性以及注重叙述者主观感受的特征，成为实践印象主义文学观念的首选，并逐渐受到新文学教育家的关注，成为训练学生语体文写作能力的重要形式。

1. 小品文的印象主义特征

在《文章作法》中，夏丏尊明确指出，这里的小品文与中国传统的小品散文有很大区别，实际上是受国外文学的影响，是"Sketch"的译语。"Sketch"即"速写"的意思，它是印象主义绘画与文学中一个很关键的概念。在《开明国文讲义》的"文话"中，夏丏尊更详细地阐释了小品文的印象主义文学特征。首先，小品文的名称，"从它篇幅短小得来"，因此随时随处描写事物、记述事情、表达情感；其次，要习作小品文，"请随时留心自己的所见所闻，随时留心自己的思想、情感"，从而捕捉到内心瞬时的感悟与印象；第三，习作小品文需要运用"速写"的描写方法，"绘画中有所谓'速写'的一法，把当前的景物用简略的笔画记录在纸面上，却并非草率从事，一样也注意到构图、用笔等条件。这速写画正可以比文字中的小品文"③。运用真实、细致的描写技术，将观察过程中的情感体验与瞬时感悟迅速地准确地表述出来，这是写作小品文最重要的内容。

---

① 梁容若：《中日文化交流史论》，商务印书馆1985年版，第32页。

② 夏丏尊：《近代文学概说》，载《美育》1922年第6、7期。

③ 夏丏尊、叶圣陶等编：《开明国文讲义》，开明书店1934年版，第260—263页。

夏丏尊在《文章作法》中列举小品文随时可作、随地可作的两种方式，便是日记与书札的写作。梁实秋也指出，书信与日记是印象类小说最常用的体裁，"书翰和日记本是随时随事的段落的记述，既可随意抒发心里的感慨，复可不必要紧凑的结构，所以浪漫主义者把这体裁当做几乎惟一的工具"[①]。不惟浪漫主义者，现实主义作家在1920年代也十分热衷于这种以第一人称为表述方式的文体创作。以"我"的视角进行观察与情感体验，使得印象主义写作一开始便趋向于小型题材，并且更适合于学生的语体文训练。夏丏尊对小品文写作的思考正是运用了这种印象主义的特征，他提出习作小品文应该注意五点：第一是"着眼细处"；第二，小品文写作应该是"印象的"；第三，须是"暗示的"；第四，要有"中心"；第五，"机智"。[②]区别于其他文体，小品文写作最应注重的是前三个方面。要写小品文，首先要做到"着眼细处"。善于观察，才能够有随时随地记述的题材，这一点即基于法国自然主义文学的主张，并被印象主义所吸收。第二步是要将所观察的事物描写出来。印象主义文学注重人对事物与情境的主观感受，这种主观感受实际上就是所谓的"印象"。将自己所得的印象直观呈现出来，无须增加无谓的解释与说明，读者才能领受到同样的印象。夏丏尊指出，小品文写作如果能做到"印象的"了，那自然也是"暗示的"了。这无疑体现了印象主义文学的一个主要特征：以部分的描写暗示全体，而不要地图式地一一表出。

在1929年颁布的小学国语暂行课程标准中，日记和书信成为训练学生语体文写作的主要形式。这一方面因为这种文体便于作者以第一人称的视角来叙述与抒情，更重要的原因在于这两种文体与现实生活的互动程度远高于其他文体，能够引导学生对现实的关注和对生活的

---

① 梁实秋：《现代中国文学之浪漫的趋势》，载《晨报副刊》1926年3月25、27、29、31日。

② 夏丏尊、刘薰宇：《文章作法》，开明书店1926年版，第109—138页。

体验。小学国语暂行课程标准规定，小学作文从第一、二学年，便要求学生对"故事和日常事项"进行口述或笔述，并强调"包括日记"，第三学年起改为"故事和日常事项、偶发事项的记述（包括日记）"，并强调要"注重寻常信札的练习"。在夏丏尊参与修订的1932年初级中学国文课程标准中，印象主义文学观念在文学教育中进一步与传统文学观念相结合，小品文则以更多样的形式出现在学生的阅读与写作要求中。在1932年初级中学国文课程标准中，"古今名人书牍""古今名人游记日记及笔记""古今小品文"等均成为学生略读的重要内容。与之相呼应，作文练习中也增添了日记、游记、书札等文体形式。

2."游记"的写作教学

印象主义写作不要求有固定的叙事顺序，而注重再现作者的直觉与瞬时感悟，这种以主体意识为中心的叙述方式，为"游记"的写作教学提供了丰富的理论基础。夏丏尊、叶圣陶合编的《文心》是一部在国文教学中产生深远影响的著作。这本书第十课专门讨论"印象"，且以游记的写作作为乐华与大文讨论的主要内容。他们二人在对话中说道："我们要把今天得到的感觉写出来。感觉山在那里迎过来，就写山在那里迎过来；感觉河里的柳树影宛如镜子里的女子，就写河里的柳树影宛如镜子里的女子。"枚叔称这种游记的写法为"印象的描写"，"最普通的解释，就是从外界事物受到的感觉形象，深印在我们脑里的"[①]。"游记"是传统文学中较为常见的一种文体，清末《奏定高等学堂章程》曾将其列为学生练习的重要文体之一，但在写作方法上仍以传统"游记"为模本练习"记行""记山水"等。1920年代的新文学教育中，"游记"的写作便明显具有了印象主义的创作特征。1929年高级中学普通科国文暂行课程标准，为引起学生的作文兴趣，即建议可以带学生进行野外写生，到郊外实地描写景物，同时，"教师即就地指示观点的迁移，景物的远近及色彩的浓淡等，以定叙述先后

---

① 夏丏尊、叶圣陶：《文心》，开明书店1933年版，第73页。

的方法"。而高级中学国文课程暂行标准则直接将游览参观的记录列入作文体裁之中，并进一步指出，对游览参观的记载需要掌握四种能力：观察的能力、材料采集的能力、判断的能力，以及描写的能力。总之，在游记的写作中，要求学生既要具备观察与描写的能力，又要具备主观判断以及对材料进行选择和组织的能力，通过这四种能力的综合作用，将客观外物与主观世界有机地结合在一起。在1932年的初级中学国文课程标准中，"游览参观的记录"正式被"游记"这一名称所替代。

四　艾伟与20世纪语文教育科学化探索

1920年代前后是中国语文教育的转型时期。从教学内容的变革、文类的转换，到新的教学方法的引进与实验，语文教育逐渐从传统向现代化的轨道迈进。在此期间，关于语文教育科学化的探索是其中的重要内容。艾伟说："所谓教育之科学化者，谓教育问题之解决必须应用科学之方法也。"艾伟的解释很难说涵盖了教育科学化问题的全部，因为科学化探索不仅仅是一个方法论的问题，它还蕴含了诸如价值论、认识论以及世界观等内容，但是，艾伟的解释无疑抓住了这个问题的关键。因为语文教育科学化首先是对传统研究方法的突破和变革。这种突破主要表现在：第一，运用测量理论，编制语文学科的测验，从而改变语文教育研究的模糊性和随意性。第二，开展语文教育实验，通过具体而实证性的实验得出结论，推动语文教育实践。

廖世承曾把中国近代教育研究划分为三个时期：即"权威的时期""研求的时期"和"实验的时期"。在语文教育研究中，语文教育科学化的探讨，标志着语文教育研究从崇尚权威的时期逐渐过渡到"研求的时期"和"实验的时期"。当然，这一过程很复杂。实际上，即使跨进了"实验的时期"，语文教育研究也往往混杂着"权威时期"及"研求时期"的研究范式及因子。

从近代整个文化学术变迁的背景看，由于西方培根以后的逻辑学、科学方法及实验科学在中国的传播，首先引起了哲学、史学及文学等诸多领域研究方法的变革。几乎同时，教育界也对此做出了回应。新文化运动前后，一批留学生，尤其是比较系统接受过现代西方教育科学训练的留美学生献身于教育界，在引进西方现代教育科学理论的同时，致力于语文教育问题的实验与改革，从而在1920年代前后，掀起了一次语文教育科学化的浪潮。

（一）两部著作：艾伟对于中小学语文教学研究的成果

在20世纪语文教育科学化探索的先驱者中，艾伟并不是首倡者，但他是致力于此时间最长、涉及语文教学问题最多的一位。艾伟对于中小学语文教学的研究可以用他的最有代表性的两部著作来概括：第一是《汉字问题》，第二是《国语问题》。

艾伟关于国语问题的研究，主要集中在三个方面：

1. 字形研究

艾伟对汉字字形的研究，始于1923年。当时，他兼任美国佐治城大学外交学院的汉文教师。他以美国学生作为被试，观察与研究其学习汉字的心理。艾伟先后设计了三种测验，以测验应试者的汉字字形观察能力、对"释形"与"同音"两种汉字教学方法进行比较，对课堂教学中的学习心理历程进行观察。结果发现：（1）容易观察的汉字笔画在一至十之间。（2）除少数例外，在汉字学习中，一般识记者观察一字，大都注意其全形。（3）在汉字学习历程中，形义与形声两缩结同时组织。（4）字形经释义后，所组织之缩结，均较字形不释者强而耐久，且此耐久力相差之大，达三倍左右。在上述三项实验基础上，艾伟指出，在中小学语文教科书的编写与教学中，应当注意以下几点：第一，在教材前五课至十课中，选择汉字的笔画数应在一至十之间。第二，在介绍和解释生字时，在可能的范围内，应取偏旁相同的。同时，应该对汉字的字形进行简单、明了的解释；第三，生字在教材中首次出现后，应有复现的机会，复现的次数应使其均匀，或比较均匀。第四，字形相似或字声相同之字，须使学生特别注意，以免联念错误。艾伟对汉字的心理研究，在推广汉字简化问题上也具有比较重要的意义。他从中外文字由繁而简的变迁中指出，为了节省时间及费用，应该推广简化字。他根据上述研究结论，提出了在汉字推广中应该遵循的一些原则，诸如避免形状极其相似之简体字；多用横直线及相称之笔画，少用斜线及折线之笔画；两偏旁之笔画数比率不宜相差过远；在可能范围内考虑六书条例或造字时之原意；少造形义毫无关联的简体字，等等。①

2. 字汇、词汇的测量与编制

中小学常用字汇的研制，主要作用是为各年级的汉字教学提供一个比较客观的标准。具体地说，"是以客观之态度，科学之方法，将日常生活中无论说话、读书、写字、作文各方面所应用之字，作一搜集、分析、归纳、统计，以及比较之工夫，求出一种有条理、有层次、有系统、有目的之排列，使国语教材之编制上，或国语教学之改进上，可以获得一种科学之根据与有价值之参考。"——现代中国最早开始汉字字汇研究的是陈鹤琴（1921年）。以后，又有王文新（1930年）等人。此后，各地字汇的研究层出不穷。1931年，艾伟指导周祖训开始分析初小国语字量。艾伟根据美国心理学家盖滋的有关理论，从生字量入手，对当时流行的"新时代""新主义""新中华""新课程"和"基本"五种小学国语教科书进行统计分析，比较其艰难指数（全文总字数与生字数之比率即艰难指数）。艾伟指出，当时出版的几种国语教科书存在的普遍问题是，艰难指数偏低。根据盖滋的理论，教科书的每册艰难指数一般在20左右为适宜。而艾伟当时所统计的几种教科书平均艰难指数不到儿童所需要之一半。学生的学习兴趣因而减少了，以至于学生在阅读过程中养成了许多不规则的习惯。有鉴于此，作者设计了一份国语教科书编写的具体方案，如表2-3所示，这个设计方案增加了艰难指数。

3. 横直读研究

在语文学习中，汉字排列问题似乎是一个小问题。但从学习心理

---

① 艾伟：《阅读心理·汉字问题》，中华书局1949年版，第154页。

看，它对个体的阅读速率及成绩又有重要影响。在我国，汉字直排由来已久。近代以来，由于人们开始接触到欧美横排文字，因此，在汉字改革过程中，比较汉字横、直排及阅读效率问题就成为一个重要课题。

表2-3　艾伟根据艰难指数而设计的初小各册国语教本总字数及生字数[①]

年级	册数	每册总字数	每册生字数	生字数中数	指数
一年级	第一册 第二册	4000—5000 5000—6000	180—200 200—250	190 225	23.53 21.44
二年级	第三册 第四册	6000—8000 8000—10000	250—280 250—280	265 265	26.40 33.96
三年级	第五册 第六册	10000—12000 12000—15000	250—280 280—300	265 290	41.51 46.55
四年级	第七册 第八册	15000—18000 18000—20000	290—310 290—310	300 300	55.00 63.30

关于横直排问题的研究，最早始于杜佐周在美国艾俄瓦州大学的实验。杜氏的实验材料分为有意义的材料、无意义的材料和几何图形三种。杜佐周认为，如果排除习惯的影响，在阅读方面，横排成绩优于直排。他有两点解释：第一，因为眼睛横排之使然；第二，因左右转动不易疲倦。"我们的视野横面实大于纵面。"不久，陈礼江又在美国芝加哥大学、沈有乾在斯坦福大学从事汉字横、直排比较研究。他们所得出的结论与杜佐周相反，认为横、直读研究纯属训练的结果，甚至认为直行排列略优于横行排列。

艾伟认为，从汉字改革趋势看，应该改直行为横行排列，但必须从生理及心理上找到其客观而科学的依据。于是，他从速视方面入手，深入考察和比较横、直读效率问题。1928、1929年，艾伟先后做了两次大规模的实验。第一次被试280人，包括小学六年级至高中一年

---

① 艾伟：《阅读心理·汉字问题》，中华书局1949年版，第64页。

级学生，实验材料分作白话、文言及无意义汉文三种；第二次被试为160名高中一年级学生，实验材料全部为无意义文字。他所采用的仪器为轻便速视机，时间为1/10秒。艾伟的实验结果比较复杂。他指出，对于有一定难度的内容及材料，以横视成绩为较优；而在阅读过程中，若被试为受过较高学历教育的中国学生，则直行成绩优于横行成绩，因为其早期的中文教育产生了一定影响。艾伟综合当时有关横直行排列的实验认为，总体而言，横行排列在读法上优于直行排列。因为杜佐周的几何图形的实验和自己的无意义材料实验都排除了习惯的影响，是比较客观、科学的。

（二）三大问题：艾伟在阅读方面的主要研究

艾伟在阅读方面的探索和研究，主要集中在以下几个问题。

1. 阅读兴趣

1921年，美国哥伦比亚大学教授盖滋等人从读物特质方面入手分析和探讨儿童阅读兴趣问题。盖滋研究指出，儿童最感兴趣的读物依次是惊异、生动、动物、谈话、幽默、情节等类读物；对有关道德与常识知识的灌输等类读物，儿童兴趣不大。中国儿童阅读兴趣是否亦如此？自1938年起，艾伟在重庆先后做了两次有关阅读兴趣的实验与比较研究。1943年起，艾伟又指导两位助手进一步从事此项工作的研制和测量工作。他以当时使用的商务印书馆和中华书局出版的几种较有影响的国语教科书作为实验材料，对儿童的阅读兴趣进行测试。实验分文言和白话两种。通过实验，艾伟认为，小学儿童（从三上到六上）最感兴趣的读物，主要包括儿童故事、有关儿童实际生活的叙述与描写、惊人的叙述与描写、合乎儿童心理的幽默故事、动物故事以及爱国故事等。[①]实验结果还表明，就语体而言，文言与白话对学生兴趣及读物的影响不大，如在实验中，最受学生欢迎的课文是一篇记述一个波兰家庭兄弟俩爱国故事的白话课文《报国报恩》，而另一篇深受

---

① 艾伟：《阅读心理·国语问题》，中华书局1948年版，第31、32页。

学生喜爱的《三笑三惊》则是一篇文言体。由此可知，读物的难度与阅读兴趣关系并不大。艾伟通过实验指出，我国儿童与美国儿童在阅读兴趣上呈现出大致相同的特点。这一结论为当时的中小学国文教育改革，诸如教科书的编辑、教学方法的改良，提供了可以借鉴的依据。

2. 默读问题的研究

（1）朗读与默读的比较研究。国外有关朗读与默读的测试表明，默读的速率大于朗读，默读的理解高于朗读。其理论依据是，朗读时，眼球运动的停顿及停顿所需时间、回看次数均较默读长。艾伟试图探讨在课堂教学中，朗读与默读，究竟孰优孰劣？在阅读教学中，其各自的影响如何？怎样改进阅读教学？抗战期间，艾伟在重庆的几所小学开始此项课题的实验。实验采用个别测验方法。测试所采用的材料均采自艾伟自己所编拟的国语默读测验材料，其中短文8篇，最长者194字，最短者63字，分甲、乙两类。实验表明：第一，在速率方面，无论朗读、默读，一般均随年级而逐渐增进，即年级愈高，读得愈快。二者相较，则默读快于朗读，这种情形到五年级以后，其差异更为明显。第二，在理解方面，朗读在低年级占优势，年级愈高，其优势愈减，而默读之成绩则愈见进步，至六下则朗读与默读在理解上完全相等，且默读成绩似有逐渐转优之趋势。艾伟进而指出，我国小学生的默读能力太差，默读习惯的养成过迟。造成这一状况的原因是，我国语文教育界对此从未加以注意。学生默读习惯的养成，大都顺其自然发展，任其摸索养成。艾伟呼吁，应该在小学阶段开始提倡默读训练，以培养学生的阅读能力。

（2）默读测验。默读测验是一种专门诊断和考察儿童默读能力的测验。在艾伟以前，已经有一些学者开始着手此项工作的研究，但信度不高。为提高测验的信度，减少误差，艾伟在编制默读测验时，第一，注意将编制的范围缩小到四至六年级之内，以提高其精确性。第二，测验采用四选一的方法。第三，每个问题的设计，充分考虑到全文的主要意义，同时避免答案的暗示性。第四，测验材料根据学生的阅读心理，各有侧重。如在测验学生的默读技能时，艾伟分别编制故事类、自然类、历史类及寓言四种类型材料。如此，测验的信度就有了较大提高。艾伟从抗战前开始在江苏、浙江两省举行大规模的默读测验，并分别求得常模及各种测验间的信度。以后，又根据编制的测验，将所欲测验之能力，详加分析，然后按照分析结果，选取不同类型的材料，再按编造测验的一般手续，进行编造。艾伟在默读测验的编制与实验中，得出了不少有价值的结论，如他认为默读能力至少包括四种能力，即迅速浏览撮取大意之能力、精心详读记取细节之能力、综览全章挈取纲领之能力；玩味原文推取含意之能力等。[①]

3.辞句和作文问题

（1）辞句。句子是语文教学的最基础且最重要内容。它具有创造性、稳定性及变动性等特点。掌握一定数量的辞句是发展学生语文创造能力，尤其是作文水平的重要手段和途径。传统语文教学比较偏重字的教学，对辞句的教学重视不够。艾伟指出："国语教材中，各种辞句的分布如何？哪一种辞句易学，何者较难，加以科学的分析，是十分必要的。"艾伟选择了当时较为流行的10种教科书，其中包括沈百英的初小《复兴国语教科书》（1926年商务版）、叶绍钧的初小《开明国语读本》（1925年开明版）、陈鹤琴的初小《儿童国语读本》（儿童版）等进行统计，统计结果表明，其中二字句及四字句最多，尤以四字句，不仅数量特多，其含义亦甚完整。艾伟进一步对600个四字句进行统计分析，发现平衡句最多，占32%，后重句次之，占24%，其他依次为前重句（18%）、跎头句（12%）、流星句（6%），双头句最少（2%）。[②]经过综合

---

① 艾伟：《阅读心理·国语问题》，中华书局1948年版，第105页。

② 艾伟：《阅读心理·国语问题》，商务印书馆1937年版，第112页。

分析，艾伟认为，当时的10种小学国语教科书中，中华版辞句最多，世界与儿童版次之，商务与开明版最少。艾伟指出，如果教法及其他情境相同，则采用中华版者，可以获得较优之成绩；世界与儿童版次之，商务版与开明版程度最低。艾伟在实验中还指出，学生在发展作文水平的过程中，往往由于辞句积累较少，或者对于辞句掌握与理解不足而导致其能力低下。造成这种状况的主要原因，是过去比较偏重单字及篇章结构的教学，忽略了辞句教学这一重要环节。为提高学生作文水平，艾伟认为，中小学应该加强辞句的教学。通过实验，艾伟认为，在辞句教学中，有三条重要原则应当注意遵循：第一，解释辞句应力求详确。第二，辞句必须适合儿童经验。第三，辞句数量应随年级而逐渐增加。

（2）作文。在语文教育测验中，作文测量的标准是最难制定的。因为作文不仅有字词及篇幅上的要求，关键问题是思想内容难于测量。艾伟认为，作文虽是内容与形式的统一，文与道密不可分，但不可分割未必就不可加以分别测量。因为"作文能力为表述思想内容之能力，而非思想内容之本身，故测量作文能力，应以其表述之形式结构为对象，而不应以其内容为对象。"[①]实际上，艾伟试图从作文中可以观察到的形式因素入手，对中小学作文进行科学化的分析与测量。他把这种可以观察到的因素确定为学生作文中所犯的错误。艾伟自1926年以后，对初中各年级作文中的错字与字数之比率进行统计分析。他在重庆沙磁区收集了自三年级至初中二年级共计93种不同题目的作文共计643篇，分析结果共得不同错误62种，而错误的总次数则为4761次。在各种错误中，百分比最大的是别字，占全部错误的17.9%，其他还有"名词词义不当""代名词多余""动词词义不当"等错误，以上几种错误均占一般儿童所犯错误总数的一半以上。艾伟指出，儿童作文所犯的错误基本可分为三种类型：第一种随着儿童年龄的增长

---

① 艾伟：《阅读心理·国语问题》，中华书局1948年版，第129页。

和思想的发展会逐渐自然减少，因此，错误不太严重。比如"篇章结构"方面的错误。第二种在各年级中相当持久，不会随年级升高而减少。造成这种状况的主要原因，或因儿童注意力的分散所致，或因良好习惯未能养成，以致将错误延续下去。教师在教学中应该加倍注意，不能轻视。第三种类型的错误，介乎上述二者之间。只要教师在教学中循循善诱，给予充分的练习，认真批改，"则其进步可立而待也"[1]。作文测量工作极为复杂，艾伟之前，周学章及陈鹤琴等曾经编制过作文量表，"但虽有量表为凭，而定分之不准确仍足惊人"[2]。艾伟从考察和分析儿童作文错误入手，探寻客观性作文测量方法，以避免以往作文测评的主观性和笼统性，体现了"科学之准则"，向作文质量的评价迈出了重要的一步。

（三）承上启下：艾伟在20世纪中国语文教育科学化进程中的探索

在20世纪中国语文教育科学化的探索中，艾伟是一位里程碑式的人物。从1920年代初留学美国，到抗战后期，对语文教育科学化矢志不渝进行不懈探索的，除了他之外，可能很难找到第二人了。如果说新文化运动前后西方科学主义在中国的传播，以及尔后美国教育家杜威等来华为1920年代语文教育科学化浪潮的掀起提供了文化思想上的准备的话，那么，留学生归国及直接从事中小学语文教育研究则在很大程度上决定了这一浪潮所席卷的范围、持续之时间及产生的影响。早期不少留学生在国外，因为攻读学位及兴趣所然，在其导师的指导下，开展汉字、汉语问题实验研究，其中不少实验研究具有开创意义，所得出的结论对后来的研究也具有重要的借鉴价值，但当他们归国以后，由于各种原因，先后转入其他领域。有的虽然后来还从事一些零星的研究，但基本不是主业。相反，艾伟从早期留学美国，

---

① 艾伟：《阅读心理·国语问题》，中华书局1948年版，第164页。
② 艾伟：《阅读心理·国语问题》，中华书局1948年版，第164页。

在佐治城大学从事汉语、汉字的有关实验，到1926年受中华文化教育基金会的委托，开始语文学科测量，再到1930年代继续在江、浙等地及中央大学主持教育心理研究所，直到1940年代撰写《中学国文教学心理学》，可以说，他对语文教育科学化问题的探讨一以贯之。因此，在20世纪语文教育科学化进程中，艾伟是一个承上启下的人物。

艾伟及早期从事语文教育科学化探讨的学者将当时国外先进的教育测量和实验等科学方法引进到语文教育研究中。他们以先进的教育思想为指导，借助实证的或实验的研究方法、手段和工具，对语文教育问题展开较为深入而具体地探讨，从而确立语文教育研究的新范式。他们把语文教育研究建立在现代心理科学的基础上，不但使研究方法本身具有独立的意义，而且还使语文教育获得了一些新的结论。自此以后，中学语文教育研究改变了以往的混沌的状态，开辟了科学化的道路。

方法变革本身往往标示着一种新的教育理念的移植。艾伟在进行语文教育实验和教育测量编制的同时，对传统的教育哲学观也进行了清理。艾伟深知，和世界上其他文字相比，汉字较为艰深，因为长期以来，语言与文字一直分离，"语法研究的落后，字体孳乳，致其数增多。如果从心理上，能将初学之历程考察得出，以其所发现，改良教本与教法，使学者不致误入歧途，则吾人实验之功用，不亦大乎"。艾伟曾自述，自己所从事的国语阅读心理的研究，就是想探讨教师的施教之方，"故教者施教之方，必须根据客观的事实，从儿童国语阅读之心理上寻求原则以定施教之方也。此目的如能达到，则国语之教学合乎心理矣，亦即学教育之进而从事科学化也"[1]。实际上，无论是从儿童阅读心理确立教师的施教之方，还是使儿童耗费最少的时间获得学习的最大成果，其落脚点都在学生身上，换言之，在艾伟语文教育科

---

① 艾伟：《阅读心理·国语问题》，中华书局1948年版，第1页。

学化的探讨中，背后隐蔽着的是语文教育中的学生主体观。

艾伟的语文教育科学化探讨，一方面借鉴国外的先进理论和方法，另一方面又从20世纪二三十年代中国语文教育的实际出发，选择语文教育转型时期出现的一些关键问题与矛盾现实进行实验与研究。有些问题看起来很具体、细小，但却具有很强的针对性和现实性。因此，虽然是一些"小问题"，对于当时的语文及语文教学改革确是产生了相当的影响，其中的一些实验研究，为解决当时语文教育界一些争论不休的问题提供了重要依据，有的甚至被当时的教育行政当局采纳。比如新文化运动后，关于中小学文言和白话教学比例问题，一直争议较大。艾伟通过实验认为，中学阶段白话与文言应该兼教，初中以语体文为主，高中全部采用文言；初一到初三各年级语体与文言之最恰当的比例分别是7：3、6：4、5：5。这一结论获得了当时教育界广泛的认同。1929年，教育部颁布的《中学国文暂行课程标准》就采用了这一结论，从而确立了白话文在中学语文教学中的地位。

（四）对20世纪中国语文教育科学化探索的评价

20世纪中国语文教育科学化探索，出现过两次浪潮。第一次发端于新文化运动前，到20年代末30年代初告一段落；第二次则掀起于改革开放以后，余绪一直延续至今。两次科学化浪潮持续时间大致都在20年。毋庸讳言，一方面，人们对语文教育科学化的探讨曾经报之以极大热情，并寄予厚望，把它视为革新传统语文教育、提高语文教学效率的最重要途径；另一方面，又有不少学者对语文教育科学化探索始终持保留、甚至否定的态度，其中对近20年来语文教育科学化的非议和责难尤多。一些学者把目前并不尽如人意的语文教学现状归咎于语文教育科学化的探讨，甚至斥之为语文教育的歧路。那么，究竟如何看待20世纪中国语文教育科学化的探索呢？

事实上，20世纪中国语文教育科学化的兴起，绝不是偶然的，应该做历史的、客观的分析和评价。

尽管两次语文教育科学化浪潮兴起的背景不尽相同，但可以肯定的是，它们均针对当时中小学语文教育的种种弊端而发，试图起衰振萎，鼎故改新，为社会转型时期的语文教育寻求突围。如前所述，20世纪初，伴随西学东渐，西方科学主义在中国的传播曾经一度上升为启蒙与救亡运动中的主题之一。从严复引进"实测内籀"之学，王国维号召用实证主义的方法治理传统学问，到陈独秀标举科学的大旗进行思想革命，都紧紧围绕这一主题展开。科学主义是一个意含丰富、内容复杂的概念。就当时而言，从世界观、认识论到方法论，科学主义承载着弥补东方文明的不足、改造传统文化的历史重任。

正是在这样的历史背景下，语文教育科学化的种子在创设不久的新式学堂里萌发。事实上，在把语文教育从传统的因袭守旧、玄妙笼统的"子曰诗云"，注重经传圣训的桎梏中解放出来，并推上现代化轨道的过程中，科学化探讨起到了很重要的作用。五四前后，短短10多年，由于一批思想界先驱对语文教育的批判与反思，使当时的语文教育呈现出与传统语文教育相迥异的特质，其中科学化探讨的本身就是其重要内容之一。可惜，后来批评语文教育科学化的学者，往往忽视或不顾这一段历史，不是片面强调对传统语文教育的总结、借鉴，就是以"语文学科是一门人文性很强的学科"相搪塞。若问传统经验的具体内容是什么，回答又大多是"多读多写"、重语感之类"只可意会不可言传"的语句。关于传统语文教育，张志公曾经有过一段很精辟的分析。他说，正因为强调多读多写，传统语文教育因而没有形成一套科学的训练方案，结果造成"教师呆讲，学童呆听，用打戒尺、罚站以至罚跪等种种惩罚手段强制学童呆读、死记、硬背。"[1]这样说，不是说传统语文教育没有什么经验可言，而是想说明，传统语文

---

① 张志公：《语文教学论集》，福建教育出版社1981年版，第94页。

教育缺少现代教育的因子，需要进行科学化的分析和研究。换言之，如果说20世纪第一次语文教育科学化的探索逐渐使语文教育摆脱了"子曰诗云"和"六经注我"的玄妙笼统的封建形态，那么，第二次科学化浪潮探讨则主要针对当时"少、慢、差、费"的状况，只是，它没有达到人们预期的那样好的状态。

语文学科是一门人文性很强的学科。德国文化哲学学派代表人物狄尔泰说过："我们不能只是靠着把自然科学家们的研究方法直接移植到我们人文科学的领域中来，这丝毫也不表明我们就成为大科学家的真正门人。我们必须使自己的知识适应于我们的研究对象的本性，只有以此为基点，才是科学家们对待他们的研究的方式。"[①]这一段话，对于我们理解语文教育科学化很有启发。

第一，科学化或科学主义是一个意含丰富的概念。它至少包括形而上学、认识论和方法论三个层面，具体到语文学科，其内涵更加复杂。我们在理解语文教育科学化时，应该透过不同层面进行整体把握，不能简单地把语文教育中仅仅属于技术层面的那些缺少思维价值和情意因素的问题训练，等同于科学化，更不能以此来否定语文学科整个科学化探索的意义和价值。

第二，人文学科和自然科学的研究方法绝不是对立的，二者之间可以相互沟通，相互弥补。众所周知，西方文艺复兴时期人文主义的兴起，不仅是一场以文学艺术为表现形式的西方思潮，也是近代西方科学主义思潮的起点。寻求理性是二者的一个共同点。在20世纪初西方科学主义的传播过程中，亦不乏这样的事例，如王国维用实证主义方法开创了新史学，胡适在清代朴学的治学方法中找到了与科学主义沟通的因子，等等。这种沟通，不仅使人文学科内的那些传统研究方法、富有生命力的内容获得了现代定位，而且，也使科学方法在人文学科内得以生长发育。事实上，在中小学语文

---

① 转引自邹进：《现代德国文化教育学》，山西教育出版社1992年版，第26页。

教育中，有许多问题，是可以而且需要通过科学的方法研究和解决的。这不仅是人类理性的体现，也是语文教育摆脱和超越传统的重要特征。艾伟的科学化探索就充分印证了这一点。再如1920年代，教育经济学家邰爽秋用教育统计的方法，对语文教学中的选字、纠正错别字、成语教授、选文标准、改革要求等问题进行科学的统计分析，提出了不少精辟的见解，为当时的语文教育改革提供了很重要的参考。

第三，和其他人文学科不同，文学在语文课程中占据重要位置，这一特点决定了语文学科有着不同于一般人文学科的教育目标和特点。怀特海说，"文学之所以存在，只是为了表达和扩展构成我们生活的那个想象的世界，表达和扩展我们内心的王国。"要达到"表达和扩展构成我们那个想象的世界"的目标，仅仅依靠科学化的探索，显然无法实现。它更需要让学生在对文本的不断感受、体验、理解和阐释中，唤醒对生命和自由价值的尊崇和敬畏，从而建构和拓展"那个想象的王国"。[①]正是从这个角度，我们又说，科学化的探索不但有其局限性，而且有时对文学教育目标的实现构成了阻碍。英国哲学家伯林曾经不留情面地指出，早在西欧科学主义倡导者那里，其人文素质就已经受到了科学主义的遮蔽："它（指科学主义）阻碍了他们自己的世界观，桎梏着他们的想象、感情或意志，妨碍了精神或政治自由。"[②]因此，语文教育在借鉴和引用科学主义进行探索时，必须对此有清醒的认识，既不能机械地搬用自然科学的研究方法，甚至唯科学主义，同时又要看到科学化或科学主义有其局限性，科学化不是万能的。

---

① ［英］怀特海：《教育目的》，徐汝舟译，生活·读书·新知三联书店2000年版，第100页。

② ［英］伯林：《反潮流：观会史论文集》，冯克利译，译林出版社2002年版，第100页。

第三章
课程之维

一　媒体文化与语文教育

（一）媒介文化对学校教育的影响

早在1960年代，加拿大传播学家麦克卢汉就断言："我们正在退出视觉的时代，进入听觉和触觉的时代。"[①]按照他以媒介为标准对世界文化及文明的划分，所谓"退出视觉的时代，进入听觉和触觉的时代"，是指以文字为中心的书面文化逐渐被以电子、网络、媒体为中心的媒体文化所取代。的确，媒体文化已经成为我们这个时代社会生活的重要特征。身处今日，我们不仅生活在媒体包围之中，而且每个人都无法置身于媒体之外而独立生活。各种传播媒体对我们的生活产生了深刻的影响，一些重要媒体如电视、网络等，已经上升为支配性的媒介。媒体文化对学校

[①]［加］马歇尔·麦克卢汉：《理解媒介——论人的延伸》，何道宽译，商务印书馆2000年版，第2页。

教育同样产生了广泛而深刻的影响，某种程度上可以说，学生从媒体所获得的信息远远超过学校的信息。"在与媒介的接触中，他不仅获得了大量的信息，而且潜意识中接受了媒体背后所隐含的价值观和世界观。在学校教育中，它已经构成了重要的隐蔽课程，直接影响到学生的生活学习及思考方式。"①

"媒介即信息。"媒体文化的到来，不仅创造了一种全新的社会环境，而且改变了人们的认知途径、思维习惯及学习方式。"电子媒介的属性是非线性的、重复性的、非连续的、直觉性的，是靠类比推理去展开的，而不是靠序列论辩展开的。"②就像文字诞生创造一种新的社会环境及智慧一样，电子媒介的诞生同样宣告了社会环境、认知途径及学习方式等的改变：一方面，它对以文字为中心的传媒环境进行了彻底的加工和改造，这使文本及"在此之前的旧环境转变为一种人为的艺术形式"，从而获得了新的审美价值及精神意蕴；另一方面，电子媒介作为社会一种普遍的传播手段及方式，它的介入，对人类的感知方式产生了重要影响，开启了感知的大门。在教育上，它无疑迎来了一个新的时代。在这个时代，教育对学生而言，不仅意味着理解信息、解释信息、筛选信息，而且意味着教师和学生一样成为探索和发现的主体，需要投入更多的精力，使学习和发现结合起来，"由此而增加的效率是惊人的"。电子媒介作为一种新的学习方式，它还提供了"动态的和变化的整体形象"。③

麦克卢汉指出，技术媒介之介入生活，不仅重构了社会生活，而且在全球范围内引起了内爆，人类已自我崩溃，它使人们生活于

---

① 钟启泉：《对话教育：国际视野与本土行动》，华东师范大学出版社2006年版，第35页。

② 路易斯·H.拉潘姆：《永恒的现在》，见［加］马歇尔·麦克卢汉著《理解媒介——论人的延伸》，何道宽译，商务印书馆2000年版，第4页。

③［加］马歇尔·麦克卢汉：《理解媒介——论人的延伸》，何道宽译，商务印书馆2000年版，第30页。

一个"重叠性的世界","这个世界消除了文化等级和各领域之间的分离"。[①]麦克卢汉指出，庸俗、质次和媚俗的电视连续剧日益向人们传播消费文化与大众文化。年轻一代开始沉迷于视频产品，它使与传统的教育方式相联系的书本作品显得单调乏味。麦克卢汉预言，"这最终将会产生既有娱乐性又有教育性的混合型文化形式"。[②]作为一位传播学家，麦克卢汉的说法自有哗众取宠之嫌，但是，技术媒介介入生活之后，人们对于社会生活的广泛参与，以及等级严格的、统一的社会文化日益被更可触知的同步文化所代替，已是社会生活的一种普遍趋势；非但如此，媒体制品不仅构成了教育的最重要的一部分，而且媒体那种既有娱乐性又有教育性的混合型态的文化形式已成为学校的新宠。[③]换句话说，文化的变迁带来了教育的变革。在此形势之下，语文教育也随之发生了重要变化：一方面，在信息时代，语文课程不再固守传统的封闭的结构，而是不断增添新的内容，从形式上看，不仅包括文字文本，包括口头文本、电子文本和媒体文本，广告作品、影视作品及许多大众文化与流行文化作品也进入了语文课程，极大地丰富了语文课程的内涵及内容体系；与此同时，社会对语文素质也提出了新的要求，其中媒介素养被置于语文课程目标的突出位置。正如麦克卢汉所说，媒介素养是当代人的一种延伸。[④]的确，在媒体文化时代，语文教育要适应时代的发展，必须培养一种快捷而有效的表达方式及交际技能。媒介素养是对传媒与社会变迁及人的变革的新的认识

---

① ［英］尼克·史蒂文森：《认识媒介文化——社会理论与大众传播》，王文斌译，商务印书馆2004年版，第193页。

② ［英］尼克·史蒂文森：《认识媒介文化——社会理论与大众传播》，王文斌译，商务印书馆2004年版，第194页。

③ ［英］尼克·史蒂文森：《认识媒介文化——社会理论与大众传播》，王文斌译，商务印书馆2004年版，第194页。

④ ［加］马歇尔·麦克卢汉：《理解媒介——论人的延伸》，何道宽译，商务印书馆2000年版，第78页。

与诠释，这种媒体交际技能不同于以往以语言和概念习得为主的学习活动，作为一种综合性交际学习方式，它还涉及音乐、图像和声响符号等形式。和以往单纯的语文交际方式不同，媒体交际建立在信息的发送者和接受者之间的双向交流上，尤其是注重寻求解决社会问题的方法，因而具有很强的现代意义和价值。[①]许多发达国家在语文课程改革中都强调借助媒体进行课程学习及变革。国际语文教育这一取向不仅因应了媒体时代社会交往日益频繁及媒体化的需要，更重要的是提高了学习的效率和效果，使学习目标在智力活动、表现与娱乐的多种活动中轻松实现。早在1970年代，法国中学教育目标就提出培养学生的图像技能即媒体技能，认为接受、分析和评论各种图像以及学习掌握制造图像，在口头及书面交际中组织和丰富图像，是现代社会公民的基本素质。法国国民教育部声称，在中学阶段，特别是初中阶段，学生获得掌握图像的能力之后，可以使用图像作为表达手段，更好地"理解他们所生活和活动的世界上的符号的运行。学生们的批判能力会因此而提高。以培养能独立思考的人即公民为使命的共和国学校，今天应当培养内行的电视观众"[②]。在加拿大，语文交际技能包括三项内容：语言交际技能、非语言交际技能和媒体交际技能。媒体交际技能又包括理解信息、筛选信息以及用媒体信息去交流和表现，其中理解和解释媒体信息技能是其中基本的信息能力。"通过审视媒体作品，他们发展了理解和解释一系列媒体信息的能力。"[③]

（二）国际媒介素养教育的三种模式

一位美国学者曾经这样描述我们所处这个时代的特点："媒体信

---

① 丛莱庭、徐鲁亚：《西方修辞学》，上海外语教育出版社2007年版，第85页。

② ［法］国民教育部：《方向与目标》，邢克超译，见张人杰选编《法国教育改革》，人民教育出版社1994年版，第485、486页。

③ 钟启泉：《国际普通高中基础学科解析》，华东师范大学出版社2003年版，第269页。

息与符号制造术四处撒播，渗透到了社会领域，意义在中性化了的信息、娱乐、广告以及政治流中变得平淡无奇。"①的确，置身于媒体时代，媒体及信息已经构成了生活的重要内容，无论是学校生活，还是课程都无法回避这一现实，简言之，人们越来越依赖于媒体而生活。那么，我们如何在被信息所包围的这个世界安身立命？如何让学生从容面对媒体、信息及文化，保持充分的反思与批判能力，从而过一种更加美好的生活？显然，进行媒介素养教育，全面提高学生的语文素养是其中最重要的选择。

关于媒介素养教育，图洛齐基曾经指出："青少年在媒体充斥的社会里，赋有针对实际做出自我决策，能够行使创造性的、做出负有社会责任的行为的能力。"这一认识反映了近年来国际媒介素养教育形成的共识。国际媒介素养教育先后经历了三种模式，即保护主义模式、技术主义路线和行为指向型教育模式。那么，从我国语文教育看，在媒介素养教育中，是对学生采取保护主义的策略还是采取技术主义的路线，抑或行为指向型教育模式？众所周知，在国际媒介素养教育中，在相当长一段时期内，为了使学生远离媒体文化的影响，一些国家曾经采取保护主义的模式，把学生媒介素养教育限制在一定范围之内，或进行有选择的媒介素养教育，以保证学生获得一个健康的成长环境。事实证明，这种消极被动的教育模式很难培养学生直接面对媒体文化的素养。实际上，成效也并不显著。所谓技术主义路线，主要是基于功能与效率的考虑，以培养学生的媒体技能及学习方式为主，从而引发儿童兴趣，优化教学过程，提高学习的效率。这种模式的缺陷在于，它把信息交流的双方对立起来，过于考虑教学的效率问题，没有顾及学生的媒体识别能力及批判能力。媒介素养教育的根本目标在于不仅要掌握媒体交际技能及技术，而且在媒介素养教育中"赋予

---

① ［美］斯蒂文·贝斯特等：《后现代理论——批判性的质疑》，张志斌译，中央编译出版社1999版，第156页。

批判性、开发性、能动性"①。毫无疑问，在第三种即行为指向型教育模式中，学生是以社会的主体身份出现的。用日本学者的话说，他不仅投入社会的语脉中，并且是拥有"建构和变革该社会语脉之能力者"。在此，媒体是这种语脉的构成要素。在这一模式中，主体建构和变革社会语脉的能力表现在，他是"依存于自身的个人史和自身所处的社会环境，来消化媒体所提供的内容的"②。当然，其主体性还表现在能够议论媒体，能够利用媒体来表达自己的兴趣所在。换句话说，媒体既是学生接受并消化社会信息的手段，另一方面又是表现人们对于社会的表象、见解、经验和需求的手段。为了防止学生对媒体产生盲目信赖感，甚至沦为媒体的奴隶，语文教育不仅要适应这一社会与文化的变迁，引导学生积极主动面对不同类型的媒体文化，在所包围的周遭的大量信息中选择和利用有价值的信息，欣赏媒体作品的价值和意蕴，在接收信息过程中，对媒体特别是对隐藏在媒体文化背后的价值观和世界观保持批判精神，以保持个体的独立性，而且要培养学生利用信息进行综合交际的能力，学会媒体交际的技能及创造媒体文本的技能，从而提高语文素养。

（三）语文教育中媒介素养教育的主要内容

语文教育中媒介素养教育主要包括三个方面。

第一，识别不同媒体的功能、特征及所运用的技术，准确地理解媒体信息。在语文教育中，媒介素养教育的首要目标是培养学生识别媒体，理解信息，选择信息，以及运用媒体进行创造性交际的能力。国际上不少国家在利用媒体进行创造性交际时，都强调在小组活动中识别不同媒体制品的构成元素，如电影中的镜头，不同类型的媒体提

---

① 钟启泉：《对话教育：国际视野与本土行动》，华东师范大学出版社2006年版，第37页。

② 钟启泉：《对话教育：国际视野与本土行动》，华东师范大学出版社2006年版，第37页。

供信息的方式，以及媒体典型节目的种类及主要特征，充分认识到媒介作品是一系列独立要素的组合体，然后进行交际学习。识别媒体还包括识别媒体所运用的技术手段所创作的作品的效果，加拿大安大略省就提出，要让学生搞清楚声音和图像如何设计才能够产生独特的效果（如声轨和影片音响）以及所运用的程度。从国际媒介素养教育来看，电视是学校教育中最受青睐的媒体，不少国家都把电视作为媒介素养教育的重中之重。比如，德国在中学阶段就提出："在媒体方面，要学习并了解电视作为一种大众媒介是传递信息、发表言论和消遣娱乐的工具，通过学习要增强有意识、有理智地与电视打交道的能力。"[①]在有关电视的媒体学习中，课程分前后两个部分进行：第一部分涉及电视学习的目的，电视节目的种类，电视表现的特殊可能性，以及文字、图像和声音等的关系。更具体的内容包括：大众媒介的美学原理，电视功能及影响；消息，评论，新闻资料，电视通讯，电视讨论，文艺节目；电视剧，故事片等。第二部分则是有关电视节目制作和编辑的方法。在这一部分里，主要学习电视提供信息类文体的多种方法，注意到语言表达应做到明白、准确，并顾及交际对象（听者或读者）的需要。[②]德国的语文媒介素养教育不仅要求学生了解不同媒体在提供信息上的差异，还要比较分析不同信息类文本的语篇形式及筛选信息的策略与技巧，如"学习摄取文章信息要有目的性，表达要明确，易懂，介绍课文内容要准确。学习议论，练习判断，开展讨论"。总之，对媒体的理解，包括对媒体功能的认识及识别媒体制品的不同功用。学生在面临各种媒体制品选择时，作为消费者，很大程度上是为了满足艺术的享受与沟通以及消遣、娱乐和游戏等需要，因此，课程必须针对学生的需求进行设计，加强对媒体商品的识别，

---

① 中外母语教材比较研究课题组编：《中外母语课程标准译编》，江苏教育出版社2000年版，第447、448页。

② 钟启泉：《国际普通高中基础学科解析》，华东师范大学出版社2003年版，第389页。

146

从而提高娱乐和游戏的享受功能。当然，对媒体的识别还包括辨别媒介的文本与语篇的差异，诸如报告与见解的差异，实况广播与演出作品的差异，信息与娱乐的差异，现实与虚构的差异，启蒙与广告的差异，工具与内容的差异，等等。概言之，要理解不同类型的媒体文本的独特结构与逻辑。

第二，培养学生媒体创作及媒体评价、反思与批判的能力。媒介素养教育除了培养理解、解释媒体信息的能力之外，其核心目标在于学会掌握媒体制作及创造本领。世界上大多数国家，都把媒体创作能力作为媒介素养的核心要素。在媒体文化时代，学生绝不仅仅是媒体制的单向度的被动消费者，还应该积极关注媒体，通过自己的努力，欣赏媒体制品的美感，尤其是制作公开的作品，进行艺术的创造，"同时他们能够从制作行为中体验到媒体技术的种种可能性，从而掌握批判性地对商品进行分类和评价的能力"[1]。加拿大安大略省语文课程大纲提出，语文媒介素养教育有两个基本目标："一是理解分析媒介作品；二是创作出多种媒介作品"[2]。为切实培养学生的媒体创作能力，该省还在课程大纲中明确提出通过三种训练方式达到学习目标：（1）运用媒体的不同形式改编文学作品（如运用可利用资源把传说或神话重新创作为新闻报告或广告；运用情景串联图板描绘小说中的一个情景）；（2）针对不同的目的创作媒体制品（如制作一张海报推动学校活动的开展，或者制作一张海报指导同学如何使用百科全书光碟，制作一个抽象拼贴图表达对时事的看法）；（3）分析不同观众的特征，有针对性地创作媒体制品（如为某一产品的两种类型的消费者设计两

① 钟启泉：《对话教育：国际视野与本土行动》，华东师范大学出版社2006年版，第40页。

② 中外母语教材比较研究课题组：《中外母语课程标准译编》，江苏教育出版社2000年版，第361页。

种广告）。①

评价是媒介素养教育的另一项重要内容。媒体究竟传递了什么？我们应该采取什么样的态度？某种意义上这是衡量媒介素养乃至语文素养的一个重要标志。德国巴伐利亚州的高中语文课程标准对此做了较为充分的阐述："信息通信技术飞速发展的时代，在普通教育中媒体的作用越来越显得重要。应用媒体能力的培养不局限于会使用媒体，更多的是理解媒体提供的信息，并用反思的态度合理使用媒体，反思媒体的作用，并设计媒体，用于交流，认识社会过程与媒体之间的相互作用。因此，媒体在高中阶段不单单是媒介和工具，而且同样是教学和教育的对象。"②在媒体评价中，媒体反思与批判能力又居于重要位置。所谓媒体反思与批判能力，有两层含义：（1）在媒体交际活动中，对所接受的内容保持独立的思维及理解品质，不"人云亦云"，简言之，具有批判性思维能力。（2）对媒体、媒体对象及所传播的文化内容、思想价值持一种反思、批判的态度，在批判之中培养一种合作及兼容的价值。美国《教育绿皮书》就对高中学生的语文媒介素养教育目标提出，让学生注意以批判的眼光去评判班级中放映的电视或电影中出场人物的谈话。③加拿大安大略省为了提高学生的媒体分析及批判能力，要求在所开设媒体研究课程中，通过四种方式来培养学生的媒介素养：（1）通过辨析媒体制品外在信息与内隐信息之间的不同显示批判性思维能力（如做一份相关报告，描述广告材料上的产品介绍与消费者的使用情况之间的差异；阅读类似产品的外包装，评价其宣传效力和对潜在消费者的吸引力）；（2）识别和描述构成不同媒体制

---

① 欧阳汝颖、汤浩坚、梁慧霞：《英语地区母语能力基本能力对比研究》，香港大学出版社2003年版，第177页。

② 钟启泉：《国际普通高中基础学科解析》，华东师范大学出版社2003年版，第127页。

③ 钟启泉：《国际普通高中基础学科解析》，华东师范大学出版社2003年版，第127页。

品的基本元素（如电视剧中的声音效果和音乐，纪录片中众多的镜头编辑和剪辑，杂志广告中的色彩、图像和文本）；（3）比较不同人群对于不同媒体制品的反应态度（如访问、调查同学或者其家庭对一种特殊媒体制品的反应态度，并对研究结果做一份相关报告；阅读和比较书评）；（4）识别影响媒体生产、销售、做广告的因素（如期刊读者、特殊电视节目创办者和观众的特征）。[①]

第三，在媒体所创设的环境中，进行基于资源的或交互性的学习。媒体时代，学校教育的重要变化在于学校教育获得了前所未有的大量丰富的教育资源。在这样一个新的环境中，一方面，教师要鼓励学生运用多种媒体资源寻求信息，解决问题，学生和教师要共同决定合适的信息来源、学习工具以及获得信息的方式；另一方面，则要利用媒体通讯的优越条件进行交互性学习，从而提供多元交往技能。媒体资源学习的一个重要特点是为教师和学生提供多种社会交往的教学环境，不仅有基于两人的、小组的、整个班级的，还有跨年级的交往，这为媒体交际学习提供了各种各样的学习情境和机会。在丰富的学习环境中，学生的语言交际能力获得了提高。"语言的进步是在学生相互作用，彼此合作，与教师的合作，与其他成人的合作情境中产生的。这种交互作用让学生探索自己的观点，获得反馈，以他人的洞察力为基础合作地构建知识。"[②]当然，在利用媒体进行语文课程学习时，换句话说，在进行媒介素养教育中，必须充分考虑课程内容的适切性及可行性。麦克卢汉的一段话很值得我们深思："单纯将它搬进教室，不可能延伸它的影响。诚然，电视在教室里的角色，迫使人重新安排课程，并以不同的方式去讲授课程。可是，单纯将当前的课堂搬上电视屏幕，就像是将电影搬上电视一样。其结果将是一种四不像的

---

① 欧阳汝颖、汤浩坚、梁慧霞：《英语地区母语能力基本能力对比研究》，香港大学出版社2003年版，第177页。

② 钟启泉：《国际普通高中基础学科解析》，华东师范大学出版社2003年版，第498页。

杂交。正确的探讨途径应该问：'哪些东西是教室不能为而电视却能为的，比如在教法语或物理过程中，电视能做哪些教室所不能做的东西？'回答是这样的：'电视能显示过程的相互作用，能显示各种形式发展过程的相互影响，任何其他媒介都无法办到这一点。'"①

---

① ［加］马歇尔·麦克卢汉：《理解媒介——论人的延伸》，何道宽译，商务印书馆2000年版，第410页。

二　语文教育的后现代主义批评

（一）后现代主义：一种语文教育的批评方式

后现代主义是源自1970年代西方的一种哲学思潮。这一思潮诞生以后，作为一种新的批评范式，很快被广泛地运用于社会科学等领域的研究，尤其是被运用到文学、艺术的批评中。当现代主义宣称以实证的、科学的精神把人类从非理性状态中解放出来时，它确实给现代社会科学研究乃至整个社会带来了巨大变化。但当现代主义片面地夸大科学所起的作用，并被无节制地滥用到许多社会科学领域之时，也为1970年代后现代主义的诞生提供了产床。

从本质上说，后现代主义是西方各种思潮特质的混杂。美国学者波林·罗斯诺的《后现代主义与社会科学》对其做了深入研究。根据他的概括，后现代主义有几个基本特点：第一，怀疑权威，重视审美而非强调道德教育及其功用。它不以普遍道德上简单的善与恶为标准评价文本，而重视文本的审美价值。第二，反对科学主义及其系统性等等，强调非理性。它不主张将任何单个的系统的观点武断地强加于人；对不同的甚至矛盾的观点则持宽容的态度。当现代主义话语以风格的精确性、确切性、实用性和严密性为目标的时候，后现代主义的表达更注重自身特性，尤其是模糊性和不可确定性。后现代主义不是先分离其内部诸因素，再揭示其相互关系，最后予以系统综合；恰恰相反，后现代主义给出的是不确定性而非确定性，是多样性而非统一性，是繁复而非简洁。第三，它摈弃常规性的、学院式的话语，偏爱大胆的煽动性的表达方式。[①]后现代主义正是由此而变得鼓舞人心和引人入胜，同时它又陷入了混乱状态的边际。第四，怀旧心态。它往往越过现代理性特征而指向现代性之前的个体情感。

1997年11月，在《北京文学》组织了3篇较长篇幅的文章，对当前语文教育现状做了激烈的批评之后，全国许多报刊纷纷开辟专栏，关注和研讨语文教学，其后结集出版了《中国语文教育忧思录》一书。如果以最先对语文教育发难的3篇文章作为研究对象，可以发现它们在批评方式和内容取向上有几个显著特征：其一，内容上，批评以政治道德教育为主的语文教育阐释模式，强调文学教育。王丽说："在高一第一学期的语文课本中，真正从语文角度来编选的篇目大约只有一半，其余一半则大体上是从对学生进行思想政治教育的角度来考虑的，而且还是五六十年代那种思想政治教育内容，即便是写景抒情文章也是如此。"邹静之说："很多人已经把文学看成是一个附属的令人厌倦的东西了。这与使人生厌的语文教育是分不开的。我坚信如果按教科书中的方法来写作或欣赏文学作品，那将离文学越来越远。"其二，反对语文教学中所谓科学主义，对语文教材中的解释系统和设计的练习、问题不满，认为不是无味，就是烦琐。薛毅说："问题更为严重的是，那套解释体系也能把经典作品讲偏，讲歪，讲得味同嚼蜡，刻板无趣。仿佛全世界所有的作品都可以用反对封建主义、批判资产阶级、同情人民大众诸如此类的大词来概括，再加上阶级局限性、消极面，就完事大吉，天衣无缝了。里面就是没有人，没有人的丰富情感，没有对人的处境的体验、同情、理解、悲悯。"第三，采取非学院式话语。幽默、揶揄、讽刺等，充斥于作者的行文中。对高中语文教材编入的《松树的风格》，薛毅的评价是，编者教学生学习松树，"也

---

① ［美］波林·罗斯诺:《后现代主义与社会科学》，张国清译，上海译文出版社1998年版，第7页。

不知那些编教材的和教书的学得如何。没听说他们集体捐献心脏肝脏。也许他们没有学好，希望寄托在你们身上。"等等。第四，怀旧心态。王丽在发表了《中学语文教学手记》之后，仿佛预感到"天将降大任于斯人"，即辗转京、沪等地，走访许多专家学者，用不无怀旧的笔调，记述了一些德高望重的学者深情回忆少年时学习语文的美好时光，哪怕是私塾式的教育，在作者的笔下也充满了田园牧歌式的低吟浅唱。

显然，笔者在比较后现代主义与上述语文教学的批评时，突出了二者的相似特质而没有揭示其差异性，客观上二者之间的差别之大，亦无须笔者多言。薛毅在文中也对1990年代中国的后现代主义不屑一顾。但事实上，他们在批评方式上既与时下语文教育研究大异其趣，而在内容及取向上，如上所述，又与现代主义等西方批评方式有许多神似之处。他们均是从事文学创作与文学批评之一族，对后现代主义等批评方式可谓轻车熟路，起码在对语文教学的批评中渗透着明显的后现代主义的思想倾向或痕迹，因此，我们姑且把它称之为语文教育的后现代主义批评。

（二）后现代主义批评对语文教育的误读

波林·罗斯诺说，后现代主义产生于学术危机。诠释语文教育的后现代主义批评产生的原因，一个不能忽视的背景是，1980年代中期以后，中国文学和文学批评逐渐失去轰动效应。一些不甘寂寞的文学期刊和学者，尤其是一向活跃、锋芒毕露的文艺批评界很快从文学批评转向了其他边际学科。语文教育因与文学有天然的联系，因此首当其冲，成为受冲击的对象。不管是有意还是无心，就后现代主义式批评对语文教育的指责而言，其偏颇与误读是显而易见的。这里谨列两点：首先，混淆了语文教育与文学教育的区别。文学教育在语文教育中占据重要地位，它是语文教育的永恒魅力之所在。但把令人生厌的文学归咎于令人生厌的语文教育，忽视了一个最起码的常识，即抹杀了文学教育与文学创作之间、文学教育与语文教育之间的中介环节或界限。中学语文教育除了以审美教育为特质的文学教育之外，还有诸如语文知识教育及其他应用性技能教育等多种任务与功能。把语文教育等同于文学教育只是后现代主义批评者的一厢情愿。文学教育从来就不是也不可能是语文教育的全部，即使在封建社会教育中，文学教育也仅仅是其中一小部分。以明清为例，科举考试中，诗赋的考察虽被列为其中一项，却长期处于最弱的位置，甚至可以忽略不计，绝不可与经义（八股文）同日而语。从20世纪初开始，中国语文教育革新的先驱胡适、刘半农、叶圣陶、刘大白等文学家在他们的语文教育改革的主张中，均十分强调语文教育中的应用性教育。刘半农的《应用文之教授》，胡适的《中学国文的教授》，叶圣陶、刘大白先后起草和确立的中学国语及国文教育的课程标准，尤其是1920年代刘大白任教育部次长时主持厘定、由官方正式颁布的第一份《初级中学暂行课程标准》，确立了"记叙—说明—抒情—议论"的语文训练体系和内容，把语文教育和文学教育之间的关系和区别做了划时代的界定，使语文教育摆脱了传统语文教育混合形态。也就是说恰恰是一批五四新文学著名作家，最先认识到语文教育与文学教育并非一回事这样的事实。20世纪末，当后现代主义式批评指责语文教育缺少文学教育，强调文学教育的重要性时，在一定程度上既割断了五四以来语文教育发展的传统，同时，也使语文教育内容趋向单一化。其次，以反理性的面目出现，抓住语文教育科学化探索过程中的枝节失误大加挞伐，而并不指望建设什么。后现代主义在批评现代主义理性之时，从来不会去真正研究现代主义，它只是凭一己印象或个体情绪，去抨击和否定现代主义因理性解析而导致的过失。后现代主义批评语文教育，他们不愿意也不屑去研究近百年来语文教育发展的历史，甚至不愿意去全面了解新时期以来的语文教育改革与发展，更不要说去客观地评价其成就和得失。后现代主义批评以君临天下的气势对语文教育的局部问题做夸大或变形的处理，可以博得一时之誉，但它既不能在理论上自成一说，也因缺少对语文教育现状的了解而发出许多贻笑于语文教育界之高论。如王丽在解读《绿》的写景描写时，认为它表达了作者对理想中的女性美的讴歌。我曾以此询问一位现代文学教授，得到的回答是：即使在现代文学界，此种解读亦难寻知音，更不要说把它贩卖给中学生了。另一位后现代主义式批评者的"一大发现"是，辨析了课文《天上的街市》题目（此诗原题为《天上的市街》，编入教材时已经作者同意更改），也说明其批评语文教育态度的草率。他们或是从"女儿的作业"中，或是因在中学做了一段时间的临时或见习语文教员不幸被解职，或是因为给一批未来不安于做一名中学教员的高师学生做一次哗众取宠式的讲演，得出这样的批评。总之，后现代主义批评者很少直接参与或较长时期地介入语文教育。他们在以煽动性的话语博得时誉之同时，却因对当前语文教育缺少足够的了解，而让语文教育界多少感到有些隔膜或摸不着边际。

（三）后现代主义批评与语文教育发展之反思

事实上，语文教育界内部对新时期语文教育的反思从1980年代中期就开始了。陈钟梁当时曾对语文教育是科学主义还是人文主义进行过哲学思考；后来又有南北有关语文教育人文性和工具性的性质之争。随着素质教育理念越来越被接收，由语文标准化考试导致的种种沉疴积弊更显得严重。除此之外，教材内容的陈旧，各种自学步骤与方式设计之空洞、单一、刻板，及语文教育界宗派之林立（而非学派林立），对一些教师创造的所谓模式之奉若神明，等等，均为来自语文教育界之外的冲击提供了难得的标靶。后现代主义批评对语文教学的误读及其偏激自不待言，不过，平心而论，后现代主义式批评对沉闷、近乎麻木的语文教育界的刺激又未尝不是一件好事。它以过激的方式，利用社会性传媒，使有关语文教育问题的传播获得了远比语文教育界内部论争更为广泛的影响。它吸引了社会各界视线关注语文教育的改革和发展，从而突破了由某一家话语居支配地位的局面。可以看出，面对后现代主义的批评与冲击，语文教育界反应十分脆弱，其中诸多问题更是暴露无遗。

对科学化的狭隘理解。20世纪对语文教育科学化的探索可分为前后两个时期。前半个世纪，从吸收赫尔巴特的教育理论开始，语文教育就在传统文选型教材基础上进行改进。1938年，叶圣陶、夏丏尊合编的《国文百八课》就提出"想给与国文科以科学性，一扫从来玄妙笼统的观念"。这个时期有关教材编制方式单元化、练习设计充分考虑学生接收程度以及课文解题的创造性，等等，都可以看作这方面成功的探索，可惜不久即中断了。从1978年开始，语文教育启动了新一轮语文教育科学化的研究。但由于语文标准化考试的引进，对科学化的理解却越来越狭隘。更有甚者，如于漪所说，以科学的名义违背语文教学的规律，搞形式主义，片面强调语文工具，用解剖刀对文章肢解，以至于留在学生脑海中的只是零碎的符号而已，语文教学必然走进死胡同。当然，我们不能因后现代主义的过激批评而停止语文教学科学化的探索。语文教育科学化问题的探索仍然任重而道远。语文教育绝不可能再回到从前简单的文选教材的老路子上去，更不应该退回到科举时代仅以八股文来衡量语文水平的狭窄之途上去。

有些学者指出，语文教材的主要问题是编写体系陈旧，几乎达百年。这当然是问题的一个方面。但就后现代主义式批评看，对语文教材内容的理解、把握及其解读同样不容忽视。用后现代主义的话语来说，在文本的解读中，个体的经验占据重要地位。那么，作为教科书的编制者，如何诠释和展开教学内容，则是作为学习主体的学生解读文本的前提和基础，其重要性不言而喻。而这一方面恰恰是十几年来语文教育改革的缺失。同样是一篇课文，1936年叶楚伧主编的《高级中学国文》，其中的《国殇》题解是："国殇者，谓死于国事者。按《九歌》乃祀事之乐歌，《山鬼》以上诸篇各祀一神，独此《国殇》篇性质不同，疑本为独立诗歌，后人不察，误入《九歌》之群耳。张皋文曰'以忠死故比国殇，则屈原自况之作也'。"如果这种注解出现在大学汉语言文学专业教材中，也许不足为奇，而作为中学语文教材，在设计题解时，能够如此考虑到其学术含量，把学术上的公案和疑问有选择地告诉学生，让学生自己思考，也许是为学生开启了一扇通向日后治学的门窗，它比给定一个终结性的知识无疑更有价值。像这样富有启发性的问题，我们的语文教材中究竟能有多少呢？后现代主义批评语文教学缺乏文学教育和审美教育及阐述体系的陈旧，也多少说到了语文教学的痛处。虽然，语文教学中的文学教育及其阐述话语与文艺批评不尽一致，但难以回避的是，近年来语文教材编写习惯于将每一问题坐实，而唯独忘记了文学教育的特点正是为学生解读提供一些多样性和独创性的东西。

　　波林·罗斯诺说："研究生和资历较浅的教员比在事业上一帆风顺的人对后现代主义更感兴趣。"[①]就语文教育研究而言，其惰性更为明显。与语文教育相关的学科，比如文艺学、语言学、现代文学，输入了许多新的理论或学派，后现代主义、后殖民主义、解构主义、不一而足；文学界及电影界则诞生了第四代、第五代、第六代青年作家和导演；相比之下，语文教育界则显得很冷清。热闹也不是没有，如各种语文教学研究会组织之多，活动之积极与频繁，拥有会员之众，可能是其他任何一个学术团体无法企及的。这些学会对语文教学改革，不能说没有一点作用和影响，不过在理论研究及建设上，与文艺学、语言学相比，不可望其项背。但后现代主义对语文教学的批评起码让我们看清了这个学科理论研究之薄弱和迫切。当然，人们没有理由去责怪在第一线从事语文教学与研究的实际工作者。也许还不算是一个奢望，如果在高校或研究机关从事语文教育科研的青年学者，能像1920、1930年代语文心理学艾伟教授那样，坚持10多年到数省近百

---

　　①［美］波林·罗斯诺：《后现代主义与社会科学》，张国清译，上海译文出版社1998年版，第13页。

所中小学里去调查30000名学生，从而为语文教育的改革提供可靠的结论；或者像相关学科的青年学者那样，以极其敏锐的学术触角去接纳国外社会科学、心理学等新的理论，无疑将会大大促进和丰富21世纪语文教育的发展，而无需借助其他学科对语文教育的刺激才能向前推进！

三　后现代主义与阅读教学重建

近20年来，后现代主义理论渗透到我国社会科学各个领域内。新世纪我国的语文新课程改革就在一定程度上吸收了后现代主义教育理论中的一些积极合理的成分。以阅读教学为例，后现代主义对传统的读者观、文本观的重新诠释就为语文新课程建构阅读教学提供了重要的借鉴。

（一）学生观：从消极读者向积极读者转变

长期以来，我国的阅读教学主要受两种模式支配：一种可称为"肢解式"的阅读教学；另一种姑且称为"陷阱式"的阅读教学。前者是对所教的文本（课文）从字词句、语修逻到段落大意、中心思想、写作手法等，无所不包，无所不教。教师就像"高明""娴熟"的外科医生，把一篇篇完整、生动的文本肢解得支离破碎、面目全非，使得原本属于学生与文本的富于生机的对话变得如同嚼蜡，索然无味。阅读不是学生对文本的真切感悟和领会，而是对一堆零零碎碎的、干瘪的语文知识的接收与记忆。学生对文本的认识和了解仍停留在工具论的层次，学生与文本之间缺乏真正的对话，阅读知识的获得就是学生阅读的全部任务。后者则是学生在教师的步步"引导"下，"揣摩"教材编纂者对课文的理解以及教参上的标准答案，阅读就是教师的一言堂的分析过程与学生的倾听过程，抑或说是教师引导学生获得教参上或教案上的标准答案的过程。打一个不太确切的比喻，这里的教师就像一个"精明"的猎人，挖好"陷阱"后，再通过各种方法和途径将学生引入到他所期望的"陷阱"中。这种阅读教学模式实际上剥夺了学生作为读者对文本的解读、体验，完全以教师的分析取代学生的独立阅读。无论是学生还是教师，对文本的理解都是同一的、唯一的，与教参上的答案相一致。它体现出的是一种封闭、单一、答案明确的现代主义思想路径和价值取向。它使学生的阅读仅限于发现预设的、已知的教材编纂者对文本的理解和诠释，而学生自身的理解与情感参与则被排斥在外。

在这两种模式主导之下的阅读教学中，学生实际处于阅读活动的消极被动状态，或曰消极读者。所谓消极读者，后现代主义认为，它体现在两个方面：一方面，读者对文本的读解活动受到原作者的引导和约束，他的解读必须严格忠实于原作者的创作意图，文本的生命力来自作者而非读者；另一方面，读者还要受到文本的权威解释者的诱导，从而始终围绕着作者的创作意图来解读文本。至于个性化的、多样的解读和理解则是不允许的。因此，在原作者和文本的权威解释者的双重封锁下，读者很难以一种积极的姿态进入文本世界。[①]学生在阅读教学中，要么集中于一些孤立的阅读知识和方法的学习，"只见树木，不见森林"，要么就是在教师的步步"引导"下，以最终获得最忠实于文本作者的创作意图为目的而置其自身情感体验与理解于不顾。他们对文本的解读"类似于一种同语反复的活动"或"原作者创作的一个延伸"，而与自身的生活世界相隔万里。在这种阅读活动中，学生既没有对文本进行个性化解读，也没有与文本"视域融合"，实际上，学生还没有实现真正的阅读。他们被原作者与教师这一权威解释者所控制、约束，几乎没有对文本的自由阐释、自主评价的机会和权利，"学生失去了自我，丧失了自我的话语权，在阅读中他们不能

---

① 张国清：《中心与边缘——后现代主义思潮概论》，中国社会科学出版社1998年版，第151页。

'言说'，也不允许他们'言说'"①。它只能诱发和强化学生两种消极阅读状态出现：一方面，学生逐渐形成了懒于思考的阅读惰性，习惯性地依赖于教师对文本的分析和理解，并且毫无批判地全盘接受；另一方面，学生以旁观者的姿态阅读文本，其精神和个人情感始终游离于文本之外，因而无法真正进入丰富多彩、鲜活的文本世界，与之对话，更不用说对文本的个性化解读了。以这样的消极状态去阅读文本，学生自然无法洞悉文本的内涵和意蕴，因而也就无法领略文本的独特魅力。

语文新课程所着力构建的阅读教学就是要让学生实现由消极读者向积极读者的转变。在后现代主义看来，积极的读者在阅读中处于至高无上的地位，他能对文本进行多样化、个性化的解读与理解，具有对文本的批判性和创造性，能充分地从阅读中享受书写文本的快乐。积极读者是真正能进入文本世界，与文本对话的读者。语文新课程标准提出，"注重个性化的阅读，充分调动自己的生活经验和知识积累，在主动积极的思维和情感活动中，获得独特的感受和体验，学习探究性阅读和创造性阅读，发展想象能力、思辨能力和批判能力。"②就是在阅读教学中倡导培养积极读者。

积极读者首先是个性化的。阅读本身就是一种极具个性化的行为。每个学生都是一个独特的个体，由于生活经历、情感体验、知识储备不同，他们在理解、阅读文本之前，就已经具有了自己的价值观、经验、知识、思维方式等，这些理解文本前就具有的价值观、经验、知识和思维方式在哲学解释学上被称为"前理解"。在阅读时，学生都会不自觉地加入自己的"前理解"。面对同一文本，不同的学生因为"前理解"的不同，对文本的认识和诠释也就不同。所以，学

---

① 王荣生：《语文科课程论基础》，上海教育出版社2005年版，第165页。

② 中华人民共和国教育部：《普通高中语文课程标准（实验）》，人民教育出版社2004年版，第8页。

生从文本中理解到的意义既包括文本自身的意义，又包括学生的"前理解"，这就形成了每一个学生与他人所不同的个性化理解。因此，在阅读教学中，学生会不可避免地产生与教师、教参上的理解不一致的"偏见"。伽达默尔指出："不是我们的判断，而是我们的偏见构成了我们的存在……偏见未必都是不合理的和错误的，并非不可避免地会歪曲真理。实际上，我们存在的历史性产生着偏见，偏见实实在在地构成了我们全部体验能力的原初直接性。偏见即我们对世界敞开的倾向性。"[①]允许并尊重这种"偏见"，恰是尊重学生在阅读中的主体地位、尊重学生的独特体验和感受、实现阅读个性化的体现。这也正是后现代主义课程理论的代表人物小威廉姆·多尔所梦想的"迷人的想象王国，在那里没有人拥有真理而每个人都有权利要求被理解"[②]。用同一性来支配理解世界的特殊性和差异性，是对特殊性和差异性实施的专制与压迫。所以，教师应当关注学生的独特理解，对融入了学生个人经验、感情、情绪、直观想象和主观判断的理解予以肯定和赞赏。否定个人建构上理解的差异性、追求千人一面的同一性，都是对学生阅读个性的扼杀。

积极读者的阅读是与自身的生活世界相关联的。文本世界书写的是一个生活世界，"在生活世界，人不仅体验着自己的实在，而且直观到他人的存在，生活即是与他人一起生活，生成即是在与他人的共在中生成。离开他人，便没有我的生活和生成。"[③]阅读，也是一种体验自我和他人存在的方式。它不但是对他人的生活经历、个人遭遇、内心情感的了解、体会，更是在观照他人生活世界的同时，对自己的历史生活、所信奉与实践的价值观念、生活态度、内在灵魂的认识和反

---

① Hans-Georg Gadamer. *Truth and Method*, 1989, Continuum International Publishing Group, p262.

② ［美］小威廉姆·多尔：《后现代课程观》，王红宇译，教育科学出版社2001年版，第221页。

③ 李文阁：《回归现实生活世界》，中国社会科学出版社2002年版，第166页。

思。积极读者会在阅读中不断生成和完善。阅读教学需要教师引领学生把自身的生活世界带入文本世界，用情于文本，在文本世界里为悲而泣，为聚而喜，为离而伤，为勇而赞，为智而服，体验，移情，理解，对话，反思……这样才能与文本作者神交，与文本世界共鸣，撞击出思想和情感的火花，也才能从文本中有所获、有所得，并形成自我生活世界里真、善、美的标尺。"灌输""绝对化"不但会剥夺学生在阅读中本可获得的快乐，而且还会抛弃学生的生活世界，这只会使阅读变得毫无乐趣可言。要让学生成为积极读者，就要引导他们的生活世界与文本中的生动、活泼的世界产生交集，将阅读与生活相联系，用阅读影响生活。

积极读者进行的阅读是创造性的阅读。接受美学认为，传统的文艺理论只注重读者对文本的被动接受，却忽略了读者的能动创造性。事实上，读者不仅是文本的接受者和鉴赏者，也是文本的创造者。耶鲁学派学者米勒（Miller）曾说过，任何一个优秀的读者，在阅读过程中，绝不会使自己成为阅读文本的奴隶，绝不会满足于文本原有作者对于文本的意义和形式的理解和诠释，而是有意地发现原作者所没有、也不能发现和理解的那些新东西。此话道出了积极读者以及创造性阅读的本质。创造性阅读是一种高级的阅读活动，它要求读者在阅读中充分运用想象、怀疑、批判的能力，通过深度的理解和思考，实现有创意的阅读，从而赋予文本以新的生命力和活力。

（二）文本观：从"阅读者文本"向"书写者文本"转变

在传统意义上，"文本"有两重含义：作为物，它是一组符号系统；作为理解的对象，它又是有一定意义的，是作者思想情感的表达。因此，文本是一种借助于文字来表达思想、情感、意志、观念的符号系统。在阅读教学中所面对的课文就是一种文本。法国后结构主义代表人物巴尔特把文本分为"阅读者文本"（readerly text）和"书写者文本"（writerly text）。"阅读者文本"把文本看作承载了作者写作意图和情感的静态物。它是为消极读者准备的。"一个现代文本传统上被视为已写就的交往工具。它是向一组特定的、同一类别的读者传递精确信息的一个尝试。"①文本从诞生开始,就只能被阅读、被接受、被鉴赏,而不允许有任何读者个性化的书写与创造性的解读,否则,就被认为是对文本的歪曲,对作者创作的玷污。传统的文本是静止的、封闭的、缺乏生命力的。作者通过文本传递他的思想、情感、精神,也通过文本来教化、训导读者。文本是作者向读者叙说、单向传输信息的媒介,它只要求读者的解读,而拒绝与读者对话和交流。我国过去的阅读教学习惯于把课文视为"阅读者文本"。课文只被赋予单一的语义,即作者的写作意图。教师通常把教参对文本的解释看作唯一的、绝对权威的,因而,在教学中尽量引导学生朝这一权威的解释前进,完全否定或者排斥学生结合个人情感、经历提出的个人独特见解及其主观性的解读或创造性阅读。在学生、文本、教师三者关系中,学生处于消极位置,文本则是绝对至高无上的,学生只能是单方面地接受文本的意义,却不能以"亲自体验语言、符号和信息游戏的方式"去建构新意义。以这样的文本观为中心指导的阅读教学,是很难培养出会思考、善想象、懂批判的积极读者的。

与"阅读者文本"相对立的是"书写者文本"。后现代主义对文本观做出了新的解释,认为文本不是封闭完整的单一体,它具有一种动态生成的不确定性,其开放性、多元性为读者提供了无限阐释的空间。"文本的意义不是来自作者对文本的创造,而是来自读者对文本的解释。任何人都可以对一个文本做出自己的解释,并且在阅读中重新创造一个文本来。"②因此,他们反对文本的单一解读,肯定文本的多维空间和多义性。巴尔特指出,书写者文本是"读写型"的文本,读者

---

① [美] 波林·罗斯诺:《后现代主义与社会科学》,张国清译,上海译文出版社1998年版,第48页。

② 张国清:《中心与边缘——后现代主义思潮概论》,中国社会科学出版社1998年版,第160页。

在阅读作品的同时，不再是单纯的文本消费者，他们也可以参与到文本的写作和意义的生成中去。读者同样可以享受书写者创造意义的快乐。读者在阅读时，不仅能结合自己原有的知识水平、生活经历、阅读经验赋予文本以新的意义，而且还"以一种批判性的和创造性的姿态，通过主观地建构意义，探索文本的言外之意或弦外之音，最终重新书写了原文本"[①]。

后现代主义者全新的文本观把文本从原作者的控制下解放出来，使文本成为可被读者随意书写、循环解释的对象。尽管这种文本观有些极端，但它强调文本的可书写性以及对读者在阅读活动中的能动性和创造性，给我们的阅读教学提供了重要启发。语文新课程标准要求学生"对文本作出自己的分析判断"，"学习探究性阅读和创造性阅读"等，实质上就是基于把文本看作可书写、可再创造的对象。当然，有一点应该明确，语文新课改视野下的文本的可书写性并非像后现代主义者所倡导的那样可以随心所欲，甚至偏离作者原意或文本的价值取向的，它是文本意义与学生自身理解或联想相结合的书写。此时的文本不再是教师一味地灌输、学生被动接受的填充物，而是蕴含丰富意义，等待学生积极探寻、发掘、充盈的意义之源。学生既可以调动自己已有的情感体验、生活背景，对文本进行阐释、理解，也可以充分发挥想象，深入文本的多重空间、多重管道，创造性地书写文本。事实上，阅读教学中的文本，即课文本身就具有可书写性。一方面，它们都是经过精心挑选的，大多数出自名家之手。这些文本语言优美、内涵丰富，情感真切，文本的世界均来自现实生活，与学生的生活世界、情感世界有着共通之处，两者之间存在着产生交集、发生融合的可能性。只要教师能引导学生融会自己的知识、情感、生活体验，由文本的字面意义进入深层意义中，与文本产生共鸣，学生便能

---

① 张国清：《中心与边缘——后现代主义思潮概论》，中国社会科学出版社1998年版，第161页。

在畅游文本世界的过程中达成情感、意义的理解，学生的视界与文本的视界就会交融在一起，实现"视界融合"，并且使文本超越原来的视界，达到一个全新的视界，产生出全新的意义。而这个全新的意义正是学生通过把自己的生活、情感世界与文本世界相结合书写出来的，这种书写充实、丰富了文本原有的意义，同时它也促成了学生的自我反思，从而衍生出融合了自身体验的对文本以及现实生活世界的新理解。可以说，这是一种由文本内的世界向文本外的世界的书写。可见，文本的可书写性是允许读者与文本对话。另一方面，作家在创作时，给文本留下了许多"不确定性"和"空白"，使其具有巨大的想象空间和意义空域，"无画处皆成妙境"，文本也因此而富有情感的张力。学生若要真正理解文本，读懂文本，就得抓住文本中的"空白"处，充分运用自己的理解力和想象力去解读它，实现意义的具体化，填补文本的意义"空白"，体会、品味、叩问、质疑文本。应该说，学生对文本的这些书写恰恰使文本更具有魅力。重新看待文本，实现"阅读者文本"向"书写者文本"的文本观的转变，是为学生的积极阅读、思考提供了更多更大的自由空间与机会。只有这样，文本才会以敞开、开放的形式出现在学生面前，才会在阅读活动中产生学生与文本的双向交流，体会到阅读所带来的快乐。

（三）教师观：从权威解释者向平等对话者转变

后现代主义认为，在传统的阅读中，还存在着一类特殊的读者。"作者授权这一类特许的作者对自己的文本作出权威性的解释。这一类特殊的人物实际上是介于作者和读者之间的'第三者'。他们既是读者，因为他们首先面对的是前作者的文本，他们又是作者，他们在前作者的阴影下从事创作活动，而且，他们也自以为是前作者真实意图的可靠传播者。"[①]我们过去的语文阅读教学，教师正是扮演着这样

---

① 张国清：《中心与边缘——后现代主义思潮概论》，中国社会科学出版社1998年版，第150页。

一类特殊的"第三者"的角色。他们对文本的理解大多不是来自自己的体会与感受，而是建立在参阅、研究教学参考书这一权威资料的基础上，教师以凌驾于学生之上的姿态来宣讲教参上的要义，把教参的理解"绝对化""神圣化""终极化"，拒绝、排斥学生的个人化方式解读，凡有悖于教参的理解都被视为不正确的、不恰当的，而教师自己也不知不觉地充当了原作者的"代言人"。这样的阅读教学不仅使学生与教师之间缺乏思想交流，更使学生对文本的理解趋于狭隘、单一化。实质上，这是教学中教师霸权的体现，它剥夺了学生批判、质疑的权利，使学生失去了思考、体验、想象、参与的机会，这是对学生进行的思想上的垄断和控制。教师在牢牢占据权威者的位置、把持绝对解释权的同时，使自己沦为了阅读教学中的"独裁者"。学生与学生之间，教师与学生之间以及学生与文本之间、教师与文本之间本可擦出的思维火花，都在这种思想的统一化中泯灭了。

表面看来，教师的权威解释者的身份似乎更让学生有信任感和确定感，然而，语文这门人文学科本身就不像自然学科那样追求标准化、客观化，"它所包含的主题就是由Geist——理性、思想、意识、价值、感觉、感情、行为和目的等所描述的人类世界"[1]，因而，它更倾向于理解、解释、自我反思和批判分析，更注重多元化和差异性，阅读作为语文教学中最为重要的一部分，是引导学生感悟生活、认识人的世界的一种方式，它带有很强的主观性，阅读教学的最终目的应该是让学生在将来的独立阅读中，学会随自身经验的丰富发展来体会、领悟、阐释文本，因为这种个人化的阅读是自我思想的一种展现。倘若教师以教参编纂者的感悟和认识来取代学生个体的独特感悟和认识，那无疑是越俎代庖，与教育的本质精神背道而驰的，对学生的阅读能力的培养和发展有害而无益。再者，教师以身份、职位的权力来

---

① ［加］马克斯·范梅南：《生活体验研究——人文科学视野中的教育学》，宋广文译，教育科学出版社2003年版，第4页。

取得对文本的独家解释，这种解释并不是真正权威的，虽然教师可以迫使学生接受它，却无法让学生用心、用情理解它，因为它远离学生的生活、情感世界，谈不上情感的激荡，更说不上思维、视域的融合。对学生而言，它充其量只是头脑中考完试就忘的一堆材料而已。学生在被控制的状态下的无奈接受并非教师权威的体现，而是教师在教学中强权的展露。

语文新课程改革要求教师弱化自己作为"第三者"的作用，从权威解释者的角色中转变过来，成为学生的平等对话者。"尊重学生的个人见解"，"鼓励学生批判质疑，发表不同意见"，形成"一种教师和学生之间互惠式而不是从前那种传授式和控制式逻辑衍生的教学关系。"在同一文本面前，学生是理解的主体，教师也是理解的主体，同为理解的主体，两者之间的关系是平等的。不同的阅读主体之间相互尊重、理解、包容、接纳、探讨、批评，才是推进正确理解的重要途径。文本面前，人人平等。教师和学生都有权利对文本做出自己的解读。这既是尊重阅读者思想观点的表现，也是促进不同的阅读主体视域融合、交流的基础。当然，教师在知识程度、理解水平、阅读能力等方面要优于学生，但是，它并不代表教师就可以对学生实行理解专制，否认、拒绝学生的理解，甚至以"自己的分析讲解代替学生的独立阅读"。而学生的阅读也需要教师在文本的价值取向、作者原意等方面的引导，但这种引导也不应是强行的，而应与学生的生活体验、真情实感相结合。

平等是对话的前提。当师生间存在平等关系时，才有两者的对话。对话是思想、情感的交流，"对话是展示意义和把握意义的过程，学生就在这种对话的参与中获得了教育。因此，对话并不是把某种真理、意义、态度等传递给另一方的方式和手段，对话过程本身'揭示'了真理，它使真理'显现'出来，从而通过学生的理解而接受。"[1]阅读教学中的对话，首先要求教师为学生创造出宽松、惬意、活跃的氛围，给予学生自由表达思想的广阔空间，允许、鼓励学生各抒己见，畅所欲言，充分表达自己阅读后的所感所想。教师也必须放下权威者的架子，有海纳百川的胸怀，去除挖苦、讽刺、否定与偏见，理解、包容学生与教参与自己不一致的见解。教师不应将自己视为文本理解的裁判，而应该把自己当作学生身边的朋友，与学生相互交流各自对文本的意义的理解，共同探讨文本的丰富内涵，在对话中实现师生经验、思维的汇集、摩擦、协调，并使对话随着文本意义的诠释流动、推进。师生之间既可以通过对话来了解、交换彼此的想法，也可以通过对话来消除双方在文本理解上的差异，达成共识。这种共识不同于强行灌输、缺乏交流所达到的思想一致，它是师生双方在彼此欣赏、彼此认同，以情感接受为基础的理解上的和谐一致。这种共识既包括学生认同教师的理解所达到的共识，也包括教师接受学生的理解所达到的共识。这样的共识是在对话中内在养成的，是来自情境参数之间师生相互作用的、自动的，也是师生双方经过自我思索、自我理解而达成的。可以说，对话"是一种流淌于人们之间的意义之溪，并因此能够在群体中萌生新的理解和共识"[2]。因此，在阅读教学中，教师以平等对话者的姿态与学生交流，在没有拘束的对话中与学生共同分享彼此的思维成果，实质上是给学生也给自己提供了一个思考，表达自我的平台。师生间的对话，让教师与学生对文本的理解更深入，更透彻，教师只有把握好了自己作为平等对话者这一角色，才能最终促成学生阅读能力的有效提高。

---

[1] 金生鈜：《理解与教育：走向哲学解释学的教育哲学导论》，教育科学出版社1997年版，第133页。

[2] ［美］戴维·伯姆：《论对话》，王松涛译，教育科学出版社2004年版，第7页。

四　语文新课程与个性化写作

个性教育是新课程改革倡导的重要理念之一，语文新课程标准对此做了充分的阐述。《普通高中语文课程标准》在写作教学中提倡个性化写作，就是个性教育在写作教学中的具体体现。普通高中《语文课程标准》对个性化写作做如是阐述："力求有个性、有创意地表达，根据个人特长和兴趣自主写作。在生活和学习中多方面地积累素材，多想多写，做到有感而发。""鼓励学生自由地表达、有个性地表达、有创意地表达，尽可能减少对写作的束缚，为学生提供广阔的写作空间。""在写作教学中，教师应鼓励学生积极参与生活，体验人生，关注社会热点，激发写作欲望。引导学生表达真情实感，不说假话、空话、套话，避免为文造情。"语文课程标准对个性化写作的阐述，涉及三个层次的问题，或者说从三个维度提出了个性化写作的目标要求：（1）从个性出发写作，强调写作教学回归生活，关注自我；（2）形成富有个性化和创造性的写作方式，完美地表达和呈现生活；（3）为了个性发展而写作，通过写作改善自己的生活，促进个性的成长与生活的完善。

（一）个性化写作

过去的写作教学，有两种突出的取向：一种是强调写作知识的学习；一种是代言式写作。前者从写作手法，到谋篇布局，再到各类文体知识，写作教学的根本任务就是掌握一整套写作的规范知识系统。写作不是对自己整个生活的一种反思、选择与批判，而是对外在化的、规范化的写作知识及技术的接受与学习。后者倡导"代圣人立言",更有甚者要"为天地立心"。这种写作教学取向经历代统治者的不断强化之后,演变成为一种脱离个体实际生活的虚假而僵化的"宏大叙事"模式,一定时期"代言式写作""意识形态写作""模仿式写作"甚至成为写作教学的不二法门。这两种写作取向的共同特点是远离了学生的真实生活,置学生的个性发展于不顾。如果说第一种取向是把写作看作是一个封闭的、抽象的、与学生生活隔绝的知识体系,那么,第二种取向则把学生的写作限定在那些具有强烈的意识形态色彩的社会生活上,放弃了学生的真实的生活世界的书写。

英国哲学家穆勒认为,个性是人类幸福的首要因素。现代文明发展表明,社会的活力和发展与社会保有的充满个性自由的人有很大的关系。个性自由非但不会对社会构成威胁,而且,是构成社会活力及推动社会发展的重要原因。因为个性自由的发展往往表现为独创性、想象力及创造力的发展,从而导致整个社会首创性的发展。[①]实质上,肯定个性的价值体现了人的尊严和对人的真正尊重。基于此,现代教育理论主张个性教育。从课程的角度看,个性教育的核心不仅仅是发展学生的智力,而是注重"人的全域发展",以培养全面发展的"自由的个人"为目标。个性教育理论主张对人的天赋和潜能开发,鼓励学生在学习中积极地表现自己,直到唤醒自我,发现本真。个性教育强调通过教育培养个体的独立性和自主性。即通过教育,培养学生的主体能力,从而以独立的社会主体参与社会活动。他"既不会随意地苟同于群体意见,也不会为了个体的利益而损害群体。所以,有个性的人,是有责任感的人,是独立地思考、处事的人。"个性教育是"教会学生会思,独立地想;同时要在社会群体中会行,独立地做,真正成为独立的社

---

① [美]本杰明·史华兹:《寻求富强:严复与西方》,叶凤美译,江苏人民出版社1996年版,第121页。

会人"。①

　　作为个性教育理论之实践构成，个性化写作认同个性教育倡导的回归生活世界的理念，主张在学生广阔而真实生活世界表现自我，塑造和发展个性。从语文新课程的有关阐述看，个性化写作所主张回归生活世界包括：

　　在学生自己的真实生活世界写作。在语文新课程视域中，传统的以知识为主的写作教学完全割裂了写作与生活的关系，把写作降低为一种纯粹知识性、技术性的训练，根本见不到人。而"代言式写作"所竭力表现的生活是成人的生活，所表现的人是所谓"公共的人"，即受意识形态话语支配，以社会良心与正义的代言人自诩的"普遍主体"。在这一"公共性"的背后，唯独缺乏自主性与独立性的人。两种写作教学模式致命点在于，其所学习的知识是一种成人的知识，所追求的生活是一种成人的生活，与成人生活相比，儿童的生活及经验是没有价值的。博比特的话就代表了这种观点。他认为，教育主要是为了成人生活，而非为儿童的生活。在此情形之下，假话、空话、套话充斥于学生的写作中，就不足为奇了。写作教学完全失去了个性价值和自身发展的功能。新课程倡导回归生活，不但肯定了真实生活世界在学生个性发展中的作用，而且强调学生自身生活的价值和意义的不可替代性。《普通高中语文课程标准》提出："学会多角度地观察生活，丰富生活经历和情感体验，对自然、社会和人生有自己的感受和思考。"就强调了学生自己真实生活世界的重要价值。因为只有学生经验的才是其自身的，它不是被客体化了的，存在于其以外的。"儿童，他们对于生活的需要，愿望、期待主要都寄托于他们正在进行的生活之中，当然，他们对于今后所要经历的成人生活也会有憧憬，也寄予希望。但是，他们最主要的需要是：正在经验中的生活是快乐的、健

---

　　① 舒志定：《理解个性教育》，载《教育理论与实践》2005年第8期。

康的，是'天天向上的'、是充满阳光的。"[1]因此，写作的目的是让学生借助语言去充分体验和表达他们成长中的快乐和悲伤，去享受所经历的阳光和雨露，"引导他们去获取解决现在生活中的问题和困惑的种种经验"，把现在正在进行的生活构建得更加美好。

在反省的生活世界中写作。"人是一种思考与反省的存在。""即我们的本性深处有寻求这样一种意义的向往，一种无法抵抗的内在冲动迫使我们从内部来尝试和说明生活，使它完全成为我们自己的生活。"[2]个性教育倡导回归生活世界。事实上，不仅仅是回归丰富多彩的学校生活，甚至不仅仅是回归学生真实的外部现实世界，更重要的，是引导学生对自己的生活进行反思，进而进入自己的内部精神生活世界。某种程度上，写作是借助语言对自己的生活进行反省和选择，是杜威所说的"对一种生活方式而非另一种生活方式的选择"。用现象学教育学理论的话语说，写作就是通过文本形式将生活经验的实质表达出来。在写作中，文本成为有意义事物的重新体验和反思。在这里，写作不仅仅包括外在的规范知识的学习，也包括个体情感、价值、内在精神和信仰的唤醒，它们之间是融为一体的。多元智能理论说得更明白："写作是一种随时可供我们运用的探索方式，可以导致发现、察觉，以及对自己本身、我们的感受和一般的世界有新的学习。"[3]在多元智能理论的视野中，写作教学的价值和意义包括两个方面：作为一种表达活动，它通过交流与沟通，分享体验思想的快乐、人性的美好和交流的喜悦；作为一种探索自我活动，它寻求潜伏于内心的自我及意义。二者之中，后一种写作"似乎更能使现实体验具体

---

[1] 鲁洁：《德育课程的生活论转向》，载《华东师范大学学报（教育科学版）》2005年第3期。

[2] ［德］鲁道夫·奥伊肯：《生活的意义与价值》，万以译，上海译文出版社1997年版，第51页。

[3] ［加］马克斯·范梅南：《生活体验研究——人文科学视野中的教育学》，宋广文译，教育科学出版社2003年版，第146页。

化，比现实世界更能触及事情的核心"。正是从这个意义上，狄尔泰说："正像我们的身体需要呼吸一样，精神也需要在情感生活的回应中实现并扩展其存在。"[1]在个性化写作中，写作的学习是在教师的引导下不断反思其生活，积累、扩大生活经验和反思经验的过程。正是从这个意义，有的学者指出："作者是他自己作品的产物。写作是某种自我制造或自我塑造。写作是为了检测事物的深度，也是为了了解自身的深度。"[2]

在生成性与创造性的生活世界中写作。和既定的、一成不变的科学世界不同，生活世界是一个生成的、创造的世界。因为生活世界是人的世界，人是能动的，创造的，因此，生活世界是生生不息的，充满变化的世界。当然，由于时代和历史条件诸多限制，生活世界的生成性和创造性并不是永无止境的，但是，非预设性、生成性和创造性赋予了生活世界的范围不断拓展，样式不断增多，最终指向"无限广阔的生活世界、无限丰富的生活，是富有的人、完整的人或全面的人"[3]。个性化写作主张回归生活世界，就是要求学生在面对生活世界时，冲破各种条条框框的束缚，不要把生活世界看成是一成不变的可以机械地摹写的客观世界，而是一个变化不已的充满活力的世界。写作时不仅要抓住这一特点，而且，作为生活世界的主体，还要以独特的方式积极地参与和建构自己的生活世界，尤其是置身网络世界，学生更有传统生活时代所无法经历的独特生活与体验，学生更应该将它们表达出来，从而使生活世界变得摇曳生辉、异彩纷呈。如是，写作就不是一项硬要完成的枯燥而乏味的任务，而是构建美好生活、寻求和书写意义和价值的过程。

过去在写作教学中，我们经常抱怨学生生活面狭窄，缺乏积累，实

---

① 李文阁：《回归现实生活世界》，中国社会科学出版社2002年版，第234页。

②［加］马克斯·范梅南：《生活体验研究——人文科学视野中的教育学》，宋广文译，教育科学出版社2003年版，第166页。

③ 李文阁：《回归现实生活世界》，中国社会科学出版社2002年版，第234页。

际是在很大程度上没有让学生面对生活世界，没有引导学生关注、体验和反省自己的生活，更没有参与建构自己的生活，当然更谈不上让学生找到适合表达的个性化方式。因此，学生害怕写作就可想而知了。

（二）语文课程的学习与个性化写作

个性化写作离不开语文课程的学习。个性化写作不是不要课程，而是通过课程学习塑造个性、发展个性。在语文课程中，阅读和写作是相互联系、密不可分的两个部分。阅读能力的提高对于写作能力具有积极的促进作用。因此，个性化写作不仅仅是学习写作的问题，阅读课程的学习，在培养和形成个性化写作方面具有不可替代的重要意义和价值。那些历经各个时代检验而流传下来的经典课文，不仅文质兼美，蕴意丰富，而且充满着个性化的创作风格与特色。因此，这是个性化写作学习的首要课程。学生通过课文的学习可以直接从中获取个性化写作，诸如在教学中引导学生分析作者富有个性化的语言、个性化思想及表达方式，等等。学生个性化写作方式往往就在这种潜移默化的学习中获得的。有时，教师可以有意识地在学生学习课文之后布置相关的写作的训练，以充分展示学生异彩纷呈的个性化世界。当然，个性化写作实际是一个长期的过程，其中的"化"绝不是一蹴而就。个性的发展以生活为前提和基础。个性化写作实质上是通过学生选择适合自己的方式表达个体的真实而独特的生活及感受，从而以个性的丰富性和多样性给社会的发展增添活力。

对于今日学生而言，生活已经不再是一个传统意义上的概念，而是一个从学校延伸到社会及世界的各个角落的范畴。一方面，学校生活比过去变得更加丰富多彩，在学校，他们通过自己独特的观察生活的视角，体验着成人所无法体验的人生中最重要发展阶段的生活滋味；另一方面，借助网络和其他现代媒体，学生可以和毫不相识的陌生人进行交流，也可以及时地了解和认识社会及世界发生的许多重要事件。毫无疑问，网络极大地拓展了学生的生活空间，也给学生个性化写作提供了更为广阔的天地。在学校生活中，一方面，教师应该采取更加灵活有效的方式，调动学生的写作兴趣和积极性，鼓励学生充分思考和表现自己的真实生活，为学生个性的彰显和发展提供支持和创造条件；另一方面，针对网络时代生活的实际，学生应该在教师及课程要求下，利用现代资讯手段，广泛获取社会生活信息，开阔视野，丰富写作资源，为个性化写作积累素材。近几年，各地语文教师大力倡导日记、随笔、网络作文及博客等形式自由的写作，就是个性化写作的积极尝试和探索。

倡导个性化写作并不奢求每个学生在写作上都达到形成独特风格的目标，比较适切的做法是，帮助他们寻求和发现适合于个性充分表达与发展的独特方式和空间。因此，多样性和独特性是个性化写作追求的重要目标。赞可夫说："个性的东西是共性的东西的存在形式。因此，要求一律，就会压抑个性，从而也就压制了学生的力量，阻碍了学生发展可能性的发现与形成，也阻碍了学生的一般发展。"[①]在个性化写作中，应该淡化过去写作训练中的严格的体裁、格式的要求，尤其是削弱命题作文等形式上的条条框框，让学生在相对自由的形式训练中寻找到适合自己个性表达的方式。当然，个性化写作也不能把个性化与形式完全对立起来。从个性的表达和发展看，形式是第二性的东西，但它又是思想和个性负载的不可或缺的东西；从写作学习看，对于学生而言，个性化写作形式的获得不可能一蹴而就，也有一个过程。因此，在个性化写作中，基本的形式训练是必要的，只有通过一定的形式，学生才可能最终找到适合自己个性的表达方式，直到形成自己独特的风格。不过，这种形式的要求不能过于刚性，而应该有一个相对宽松的空间和余地。总之，就形式看，个性化写作一方面要在形式上获得一个更为自由和宽松的空间，另一方面是寻找到一个适合自己个性表达的方式。

① ［苏］赞可夫：《教学与发展》，杜殿坤等译，文化教育出版社1980年版，第51页。

（三）以个性化写作造就富有个性的人

学校课程的价值就在于为每个学习者提供真正有助于个性解放和成长的经验。用人本主义课程的话语说，写作是一种兼具学术性和"自我觉醒和自我发现"功能和价值的课程。它以人性意义的探索为其主要意义。那么，如何在写作教学中促进学生的个性发展呢？或者换句话说，如何通过个性化写作造就一个更富有个性的人呢？

人是社会的存在。人的个性是在社会中得到陶冶的。"我们不可能用非人性、非人格的手段、方法，把人造成更富人性的人。"[1]探讨学生个性的发展首先必须把它放到学校师生关系中。

无论在课堂，还是在课外，教师的言行都对学生的个性发展以及个性化写作具有十分重要的影响。从教师所扮演的角色来说，他不能再以权威者自居，而应放下居高临下的架势，以引导者和对话者的身份参与学生的写作活动，为学生的写作学习营造一个充分尊重和促进学生个性发展的民主和谐的氛围。概括地说，教师的职责至少表现在两个方面：第一，营造民主和谐的学习氛围，促进学生的个性发展；第二，引导和促进学生个性化写作。前者是后者的基础，后者是前者在写作教学中的具体体现。的确，在课堂上，如果教师能给学生以如坐春风的感受，学生就有心灵放飞的自由，学生的个性就会得以健康的发展，思想的火花就会得以迸发。2000多年前的孔子在个性教育方面给我们树立了榜样：他主持的那场师生五人关于个性和志向的讨论，经典般地展现了他对个性教育的追求。在他的课堂上，弟子们无拘无束，畅所欲言，个性直率的、腼腆的和内向的都可以各抒己见，表达自己的个性和想法。孔子不但积极加以鼓励，而且能以宽广的胸怀包容。实际上，孔子不仅展示和塑造着学生的个性，也在引导他们充分地进行个性化的表达。

"教育是服务于人的个性的东西。"个性教育的目标是塑造学生

---

① 钟启泉：《现代课程论》，上海教育出版社1989年版，第159页。

的个性。个性是在个体充分自主和自我选择的基础上形成的。那种刻意把学生塑造成某种类型的个性和气质的模式是违背个性教育的实质的，是对个性教育本质的曲解和误读。教师在学生的个性塑造中应该给予充分的理解和自由，让学生在个人的发展中充分发挥自主性和自我选择能力，从而获得不同兴趣和价值观念，并在面对各种价值冲突和道德选择时做出正确的判断，持有主见，从狭隘的目的中超越出来。如果要说个性教育有共性的话，那么，"每个人都成为具有自主性和能动性的个体"是个性教育的"唯一坚持的统一性"。①个性化写作亦如此。教师在学生个性化写作学习中，不是根据自己的好恶设计和提供培养方案和目标，而是在充分洞悉学生个性特点基础上，从理解和尊重学生个性发展的多种可能性出发，设计多样化的写作方案和方向，让学生自由选择和自主决定，以充分发掘其个性成长的潜能和特长。当然，教师在学生个性化写作过程中，不是放任不管，放弃指导的责任。相反，教师的重要职责在于：帮助学生发现和选择符合自己发展个性的写作方式，当学生偏离其个性化写作轨道时，给予及时的提醒和纠正，必要时还要鼓励学生尝试其他方式的写作，从而丰富和促进个性化写作。

　　个性教育的目的是形成自主发展的个体。自主性个体形成的过程也是社会化的过程。②"为了成为个体，一个人不得不在社会中生存成长。"③换句话说，个体是在"社会中生存成长"的，它与社会之间有着密不可分的联系。因此，对任何个体来说，他的生活都可以分成两部分："一部分是有关他自己的幸福的；另外一部分是有关他的道德责任的。"英国哲学家约翰·怀特说："实际上，与别人之间的协

---

　　①［英］约翰·怀特：《再论教育目的》，李永宏译，教育科学出版社1997年版，第143页。

　　②舒志定：《理解个性教育》，载《教育理论与实践》2005年第8期。

　　③［英］约翰·怀特：《再论教育目的》，李永宏译，教育科学出版社1997年版，第86页。

调可以使我们的生活更加完美，减少一些不能实现的可能性。因此，帮助别人完成他们的目标同时会帮助我们认识自己。"[1]个性化写作不仅仅是有关个人日常生活的独白和叙事，还有社会和道德的责任。也就是说，具有社会价值和道德意义的生活和题材是个性化写作的重要内容。不能因为强调写作的个人性而放弃个体所应承载的社会和道德的责任。特别是处在网络化、信息化的今天，人们的道德观念、是非标准淡化，暴力色情等犯罪活动充斥于网络，个性化写作的这一要求意义更加突出。实际上，个性化教育一方面指个性发展的独立性和自主性；另一方面是指通过教育手段使个性向着正面的积极的人性方面变化发展，从而达到个性的丰盈与充实。当然，个性化写作在表现具有社会生活和道德意义的题材时，与传统的代言式写作和意识形态写作不同：它是通过个体的主动选择和积极思考所得出的，具有体验性质，其视角是个性的，而不是对意识形态或概念符号的简单图解。实质上，个性化写作不是放弃具有社会价值和意义的题材的写作，而是把社会价值和意义的写作融入深刻的个人经历与个人经验之中，在混合着自我的意义追问中，反映广泛而深刻的社会生活。它对意识形态不是采取服从的态度，而是以一种批判的、反省的态度去理解和认识。个性化写作的重要内涵应该是指向具有社会价值和意义以及更具有个性化表达方式与视角的写作。当然，在个性化写作过程中，或许学生在表现具有社会价值和道德责任的题材时，还比较稚嫩，或难于达到应有深度，但写作是一个过程，个体对生活的感受和体验是逐步深化、日渐成熟的。个性化写作在每一阶段的道德探索和思想感情体验都是个性发展的结果。

---

[1] ［英］约翰·怀特:《再论教育目的》，李永宏译，教育科学出版社1997年版，第118页。

第四章
实践之维

一 传统文学批评与现代教育科学的结合

　　1983年秋，四川省成都市城北中学初一年级一个班级的学生领到了一部别具一格的新课本：16开本，蓝纸封面，课文只占三分之二版面，上下左右却留着大块空白，还印着许多符号和问题。这就是颜振遥老师编写的《语文自学辅导教学实验课本》。语文自学辅导教学的核心是"评点法"。颜振遥将这种传统的文学批评方法引进当代语文教学的课堂，让学生在教师辅导下自学语文，这不仅使教材编写体例有所创新，而且在教学方法上有了重大突破。评点法使学生由学习的客体转化为主体，从根本上改变了学生在教学过程中的地位。

　　评点法是我国传统的一种文学批评方法和阅读方法，从宋代朱熹《四书集注》始，盛行于明清。评点包括评和点："评"，就是对文章的内容和写法进行评论和说明；"点"，则是在原文圈点做记号。清代王筠在《教童子法》

中指出圈点的作用："使学生圈之抹之，乃是切实工夫；工夫有进步，不妨圈其所抹，抹其所圈，不是圈他抹他，乃是圈我抹我也。即读经书，一有所见，即写之书眉，以便他日涂改。"唐彪在《读书作文谱》里对评注的作用和意义阐述更为充分："读文而无评注，即偶能窥其微妙，日后终至茫然，故评注不可已也。如阐发题前，映带题后，发挥某节，发挥某句，发挥某字，及宾主浅深，开合顺逆之类，凡合法处皆宜注明，再阅时，可以不烦思索而得其中熟悉。读文之时，实有所得，则作文之时，自然有凭藉矣。"在语文学习过程中，传统的评点法在培养学生的阅读分析能力尤其是审美鉴赏能力等方面确有其独到之处，但它推崇感悟，以及只可意会、不可言传的评点方式，则又带有浓厚的神秘主义色彩，往往使初学者不得其门而入。因此就现代语文教学而言，评点法还需要解决：评点一篇文章的宗旨是什么？怎样掌握评点的一般知识和方法？怎样通过课文评点有计划有步骤地进行语言和思维训练，发展认知和审美能力？

近几十年来，国内外一些有志于教育改革的人士不断地寻求一条更为理想的教育途径，试图在现代教育科学的基础上建立起能够充分促进学生的能力和个性发展的教学模式。20世纪中叶，斯金纳等美国教育心理学家在刺激—反应的心理学理论基础上提出了程序教学的理论和方法。1960年代中期，中科院心理研究所的卢仲衡等人借鉴国外教改经验，开始了中小学"数学自学辅导教学"实验研究。经过近20年的努力，实验取得了初步的成功，获得了较高的评价。数学自学辅导教学实验的一个重要目的，就是要改革传统的课堂教学方法，从而推进学校教育的全面改革。正是在这项研究的直接影响下，颜振遥经过多年准备，争取多方支持，开始了语文学科的"自学辅导教学实验"。

语文自学辅导教学实验从语文学科的性质特点出发，选择了评点法作为培养学生自学能力的突破口，同时又依据现代教育学和心理学原理对这种传统的文学批评方法进行了改造，使之适用于现代课堂教学的组织形式。将新旧两种评点法加以比较，我们至少可以发现三点不同：（1）评点的范围不同，传统文学批评内容宽泛，点多面广，而自学辅导则要求依据教学目标设点评析；（2）评点的方式不同，传统的评点是由读者一人或师生二人正面展开，而现代课堂教学则由教师逐层设疑，组织引导全班同学共同评点；（3）评点的价值取向不同，古人读书重注疏领悟，现代教育则要培养学生的探索精神和创造精神。由此，语文自学辅导教学的三个主要特点便构成了具有独特风格的教学体系。

（一）教学目标：模糊性和明确性的统一

布卢姆说，目标是预期到的教学成果。语文教学只有置于一定的教学目标下，才能变为清晰而有意识的活动，才能使教学过程具有可控性和可测性。语文学科的综合性和复杂性决定了其教学目标具有模糊和明确的两重性。模糊性要求对语文教学中一些难以量化的目标，如高层次的认知及情感目标等，只给予一个大致的范围和指向；明确性则要求对必须掌握的一些语文基础知识如基本技能做出具体的规定。无论模糊还是明确，语文自学辅导都必须围绕一定的教学目标进行，以避免传统评点法那种烦琐支离、牵强附会以至空洞无着、笼统玄妙的弊端。

以《茶花赋》一文自学辅导教学的目标为例，属于明确目标的有：① 查字典注明下列字词的音义：异国他乡、擅长、丹青、醒悟；② 第4自然段旁批："第一句起什么作用？"③ 第15自然段旁批："作者用鲜红这个定语的目的是什么？是否需要修改？"此外，属于模糊目标的有：① 第1自然段旁批："怀念祖国—想画祖国—祖国面貌难画"；② 第3自然段旁批："联想拓宽和加深了内容"，等等。自学辅导教学通过不同目标层次的评点，一方面反映了教学大纲所规定的教学任务，另一方面又体现了语文学科的人文性特点以及学生能力和个性差异，有利于学生自学能力的培养。

（二）教学方式：学与导的统一

古人读书，讲究熟读精思；先生教书，也是随意点化，全无教学的序列和系统。鲁迅先生曾精辟地指出这种情形："我们先前的学古文也是用同样的方法，教师并不讲解，只要你死读，自己去记住，分析，比较去。弄得好，是终于能够有些懂，并且竟也可以写出几句来的，然而到底弄不通的也多得很。"自学辅导教学在指导学生学习掌握评点法方面下了很多功夫，并在教材编写中制订了比较完整的训练序列：

（1）在第一册前十三课，教会学生看懂教材上的评点示范；

（2）第一册后半部分进行单项的局部的评点训练；

（3）第二册完成独立综合评点训练；

（4）第三册结合课文的评点要求做笔记；

（5）第四、五册结合评点比较探求课文异同；

（6）第六册复习巩固，进一步提高。

在课堂教学中，自学辅导教学也遵循"启、读、练、知、结"的教学原则，注意学与导的结合。一般是教师在每堂课的前或后10—15分钟提出教学目标，给予方法指导或进行小结；中间的30—35分钟时间则让学生自学、评点、讨论，教师只做个别辅导。

（三）教学取向："述"与"作"的统一

孔子曰："述而不作，信而好古。"历代评点的传统也恪守这一规范。朱熹《四书集注》只是对前贤圣哲思想的阐发、领悟，自己并不怀疑，更不发明和创新。可以说，传统评点教育"述"而不"作"，只注重顺向性思维培养而忽视批判性思维发展的做法，显然与现代社会对人才培养的理念和要求不相符。

语文自学辅导教学十分重视培养学生的质疑能力和批判精神，也体现了实验者在教材编写中的开拓创新精神，如《茶花赋》第7自然段，"这叫童子面……开起来颜色深红，倒是最好看的"，有旁批道：

"'深红'是作者误记，应是白中带红晕，像婴儿的脸。朗读时将其改过来。"另在这篇课文的结尾，"一个念头，忽然跳进我的脑子……岂不正可以象征祖国的面貌"，又有旁批："这一句删去哪几个字才正确？朗读时要改正过来。"如果说前一处批语是让学生纠正知识上的错误，那么，后一处则是鼓励学生对作家的文笔进行分析、判断和修正了。这种可贵的不盲从、不迷信书本和权威的批判精神，正反映了现代教育与传统教育的本质区别；同时其具体做法也与自学辅导的形式十分切合，很好地体现了实验者致力于学生自学能力培养的宗旨。

从教材改革入手，对传统评点法加以创造性运用而形成的语文自学辅导教学实验，在语文教学科学化的道路上已取得了可喜的进步和宝贵的经验。然而由于这项教改是通过对统编教材的改编进行的，它在教学改革的内容和形式上都存在着许多局限性。例如，自学辅导教学尚未提出一个比较完整具体的教学目标体系，其自学辅导程序还缺乏足够的及时反馈和自我调节的条件；部分课文不太适合评点法教学，一些辅读文字的质量也有待提高；教师在掌握教法上有一定难度，部分学生对于自学为主的学习方式在心理上不太适应。当然，这些只是前进中的问题，解决问题的最好办法就是继续改革实验。在风起云涌的语文教改浪潮中，颜振遥的语文自学辅导教学实验以其独特的个性而引人注目，其评点辅读的教学方式也得到了人们的肯定。改革开放以来，江苏省的"单元合成，整体训练"初中语文实验课本、人教社1988年版的语文课本以及上海市九年制义务教育语文课本中都设计了"引读""导读""旁批"等内容，这说明在传统教学方法与现代教育科学相结合的研究和实践上，人们已经形成了共识。

二 语文课文删改的原则与艺术

学习始于教材，而教材是根据教学大纲的有关要求对学生学习内容的系统选择和组织。因而它既要体现学科本身的逻辑顺序，又要兼顾学生的接受能力。语文教材的核心是课文，它涉及文章的思想内容、艺术形式等方方面面的问题，因而决定了它的编写远不像数学、物理通过对原理公式的演绎来进行，它必须对每一篇入选文章做一番删改处理。

毫无疑问，在编写语文教材时，对文章做适当的删改是必要的。我国传统的语文教科书编选主要是通过分类选文及对其做系统性的考察（如梁朝萧统《文选》将选文分作38类），期望在文章的体裁、风格、语言及文学发展脉络等方面给学生比较系统的感性、理性接触，但它却忽视了作为学习主体的学生的接受能力，置学生的心理、智力发展的顺序性、阶段性于不顾。到了近现代，语文教科书的编写者一般都要对入选的文章做富有针对性的删改，以增强学生学习的主动性、积极性。这当然是一种进步。但随之而来的问题是，在编选课文删改文章的同时，许多作品的原汁原味却失去了，在一定程度上损害了作品的内在完美性。同样一篇文章，在不同的编写者那里，往往遭遇不同。半个世纪前，夏丏尊、叶圣陶编《开明国文讲义》时，选入朱自清先生的名作《荷塘月色》，删除了文章的开头和结尾，而人教社的高中语文课本则抽掉了其中形容荷花的精彩一句："又如刚出浴的美人"。那么语文课文的删改究竟有没有一些相对客观的标准？或者说怎样才能尽量避免许多粗暴的删改？这是一个颇耐人寻味的问题。

综观语文教材的编选，不管是综合型还是分科型，也不管是以语言训练为体系，还是以文学发展脉络为纲目，抑或是以能力训练为目的，它都涉及三个系统内容：一是文章自身系统；一是教材编写即组合系统；一是学生的心理接受系统。语文教材的编选其实是对这三个系统内容进行协调和配置。具体地说，是编写者按照一定的方式，将文章组合到学生学习的序列中。由此看来，语文教材的删改，其实也不外乎三种情况：一是出于文章本身完美性考虑，对作品"吹毛求疵"；一是出于单元组合或整套教材编写的需要，对文章做删节；一是出于学生接受能力计，对入选文章做增删、调整。下面分别对这三种情况进行讨论分析。

中学语文教学大纲要求入选教材的课文必须"文质兼美"。但绝大多数作品，包括名家名篇也不可能白璧无瑕，字字珠玑。有许多文章存在着这样那样的"小毛病"，比如在语法、修辞、逻辑等方面。但作为提供给学生进行听说读写训练的教材，必须具有典范意义，否则就难以达到"培养和提高学生正确地理解和运用祖国语言文字的能力"目标。因而对入选的文章从字、词、句到篇章结构进行删改、推敲和锤炼，使其在语言表达上更规范、更简练、更传神，是十分必要的。一般地说，语文教材的删改相当大一部分都属于此类性质。因为这种删改有比较客观的标准、依据作参考（语法、修辞、逻辑等规则），因而属于此类性质的删改基本上是恰到好处的。它避免了作品的许多语法、修辞及逻辑上的毛病，增强了文章的表达效果，因而删改过的课文往往比原作更精粹和完美。比如人教社编写的九年义务教育初中语文教材（以下简称人教版语文教材）关于《天上的街市》的删改。教材对这首诗作了四处改动。原诗中两处"好像"改为"好像是"；"那隔河的牛郎织女"一句在"隔"后添一"着"字，这些改动都是将单音节词改为双音节词，以增强诗歌节奏的舒缓之美。诗的结束"不信，请看那朵流星，那怕是他们提着灯笼在走"，教材去掉了"那怕"，不仅使推测的语气坚定、节奏明快，在表达上也和"好像是""隔着"一样，更上口，符合现代汉语表达和造句习惯，因而删改恰如其分。人教版语文教材中许多篇目，比如《记一辆纺车》《谈骨气》《小桔灯》《荔枝蜜》《小麻雀》等经过编者的删改、润色、推敲，都比原文增色许多，变得更精致、典范。因而，这种情况的删改无可争议。

值得一提的是，有的语句虽不起眼，但处于一定的语境中，含有特定内涵、意蕴，代表某一时期人们普遍的语言习惯，甚至构成了作品思想内容的一部分，这些语言即使不尽符合现代汉语的表达规范，只要没有语法错误，在编选教材时仍应予以保留。尤其是语言大师的作品，更应该谨慎些。这种情况，人教版语文教材处理大多是稳妥的，如鲁迅的作品基本上保持了原貌。但亦有删改得不相宜的，如老舍的《济南的冬天》原文有一句："看吧，山上的矮松越发的青黑，树尖上顶着一髻儿白花，像些小日本看护妇。"人教版在选入课文时，改动了两处：一处是将"像些"改为"好像"，一处是将"小日本"改为"日本"。前一处改得还比较贴切些，但第二处虽一字之动，却不太妥当。"小日本"过去在中国人，尤其是北方老百姓的口语中经常出现。老舍作为擅长采用民间口语及大众语创作的语言大师，在这里用"小日本"，其实是更饱含作者的民族感情（此文写作正值抗战时期）；另外，"青黑的矮松顶着一髻儿白花"，在构图上充满着滑稽和活气，用"小日本看护妇"做比拟则透出老舍写景抒情中的机智来，可见老舍创作中幽默风格之一斑。而去掉"小"字则显得呆板、单调和乏味。

教材编写总是以一定的结构去选择和组合内容，从而控制着传递和接受知识的进度。所谓结构是指教材编写的主要命题、概念和基本原理。语文教材一般围绕着教学目标，采用单元编排的方式配置课文。这种编配的方式，既要使单元内部课文之间建立联系，又要使每一册教材内的单元与单元之间呈现序列。显然，统辖二者的是教学目标。即每一篇入选课文，不仅要体现单元教学的要求，还要服从整个一册教材的总的目标。用这样的标准去选文组元，很难找到合适的现成作品，只能选录大致相当的文章。为了使单元内的每一篇选文指向目标更集中，特点更显著，对选文在内容上、长度上做截取、修改，减少不必要的知识覆盖面，使之构成一篇相对完整的典范之作，也是明智之举，无可指责。属这种情况的删节有两种情况：一种是对长篇小说的节选、修改；另一种是对篇幅稍长、内容较复杂的作品集中截取。从人教版语文教材的截取情况来看，出于这种考虑的删节也有相当一部分，一般来说，也都是比较恰当的。前者如《分马》，节选自《暴风骤雨》第24章。编者为了让学生深刻领会怎样集中描写和从不同侧面刻画人物形象的单元目标，编选时除删削一些拖沓的语句外，还删除了原文中老初、赵大嫂、老孙头等人几处无关紧要的对话、心理描写，使笔墨更集中在小说主人公郭全海身上。后者如《听潮》，节选自鲁彦的《听潮的故事》。因为编入教材写景抒情散文单元，因而裁去记叙作者与和尚之间发生的一连串不愉快的故事。虽由记事散文变成写景抒情散文，但截取后的文章主题明确，内容集中、单纯，尤其是使文章通过声响模拟潮涨潮落的独特写景方法更突出，因而使课文具有一种独特的艺术魅力。再如《社戏》选入课文时，因编排在写景散文单元，因而删除开头一大段使学生感到枯燥的叙述，也非常成功。

应该承认，一些文章编入语文教材，其中部分内容对某一年龄阶段的学生来说，接受起来可能有难度。但具体地排列出哪些内容在理解上有难度，以及如何准确地确定学生的实际接受水平则更加困难。教材编写者希望编入的课文，无论在语言知识、思想内容还是在写作技巧方面都能使学生领会，并进一步熟练地掌握，其实课文的知识内容并非也不可能处于同一级水平。有的属于认知水平，有的属于理解水平，有的属于掌握水平。而在语文学习过程中，也并非老师讲解一遍，学生就能牢固地掌握。语文学习不是线性接受，许多时候属于渗透式学习。正如杨振宁所说："许多东西就是在你还不太懂的时候，在好像乱七八糟的状态之下，你就学习到了……"①另外有许多东西则"常常在不知不觉中经过了一个长时期的接触，就自己也不知道什么时候已经懂了"。正是从这个意义上说，语文课文中有些内容也许在此一时或在这一篇文章中学生还不甚了了，无法理解，但在彼一时或在另一篇课文中出现时，或许会豁然开朗，或者不知不觉地就领会了。因此，语文教材在编写时，与其想当然地删除一些片段，以为学生学习起来有困难，还不如姑且保留，任其自然。但不必把它列为单元教学目标，可以将其视作潜在的或中期的教学目标。这样，不仅避免了对原作品粗暴地删节，同时也不至于过低地估计那些学有余力、善于钻研的学生的学习能力，影响其探求知识的兴趣。

综观语文教材的编写，有关降低学生学习难度的删改，一般着眼于两个方面。一是文化知识、写作方法、艺术特色方面；一是思想内容、审美观方面。有关文化知识等方面的删改，如《苏州园林》，原作品中有这样一句话："……才能使游览者远望的时候，仿佛观赏宋元工笔云山或者倪云林的小品，攀登的时候忘却苏州城市，只觉得身在山间。"人教版语文教材编入本文时，删掉"仿佛……攀登的时候"一段文字。从修辞上看，"远望"与"攀登"相对称，分别从远处与高处描写登临假山时的感觉，并没有什么不妥。而"仿佛观赏宋元工笔云山或者倪云林的小品"，恰恰是最能形容"苏州园林是艺术而不是美术"这个主题的。究其原因，编写者可能认为这一句涉及的绘画史知识是个难点。其实，只要在注释里交代一下宋元工笔画及倪云林身世，不但能使学生了解到中国古代艺术史上一个重要画派和画家，拓展审美视野，还可让学生学会通过绘画打比方的写景方法。而《济南的冬天》里也有一句与此相当的话："对，这是张小水墨画，也许是唐代名手绘的吧！"选入课文时并没有被删除，就成为师生传诵的名句。

当然，《济南的冬天》入选教材时，还有一处删改似欠妥。这

---

① 杨振宁：《读书教学四十年》，生活·读书·新知三联书店1987年版，第97页。

篇散文原是老舍随笔《一些印象》中回忆有关"冬天的济南"里的一段文字。编者在选编时删除了原文中的结尾一节:"树虽然没有叶儿,鸟儿可并不偷懒,看在日光下张着翅叫的百灵们。山东人是百灵鸟的崇拜者,济南是百灵的国。家家处处听到它们的歌唱。自然,小黄鸟儿也不少,而且在百灵国里也很努力的唱。还有青鹊呢,成群的在树上啼,扯着浅蓝色的尾巴飞。树上虽没有叶,有这些羽翎装饰着,也倒有点像西洋美女。坐在河岸上,看着它们在空中飞,听着溪水活活的流,要睡了,这是有催眠力的!不信你就试试,睡吧!决冻不着你。"

这一节文字,从内容上看,是紧紧围绕着济南冬天温晴的特点来写的。如果说文章前几段是描写济南冬天的地形,写山、写树、写水、写山坡上的小村庄,是地面上的静物写生,那么这一节则由地面写到半空,是写动景;从学生的兴趣来看,对冬天的百灵、小黄鸟、青鹊,也许更为关心。从结构上看,它与前面几段则浑然一体,相得益彰。编者将其删除,大约是嫌这一段文字不太"严肃",其实文中"西洋美女"的比喻与前面的"小日本看护妇"一样,透出老舍创作艺术中特有的机智和幽默风格。

有关思想内容方面的删改,一般所占比例不大。最典型的莫过于《荷塘月色》中的那一段文字。"正如一粒粒明珠,又如碧天里的星星,又如刚出浴的美人。"这里采用了博喻的修辞手法,行文纡缓舒展,而以"刚出浴的美人"比拟荷花,不仅一反以荷花(物)喻美人(人)的传统,大胆、新奇,而且富有质感。这本是一段充满温馨、和谐的陶情冶性的极幽美的文字,人教版高中语文教材却删去"又如刚出浴的美人"八个字,不但破坏了原文的节奏和意境,也造成原文的美感缺失。编选者大约怕学生会想入非非,以致产生误导作用。其实,当代高中学生已有比较健康而稳定的审美观,编者的删削大可不必。

叶圣陶先生在他和夏丏尊先生合编的《国文百八课》的序言里说:

"一个青年将来必将和各种各样的文字接触，如果只顾到目前情形的适合，对于他们的将来也许是不利的。犹之口味，他们目前虽只配吃甜，将来难免要碰到酸的、苦的、辣的东西。预先把甜、酸、苦、辣都叫他们尝尝，也是合乎教育的意义的事。"①美国当代一位著名的课程专家在批评传统人文主义教育时说，传统的人文主义在竭力追求课程内容的纯而又纯的同时，却使自己衰败到最为狭隘和最为贫乏的地步。这对我们的语文教材编选不无启发。编选课文，进行适当的删改处理是必要的，但在追求内容的"精""纯"的同时，是否也可以保留一些"粗"的抑或是"杂质"？只要不是内容糟粕的，违背语法规则的，那么对于培养学生的批判思维能力，锻炼其"胃口"，又未必不是一件好事。

---

① 叶绍钧、夏丏尊：《关于〈国文百八课〉》，见刘国正编《叶圣陶教育文集》（第五卷），人民教育出版社1994年版，第405页。

三　阐释的力量：何以聪与语文导读法跟踪研究

在中小学优秀教师的成长经历中，大学专业人员的介入具有不可或缺的作用。大学专业人员的介入不仅使中小学教师不断获得理论的滋养，而且，更为重要的是，唤起并促进了中小学教师对自身教育实践活动的自觉与反思。1982年，钱梦龙在上海嘉定二中根据多年的教学实践与探索提出了"三主四式"语文导读法，一时间风靡大江南北。还在语文导读法提出之初，上海师范大学中文系何以聪就撰文给予肯定，并开始跟踪研究。此后，在近20年时间里，何以聪不但经常带领研究人员深入钱梦龙的课堂，观摩、点评和研讨钱梦龙设计与创造的许多课堂教学案例，而且先后撰写了《论钱梦龙语文教学法》《再论钱梦龙语文教学法》以及《上海市特级教师钱梦龙评传》等论文，阐述"三主四式"语文导读法。何以聪最重要的学术著作——《语文教学评论集》，其中大约有三分之一内容涉及语文导读法。何以聪在介入钱梦龙语文教学实践的过程中，不仅对"三主四式"语文导读法进行阐释，丰富了语文导读法的内涵与体系，而且为大学专业人员介入教学实践提供了一个重要个案。

（一）何以聪对钱梦龙语文导读法的理论阐述

1982年，钱梦龙根据近30年的语文教学实践及思考，提出了"三主四式"语文导读法（以下简称语文导读法）的概念。他认为，语文教学是导读的艺术。所谓"导读"，其内涵是，在教学活动中，学生是主体，教师是主导，而训练是主线，它贯穿于语文学习活动的始终。

语文导读法主要包括自读、教读、练习和复读四种课型，即"四式"。自读课，是学生独立阅读的训练；教读课，是学生在教师辅导下进行阅读的训练；练习课、复读课是学生把阅读中获得的知识和能力用于再实践的训练。

语文导读法提出以后，立即引起了语文教育界热烈的反响，被认为是改变语文教学"少、慢、差、费"状况，探讨语文教学科学化，提高语文教学质量的重要途径，当然，也引起了学术界的争鸣。何以聪作为一名大学专业人员，很快意识到了其理论意义与实践价值。在他看来，语文导读法是探讨语文教育科学化的一项重要收获，过去"在总结经验时，常常带有主观随意色彩，缺乏客观的衡量标准"①，语文教学要提高质量与效率，应该提倡科学化研究。基于此，何以聪对钱梦龙语文导读法的结构体系、实践策略和个性品质进行了阐述。

1.对语文导读法结构体系的诠释

西方学者指出，在社会科学研究中，人们自称在以客观主义把握实践时，实际上是用"学究式"的对实践的思考去替代行动者的立场，而把行动者的经验搁置一边，揭示的是"学究式"的理论上的实践观。②这种情况也存在于教育研究中。在何以聪看来，当时教育界对语文导读法的指责与批评，实际上就是一种"学究式"的理论上的实践观。何以聪认为，语文导读法是钱梦龙30年语文教学的实践探索，对其认识与评价应该把它放在语文教学活动中，探寻其实践逻辑与意义世界。他抓住两个概念来诠释钱梦龙建构的作为实践的语文导读法的逻辑关系与系统结构：一个是"训练"，一个是"自读"。这两个概念的阐述，让人们不仅可以比较清晰地认识钱梦龙语文导读法的内在逻辑，而且可以获得行动的策略与智慧。

①何以聪：《语文教学评论集》，学林出版社1989年版，第2页。
②［法］皮埃尔·布迪厄：《实践与反思——反思社会学导引》，李猛等译，中央编译出版社1988年版，第819页。

　　教学活动是一种特殊的实践活动，何以聪认为，语文导读法的关键是怎样在具体的实践活动中去认识、理解与运用，因此，他把语文导读法，确切地说，对"三主"的理解与阐述放在"训练"中加以考察。第一，作为教学实践活动，"训练"是学生发挥主体作用、教师发挥主导作用，实现教学目标的最终途径。钱梦龙语文导读法的"训练主线"中的"训练"不是灌输的代名词，不是机械刻板地让学生掌握字词的题海战术，而是在遵循学生的认识规律和思维发展特质的基础上，通过激发学生情思，帮助学生掌握语言技能，启迪智力，发展情感、态度、价值观的过程。第二，"训练"不是一个被动的知识接受过程，而是一个积极主动地获取知识，培养能力和发展智力，探求完整意义的学习过程，在训练中，情感、态度和价值观始终相伴随。[①]第三，"训练"是对语文教学实践活动科学的"规约"，它根据课堂类型及活动内容的不同探讨相应的可资遵循的教学处置的结构与方式。何以聪认为，"四式"，即四种课型的提出，从实践角度"把目的要求和方法、方式直接挂钩，用课的结构类型规定下来"，给教学以"规格和标准"，且给各自以独立的地位。它不仅建构了一个操作性强的比较科学的学习活动体系，提高了教学的效率，而且变革了语文教学中知识传播的方式与形态。"四式"之中，"自读"是一个极为重要的概念。与其说它是一种重要的教学手段，不如说是一种基本的教学方式，教读、复读和练习三种课型实际上都离不开自读，是在一定的情境中生成的教学策略与机制，是自读的一种变式，"它通过将过去的各种经验结合在一起的方式，每时每刻都作为各种知觉、评判和行动的母体发挥其作用，从而有可能完成无限复杂多样的任务"。[②]何以聪认为，钱梦龙语文导读法的实质，说白了就是教师引导学生自读的学问与艺

---

　　① 何以聪：《语文教学评论集》，学林出版社1989年版，第376页。

　　② ［法］皮埃尔·布迪厄：《实践与反思——反思社会学导引》，李猛等译，中央编译出版社1988年版，第819页。

术。因此，他不仅深入考察了语文导读法中的自读的本质及价值，而且深入细致地阐述了自读的技能、策略及实施原则。首先，他对"自读"概念做了独特的诠释。在何以聪看来，在语文导读法中，自读的"自"是这样的一个概念，它需要同学之间的交流互助，教师的讲解点拨，但更强调活动的"独立性"；而"读"则是一个包含了广泛意义的各种阅读方式、技能和策略的统称。其次，自读具有独特的价值。自读的价值，可以使不同程度学生均获得积极主动学习的机会。"自读，由于给了学生最大限度主动学习、独立活动的机会，各人可以根据自己的实际水平，调节、控制自己的读听说写的进程，或紧或慢，有张有弛，各人掌握适宜于自己的水准和节奏，就可以在一定程度上弥补上述缺陷。"[1]当然，自读离不开教师充分的指导。以学生为主体是学生自读的前提和基础，在如何实施自读或者在指导学生自读时，教师的主导作用很重要。何以聪认为，钱梦龙主要从两个方面加以指导。第一，就学习的效益而论，教师要从学生实际出发，以提高自读的效能为依归。第二，在教学设计上，开拓并创造适应"强化自读效果"需要的多种教学途径、教学方法。[2]

2. 对语文导读法实践艺术的阐发

何以聪指出，钱梦龙语文导读法之所以能居高临下，以简驭繁，变化多端，在于注重整体设计。"它意味着教学目的、教学内容的全面性——能力、知识、智力追求的统筹协调、多而不杂；意味着教学过程的完整性——包括知识传授与能力培养、读听与说写、课内与课外综合构成的合理的跨度、坡度与深度；也意味着教学方法的系列性——使读文训练获得完成目的任务所需的力度，特别是思维训练的力度。"[3]如果说发展学生的思维，培养其批判性和创造性品质，

---

① 何以聪：《语文教学评论集》，学林出版社1989年版，第216页。

② 何以聪：《语文教学评论集》，学林出版社1989年版，第12页。

③ 何以聪：《语文教学评论集》，学林出版社1989年版，第196页。

是钱梦龙语文导读法整体设计的出发点和最终目标，那么，他的语文导读的实践艺术本身即处在其整体设计的结构之中，或者说语文导读法构成了他的整体设计的一个重要实践部分。钱梦龙整体设计的策略是，让学生明了整个中学阶段的学习目标，用何以聪的话说，就是"大幅度的目标交底"，"从初一新生入学开始，钱老师就把整个中学阶段读文训练的'底'交给学生：从'读懂写了什么'到'读懂为什么这样写'诸如此类的阅读要领和训练的步骤，使学生'三年早知道'，悟到应循之轨，从而充分发挥其主体作用。"其次，扩大某些阶段教学要求的上下限。"这就是说，在某个阶段某些层次中，当安排弹性较大的训练环节，在要求的上限与下限之间保持较大的距离。其用意在于使不同个性、不同水平的学生能各自施展其所长，都能取得主动权。"[①]在语文导读法的具体实践中，钱梦龙确立了两条基本原则：一为"既根除'满堂灌'，也不是满堂问"；二为"既要防止'放羊式'，也避免'牵牛式'"。前者是对有关教学技术、策略和方式的诉求，后者则是从教学哲学层面对教学过程中师生关系的规约。

何以聪认为，钱梦龙在他的整体设计的框架中通过以下几个方面创造其教学实践艺术。

（1）"小扇子"论。何以聪把钱梦龙对学生在语文学习过程中的启发诱导、积极鼓励行为称为"小扇子"艺术，认为它是判断导读与否的重要界线。所谓使用"小扇子"，在何以聪看来，就是积极鼓励学生在学习过程中发问，保护学生思考的积极性和主动性，充分肯定其价值。在教学过程中，学生哪怕提出一些错误或偏差的问题以及观点，也是有价值的，也是可爱的，教师应该加以充分引导和保护。他称之为"错爱艺术"。因为那些不中肯的思考和想象，"折射出学生学习活动中的受鼓励无拘束的活泼的思维流程"，而创造与开拓正寓于其中，使用"小扇子"艺术，可以使学生的学习活动上

---

① 何以聪：《语文教学评论集》，学林出版社1989年版，第33页。

升到最佳的境地。①语文导读法的导读、发问策略不仅表现在就教学内容提出有批判性和想象力的问题，而且体现在对学生的思考与提问的鼓励、肯定和包容之中。何以聪很赞同钱梦龙对待学生的态度："不要老对学生的答案报不满的态度，非逼着他就你的范不可，致使学生不敢越雷池一步，老是揣摩老师锦囊里的现成的法宝，不敢相信自己的思维能力。"②

（2）寻找文本解读的"支点"与"切点"。何以聪指出，钱梦龙的语文导读法的一个重要特点是引导和帮助学生寻找解读文本的"支点"和"切点"。教师引导和帮助学生找到了文本解读的支点，就能帮助学生克服文本建构的混乱，从而准确地理解和把握文本。在《猫》一课教学中，钱梦龙确立了以辨析"妄下断语"中"妄"这个字为文本解读的支点，学生在做出"空""轻易的""没有根据的""不合实际的""出了常规的""胡乱的"等解释之后，教师归纳出"妄下断语"就是"胡乱地下结论"；紧接着，他进一步引导学生从课文里找出四个例子来说明什么叫"妄下断语"，最后让学生指出课文中那个可以概括全文中心思想的句子。"我没有判断明白，便妄下断语，冤苦了一只不能说话辩诉的动物。"何以聪认为，这种"以小见大"、从文本的细微处寻找教学突破口的导读艺术是在轻松活泼的情境中解决问题，实现教学目标。作为阐释者，教师的作用在于引导学生有效地解读文本，既要充分尊重学生独立的有价值的思考，又要将这种思考引向正确的方向，最后抵达目的地。此外，教师在引导学生探究文本的内容与问题时，还应该抓住时机，置身情境，相机诱导，何以聪把它称为"切点"。教师抓住了切点，教学就能"干净利索，举重若轻，十分精当"。

（3）设问的策略："曲问"。何以聪指出，钱梦龙语文导读法的尤

---

① 何以聪：《语文教学评论集》，学林出版社1989年版，第298页。
② 钱梦龙：《语文导读法探索》，云南人民出版社1985年版，第85页。

穷奥妙即在于设问的变化与策略。这些变化与策略，恰恰是语文导读法运用其妙无穷的重要原因，也是他的教学艺术，其中最经典的莫过于"曲问"艺术。所谓"曲问"，"就是运用迂回战术，变换提问的角度，让思路'拐一个弯'，从问题侧翼寻找思维的切入点"①。钱梦龙这种"问在此而意在彼"的提问策略，以及在实践中总结的"节外生枝""借题发挥""有想头"等提问方式，使语文课堂教学迸发出许多智慧的火花。在《多收了三五斗》一课中，他问学生："万盛米行的先生对农民说话是'有气无力''鄙夷不屑'的，而万源祥等几家商店的伙计却不惜工本地叫着'乡亲'，同是在一条街上做生意的，为什么态度这样不同？"最终引导学生透过问题的表面，找到两种不同态度之间的内在联系："米行老板利用粮食丰收的时机垄断粮食市场、残酷剥削农民的本质，而农民的日趋贫困又造成了农村市场的萧条，使万源祥等商店的伙计不得不格外卖力地推销他们平时销不出去的商品。两种态度各从不同的侧面反映了农民破产的社会现实。"②何以聪对钱梦龙语文导读法的设问的策略非常赞赏，"设置疑问，激起学习兴趣；奖掖提问，鼓励咬文嚼字、思前想后地进行讨论……"总之，通过精心的提问设计，造成教学"千变万化，常练常新，并无千篇一律、单调雷同之感"③。

3. 对语文导读法个性风格的描绘

（1）在同一时期优秀语文教师创造的整体教学艺术风尚中凸显语文导读法的教学个性和风格。何以聪指出，1980年代优秀语文教师创造的教学艺术整体上呈现出"活而实，巧而天然"的风尚。当然，每个教师在具体的教学实践中又各施其长，"多种多样，千变万化"④。何以聪对"实"的解释是，语文教学要求必须落到实处。在"实"的

---

① 钱梦龙：《我和语文教学导读法》，人民教育出版社2005年版，第95页。
② 钱梦龙：《我和语文教学导读法》，人民教育出版社2005年版，第95页。
③ 何以聪：《语文教学评论集》，学林出版社1989年版，第198页。
④ 何以聪：《语文教学评论集》，学林出版社1989年版，第380页。

理解上，知识的范围应小一些；而能力的范围应该"宽"一些。所谓"实"，"既不是漫无边际的罗列所有的字词句篇语修逻文知识，又把读说听写能力作为主要的培养内容，这就为实现'活'的局面提供了极其有利的先天条件。我们要追求的'活'，也不是指教学方法上的花样翻新，更不是以学生的笑声作为衡量的唯一砝码，而是看所部署的内容、所设计的读文教学过程和方法是否能符合并引导学生的思维流程，使在语文能力培养上获得高效"。[①]

因为训练要落到实处，教学设计要符合学生的思维流程，因此，何以聪认为，教师如何或怎样配合学生上好课是一项重要的艺术。在这个问题上，钱梦龙表现出了超乎一般人的见识。在备课过程中，他总是"仔细体察学生认识活动的思路和规律"，往往"对不同的意见，从各自不同角度去肯定它，并因势利导地往更高的理解、鉴赏层次上引。"这不仅是他的教师主导、学生主体观的体现，也是其精湛的语文导读艺术的写照。而对于如何具体运用导读实践，钱梦龙的经验与体会是，"使教学节奏显得简洁明快，突出主干，疏密相间，时有高峰，以求能符合学生认识发展和情感发展的规律，使他们的聪明才智得到最大限度的发挥"[②]，何以聪对此深表赞赏。

（2）在与同类其他优秀语文教师教学比较中深描"三主四式"语文导读法的教学风格。1980年代，何以聪撰写了《星汉灿烂，洪波涌起——评上海市特级教师对语文教改的贡献》等文章，描绘了上海一批优秀语文教师的群像。正是在一批优秀语文教师的群像塑造中，钱梦龙及语文导读法的独特教学个性得以深描。比如，在何以聪描绘的七位上海市语文特级教师中，于漪注重情感陶冶、教学设计线条细致；郑宝隆"详备而精致"；高润华"精雕细琢"；钱梦龙与钱蓉芬都提

---

① 何以聪：《语文教学评论集》，学林出版社1989年版，第2页。
② 何以聪：《语文教学评论集》，学林出版社1989年版，第303页。

倡在教师主导下学生主体性的导读，等等。饶有趣味的是，同样是主张发挥教师主导下的学生主体性的语文导读法，钱梦龙与钱蓉芬的导读法又有很大的不同。何以聪正是通过"二钱"教例的深入观摩、评点，比较了二人各自的教学艺术追求及风格，深描了钱梦龙语文导读法的教学个性。

在研究钱梦龙与钱蓉芬二人的教学实践上，何以聪采取了不同的研究方法。如果说对钱蓉芬语文课堂教学艺术的评论与研究，采用的是量化的科学的方法，将科学研究方法引入的话，那么，对于钱梦龙语文教学实践的评论与研究则更多地偏向于鉴赏，采用的是"知性的方法"。以《语文教学评论集》为例，何以聪对钱蓉芬教例评点共5篇，2篇《最后一课》、1篇《论鲁迅》、1篇《论雷峰塔的倒掉》，还有1篇作文《配钥匙》。最典型的是《最后一课》的评点。何以聪将钱蓉芬的三课时教学内容分解为70个环节加以观察，具体统计了各种能力训练及教学方式、教学重点安排，如阅读训练中，安排默读5次，圈划5次，各种类型朗读14次，听范读4次，共28次，其他表达能力训练48次，思维能力训练20次，想象能力训练9次，又有5个重点及问题的设计。何以聪通过以上的统计与分析，概括了钱蓉芬教学艺术的特点，即以能力训练为主体组织阅读教学活动，形成清晰自然的教学节奏；使多种训练活动在相互配合中充分发挥作用。在对钱蓉芬的教例研究中，何以聪还采用了历时性方法，比如通过比较1985年和1980年钱蓉芳上的两个《最后一课》课例教学环节之异同，发现后者减少了48个，仅余32个，何以聪对此评论说："教师设计的教学环节越简明，就越能形成一个整体，学生就越是学得深刻，学得主动。"①运用统计方法对一个教例进行细致研究，在钱梦龙教例的评论中一次也没有使用。可见，何以聪在诠释教例时并非用一把尺子去衡量所有优秀语文教师创造的教学艺术。其研究规范及方式的选

---

① 何以聪：《语文教学评论集》，学林出版社1989年版，第198页。

择来自他对所研究对象的认识与把握。同样是在教师主导之下发挥学生的主体作用，钱梦龙擅长用"错爱的艺术"，钱蓉芬则在每一个教学时机，及时地指出学生的错漏，并加以纠正，比如在《最后一课》教学中，一位学生把铁匠"华希特"误读为"华希尔"，一位学生回答问题时漏掉主语"韩麦尔先生"，钱蓉芬总是适时地提醒学生，而钱梦龙则有意存而不答，让学生自己去回味、反思，从而形成他的独特的"错爱艺术"。

（二）何以聪介入钱梦龙语文教学实践的启示

作为大学专业人员，何以聪以行动者的立场介入钱梦龙语文教学实践，其研究不仅丰富了人们对语文导读法的认识与理解，促进了其实践探索与推广，他在介入、参与语文教学实践研究中采取的立场与视角、创造的话语体例以及评论取向，对当前语文教育研究都有一定的参考意义。

1. 介入的立场与视角：平等与尊重

面对实践工作者创造的宝贵经验，专业研究人员介入时往往采取两种视角，一种是仰视，一种是俯视。前者因惊诧于实践工作者创造的教育经验与智慧而肆意吹捧和拔高，一味地替传主摆好，甚至夸大其词，言过其实，文过饰非；后者则以理论的缺乏而贬低实践经验，无端指责经验的粗糙与低下。这两种视角虽然以行动者的立场参与研究，但最终都无法客观准确地把握教育实在，更无法运用推广和实践经验，实际上在专业人员与实践工作者之间建构的是一种非正常的关系。何以聪在介入语文导读法实践研究时，始终采取"平视"的视角，以专业同伴的身份展开对其意义的理解与探索，所谓"一种对'他者'的理解并使自己能够得到理解，同时，展开一个意义交往的世界，使各种不同方式得以相互接近"[①]。这种视角不仅使研究者和

---

① ［美］齐格蒙·鲍曼：《立法者与阐释者——论现代性、后现代性与知识分子》，洪涛译，上海人民出版社2000年版，第191页。

实践者之间构筑了平等与相互尊重的关系，而且使阐述的内容更加客观、充分。他在诠释钱梦龙创造的作为教学经验的文本时，秉持的是平等与尊重的态度。这种平等与尊重表现在对"三主四式"语文导读法的深入洞悉，倾听与钱梦龙本人的对话并发掘研究。何以聪不仅反复观摩钱梦龙的各种不同教学文本、不同课型的教学实录，而且带着极大的热忱经常深入钱梦龙课堂，亲自感受与体验其课堂教学艺术魅力。何以聪本人40年的教学经历，特别是其本身丰富的中小学语文教学实践经验，以及对课堂教学艺术的痴迷使他对钱梦龙语文导读艺术有许多洞见和发现，因此他的评点可谓深入教学腠理。当然，平等与尊重主要指作为研究者的何以聪对实践经验的立场与态度，就研究者本身来说，他并不是对语文导读法的局限性视而不见，相反，他对当时钱梦龙语文导读法在阅读教学中的运用给予较高的评价，而对钱梦龙在写作教学中如何具体运用和探索语文导读法却给予较多的期盼，指出其科学化探索任务仍是艰巨的；"要采撷开发，还是要仰仗理论研究和实践探索这两套武器"①。

2. 建构的话语体例：评论、评传与述评体

在一个崇尚和倡导科学价值的时代，似乎与科学无关的研究都没有价值。何以聪在评论以往语文教学研究存在的问题时也指出，缺少量化的科学的研究是当时语文教学研究最大的问题之一。事实上，钱梦龙语文导读法之所以引起何以聪研究的兴趣，一个重要原因在于它在实践上所做出的科学化探索。然而，如果说钱梦龙的语文导读法其贡献及所追寻的是科学的价值的话，那么，何以聪在阐释时却更着眼于其意义的发掘，或者说，用一种知性方法去把握其科学化的探索及实践智慧。

知性方法是借助观察、洞悉、反思等科学方法介入实践性认知，对教育活动展开全息性的意义探究和学习，是一种融"科学研究"和

---

① 何以聪：《语文教学评论集》，学林出版社1989年版，第380页。

"实践学习"于一体的研究方法。[①]如果说教育学、心理学理论构成了知性方法的专业基础，那么，丰富的实践经验及其观察、洞悉及反思则是知性方法运用的关键。何以聪常自称自己的研究是"土法上马"，"凭教学实践中的直觉感受，去领悟一些原理和规律……这种做法有风险，很容易陷入谬误，但如果不这样做，有些领会就表述不出来，或者说不能剖析到深层里去"[②]。在对语文导读法的阐述上，何以聪根据所研究的对象采取的是一种"更具有经验感受性的颇有文采的涉入"，一种兼具科学观照和直达事物的洞悉。对何以聪来说，其教育学、心理学背景固然重要，但他40余年的语文教学生涯及所积累的经验与智慧，恰恰是他诠释和把握语文导读法的制胜利器与法宝。何以聪早年毕业于无锡国专，对于国学有较深厚的修养。早在中华人民共和国成立前，他就在乡村学校通过开展户外语文学习游历活动，探索写作教学的新途径；新中国成立初期，他在上海从事高中语文教学时的组织学生课外阅读，演出话剧，开朗诵会，教学改革事迹曾被当时《文汇报》报道。这期间他在语文教学中创造的谈话与提问的教学方法，在阅读和写作教学中开展的创造性叙述，让学生在学习中掌握主动权等，都曾受到师生们的好评。1960年代，他对朱自清散文《荷塘月色》"淡淡的哀愁"的解读，更见出他优良的现代文学素养。之后，他进入上海师范大学从事语文教学研究，这些丰富经历使得他在诠释语文教学实践经验时从容自如，游刃有余。[③]综观何以聪对钱梦龙语文导读教学艺术的诠释，其话语体例大致有三种：第一种是对语文导读法理论的评介，这类文章最多。第二种是撰写评传。何以聪为了让人们对钱梦龙语文导读法产生的背景及形成的过程有一个更加全面

---

① ［日］佐藤学：《课程与教师》，钟启泉译，教育科学出版社2003年版，第282页。

② 何以聪：《语文教学评论集》，学林出版社1989年版，第2页。

③ 何以聪：《语文教学评论集》，见刘国正编《我和语文教学》，人民教育出版社1985年版，第102页。

的了解，专门撰写了一篇《上海市特级教师钱梦龙评传》。这是语文教育界较早采用文学评传的方法评价一位优秀语文教师的实践追求。而对课堂教学实例评点，恰恰是何以聪诠释与建构语文导读法的意义世界的一个重要向度。何以聪不受旧的话语体例约束，在评点时加入他与钱梦龙二人之间的对话与沟通的环节，从而把钱梦龙教学设计中的理念、策略以及所追求的教学艺术尽情展现在世人面前。在《驿路梨花》教例中，他首创了"述评体"。何以聪认为，以往的评点方式往往由"教者自述得失，甘苦自知"，"但因囿于教者的一己实践和认识，不免有'身在庐山'的局限，这就很需要有某个'导游'从旁指点"。鉴于此，他尝试运用"述评"的形式，"由教者自述教学意图，评者则从旁论其得失；'述'与'评'彼此沟通，冀能相得益彰"[①]。这看似"有乖体例"，却正是作者的创新。在整个教例中，二人合作完成的"述评"共有8个片段，就课文教学设计的重点、难点及问题进行探讨与交流，道出设计的种种妙处及实施中的困惑。比如，上课的开头，钱梦龙对学生提出一个问题："你喜欢这篇课文吗？无论喜欢不喜欢，都要讲出道理来，听清晰了吗？"何以聪发问，这是一个囫囵题，"范围大得无边，答案可以五花八门；撒网容易收网难，一开局就来这么个'自由式'，请问您这'设'的是什么'计'？"钱梦龙解答说，这道题设计的妙处在于：答案可以五花八门，学生又不至于无处说起；"每一个学生在一开始就可以根据自己的理解水平，按照自己的思考方式去感受作品，并且自由自在，无拘无束地发表意见，那就容易激发学生生动活泼的思想，唤起他们真挚的感情。""囫囵的题目由于有相当的难度和灵活性，正好用来对学生的智力水平进行一次'火力侦察'，以便考虑下面的教学难度是否有必要作适当的调整。"[②]这种体例不仅针对教学设计进行评点，而且还由专家与执教者

---

① 何以聪：《语文教学评论集》，学林出版社1989年版，第280、281页。

② 何以聪：《语文教学评论集》，学林出版社1989年版，第280、281页。

就教学设计的问题进行对话、探讨与反思，从而在更深的层面理解与解读教例，因为这是在课堂教学实施之后对课堂教育实践进行的讨论与反思、研究，因而融入了许多说课内容，开拓了教学实例中的丰富意蕴。

3. 评价取向：理解与鉴赏

无论是在对钱梦龙语文导读法内容体系的诠释，还是对其实践艺术的评论，何以聪都着力于对其内在意蕴的探究、发掘与欣赏，揭示其美学及艺术价值。这种鉴赏既表现为对钱梦龙创造的实践智慧与艺术世界的理解、探究，也表现为对其所创造的实践案例之共鸣。作为一名大学专业研究人员，何以聪在评点钱梦龙每一则教例时，总是深入课堂，虚心倾听，揣摩教学设计，不放过每一个重要的细节，然后根据自己的认识与理解，将其上升到思想与理论层面加以诠释，使之具有更为广泛的应用性。在《驿路梨花》一课中，钱梦龙看到学生在概括从"走进茅屋，看见陈设"到"饭香水热暖人心"变化，表现出认识的一个质的飞跃时，他很高兴。他说："当时，学生的表情告诉我，他们正体验着一种豁然贯通的快感。这是多么令人鼓舞的反馈信息。"何以聪对钱梦龙不露痕迹，创设行云流水般的课堂教学艺术禁不住发出赞叹，抒发内心感受："这对听课者来说，何尝不是一种很好的享受呢！学生认识的这种飞跃，是由于暂时神经联系的突然接通，这中间，教师'导'的艺术真是表现得淋漓尽致。我想，经常这样训练学生，不仅学生会学得聪明起来，连教师自己也会教得聪明起来的。"[1]

何以聪在评点钱梦龙的语文导读艺术时之所以如此准确、精辟、点到穴位，与他自己丰富的教学经验有关。"一个人必须拥有大量的课堂实践经验，才能够区别在某个实践体系或其他体系中什么是

---

[1] 何以聪：《语文教学评论集》，学林出版社1989年版，第292页。

最重要的。"①何以聪在观摩、评点和阐释钱梦龙语文导读法艺术个性时，擅长使用隐喻是其中一个重要特点，这也是何以聪审美趣味和教育智慧的表现。"隐喻的运用被认为是不精确的标志，然而，在发表不可言喻的东西方面，没有比艺术性地使用语言更清晰的了。隐喻式的精确是揭露生活的质性方面的核心工具。"②的确，在这方面，何以聪表现出极为娴熟的技艺与高超的艺术。他提出的"支点说""切点说""小扇子论""自由式"等，都表现了他对钱梦龙教学艺术与智慧的深入理解与洞悉，也表现出他自身高超的语文教育艺术鉴赏能力。

"通过批评，人们寻求的不是对一部作品创生一种终极性的确定评价，毋宁说，其目的在于使我们对作品的感知和理解得以扩展。课堂和学校至少像艺术作品那样具有多层次性，因此，我们应该寻求的不是一种单一的确定性批评，而是有用的批评。确实，我们应该期望，具有不同教育取向和兴趣的批评家将在像课堂这样具有浓郁现象学氛围的情境中发现不同的事件并去描述、解释和评价。"③何以聪对钱梦龙语文导读法跟踪研究前后近20年，作为一位学术上的知音，他的诠释不但使理论与实践保持了一致性，使教学实践自觉，而且丰富和扩展了"三主四式"的语文导读法的内在意蕴，使之呈现出多层次性和丰富性，体现了一个时代认识的深度与高度。

---

① ［美］埃利奥特·W.艾斯纳：《教育想象——学校课程设计与评价》，李雁冰主译，教育科学出版社2008年版，第223页。

② ［美］埃利奥特·W.艾斯纳：《教育想象——学校课程设计与评价》，李雁冰主译，教育科学出版社2008年版，第230页。

③ ［美］埃利奥特·W.艾斯纳：《教育想象——学校课程设计与评价》，李雁冰主译，教育科学出版社2008年版，第248页。

四 洪宗礼语文"双引"教学艺术的再认识

　　语文教育是科学还是艺术？自西方近代科学诞生以后，这就是一个争执不休的话题。洪宗礼认为，语文教育既是科学也是艺术。语文学科的根本属性是"工具性"。洪宗礼指出，语言文字归根结底是一种"基本"的、"基础"的工具，是交流思想、进行思维的工具，是学习其他学科、从事各项工作的工具，是储存、传递、交流信息的工具。因此，语文教育必须进行科学有序的训练。不过，洪宗礼更强调语文教育要整体把握、整体感知，追求语文教育的整体效应，这就是语文教学的"模糊性"。这种"模糊性"要求教师切实把握语文内在的科学性，注意思想、知识、技能的"渗透"，方法传授、习惯培养的"有序"。洪宗礼说："使模糊的科学与科学的模糊真正统一起来，正是语文教育的追求，也是语文教育走进艺术殿堂的必由之路。"①只有坚持科学性与艺术性相统一的原则，语文教育才具有真正的艺术性。

　　洪宗礼从大学毕业以后，怀着"到最艰苦的环境中磨炼"的理想和信念，怀着对母语教育的挚爱之情，带着"欣欣然"的喜色跨过长江，从苏南的镇江来到苏中腹地泰州。他坚信"贫瘠的土地照样可以有收获"，于是给自己制定了好教师的十三字箴言——"情操高、教艺精、教风实、基本功好"，诚实做人，勤奋工作。凭着对语文教育发展的敏锐和使命感，以及矢志不渝的追求，他多次成功地抓住了历史发展的机遇，从一个普通语文教师，成长为一位著名语文教育专家及学

---

　　① 洪宗礼：《语文教育随想录》，载《教育家》2007年第4期。

者，构筑了他的语文教育实践及研究的"巍巍大厦"。大厦的基础根植于他的语文教学实践，即以"五说"和"双引"为标志的语文教育理念，这是洪宗礼语文教学艺术与思想的集中体现，也是他日后从事教材研究及主持母语课程比较研究的起点；大厦的主体是基于教学理念编撰而成的苏教版初中语文教科书，它是洪宗礼语文教学艺术与思想的整体展现；大厦的顶端则是他主持的历史性的奠基性工程——皇皇十卷、总计780余万字的《母语教材研究》。在洪宗礼的教育生涯中，他提出的"导学说"，具体地说即"双引"教学法，不但是他语文教育理论及实践的基础，而且贯穿他一生的语文教育事业的始终。

（一）引导的最终目的是立人，是培养和塑造具有主体人格的学生

"导学说"研究的是教学过程中教师和学生各自的地位、作用及其关系。洪宗礼认为，教学过程是教师主导和学生主体相统一的双向交往过程。教学，就是教学生学；不仅教学生"学会"，而且教学生"会学"，即不但使学生学到知识和能力，还要掌握学习的门径和方法。学生是学习的主人，教师对学生的学习过程过度控制，会使学生丧失主动性和独立性，因而要坚持教师的主导地位。教师的"导"，要服务于学生的"学"；学生的"学"，要从教师的"导"中获益。教师要有明确的"导"的方向，讲究"导"的质量，提高"导"的艺术，注重"导"的效果，真正达到"导"学生"学"，最终实现"不需要教"的理想境界，使学生在性格上、意志上、人格上都能成为独立自主的主体。简而言之，"导学说"就是教师"'导'学生'学'"的教学思想，"导"的目的在于"立人"，把学生塑造成真正具有主体人格的学习主体。

"双引"教学法，即引读、引写教学法，是"导学说"在教学实践中的具体体现。"双引"教学的要义有二：一是最大限度调动学生学习的积极性，引导学生自己读和写；二是教给学生学习的规律和方

法，引导学生广泛而熟练地读和写。具体说，"双引"教学法就是要在教师启发诱导下，通过一篇课文的阅读、一次作文的训练，能够独立阅读和写作一类文章；通过一套教材中各类文章的阅读和写作，能够具有基本的阅读和写作能力，养成良好的读写习惯；通过课内的读写训练，能在课外广泛而熟练地运用读写工具阅读一般政治、科技、文艺作品和通俗的期刊，写作记叙文、应用文和简单的说明文、议论文。在教师引导下，学生由篇及类、由少及多、由课内及课外地进行读写训练，就构成了"双引"教学的系统和层次。[①]"双引"教学的目标最终通向培养和塑造具有独立阅读和独立写作能力的自主发展的人。

洪宗礼把引读教学概括为"五原则""十法"。引读五原则，即引读的五个目标，具体是明确语文教学目标，引导学生重点读；激发学生兴趣，引导学生主动读；启发学生积极思考，引导学生深入读；培养学生良好习惯，引导学生仔细读；教给学生阅读方法，引导学生独立读。在"五原则"之下，又包含十种具体的教学方法，即扶读法、设境法、提示法、读议法、揭疑法、反刍法、反三法、比勘法、历练法、小结法。

引写法，是"双引"教学法的另"一翼"。它是指教师引导学生通过反复的写作实践，逐步养成自能作文的能力和习惯。又叫"阶法"引写法，即铺设若干台阶、步点，引导学生"拾级而上"。引写全程设三个台阶：基础阶，以规格训练、文体训练为主，着重解决一个"准"字；提高阶，以表达技能技巧训练为主，着重解决一个"会"字；灵活阶，以综合运用写作知识、技能为主，着重解决一个"熟"字。每阶设若干"引写点"，每点为一个单元，连"点"成"阶"，形成序列。

洪宗礼根据不同年级、不同单元的写作目标及任务，采用不同的

[①] 程良方等编：《洪宗礼语文教育论集》，江苏教育出版社1995年版，第150页。

引写方法：（1）知识引写法：先由教师讲授精要的写作知识，然后引导学生运用知识独立地练习写作，并不断加深对知识的理解，最后总结写作规律和体会。（2）例文引写法：由课内外的范文引路，掌握和运用范文基本写作规律，指导学生借形取神地写作，防止机械仿作。（3）情境引写法：教师把学生引入家庭、学校、社会的特定情境，让学生触景生情，描述情境，写出切身感受。（4）激思引写法：在写作指导中，运用观察、想象、联想等方式激发学生思维；通过社会、学校、家庭的一人一事一问题，让学生做多思路的分析讨论，打开写作思路。（5）导源引写法：为学生开拓写作的源泉，引导学生积极参加社会实践，帮助他们学会观察生活、体验生活，积极地主动地反映生活。

养成良好的学习习惯也是洪宗礼"立人"的另一重要内容。在灵活运用不同的引写方法时，需要遵循共同的写作规范。洪宗礼提出的"三有"的写作规范，即有助于养成学生良好的写作习惯。一是"有格"，就是遵守作文的规矩、规范。二是"有素"，就是对作文的基本要求、规格，力求训练有素，使之成为长久的行为方式和优良习惯。三是"有恒"，就是把良好的作文习惯持之以恒地坚持下去，使之形成一个逐步巩固的过程。洪宗礼认为，做到了这些，学生作文就有了起码的基础。

（二）引导不仅是引导学生解读文本，更重要的是建立教学中师生民主和谐的关系

在引读、引写教学过程中，要怎么"引"，怎么"导"，才能使"引导"真正有效，使学生在教师的"引导"下达到真正的独立自主的"学习"？在洪宗礼看来，引导不仅仅是引导学生解读文本，更重要的是营造民主和谐的课堂气氛，建立合作互助的师生关系。洪宗礼从以下几个方面着手创设积极的师生关系，使"引导"真正有效。

"引"，首先要符合教学法则和认识规律。洪宗礼认为，教无

定法，教学有法。"法"即教学法则和认识规律。洪宗礼将其概括为以下四个方面：（一）引，要循序渐进，由浅入深，由此及彼，由表及里。（二）引，要有的放矢，从教材和学生实际出发，精讲多练，举一反三，择其"要"者而"引"之。（三）引，要因势利导，因材施教，在基本功上下功夫。教师不仅要启发提问、出思考题等，还要引导学生自己提出问题，分析问题，解决问题，培养学生的自学能力。（四）引，还要注意方法灵活多样，力求活泼生动，如运用提问、举例、对比、类比、直观等方法调动学生积极性，引起思维兴趣。

相信学生是"双引"教学的前提。相信学生是发挥学生学习主体性、调动学生学习内动力的先决条件。阅读和写作是学生自己的事情，学生只有依靠自己的努力，才能养成读写好习惯，培养读写真能力。学生是学习过程中的内因，教师的引导虽然是必不可少的外部条件，但只有通过内因才能起作用。因此教师必须把学生看成真正的学习主人，充分相信大多数学生有"自求得之"的潜能，即使是基础差、能力低的学生也会有其可导性的一面，只要教师启发得当，迟早也会闪出一星智慧的火花。因此，相信学生，不是否认教师的主导作用，而是要更有效地发挥教师的主导作用，使教师的主导作用最终落实到调动学生的学习积极性、帮助学生掌握读写规律和养成读写习惯上。

善引，是"双引"教学成功的关键。"双引"教学既要相信学生能读能写，又要帮助学生"善读善写"。要使学生"善读善写"，教师就必须"善引"，它是有效引导的关键。"善引"艺术主要体现在："善，就是要察言观色，以敏锐的目光，透过学生的一言一行、一姿一容，发现学生学习上的自奋其力求得之的积极因素；善，就是要充分挖掘学生内心深处蕴藏的思维潜能，多多培养学生的'悟性'；善，就是要诱发学生学习的浓厚兴趣，激起学生的新鲜感、新奇感和追求感；善，就是要依照既定教学目标和重点，把握学生读写和思维活动的定势；善，就是要注意课堂节奏的张弛，把握动静相宜的急缓错落有致的规律，甚至运用课堂的'空白'艺术，留给学生充分的思考余地；善，就是要具备课堂应变能力，随时根据学生的课堂反馈信息，控制课堂活动的发展变化；善，就是要坚持知行结合的原则，通过历练，有目的地培养学生良好的读写习惯；善，就是充分尊重学生学习的个性，发挥不同层次学生的积极性；善，就是要授之以渔，让学生掌握开千把锁的钥匙。总之，教师要善于以自己的心去发现学生的心，以自己的火点燃学生的火，以自己的力去推动学生的力，以自己的智开启学生的智。"[1]

处理好"扶"与"放"、"引"与"讲"的关系，是"双引"教学成功的重要条件。引读引写，要放手，又不能撒手。要有扶有放，扶之得法。扶之得法，至少要做到三点：一是如导儿学步，开始时须扶其肩、携其腕。二是扶扶放放，扶到一定阶段再放手，走不稳时再扶扶。三是扶不忘放，"虽小小持，而时时不忘放手"[2]。就是要达到"扶"和"放"的统一。在引读引写的过程中，教师既要放手让学生独立阅读写作，又要通过必要的讲解，给学生的阅读以适当的扶持。"引"不是排斥讲；讲，是必要的；讲，是为了引；"讲"本身也是一种"引"。关键是看讲什么、讲多少和怎样讲。"双引"教学法中，教师"讲"要"相机诱导"。它要有针对性，从学生的实际出发，培养学生学习的兴趣；要有指导性，对典型课文和语段进行重点解剖，便于学生举一反三；要有启发性，引而不发，留给学生独立思考的余地。这样的"讲"，能起到调动、启发、点拨的作用，既给学生必要的指导，又随时注意减少和克服学生依赖性，可以达到让学生自己更好地读和写的要求。这样的"讲"，是有效的"引"，最终能实现"不讲"

---

① 邹贤敏主编：《洪宗礼：语文教育之"链"》，湖北教育出版社2001年版，第27页。

② 程良方等编：《洪宗礼语文教育论集》，江苏教育出版社1995年版，第437页。

的目标。

（三）引导是教师教育机智、教学智慧的一种体现

语文教学艺术的界定，历来有不同理解，归结起来主要有三种：一是被认为是教师的一种实践层面的积极教学活动，它能激发兴趣，激活思维，培养创新精神，陶冶真善美，形成健全人格；二是被认为是一种精神活动或精神现象，它能给教师指出前进的目标和努力的方向，帮助教师去从事真正称得上艺术的教学；三是介于这两者之间，它既是抽象的教学智慧，也是具体的积极教学实践。洪宗礼的"引导"艺术就具有智慧性和实践性的双重特性，它不仅是教学智慧的体现，更是教学机智的表现。

教学机智作为教学艺术的一个方面，具有教学艺术的一般特性；它作为教学艺术的一种特殊表现形式，又有其特殊性。人们对"教学机智"也有不同的阐释，其差异主要体现在对其积极性质与消极性质、实践活动与精神活动的讨论上。过去，人们对教学机智的内涵缺乏清晰的认识，使得人们一方面把教学中的随机行为都当作教学机智，出现了教学机智的"泛化"现象；另一方面，又把教学机智仅仅当作对意外事件的处理，出现了教学机智的"窄化"。这种"窄化"了的教学机智是一种被动的教学机智，被视作用来疏导教学冲突，消弭矛盾，使教学恢复常态行为。完整的教学机智应该指向主动的教学机智。主动的教学机智是指教师在没有碰到什么意外问题或遭遇尴尬处境的情况下，因为一定情境的触发，突然之间对一个习以为常的问题有了新的认识，产生顿悟，并立即采取相应行动。它更能体现教师的能动性，是教师专业素养的一种深层反映，是教学艺术的最高境界。范梅南认为，"机智"描述了一个人在教育学理解中的实际行动，它具有即刻性、情境性、偶然性、即兴发挥性等特征。他说："机智的行动是充满智慧的，全身心投入的……没有智慧就没有机智；而没有机

智，智慧最多也只是一种内部状态而已。"①简而言之，机智是外在行动的，智慧是内在精神的。

范梅南将符合教学规范的教学机智分为七个方面的指向：机智保留了孩子的空间；机智保护那些脆弱的东西；机智防止伤害；机智将破碎的东西变成整体；机智使好的品质得以巩固和加强；机智加强孩子的独特之处；机制促进孩子的学习和个性成长。良好的教学机智怎样才能形成呢？它需要教师具备热爱学生的真挚感情、勇于实践的探索精神、良好的思维品质、虚心学习的态度和广博的知识。

洪宗礼的"双引"教学艺术将内在的、静态的教学智慧转化为外在的、动作性的教学机智，将教学机智的范畴由被动的、意外的、消极的事件处理扩展到主动的、有意识的、积极的教育引导行动。"双引"教学艺术使教学智慧与教学机智实现真正的统一和融合，使教师的"导"和学生的"学"实现最佳的教学状态和教学效率。试看以下三则洪宗礼引导教学艺术的掠影：

1. "做一做'排'的动作"

孔乙己"对柜里说，'温碗酒，要一碟茴香豆。'便排出九文大钱"。洪宗礼老师说："排"字平常但很有深意。他要求学生做一做孔乙己的"排"的动作，并提示学生：人物的外在动作是他内心情感的直接反映。几分钟后，学生开始表演。甲生：把九枚硬币在桌面上排成一线，然后双手把硬币向前一推。乙生：拿起九枚硬币，一线儿平列在右手掌心上，先得意地看了看，然后倾斜手掌，"哗"的一溜儿泻在台面上。丙生：平展右手，掌心里躺着几枚硬币；他又把掌一收，五指合拢，用拇指和食指一搓捻，再用拇指把一枚枚的硬币按到台面上。九次动作，九个声响，九枚硬币整整齐齐赫然"排"在台面上。在教学中，多数教师采用"提问""讲解"等语言形式来分析字词。

---

① ［加］马克斯·范梅南：《教学机智——教育智慧的意蕴》，李树英译，教育科学出版社2001年版，第168页。

而洪宗礼在讲授"排"字的妙用时，运用一组动作表演展现形象性的情境，使学生在情境的对比中积极思考，深刻地体会"一字传神"的语言艺术。

2. "等他60秒"

洪宗礼老师在上《皇帝的新装》一课时，在课的尾声提出了一个问题："童话的结尾为什么要让一个孩子来戳穿骗局？"一个男孩猛地竖起手臂，但话刚出口，就被卡住了。老师鼓励他"不要紧张，慢慢讲"，但仍无下文。教室里响起了嘲讽的笑声，同学们露出不屑等待的眼神，有人高举手臂欲发言。洪宗礼老师则以目光示意其他同学要耐心等待，一边温和地对男孩说："刚才，肯定有什么从你脑中闪过，可你并没有捉牢它，他溜了。"30秒，50秒，60秒，教室里静悄悄的，男孩终于站起来了令人满意的回答。洪老师高兴地说："嘿，你真把那一闪而过的东西又抓回来，而且想得更清楚、更完整了！"60秒虽短暂，但对这位同学而言则具有终身的永恒价值。"等他60秒"是艺术，是一种引导的艺术。它更是机智，保留了孩子思维的空间和时间，保护了孩子的自尊，防止了伤害，激发了孩子的积极思维，促进了孩子的学习和个性成长。

3. "终课前的涟漪"

课结束了，等待下课铃声。洪宗礼先引出并板书明末的崇祯帝，接着引出了《阿Q正传》里的崇正皇帝，然后启发同学思考讨论其原因和联系。涟漪一："会不会是笔误？鲁迅先生也是人，不是神。"涟漪二："会不会是印刷排版中的差误呢？"涟漪三："艺术不等于历史。'崇正'不等于历史上的'崇祯'。"涟漪四："艺术真实固然不等于历史真实，但是艺术真实必须符合历史真实，而不能违背历史真实。"教师引导学生从后文中的"'柿油党'代替'自由党'"中得到启发。最后学生得出结论："把'崇祯'写成'崇正'，有深刻的含义。用'崇正'来代替'崇祯'，至少是对封建帝王的一种讥讽和嘲弄。"洪宗礼提问的艺术可谓"一石激起千层浪"，学生在解答的过程中闪动着思考和探究的光芒，思维过程由表象逐步进入科学性、批判性和论辩性层次。像这样闪现着机智性的教学艺术镜头不计其数。这归功于洪宗礼在课堂活动中善于"悦纳、沟通和转换"。他能用一种平和、轻松、愉悦、友好的心态来接受并应对课堂上学生的突发行为表现，以创设一种和谐的教学环境，为自然灵活的运用教学机智创造条件。他善于通过交流达成教师与学生行为意义的相互理解，为教学机智通往教学目标提供途径。他善于将教学中的消极事件转换为有教育意义的积极行为，为教学机智赋予了教育价值，最终实现教学目标。

（四）引导是课程建构与实施的策略与艺术

洪宗礼曾在自己的专著中构建了语文教育链学说，这集中反映了他的语文教学目标思想：语文知识是基础，通过历练转化为技能；技能熟练后定型化，形成习惯，获得方法；在传授知识、训练技能和养成习惯、获得方法的过程中渗透思想道德教育，使语言和思维同步发展，逐步达到全面提高语文素养的目标。[①]进入新世纪以后，他的"双基"的思想不断丰富、扩展，比如语文知识就包括静态的知识和动态的知识，范畴也扩大了，涵盖陈述性知识、程序性知识和策略性知识；语文技能除了传统的读写听说，还包括思维能力、试听能力、展示能力、创造能力，等等。[②]洪宗礼认为，这些新旧基础知识与基本技能犹如语文教育的墙基，必须夯得扎扎实实。如何夯实？必须经过严格而科学的训练，但这种训练并不是单纯机械地操练，它要与生活、语境、情境紧密结合，重在应用，重在探究，重在发展思考力和创造力，它贯穿于语文教学的全过程，要实现不仅让语文"站"起来，更让语文"活"起来。

这段话体现了洪宗礼追求语文教学"活"与"实"相统一的教学原则，这一教学原则实质上又是工具性与人文性的统一、科学性与艺

---

① 洪宗礼：《我的语文教育观》，载《全球教育展望》2008年第1期。

② 洪宗礼：《我的语文教育观》，载《全球教育展望》2008年第1期。

术性的统一的写照。洪宗礼认为，"双引"的教学艺术，核心是"活"字。"活"，是"双引"教学的生命，是"双引"教学的灵魂。但他认为，只有实与活相联系，才可能实现全局皆活。因而，"双引"教学艺术是追求"活"与"实"相统一的教学艺术策略。

洪宗礼指出，"活"即"相机诱导"。他的引读十法和引写五法，绝非一套僵化的公式，教师要在因"机"而"导"上下功夫。教师既要有"相机"的能力，又要有"诱导"的机智，要善于针对不同的教材、不同的教学对象、不同的学习状况，按照教学大纲的具体要求，因文、因人、因时而定法，择"机"而"诱"之。这样的引读引写，才能培养学生较强的读写能力。他在《我的语文教育观》一文中指出，教学的关键是个"活"字，要研究"活教"，"活教"就是教活课本的艺术。教活课本就是要创造性地开发、建构语文课程内容，灵活把握课堂教学，充分激活学生思维。他对语文教材的性质与功能有精辟的论述。洪宗礼指出，"教材是'帮助学生自主学习之本'，'引导学生学会学习之本'，'促进学生创造性学习之本'。教材不是供学生欣赏的花盆，也不是展示范文、注释、插图、练习等的展览厅，它是引领学生进行探究学习、独立思考的'路标'，是促进学生自主发展、自我构建的'催化剂'"[①]。基于这种教材观以及学生的身心特点，洪宗礼在语文教学实践中总结出了众多"双引"教学法，以实现"活"与"实"相统一的教学思想。

运用哪些教学策略来"求活"？洪宗礼在实践中摸索的经验是启"思"求"活"、激"疑"求"活"。洪宗礼提出了"学思同步说"，认为语文教学中要将发展学生的语言能力与思维能力齐头并进，培养具有智慧的学生。他说："在课堂上，只有不善于引导的教师，没有不愿意思考和不能思考的学生。"每位教师都有责任运用自己的教学艺术，最大限度地调动学生的积极思维，把学生引进"积极思考的王

---

① 洪宗礼：《我的语文教育观》，载《全球教育展望》2008年第1期。

国"。如设境法，要求教师在上课伊始就能抓住学生的心理，把学生引入一定的情境，激发兴趣，启迪思维，引导他们主动去阅读。设境的方法不拘一格，可以通过解题、引导读注和介绍背景、作者等方法，提供与课文有关的感性材料，以此作为学生阅读的"引子"；可以用推荐好文章的形式，提示课文的写作特色，或概述课文的精彩内容，激发学生主动探求的阅读动机；可以用短小的故事、有趣的新闻、著名的诗句、精警的格言，或者一幅画、一张照片、一件实物，巧妙导入，给学生直观感受，诱发学生阅读的兴趣；可以由教师作表情朗读或辅之以幻灯、录音等电化教学手段，动之以情，激发学生阅读的情感。激疑也是洪宗礼常用的引导艺术。学贵有疑，疑就是提出问题。学生在阅读中能提出问题，是独立思考的表现。教师要引导学生从无疑处生疑，在关键处揭疑，在平常处激疑。教师要帮助学生在阅读中揭疑，又要在揭疑中深入阅读，以求得思维的深刻。

怎样求"实"？洪宗礼强调以"厚"求"实"。以"厚"求"实"，就是运用方法上的多次反复、内容上的拓展扩充来求得基础知识和基本能力的落实和巩固。如引读法中的扶读法、反刍法、反三法、历练法等。扶读法，就是教师在教读课上引导学生进行示范性阅读，在典型的示范性阅读中，给学生"指路子、授方法、交钥匙"，教给学生把握文章的思路和脉络，使学生学会各种读书方法，掌握阅读文章的基本规律，最终走向"独立阅读"。反刍法，就是在学生初读课文后，教师再提出若干问题，引导学生反复比较、品味、辨析，揣摩文章的深意和作者遣词造句的匠心。反三法，就是通过教读，在典型性的"一"中进行"反三"，引出规律。"反三"不是单纯的阅读量的增加，阅读面的扩大，而是要进行类比、分析、归纳、综合、判断、取舍，是一种创造性的阅读与思维活动。比勘法，就是把精读文章作为出发点，向四面八方发射出去，使精读与参读相结合，巩固发展学生的知识，提高学生的阅读能力。它将阅读视野从课内延伸到课外，在古今中外的文海中"开源"，在这个过程中，教师不仅要为学生找

"水"，而且要引导学生自己找"水"。最简单的方法是组织学生布置"读书橱窗""剪报栏"，选订各种适合中学生阅读水平的读物。还可以定期向学生介绍"新书目""新篇目"。选供学生参读的文章，应力求与课文对照，使精读指导参读，以参读深化精读。洪宗礼还提出了"历练法"，就是让学生在反复练习中加深对课文的理解，提升阅读的效果。只有求得"实"，"活"才有基础。

第五章
国际之维

一　文学经典、国家标准及国际语文教育

（一）语文现代性传统的形成

在各国现代语言文学"几个世纪的绽放"之后，随着科学与理性的推动，西方语文教育进入了现代人文主义时代，形成了现代性传统。它与"自由主义个人价值紧密相关"，强调创造性和想象力，在课程内容上渗透着浓厚的资产阶级意识形态，体现了资产阶级的审美价值和趣味，概言之，它充满着资产阶级人文主义教育的价值与精神理想。在现代性传统中，从课程形态及构成上看，古典课程具有相当价值并占据相当位置，比如，希腊文、拉丁文，希腊、罗马时期的文学作品被看作心智训练，思想、语言上的启蒙，以及对历史文明的想象，从而对古代文化怀有一种深深的敬意，同时也是塑造个性的重要内容。恰如葛兰西所指出："学生学习拉丁文和希腊文并不是要用它们来讲话，成为侍者、口译员或商业信函书写员。他们学习

这些首先是为了了解希腊和罗马文明——我们现代文明的必要前提，换句话说，他们学习这些是为了成为他们自己，并且有意识地了解自我。"[1]而本国现代语文在课程上则占据了绝对的位置。在现代语文的兴起中，如果说早期的本国语文教学还局限于作为教学工具及手段的话，那么，在此之后则成为学校教育的一门重要课程，并被看作塑造一个民族精神的力量及民族性格的利器。恰如西方语文教育这一现代性的发生以及所经历的变化一样：它在颠覆封建经典之后，以普通民众的生活为指向，在精神生活上以具体的实用及当下的需求为目标，在课程编制上，选择绝大多数学生都能普遍接受的知识及通俗简明的形式。过去课堂上那些需要精心研读的可以享受终生的经典著作被一些不断更新的多样化的经典课文取代。实际上，伴随现代性传统的形成，语文教育内容也逐渐形成了以现代欧美重要作家的经典文本为中心的结构，特别是集中在但丁、乔叟、塞万提斯、蒙田、莎士比亚、歌德、华兹华斯、狄更斯、托尔斯泰、乔伊斯和马塞尔·普鲁斯特等26位有代表性的欧美作家身上。[2]现代人文主义认为，"对所有学生来说，最理想的教育是以普遍真理和人类长期的困惑为中心，以发展人们对自己最好生活方式的理解为目的。"[3]就语文教育而言，它主要体现在，使学生掌握富有独创性和想象力的语言文学作品的理解与鉴赏能力，获得"审美质量的判断标准"，总之，是用资产阶级文明及精神财富把个人武装起来。当然，就人的发展而言，这种由古典课程和本国语文所构成的现代语文教育对于儿童思维发展具有重要价值。怀特海曾经指出，在儿童发展的某一时期，会出现一个所谓"呆滞思想"

---

① ［意］安东尼奥·葛兰西：《狱中札记》，曹雷雨等译，河南大学出版社2014年版，第44页。

② ［加］英格丽德·约翰斯顿：《重构语文世界》，郭洋生等译，教育科学出版社2007年版，第62页。

③ ［美］帕梅拉·博洛廷·约瑟夫等：《课程文化》，余强译，浙江教育出版社2008年版，第59页。

的时期。"这种思想仅为大脑所接受却不加以利用，或不进行检验，或没有与其他新颖的思想有机地融为一体。"事实上，人在发展过程中，常因为这种"呆滞思想"的迂腐而墨守成规。[1]而现代语文教育的重要价值不仅可以让儿童尽早地摆脱"呆滞思想"时期，而且可以培养儿童面向社会的批判精神和语言文学的鉴赏力和创造力。对于由古典课程和本国现代语文构成的现代性传统的语文教育，怀特海曾经精辟地指出：古典语言教学和现代语文教育显示了表达两种主要的现代精神的不同方式，"显示了源于古代地中海文明的不同的进程。这是文学修养必不可少的三角，它本身包含着生动鲜明的对比，包含现在、过去"[2]。

在20世纪中叶之前，进行语言文学经典教育几乎构成了现代语文教育的全部内容。在此基础上，人们还提出了判断与衡量经典文本的六个标准，即："（1）密度（thickness），指每一句话都含有一个观点——整部作品充满了大量的思想和情感；同时，这些思想和情感可以给予我们思考周围世界和我们自己的新方式；（2）适应性（adaptability），指我们关于他人很久以前的情境的知识必须有助于我们理解当前的境遇或存在；（3）耐久性（endurance），指作品已经经受住了长期的和深入的批评；（4）创新性，指它是开创性的、预见未来的作品，或具有划时代影响的作品；（5）艺术性（artistry），指作品在形式上非常优美或明白易懂；（6）教育学价值（pedagogic），指投资于学习的时间能够带来丰厚的回报。"[3]同时，经典文本也形成了西方社会所喜爱的母题，比如迎合航行文化而形成的诸如进步、追求知识、作为迁徙的

① ［英］怀特海：《教育的目的》，徐汝舟译，生活·读书·新知三联书店2002年版，第2页。

② ［英］怀特海：《教育的目的》，徐汝舟译，生活·读书·新知三联书店2002年版，第117页。

③ ［美］帕梅拉·博洛廷·约瑟夫：《课程文化》，余强译，浙江教育出版社2008年版，第69页。

自由、作为奥德修斯式事业的自我认识、作为有待到达的目的地（通常是直而窄）的灵魂拯救，等等。在语文教育现代性传统形成以后，经典教育，特别是经典文学教育就占据了语文课程的重要位置。怀特海说："文学之所以存在，只是为了表达和扩展构成我们生活的那个想象的世界，表达和扩展我们内心的王国。"①英国文学界声称："传授和保护英国文学的经典是我们的职责，因为这正是问题的要旨。"②

如果说文艺复兴乃至以后一段时期人们在讨论语文及人文教育的价值与内涵时，主要指向通过有系统的语言文学训练达到个性的自由发展，那么，19世纪以后，语言文学教育不仅被特指为有系统的文学课程的训练和学习，而且与民族、国家紧密地联系在一起，并以此为标准，在民族国家的框架内叙述。英国文化学者雷蒙·威廉斯对此曾经指出："一个国家'拥有'一种文学这种意涵标示出一个重要的社会、文化发展，也许也标示出一个重要的政治发展。"③英国在国际上较早地成立国家标准协会（British Standards Institution）。通过实施"标准英文"，探讨培养和提高整个民族国家的语文能力。雷蒙·威廉斯考察认为，国家制订的标准，它不仅指观念、行为以及对于价值的关系，而且指符合当时的规范与受到教育机构的广泛支持。所谓"标准英文"，是指作为培养和提高整个民族及国家的语文能力的一种规范与水平。作为一种具有权威性的正确语言，"标准英文"提出的目的是要纠正以英语为母语所使用的"不正确"的英文。这一概念提出以后，受到教育界的广泛支持。在此基础上，现代语文教育就开始了通过建立一些能力指标对课程实施进行描述及建构活动。换句话说，人

---

① ［英］怀特海：《教育的目的》，徐汝舟译，生活·读书·新知三联书店2002年版，第100页。

② ［英］彼·威德逊：《导言：英语文学教育的危机》，王众译，见贝尔塞等编《重解伟大的传统》，黄伟等译，社会科学文献出版社1999年版，第127页。

③ ［英］雷蒙·威廉斯：《关键词：文化与社会的词汇》，刘建基译，生活·读书·新知三联书店2005年版，第271页。

们不仅开始思考如何设定标准，而且开始探索与建构语文教学标准的
"质"的概念及其实验的途径。可以说，"标准英文"的提出，不仅指
语文能力培养所需要达到的一种目标与水平，而且意味着教师对此保
持一种责任感，同时还指在教学体系的研究上有一个更为细致的能力
刻画与分析体系。语文能力被看作国民身份建构及发展的最重要的意
涵。因此，培养和提高学生良好的语文素养，造就国民广泛的阶级、
文化、政治价值成为语文教育的主要任务。尽管"标准英文"提出以
后，关于语文教学是否有标准，教学是否应该被标准化和如何维持标
准还有争论，但制订语文学科课程标准并进而探讨相应的语文教学改
革却悄然而起。用雷蒙·威廉斯的话说，语文教育开始进入"一个标
准被设计规划出来"的时代。①

（二）语文教育重建运动的展开

如果说这一"伟大传统"形成于资本主义发展的上升时期，体现
了资产阶级精英主义教育的价值取向，可以概括为现代主义，那么，
1914年第一次世界大战爆发之后，资本主义意识形态发生了重要变
化，特别是20世纪五六十年代以后，进入了所谓晚期资本主义发展时
期，西方主要发达资本主义国家由工业社会向后工业社会过渡，"大量
的生产指向了消费、闲暇和服务，同时符号商品、影像、信息等的生
产也得到急速的增长"②。现代人文主义教育的理性传统逐渐解体，后
现代主义构成了整个时代的精神特征。一方面，消费主义观念盛行，
休闲、时尚成为生活的重要话语；另一方面，影像文化、媒体文化、
网络文化等大众文化兴起，特别是电视文化在社会生活中越来越占据
重要位置，伴随而来的是后现代"无深度"的消费文化主导着社会文

---

① ［英］雷蒙·威廉斯：《关键词：文化与社会的词汇》，刘建基译，生活·读
书·新知三联书店2005年版，第459页。

② ［英］迈克·费瑟斯通：《消费文化与后现代主义》，刘精明译，译林出版社
2000年版，第31页。

化的潮流，在此形势之下，语文教育的现代性传统开始解构，一场语文教育的重建运动在世界范围内悄然而起。

"文化正是消费社会自身的要素，没有任何社会像消费社会这样，有过如此充足的记号与影像。"[1]如果说语文教育现代性目标是培养和造就个性自由发展的人。这一目标反映了资产阶级理性主义的教育理想。那么，随着社会文化的变迁，意识形态的变化，特别是后现代社会的到来，人们在扑面而来的大众文化的狂波巨澜面前，一方面对现代人文主义教育崇尚个性自由的价值与传统仍然持肯定的态度，认为人的发展与人的天性、品格及理性的培养始终联系在一起；另一方面，在实用主义哲学盛极一时的西方社会，特别是在崇尚价值与文化多元化的当代，批判主流价值，解构一切，任意挥霍直觉、感情和自我，呼唤构筑一种自我表现的生活方式愈来愈被社会大众所认同和接受，强调自我表现构成了社会文化的核心价值。所谓在消费社会，"每个人都能成为一个人物"[2]。"每个人都有自我提高、自我表达的权利！努力去享受体验并加以表达。"[3]在大众文化的历史潮流中，人们为了卷入这一潮流及参与文化的再生产与消费，积极张扬自我，体现在教育上，首先即强调培养批判性文化素养教育，主张培养多元文化价值，以及自我表现的人格及生活方式。更有甚者，因为过分强调个性自由及自我表现，甚至声称要"发展自恋和自私的人格类型"[4]。很显然，在消费社会这样一个后现代状态之下，解构理性主

---

① ［英］迈克·费瑟斯通：《消费文化与后现代主义》，刘精明译，译林出版社2000年版，第77页。

② ［英］迈克·费瑟斯通：《消费文化与后现代主义》，刘精明译，译林出版社2000年版，第124页。

③ ［英］迈克·费瑟斯通：《消费文化与后现代主义》，刘精明译，译林出版社2000年版，第126页。

④ ［英］迈克·费瑟斯通：《消费文化与后现代主义》，刘精明译，译林出版社2000年版，第163页。

义的教育传统，重构语文教育蕴含着历史的必然性，然而，后现代主义在重构语文教育的同时也把现代人文主义教育的合理性，比如，通过"理性、道德和精神力量"，培养个性自由发展的人，以及重视人的"心智、心灵和精神"的教育统统削弱及解构，又陷入了矫枉过正的误区。正是在这个意义上，人们指责后现代主义摧毁了现代人文主义教育的精神理想，变得"没有尊严，没有人文理想，没有培育和提高，有的只是对有差异的'他者'的平等权利"。[①]

詹明信认为，后现代主义有两个基本特征：现实向影像的转化及时间碎化为一系列永恒的当下片段。[②]从课程内容上看，与消费文化相关的媒体文化在语文教育上越来越占据重要位置，大众文化，特别是影像文本进入了语文课程，并被确立为其中重要的目标和内容。同时，现代语文教育中的经典概念发生了重要变化：经典不再是一个封闭的概念，而是一个开放的、动态的概念。开放性、多元化既是经典解构的重要原因，又构成了新的经典的价值意蕴。从1960年代起，英国、法国、德国等国家先后将掌握媒体交际技能及技术，利用媒体进行交际活动列为语文课程一项重要目标与内容。1970年代，法国在有关初中教育改革的文献中明确提出把图像教育列为基础教育课程改革的重要目标，并且指出，图像教育的目的不仅在于培养学生媒体社会交际能力及文化适应能力，而且在于使学生获得媒体文化的娱乐与消费能力，简言之，让学生学会再生产与消费影像文化的能力。

经典的解构，除了表现在内容结构上发生了重要的变化，由封闭走向开放以外，还表现在传统的经典文本被置于重新审视的状态。经典不再具有永恒的价值和超越的意义，而是在两种状态下被赋予了价值和意义：一种是在"回归历史"的状态下，即人们更多地从经典

---

① ［英］F. R. 利维斯：《伟大的传统》，袁伟译，三联书店2002年版。

② ［英］迈克·费瑟斯通：《消费文化与后现代主义》，刘精明译，译林出版社2000年版，第83页。

产生的特定时代和历史时期确定其价值及意义，另外一种则是从当下状态去寻找经典文本的意义和价值。在后一种状态下，经典常被当作总体文化研究的一种特定话语。以莎士比亚为例，英国文学批评家指出，对莎士比亚经典文本的解读应该在历史范围之内进行研究，而不是把他视为一个"民族文学的偶像"。因为作为特定时代意识形态的反映，经典文本是认识那个时代的思想与价值的重要窗口与途径。"只有在历史中才能发现自身，理解当前所处的状况。"另一方面，历史文本与当代生活之间始终存在着一种张力。经典的教育绝不是一个被动的现象，人们必须从经典文本中寻求其当代价值与意义。用后现代主义的话语说，"每一个人都必须和关于冲突、胜利及希望的文化叙事建立起个人联系，才能真正地获得文化知识，也就是说，人们的学习不只是从他们的文化故事中接受价值，而是通过发现这些故事、教训、戏剧和自己之间的个人联系来学习价值"[1]。如果说前者是将经典的文本置于与文学传统不同的关系背景中，"在成为历史上的文学文本的过程中"，学习知识和获取历史的智慧与经验，那么，后者则是在当代的视域内再生产与制造具有"伟大传统"的文本。[2]换句话说，重构经典不是在传统的范畴内对经典文本的意识形态及美学价值进行再解读和发掘，而是在后现代视域与话语中，具体地说，是在政治学、文化学、社会学及后殖民文学的范畴内对其解构。在后现代主义视域中，以欧洲为中心的理性主义教育传统本身就意味着一种霸权，一种压制。半个世纪以来，随着西方社会的变迁，特别是主流社会意识形态的解构，社会上的每一族群与文化都具有不可剥夺的权利与独特价值。简言之，所有的文化都是平等的，"一切皆有价值"。因此，资本主义发达国家在解构经典文本，重构语文课程体系时，在对传统文本

---

[1]［美］帕梅拉·博洛廷·约瑟夫：《课程文化》，余强译，浙江教育出版社2008年版，第60页。

[2]［英］彼·威德逊：《导言：英语文学教育的危机》，王众译，见贝尔塞等编《重解伟大的传统》，黄伟等译，社会科学文献出版社1999年版，第138页。

进行解构的同时，也发掘和建构关于自身文化文本的经典与课程。如果说过去经典文本所阐释的资产阶级文化"姓白（人），为男性，属中产阶级"，那么，后现代主义对经典文本的追问及解构则更多地着眼于妇女、种族、社会抗议、新教伦理和资本主义精神等视角。后现代主义在重构语文课程内容体系时，不仅拓展了维度，而且其内容更为深入和丰富。此外，它还积极倡导和探索与历史等人文学科结合，从而全面而透彻地理解经典价值与意义。比如，人们在对经典文本的价值进行探讨时，关注的问题包括："人们是如何获得权力的""被解除权力时，人们会如何反应"等等。[①]后现代主义在重构语文教育体系时，也受到了来自包括文学界等社会上的批评与责难。美国新批评理论就声称，语文教育，特别是文学教育应该强调从非政治的、客观的和审美的角度来解读文学作品，并寻找"跨越时空、对所有人都适用的普遍真理"[②]。事实上，怎样才能既从审美角度阅读文本又从社会政治的角度讨论文本，以帮助学生解构文本的社会意识形态，并质询妄自尊大、以自我为中心的欧洲中心论，则是后现代主义重构语文教育时无法回避的一个重要课题。

过去，以欧洲为中心的理性主义传统一向被世界上许多学校拿来向所有文化背景的学生灌输与传授，并且"被当作高高在上的智慧源泉来教授的"，被作为"文明本身"、作为普遍的东西、作为"规则和典范"呈现，而有关本地自身文化及反映的文本却被忽略了，或者遭受排挤。如前所述，自1960年代开始，解构主义思潮席卷欧美，以种族主义、女权主义和性别主义为核心的文化批评理论开始解构传统文学经典理论，在上述理论基础上建构的政治、历史和文化批评对美国乃至国际中小学语言文学教育都产生了广泛的影响。在新的批评理

---

① ［美］帕梅拉·博洛廷·约瑟夫等：《课程文化》，余强译，浙江教育出版社2008年版，第70页。

② ［加］英格丽德·约翰斯顿：《重构语文世界》，郭洋生等译，教育科学出版社2007年版，第181页。

论视野之下，传统的经典作品被重新检视，文化上的多元主义，如文本是否多样，种族、性别、性倾向、残疾等问题，不仅成为重建文学价值与意义的标准，而且成为一把衡量文本及课程价值的新尺子。总之，在后现代主义思潮推动之下，西方语文教育的重建，具体地说，在重新建构作为西方社会共同的文化遗产及"文化资本"的经典文本的同时，本民族的文化与边缘文化中有代表性的文本亦被正式接纳进来，从而形成了一种"双文化的课程模式"。"该模式同时承认主流文化和最有意义的少数民族文化，从而帮助学生在他们的两个世界里生活；这是一种互动的双文化模式，它同时展示主流文化和少数民族文化之间的相互影响。"①美国学者指出，这种"双文化"语文课程的建构至少包含三种价值：（1）拥有一个可用来批判性地审视占统治地位的信念和价值的立足点；（2）可以获得一种对主导文化进行审视及根据真实和变化的社会条件改变自己的信念及行动；（3）使学生获得一个在多元和互相联系的世界里生活的导航系统。总之，这一课程文化模式的价值在于，获得了来自主流世界和主流文化叙事以外的其他的智慧源泉。②

后现代主义在重建语文教育时，首先重新诠释了语文教育的文化功能及价值。文学的文化批评学派主张，文学批评是一种为人生的批评，意在努力提升人存在的意义与价值；文学教育就是要养成人的一种道德与文化的生活。文学教育的目的不仅仅是训练学生的文学与欣赏能力，提升自我修养，而且意味着发展个性，积极追求精神上的和谐和完善，致力于"灵魂伟大和个人的尊严"。因为文学"提供的是丰富的、形象的、情感的世界，或熏染读者的自我意识，或激发读者的道德想象，或启迪读者智性的活力，或使读者实现情感的宣泄与弥

---

① ［美］帕梅拉·博洛廷·约瑟夫等：《课程文化》，余强译，浙江教育出版社2008年版，第78页。

② ［美］帕梅拉·博洛廷·约瑟夫等：《课程文化》，余强译，浙江教育出版社2008年版，第78页。

合"。"真正的文学是文明的核心，它会拓展我们的道德想象，引导我们获得智慧和自我认知，并且开阔对所继承的传统的理解。"①之后，文学批评的文化理论成为广泛影响欧美文学及文学教育的一种理论与传统。它对中小学语言文学教育的直接影响是，要求通过文学文本的揣摩、体验、反思，实现自我完善，通过进入所谓文学的"文化"过程中受到压抑的人性的体验而进入社会。特里宁指出，文学教育并非向学生全盘灌输教师的感悟，而是"优雅而有力"地让学生与文学作品之间保持一定距离，留给他们思索的空间，让学生用自己的经验去解读。教师的作用是引领学生体验伟大作品的绝佳意蕴，"绝不推逼提拉，只是随时准备向你提示前面的陡坡和岩缝"，以"唤起读者的意识和回应"为目的。②

（三）后现代主义对语文教育的重建

后现代主义在重建语文教育内容体系的同时，也重构了课程实施中的教师与学生的关系。如果说在现代语文课程实施中，教师和学生之间的关系是教与学的关系，教师作为权威，无论是在知识的掌握上，还是在教学过程中，都处在居高临下的位置，那么，在后现代的课程与教学中，二者之间则是一种平等的对话关系。这种平等关系主要表现在课堂教学中，教师不再是"专家式读者"，取消了预先对文本设置的问题与答案，转向"导读"及"合作学习者"的身份，指导学生进行阅读，并在此过程中获得自我学习。③不仅如此，教学过程中师生形成的对话及社会关系还体现在，它们又构成了语文能力的重

① Iannone, Carol. *Lionel Trilling and the Barbarians at the Gate*. Academic Questions. 2002，15（1）：7–17.10.

② ［美］莱昂内尔·特里林：《文学体验导引》，余婉卉、张箭飞译，译林出版社2011年版，第9页。

③ ［加］英格丽德·约翰斯顿：《重构语文世界》，郭洋生等译，教育科学出版社2007年版，第82页。

要内涵。以读写能力为例，语文能力不仅包括掌握阅读的技能、技巧以及运用概念的能力，而且"包括不受绝对权力主义结构约束的对话和社会关系"，从而"使人们批判地解读他们的个人和社会的世界，因而增强他们的力量，向组织其自身的观念与经验的神话与信念提出挑战"[①]。实质上，后现代主义在重构语文教育中的师生关系时，首先是对传统的知识论进行批判与质疑的。在后现代主义看来，传统的教师权威角色与传统的知识观有关。后现代主义认为，知识是流动的、个人的或可以质疑的，因此，传统的教师"权威角色""专家读者"身份以及与学生形成的授受的关系理应受到质疑与解构。罗伯特·扬对此概括指出："从其最大可能也是影响最深远的角度来看，解构不仅涉及对普遍知识基础的批判，还特别涉及对西方知识基础的批判。把知识等同于'西方思想的意义，当西方的边界正在退缩的时候，这个思想的命运就是去扩展其领域'。"[②]后现代主义在面对来自不同文化背景的学生，强调为体现对不同文化的尊重，增进文化的多元化，重构语文课程内容时，除了加入一部分"由美国有色人种作家、波多黎各作家或加拿大华人作家所写的文本"，"还需要帮助学生穿越文本中民族、阶级、性别和种族话语中的界限划分，这样他们才能创造出吉罗克斯所描述的'现存权力结构中的新身份'"。[③]其责任是，"找到方法，帮助学生'解构对他者所作的种族主义的表述／歪曲。这类表述／歪曲广见于政治、社会和文化话语之中，这类话语又深深地刻印在文学文本、电影、音乐带、报刊、电视节目和电脑论坛之中，而学生恰恰试

---

① ［美］亨利·A.吉鲁：《教师作为知识分子——迈向批判教育学》，朱红文译，教育科学出版社2008年版，第104页。

② ［加］英格丽德·约翰斯顿：《重构语文世界》，郭洋生等译，教育科学出版社2007年版，第73页。

③ ［加］英格丽德·约翰斯顿：《重构语文世界》，郭洋生等译，教育科学出版社2007年版，第181页。

图通过这些东西认识他们的世界'"。[①]

在后现代思潮的推动之下，世界上众多发达资本主义国家开始重建中小学语文教育，努力推进及提高国家语文水平及质量。许多发达国家都在全球化的语境下重新定位国家未来发展所需要的人才培养的规格，强调在科学技术日益发展的时代，在多元文化语境下培养掌握多种文本，具有批判创造能力和探究精神，承担伦理和道德责任的高品质的公民。以美国为代表，1996年、2010年美国教育界两次组织相关专业委员会制订国家标准，推进中小学语言文学教育的改革与发展。1996年《英语语言文学标准》指出，语文教学是一种积极的而非消极的语言使用与学习过程，在这个过程中，参与最重要。因而中小学语文教学的主要任务是激发教学过程中的教师和学生的创造性，发展学生的社会参与能力，以实现创造生活的目的。早在启动2010年的《共同核心州立标准》制订时，美国教育部就声称："采用世界一流标准，使美国的课程适应21世纪的要求。"从新一轮中小学语言文学课程标准的重订看，美国以及世界上主要发达国家语言文学教学改革形成了一些重要的取向。

第一，指向了语文核心素养的培养，特别是批判性文化素养的教育。美国教育界认为，中小学语言文学教育的目的，并非仅仅确保所有的学生都能够有机会通过发展语言技能获得鼓励和关注，丰富个人的知识，实现生活的目标，更为重要的是，作为社会文化群体中一员，通过课程，实践批判与质疑官方知识，揭示知识的本质、知识的生产与传播及运作过程中意识形态及权力结构，从而获得一种批判与探究的立场，建构新的身份认同，充分参与到社会生活之中。美国两次国家层面的课程标准的制订，都使课程内容更加丰富，充分体现了国家在公民培养上的新目标和新的要求。1996年《英语语言文学标

---

① ［加］英格丽德·约翰斯顿：《重构语文世界》，郭洋生等译，教育科学出版社2007年版，第54页。

准》提出的一个重要目标即是，学生广泛阅读各个时期不同体裁的文学作品，从不同的角度（比如哲学的、伦理的、审美的）来理解人类经验。2010年的《共同核心州立标准》提出，语文学习是阅读、写作、听说、视觉活动一起积极探索的综合性学习活动。语文学习要不断提高学生的阅读和理解文学性文本和信息性文本的能力，尤其是批判性评价其阅读内容，培养学生对语言和语言学习的归属感，促进学生语文能力的成长和发展。

第二，对语文能力概念的再定义。早在1996年，《英语语言文学标准》研制者就声称："许多年之前，语文能力被定义为一种读或写某个人名字的狭隘能力，然而今天英语语言能力包括完成广泛地读、写及与每日生活密切相关的语言任务。"尤其是电子媒介与网络的发展，国家对公民全面参与社会和工作领域提出了更高的英语语言能力要求。这种要求不仅包括语言表达，还包括"技术交流技能"，确切地说，语言文学能力已扩展至听、说、读、写、看、视觉呈现（visually representing）六个方面，并且特别强调信息技术能力在创造和交流语文知识方面的作用。概括地说，媒体技能贯穿语文能力标准的始终：学生需要具备搜集、理解、评价、综合以及报告信息的能力，创造性研究或解决问题的能力……2010年问世的《共同核心州立标准》则提出了培养学生一般语文能力及读写应用能力。在K-12年级将其划分为K-5年级，六至十二年级两段，具体描述英语语言文学读写能力和在历史、社会研究，科学与技术等学科的语言读写应用能力及其指标体系。英语语文能力是《共同核心州立标准》描述的核心概念和工具。它既包含传统阅读能力，如文本概括能力、分析文本要素能力、恰当运用单词短语的能力、分析文本形式与内容关系的能力、分析人物形象的能力，鉴赏非书面形式（声音、影视、舞台等）作品的能力以及分析作品中的文化和历史知识的能力，也包含信息筛选及提取能力。这些能力大致涵盖了学生文本阅读的全部要求，体现了21世纪新的读写环境所应具备的能力，特别是反映了信息技术环境下对英语能力的新要求。

第三，回归文本。文本的理解与掌握不仅是描述语文课程的一个基本工具，而且是衡量语文教育质量的重要标准。如果说1996年英语语言文学标准中的文本概念不仅指印刷的文本，也包括口头语言，图片或图形和沟通交流的技术所产生的电影，电视、广告等非印刷的文本，以及视觉交流的语言（即媒介素养），那么到2010年，文本则成为一个内涵更加丰富的概念。文本不仅被明确地划分为文学性文本与信息性文本二类，而且包括了许多更为具体的次级概念，如文本的复杂度、文本的不同类型、文本的关键类型等，这些文本的次级概念具体描述了中小学各阶段英语语言能力及发展水平，同时也成为衡量语文质量的重要标志。《共同核心州立标准》在K-5年级，六至十二年级有关文学性文本和信息性文本的内容中，都提出了必须广泛和深入阅读高质量和具有挑战性的文学性文本和信息性文本的目标；要求通过阅读大量多种文化背景和不同时代的故事、戏剧、诗歌和神话，熟悉和掌握多种多样的诸如文本结构、文学基本原理和文化知识；通过阅读历史、社会研究、科学及其他诸种文本，掌握这些领域的基础知识和文化知识；通过阅读所有领域的内容提供背景知识："阅读多个流派、跨文化和跨世纪的有思想的作品，通过作品中对人类深刻的思考，促进学生的思维与写作模式的形成与变化。对于高质量的文学作品，应当从开创性的美国文件、美国文学的经典著作和莎士比亚的戏剧中选择。通过广泛和深入阅读文学的和不断增加难度的非文学的著作，学生储存文学和文化知识、文献和图像，具备评价复杂的争论能力和克服复杂文本所带来的挑战的能力。"[1]标准所建议的关键类型文本含有四种：世界经典神话故事、美国重要政治文件、重要的美国文学作品

---

[1] Common Core State Standards Initiative. *Common Core State Standards for English Language Arts & Literacy in History/Social Studies*, *Science*, *and Technical Subjects*［S］. Washington，D.C.：CCSSO & National Governors Association，2010：6.

以及莎士比亚的著作。在文学性文本和信息性文本之间，作为课程改革的重要内容及取向，标准更加强调对信息性文本的学习和掌握；在关键类型文本中，标准强调，具有个人风格的政治文本和逻辑严密的法律文本蕴含丰富的思辨性内容，是提高逻辑推论能力的最佳阅读材料，是培养学生运用论据能力的最佳途径。以6至8年级为例，标准为教学提供的阅读参考篇目包括文学性文本和信息性文本。文学性文本含有故事、戏剧、诗歌三种类型：故事类推荐阅读文本篇目包括《小妇人》《汤姆·索亚历险记》《时间的皱纹》《黑暗崛起》《龙翼》等11种；戏剧类包括《对不起，打错了》《安妮的日记》2种；诗歌类包括《保罗·瑞维尔骑马来》《啊，船长！我的船长！》《胡言乱语》《漫游的安格斯之歌》《未选择的路》《芝加哥》《我也歌唱美国》等；信息性文本有英语语言艺术、历史社会研究和科学、数学和技术三类。其中英语语言艺术推荐的阅读文本包括《托马斯杰斐逊的信》《美国奴隶雷德里克·道格拉斯的人生自述》《鲜血、辛劳、眼泪和汗水，1940年5月13日的议会演说》《地下铁路的乘务员》《与查理同行：寻找美国》等；历史社会研究推荐的文本包括《美国宪法第一修正案》《冰海沉船》《这是你和我的土地：伍迪·格斯里的生活与歌》《我们据此生活：注释版宪法导读》等；科学数学技术推荐的文本包括《大教堂：建造它的故事》《曼哈顿的建成》《淘气的数字：数学历险记》《数学长征：深入数学的腹地》《极客：两个迷路的男孩如何乘互联网飞出爱达荷》等。在标准所建议阅读的参考书目中，文学性文本不仅题材丰富，主题深刻，而且表现手法多样，反映的文化多元，如《小妇人》为强调女权意识的半自传体小说，《龙翼》主题是褒扬亚裔在美国奋斗历程的故事；《汤姆·索亚历险记》是美国传统经典小说；《时间的皱纹》则是当代畅销小说。这些文学作品所传达的是一种积极向上、追逐光明、敢于冒险与奋斗、从而改变个人命运的美国精神的主题。

（三）国际母语教育经典评述

《国际母语教育经典译丛》主要选择了国际中小学语言文学教育从现代到后现代变革中产生的经典理论、学说，经典问题研究以及经典教学文献，尤其集中于20世纪后半叶以来世界发达国家那些具有引领性的重要的语文教学理论、经典研究，以及语文教育领域具有突破性意义的重要改革案例与文献：（1）语文教学的经典理论与学说，是指在文学教学、阅读与写作教学以及其他语文学习与探索中，那些根源于语言、文学及教育理论，且具有原创性意义的理论学说，这些理论与学说不仅在某一时期具有重要理论意义和实践应有价值，而且在以后的相当长时期仍然具有相当的价值和意义，"既是永恒的，又是历史的"。如读者反应理论代表人物路易斯·罗森布莱特的交易阅读理论，朱迪斯·朗格的以想象为中心构建文学课堂的理论，等等。（2）经典问题研究，是指关于在社会变革过程中制约学校语文学习的一些基本问题、经久不衰的话题、关键概念与思想，以及由新技术革命引发的对新的语文学习方式的研究。这些研究不仅具有强烈的现实关怀，而且具有突出的问题意识，通过科学而规范的研究方法、方式完成，总之，具有典范意义。（3）经典案例与文献，是指那些由全国性专业组织牵头或国家教育行政部门委托的带有突破性意义的语文教育问题研究的案例与文献专集。这些研究多聚焦社会重要转型时期语文教学所遭遇到的种种现实问题，通过大学及中小学联盟攻关在一些重要问题上取得了进展及成果，可以为改进某一时期语文教学提供历史和实践价值。

《国际母语教育经典译丛》具有以下三个方面的价值与意义。

第一，重构语文经典教学。西方语文教育理论是在西方的文学理论谱系中形成及发展的。从现代到后现代，自1950年代起，西方文艺理论各种流派可谓异彩纷呈，各领风骚，读者反应理论、新批评、结构主义、符号学理论、解构主义、新历史主义、女性主义、新殖民主义等，不一而足。西方每一种新的文学理论的产生都在中小学语文教育界产生重要影响：一批从事文学教育的专家、学者及教授在参与这些理论创建的同时，积极探索并将其转化为中小学语言文学教育的实践，成为西方中小学重返经典文学名著的重要途径与方式，如罗森·布莱特的交易理论，朱迪斯·朗格的以想象为中心构建文学课堂理论，等等。恰如有些学者所指出的，我们阅读分享西方学者深入认知与解读西方文学经典的各种理论、方式及问题意识，"引领中国读者进一步思索传统与现代，古典文化与当代处境的复杂关系"，进而为我国语文教育重返经典教育，回应西方的经典重建做好更坚实的准备，"为文化之间的平等对话创造可能性的条件"①。

第二，借鉴科学与规范的语文教育研究方法。无论是文学教育、阅读教学、写作教学，还是课堂学习的观察与评估，对学习有障碍学生学业成就的改进，20世纪以来，西方中小学语言文学教育研究逐渐摒弃了宏大叙事模式，形成了比较科学而规范的研究方法及传统，注重探讨促进学生在具体情境中的学习、变化与发展。这种科学规范的研究，都有强烈的面向不同学生的关怀及解决问题的意识，换句话说，它是针对社会变迁中语文教学的不同人群及具体问题而进行的科学规范的研究。譬如，新媒体技术对不同族群学生语文学习带来的挑战，这些具体问题及经典研究，不仅研究结论可以供我国中小学语文教学参考，而且它在一定的情境中，针对课堂中的不同学生，为切实改进个体学习而非成绩的取向及其研究方法也是当前我国语文教育研究所面临的重要课题，而国际语言文学教育的先行研究恰恰可以给我国的语文教学研究提供有益的启示。

第三，推动语文教育改革与创造。全球化时代世界各国中小学语言文学教育都面临一些共同的问题，比如，如何培养语文核心素养问

①　姜丹丹等：《主编的话》，见［法］奥利维耶·阿苏利《审美资本主义——品味的工业化》，黄琰译，华东师范大学出版社2013年版。

题，如何利用新媒体技术改革语文教学，如何全面提高中小学生阅读质量及写作水平，如何通过评价促进语文学习的问题，译丛中一些研究论著恰恰提供了这样一些经典的研究。这些研究不仅涵盖了中小学各阶段语文发展所涉及的相关问题，而且实验研究持续时间长，有的还与时俱进，不断增加或补充新情境下出现的问题探讨，研究报告亦经反复的修改或重订，可以说具有相当应用价值，可以为我国语文课程与教学的改革提供直接的参考。比如《阅读项目的监督与管理》一书是1990年代末美国在阅读挑战行动计划中实施的一项旨在改进全美儿童阅读能力、帮助孩子成功阅读的一项研究报告。21世纪之初，在美国联邦政府以"不断提高全体美国学生的阅读能力"号召之下，在中小学通过实施阅读专家及读写辅导员专门为阅读教学提供课程领导和教学支援，提高课堂中各种层次中小学生的阅读水平及质量就很有代表性。该报告研究时间前后持续10多年，修订5版，集中探讨了中小学阅读教学领域的15个重要问题，其中不乏改革阅读教学的创新举措、技术与策略，其研究和所得出的结论颇多醒人脑目之处，可以为深化我国中小学阅读教学提供新的思想资源和想象的空间。

二　美国中小学语言文学国家课程标准的建构

美国中小学英语语言文学国家课程标准的研制发端于1980年代的教育改革运动。1983年4月，美国高质量教育委员会发表了《国家处在危险之中：教育改革势在必行》报告。报告指出，美国教育正在遭受日益增长的平庸化潮流侵蚀，"它威胁着整个国家和人民的未来"[①]。随后掀起的"回到基础"、追求优异、反抗平庸的教育改革运动旨在"最充分地发挥学生的天资与才能"，全面提高中小学教育质量。此后美国联邦政府出台多项法案与基础教育改革政策，鼓励英语语言文学、科学、数学、历史等学科领域的教师与专家研制国家课程标准。由国际阅读协会（IRA）与全美英语教师委员会（NCTE）共同研制的《英语语言文学标准》由此诞生。

为全面复苏美国经济，上任伊始的奥巴马总统签署了《2009年美国复苏与再投资法案》。不久又发表了《构建美国全面而有竞争力的教育体系》报告，强调建立一个可以为"各州采用的世界一流的标准，使美国的课程适应21世纪的要求"[②]。2009年7月24日，联邦政府教育部推出"力争上游"计划，以巨额拨款资助教育改革，特别是推动中小学数学、科学和英语等学科改革。[③]2010年由全美州首席教育官理事会（CCSSO）与全美州长协会（NGA Center）联合研制，旨在

---

① 吕达、周满生主编：《当代外国教育改革著名文献·美国卷》（第一册），人民教育出版社2004年版，第4页。

② 史静寰等：《当代美国教育》，社会科学文献出版社2012年版，第107页。

③ 史静寰等：《当代美国教育》，社会科学文献出版社2012年版，第111页。

促进青少年在将来的大学和职业生活中获得成功的《共同核心州立标准》（*Common Core State Standards*，简称《共同标准》）问世，表明美国政府为确保学生"获得世界级教育"推进国家标准的决心和目标。共同核心州立课程是在为青少年未来学术和就业做准备的双重目标主导下研制的，因而标准内容体系更丰富，充分体现了国家在公民培养上的新的诉求和目标。

（一）1996年：《英语语言文学标准》的诞生

1.课程标准：以英语能力发展为导向

作为美国第一份中小学英语语言文学国家课程标准，《英语语言文学标准》对"标准"概念的阐述是：所谓"标准"，就是确定学生在英语课程中"应知道什么"和"怎样做"。标准指出，学习者是课程标准设计的出发点和中心，标准设计不仅要描述课程学习的内容，还要关注作为语言的使用者——学生在英语语言方面"为什么、什么时候、怎样成长和发展"[①]。《英语语言文学标准》有三个核心概念，即"文本""语言"和"阅读"。它们不仅构成描述标准的手段和工具，也定义了课程的内容和范围。实际上，三个核心概念蕴含了标准研制者在这门课程与教学上的基本主张和立场。"我们广泛使用的'文本'这一术语不仅仅是指印刷的文本，也指口头语言、图片或图形和沟通交流的技术所产生的电影、电视、广告等非印刷文本。'语言'作为一种交流的方式除了具有口头和书面的表达形式，还包括视觉交流的语言（即媒介素养）。'阅读'不仅仅是针对印刷文本，也包括广泛的聆

[①] The International Reading Association，the National Council of Teachers of English. *the Standards for the English Language Arts*［S］.Washington，D. C.：IRA，NCTA，1996：1.

听和观察。"①不难看出，课程标准在"文本""语言""阅读"三个核心概念的诠释上，在其概念的基本意义之外，更强调其拓展的新的蕴含。

概念内涵的拓展意味着对语言文学能力要求的提高，《英语语言文学标准》指出，英语语言能力的培养是现在和未来社会的需要，在技术和社会日益变化的今天，随着人们语言沟通和思考方式的改变，语言能力的定义和内涵也发生了重要变化。"许多年之前，语言能力被定义为一种读或写某个人名字的狭隘能力，然而今天英语语言能力包括完成广泛地读、写及与每日生活密切相关的语言任务。"②尤其是电子媒介与网络的发展，对公民全面参与社会和工作领域提出了更高的英语语言能力要求。这种要求不仅包括语言表达，还包括"技术能力"，确切地说，语言文学能力已扩展至听、说、读、写、看、视觉呈现六大能力。③

2.12条原则：以学习者为中心

《美国中小学英语语言文学标准》的主体是12条原则。如表5-1所示，它对中小学英语语言文学课程内容以及学生语言能力发展做了高度概括及阐述。

为帮助教师、学生更好地按照标准组织与实施课程与教学活动，标准阐述了一个以学习者为中心的语言学习模型。"将学习者放在核心地位，这是非常重要的：标准建立的主要目的是在学生听、说、读、

---

① The International Reading Association, the National Council of Teachers of English. *the Standards for the English Language Arts* [S].Washington, D. C.: IRA, NCTA, 1996: 2.

② The International Reading Association, the National Council of Teachers of English. *the Standards for the English Language Arts* [S].Washington, D. C.: IRA, NCTA, 1996: 3.

③ The International Reading Association, the National Council of Teachers of English. *the Standards for the English Language Arts* [S].Washington, D. C.: IRA, NCTA, 1996: 5.

写、看及视觉呈现的过程中参与经验形成。这反映的是一种积极的而非消极的语言使用与学习的过程，在这个过程中学生的参与是最重要的。"①从学生英语能力发展看，它涉及三个维度，即内容之维、目的之维和发展之维。"'内容'主要指在创造、解释、批判文本过程中所涉及的写、说的知识。这些知识与个人的知识，学校或技术的知识，或者是与社会和社区的知识有关。""目的"主要关注学习者的动机、原因和希望的结果，"比如为了学习，为了表达思想，为了传递信息，为了说服他人，为了使我们注意某些事情，为了品味某些审美经验，或是参与他人的社会活动中。""'发展'主要关注学习者如何发展语言艺术能力。学生的语言发展主要是在学校，他们的成长主要表现在他们清晰地、有策略地、批判地、创造地使用语言的能力上。同时通过这种语言能力获得其他的知识，实现其他的目标。"②

表5-1　《美国中小学英语语言文学标准》12条原则

序号	标准基本内容
1	学生通过广泛阅读印刷与非印刷文本，建立对文本、自我及美国和世界文化的理解；获得新的信息，满足社会和工作的需求，完善自我。这些文本包括虚构和非虚构类的、古典的和当代的作品
2	学生广泛阅读各个时期不同体裁的文学作品，从不同的角度（比如哲学的、伦理的、审美的）来理解人类经验
3	学生运用各种策略理解、阐释、评价和欣赏文本。综合先前的经验，与其他读者和作者的互动，词汇知识和其他文本知识、词汇辨认策略，以及对文本特征的理解（比如声音—字母一致、句子结构、语境、图画等），从而形成正确的认识

① The International Reading Association, the National Council of Teachers of English. *the Standards for the English Language Arts*［S］.Washington, D. C.: IRA, NCTA, 1996: 9.

② The International Reading Association, the National Council of Teachers of English. *the Standards for the English Language Arts*［S］.Washington, D. C.: IRA, NCTA, 1996: 10.

续表

序号	标准基本内容
4	学生依据不同的听众和目的，调整他们书面的、口头的和视觉的语言（如表达习惯、风格和词汇等），达到有效交流的目的
5	学生运用多种策略，在写作过程中恰当使用多种写作要素，根据不同目的，与不同的读者进行交流
6	学生运用语言结构知识，语言惯例（比如拼写、标点符号），媒体技巧，修辞语言及类型，创造、批评和讨论印刷与非印刷的文本
7	通过激发思想和问题意识，提出问题，促进学生对事物的研究；通过搜集、评价和综合来自各种不同资源的数据（如印刷和非印刷的文本、民俗产品、人），依据不同的目的和听众选择合适方式交流他们的发现
8	学生利用多种技术和信息资源（比如图书馆、数据库、计算机网络、电视）搜集、综合各种信息，创造和交流新知识
9	学生理解和尊重语言运用的多样性，以及跨越文化、民俗群体、地理区域和社会作用的方言
10	对于第一语言非英语的学生，利用他们的第一语言发展英语语言学习能力，促进他们对跨学科内容的理解
11	学生作为有见识、会反思、有创造性、有批判意识的成员参与社区文化活动
12	学生利用口头的、书面的和视觉的语言实现自己的目的（如学习、娱乐、劝说以及信息交流）

从"以学习者为中心"的语言学习三维模型来看，标准1—2属于内容之维，其中对非印刷文本价值的阐述是标准的重心之一。标准指出，不同时期的文学文本阅读是学习理解人类文化的不同侧面的重要途径。标准3—12属于发展之维，其中，标准3—6主要集中在阅读、交际、写作等语言运用技能上，包括培养文本解读的技能，运用不同语言表达方式、写作策略、语言形式与不同对象进行交流的能力；标准7—8要求发展学生探究能力与信息技术能力，让学生通过各种课程资源获取资料，对某些重要的问题进行研究；重视信息技术能力在创造

和交流知识方面的功用。标准9—10要求学生形成在多元文化环境之下所应具有的语言观和语用观，建议通过作为媒介的第一语言发展国家标准语言——英语。标准11—12侧重发展学生社会参与能力，实现创造生活的目的。目的之维则贯穿标准的始终。这份标准的最终目标是"确保所有的学生都能有机会通过发展语言技能来实现生活目标，获得鼓励和关注，丰富个人知识，作为有知识的公民充分参与到社会生活中"[①]。正如全国英语教师委员会一位委员指出："标准代表着我们重视什么。"其主要解决的问题是"学生应该知道什么语言知识，以及他们能够用语言做什么"[②]。12条标准从阅读、写作、探究、文化与交际等方面呈现了美国中小学语言文学教育的目标，其最终指向是培养充分参与社会生活的有教养有知识的公民。

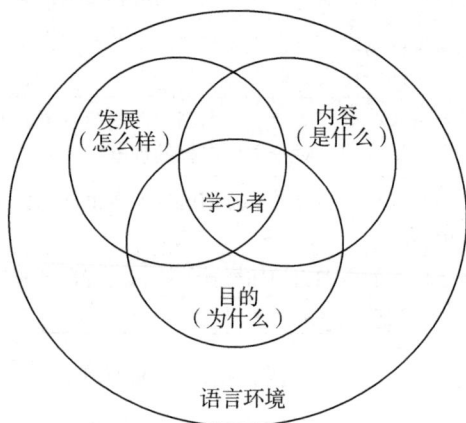

图5-1　英语课程交互模式图

①The International Reading Association, the National Council of Teachers of English. *the Standards for the English Language Arts* ［S］.Washington, D. C.: IRA, NCTA, 1996: 8.

② Heidi Anne Mesmer. *What is the Standard for State Standards? An Investigation of the State English Language Arts Standards of Colorado*, Florida, Michigan, and New Hampshire ［J］. Reading Horizons, 1997, 37（4）: 282-298.

3. 标准的实施与实践

在政治分权制的美国，如何研制与实施一份语言文学教育的国家课程标准？这份标准的卓越之处在于它没有建构一个具体的内容体系，而是强调标准的功能与价值取向："不是被当作针对特定课程或教学方法的处方，而是为课程的教与学指引一种创造力，为它们提供充足的创造空间。这种创造力对于教与学是必不可少的能力。"[①]在课程实施中，注重积极引导教师和学生参与创造，或者说，在实施中给课程与教学创造更大的空间，这是标准的策略所在，也是其智慧的地方。

为了有利于课程标准的实施与评价，标准在第四部分附录了小学、初中、高中三个阶段水平的18个课程实施的案例，以鼓励与引导教师开展批判性的实践与讨论，实现标准建构的理想状态。这些案例均来自真实的课堂实践，有些则针对标准的某个要点做特别的设计和处理。每个案例之后又设计三个左右的问题供教师反思，即通过问题引导教师围绕标准展开教学。

（二）2010年:《共同标准》的问世

《共同标准》的研制是为了提高美国在科学、技术和社会文明中的国际竞争力，执世界经济之牛耳，因而标准在"世界一流"的理念之下，指向了四个目标：（1）基于研究与证据；（2）指向大学与就业；（3）严格；（4）国际基准。[②]《共同标准》综合了国际课程标准研制的先进经验，特别注重调研和实证结果。在学术和就业双重目标的主导下，标准不仅在课程内容，而且在英语能力等更具体的项目上

---

① The International Reading Association, the National Council of Teachers of English. *the Standards for the English Language Arts* [S].Washington, D. C.: IRA, NCTA, 1996: 2.

② Common Core State Standards Initiative. *Common Core State Standards for English Language Arts & Literacy in History/Social Studies*, Science, and Technical Subjects [S]. Washington, D.C.: CCSSO & National Governors Association, 2010: 3.

都做了细致的指标描述。《共同标准》延续了1996年标准对课程本质及核心内容的阐述，如聚焦英语能力的发展描述，其中阅读能力成为英语能力叙述的中心。

1. 文本的再定义与标准的框架与内容

《共同标准》丰富了1996年标准中的文本等核心概念，将文本划分为文学性文本、信息性文本两种，其中信息性文本教学的提出是标准的一项新的重要内容。"对他们来说，在未来职业训练课程里，将会面对更多信息性文本。"[1]因此，《共同标准》尤其注重学生对论据的掌握和逻辑的思考。标准提出："无论是在写作中，还是在会话实践时，学生应当运用相关的论据支持自己的论点，清晰地将信息和观点传达给读者或听者，同时对他人所使用的论据进行判断。"[2]信息性文本和文学性文本构成了英语课程与学习的重要内容，并且始终贯穿K–12年级英语课程与训练。当然，二者在不同年级有不同要求，比如，K–3年级信息性文本分为信息性文本和朗诵信息性文本。这一阶段信息性文本的训练从主题单一、图文并茂、词汇简单、篇幅简短的文本开始，培养学生对此类文本的学习兴趣，并逐渐培养他们对信息性文本的认知和了解，文本难度则随着年级的递升而不断递增。

《共同标准》由三大部分构成：K–5年级英语语言文学标准及历史／社会研究／科学／技术等科目的读写能力标准（ELA）；六至十二年级英语语言文学标准；六至十二年级历史／社会研究／科学／技术等科目的读写能力标准（ELA）。《共同标准》抛弃了过去K–12年级一贯制划分方法，将其划分为K–5年级，六至十二年级两段：K–5年级对

---

[1] Common Core State Standards Initiative. *Common Core State Standards for English Language Arts & Literacy in History/Social Studies*, *Science*, *and Technical Subjects*［S］. Washington，D. C.：CCSSO & National Governors Association，2010：4.

[2] Common Core State Standards Initiative. *Common Core State Standards for English Language Arts & Literacy in History/Social Studies*, *Science*, *and Technical Subjects*［S］. Washington，D. C.：CCSSO&National Governors Association，2010：10.

英语能力目标的描述是通过阅读锻炼学生的阅读思维，并逐步学会在多样化的情境中运用知识解决问题；对语文应用能力训练目标则明确规定，必须广泛和深入阅读高质量和具有挑战性的文学文本和信息文本；要求通过阅读大量多种文化背景和不同时代的故事、戏剧、诗歌和神话，熟悉和掌握多种多样的诸如文本结构和文学基本原理的文化知识；通过阅读历史／社会研究、科学及其他诸种文本，掌握这些领域的基础知识和文化知识，为阅读所有领域的内容提供背景知识。六至十二年级则明确提出，要为大学学习和职业做准备，培养所应具有的英语能力。《共同标准》指出："阅读多个流派、跨文化和跨世纪的有思想的作品，通过作品中对人类深刻的思考，促进学生的思维与写作模式的形成与变化。对于高质量的文学作品，应当从开创性的美国文件、美国文学的经典著作和莎士比亚的戏剧中选择。通过广泛和深入阅读文学的和不断增加难度的非文学的著作，学生储存文学和文化知识、文献和图像，具备评价复杂的争论能力和克服复杂文本所带来的挑战的能力。"①

《共同标准》包括阅读、写作、听说、语言四个板块，媒介与技术教学的要求则贯穿整个标准的始终。每一板块又有更进一步目标及要求，例如，阅读标准分为文学文本（K—12）、信息文本（K—12）和基础技能（K—5）三方面，在文学文本、信息性文本下又针对每个年级，从中心思想与细节、鉴赏与结构分析、整合知识与经验、阅读范围与作品难度水平四个维度提出具体要求，每项标准难度随年级逐渐递增，体现出其教学目标的整体性与连贯性。就阅读能力而言，《共同标准》共提出10项阅读能力指标，其中指标8专门就信息性文本提出，着重训练学生对文本的知识和概念，以及就主张和论据之间的

---

① Common Core State Standards Initiative. *Common Core State Standards for English Language Arts & Literacy in History/Social Studies*，*Science*，*and Technical Subjects*［S］. Washington，D. C.：CCSSO & National Governors Association，2010：35.

联系进行辨认和有条理地区别。以Ｋ－12年级的信息性文本阅读能力指标看，其涵盖的关键阅读能力有三个：明确文本的具体主张、辨认推论和评估论据；Ｋ－5年级以培养学生单项能力为主，自6年级始逐步培养学生综合阅读信息性文本的能力，最终达到具有"勾画和评估文本中的争论和具体主张，包括推理的合法性以及论据的关联性和有效性"的能力。

英语能力是《共同标准》描述的核心概念和工具，它既包含传统的阅读能力，如文本概括能力、分析文本要素能力、恰当运用单词短语的能力、分析文本形式与内容关系的能力、分析人物形象的能力、鉴赏非书面形式（声音、影视、舞台等）作品的能力，以及分析作品中的文化和历史知识的能力，也含有信息筛选及提取能力。这些能力大致涵盖了学生文本阅读的全部要求，体现了21世纪新的读写环境下所应具备的能力，特别是反映了信息技术环境下对英语能力的新要求。

2. 阅读书目的建议

《共同标准》在增加了信息性文本这一重要内容之外，还充分吸收了1996年标准制定后文学研究者要求增强文学教育的建议，在课程与教学内容上，对不同年级提出了相应的文本阅读参考建议。值得注意的是，标准明确指出，这并不是一份强制性的阅读书单，而称之为"文本样例"（sample texts），意指一份为教师和学生提供的开放的具有选择性的阅读资源。以六至八年级为例，阅读文本参考篇目包括文学性文本和信息性文本。文学性文本含有故事、戏剧、诗歌三种类型。故事类推荐阅读文本篇目包括《小妇人》《汤姆·索亚历险记》《时间的皱纹》《黑暗崛起》《龙翼》等11种；戏剧类包括《对不起，打错了》《安妮的日记》2种；诗歌类包括《保罗·瑞维尔骑马来》《啊，船长！我的船长！》《胡言乱语》《漫游的安格斯之歌》《未选择的路》《芝加哥》《我也歌唱美国》等；信息性文本包括英语语言艺术、历史社会研究和科学、数学和技术3类。其中，英语语言艺术推荐的阅读文本包括《托马斯·杰斐逊的信》《美国奴隶雷德里克·道格拉斯的人生自述》《鲜血、辛劳、眼泪和汗水，1940年5月13日的议会演说》《地下铁路的乘务员》《与查理同行：寻找美国》等；历史社会研究推荐的文本包括《美国宪法第一修正案》《冰海沉船》《这是你和我的土地：伍迪·格斯里的生活与歌》《我们据此生活：注释版宪法导读》等；科学、数学和技术推荐的文本包括《大教堂：建造它的故事》《曼哈顿的建成》《淘气的数字：数学历险记》《数学长征：深入数学的腹地》《极客：两个迷路的男孩如何乘互联网飞出爱达荷》等。从《共同标准》建议的阅读书目中，不难看出其开放的、跨学科的阅读视野与对各种经典作品的重视。

众所周知，自1960年代以来，席卷欧美的解构主义思潮一波未平一波又起。文化批评中的种族主义、女权主义和性别主义理论解构了传统文学经典的价值，以上述理论为核心的政治、历史和文化批评对美国中小学语言文学教育产生了深刻的影响。在新的批评理论视野之下，传统的经典作品被重新检讨和审视，文化上的多元主义，如文本是否多样，是否涉及种族、性别、性倾向、残疾等问题，不仅成为重建文学价值与意义的标准，而且成为一把衡量课程及文本价值的新尺子。一位批评家曾揶揄道："一些批评家不是从过去学习什么，而是谴责过去为什么不是现在这样。"[①]从这个意义上讲，文学研究者、评论家协会，以及核心文本和课程协会等组织始终坚持和捍卫文学的首要地位和阅读的标准，阅读书目建议就反映了英语文学界回归经典，重建中小学文学教育的努力。

（三）美国中小学英语课程标准的特点与启示

从1996年的《英语语言文学标准》到2010年的《共同标准》，美

---

① Smoot JJ. Toward Improved English Language Arts Standards for K−12 [M].
What's at Stake in the K−12 Standards Wars：A Primer for Educational Policy Makers. New York，NY：Peter Lang，2001：259−277.

国中小学英语语言文学国家课程标准的研制与时俱进，始终瞄准全球化时代社会与国家发展所需要的人才。如果说1996年标准主要通过标准规范和引导中小学英语教与学，以适应社会需要，那么，2010年标准则在21世纪全球化语境下重新定位国家发展所需要的人才素质和规格，强调在科学和技术日益变革与发展的时代，在多元文化语境下培养掌握多种文本，具有批判、创造能力和探究精神，能承担伦理和道德责任的高素质的公民。

1. 美国中小学英语国家课程标准的理念

语言、文本、阅读三个概念是美国中小学英语国家课程标准叙述的核心概念和基本工具。标准认为，语言是一门独立的科学，需要学生学习才能占有它。学生学习语言就是积极主动地建构语言的过程。标准把语言观念的习得视为语言学习的先导，并且将其贯穿整个英语学习活动过程中。语言观念包括语言习惯、语言知识、语言习得和运用三个维度。标准分别从这三个维度描述了K–12年级学生所应达到的语言发展水平。文本是衡量英语语言能力的主要指标。标准从文本复杂度、文本的不同类型、文本的关键类型等角度描述了中小学各阶段英语语言能力的发展水平。文本的复杂度包括三个方面：第一，质的维度，包括意义或目的的水平、结构、语法和语言特征及知识要求；第二，量的维度，包括字长或词频、句长、语篇衔接等要素；第三，读者与人物匹配度，包括读者的个体性与任务的特定性。发展学生的英语语言能力就是要培养学生对复杂度较高的文本的辨别、选择、批判与欣赏的能力。①如前所述，标准还提出了文学性文本和信息性文本，以及关键类型文本概念，并指出，"K–5年级阅读信息性文本与文学性文本的比例为50：50，在六至十二年级要把更多的注意力放在

---

① CCSSI. *Myths vs. Facts*. [EB/OL]. http://www.corestandards.org/ about-the-standards/ myths-vs-facts/，2014-12-31.

信息性文本上，这是对以往标准的大变更"①。该标准所建议的关键类型的作品有四种：世界经典神话故事、美国重要政治文件、重要的美国文学作品以及莎士比亚的著作。为了确保美国在21世纪全球化竞争中获取胜利，标准要求，美国学生必须具备高水平的阅读技能。标准不仅将阅读能力和数学推理能力以及科技能力并列为21世纪需要掌握的最重要的技能，还提出阅读需要与写作、听说、视觉活动一起积极探索综合性语言学习，不断提高学生阅读和理解文学性文本和信息性文本的能力，以及批判性评价其阅读内容，培养学生语言和语言学习的归属感，促进学生阅读能力螺旋式上升。

2. 美国中小学英语语言文学课程标准的特点

（1）从注重教学过程转向学业成就描述

1996年《英语语言文学标准》较为概括，在内容及目标的取向上主要关注对课堂教学的规范与指导，始终伴随对学习过程的要求和转化。这种取向与当时制订这一标准的全国英语教师专业委员会成员大多来自全美英语教学第一线有很大的关系。当然，这个标准因过于强调教学，对学科内容有所忽视，曾受到文学研究者和评论家协会的批评。文学研究者批评指出，课程标准"大大降低"了文学的地位和作用，特别是泛化了文学的定义，比如标准主张"任何文本都能根据不同的背景，从多样的角度进行理解"，就被指责掩盖了文学独特的特征和意义。②《共同标准》在叙述时则从过程转向结果，把重点放在学生发展应该达到的学业成就水平上。至于如何达到成就水平，则是教师、教育管理者和家长以及各州需要解决的问题，或者说给教学实施者以更大的能动性和创造空间。《共同标准》曾声明，标准不包括以下

---

① *Key Shifts in English Language Art* [EB/OL]. http://www. corestandards. org/other-resources/ key-shifts-in-english-language-arts/.

② Smoot JJ. Toward Improved English Language Arts Standards for K-12 [M] // S Stotsky. *What's at Stake in the K-12 Standards Wars：A Primer for Educational Policy Makers.* New York，NY：Peter Lang，2000：259-277.

六项内容：（1）不包括教师应当如何教学；（2）标准只把最根本的表述出来，并不具体指定哪些内容应当教给学生；（3）对那些在高中结束之前就已达到标准的学生，标准并未做进一步指导；（4）标准针对每个年级设置了具体标准，对用何种干预措施及材料支持学生学习，标准并未做限定；（5）对那些在英语语言学习中有特殊需要的学生，标准并未涉及；（6）标准并未明确为大学与职业做好准备的全部，比如读写能力在其他学科（健康教育）的表现。①

（2）在社会情境中建构与学习语言

标准在阐述语言学习的策略时，始终置于一定的语言情境之中，强调在现实的情境中学习语言，完成语言的交际任务，提高语言运用能力。在情境中学习，在情境中运用，既是英语教学的重要资源，也是英语语言学习的目的。1996年《英语语言文学标准》对情境学习的理解是：在不同的语境中根据不同的目的，运用不同的话语理论及立场进行语言学习及建构，运用不同策略与不同读者进行学习交流，把语言学习作为一个事件，运用不同文本与主题进行文化身份及价值观的教育，提高学生的理解能力。学生是语言学习与建构的主体，语言能力建构包括获得语言基本技能，获取证据的能力，以及进行团体合作交流的能力。换句话说，这是一种理解和运用个体发展和社会需要的有价值的书面语形式的能力。

《共同核心州立标准》将语言情境学习置于两个领域、两个阶段。两个领域即一般的语文能力和语言运用能力；两个阶段即K－5，六至十二年级。为实现学术和就业的双重目标，提高学生在科学技术社会等领域的竞争力，《共同核心州立标准》特别提出在历史／社会研究、科学技术等学科的语言运用能力，语言情境的概念得到进一步

---

① Common Core State Standards Initiative. *Common Core State Standards for English Language Arts & Literacy in History/Social Studies，Science，and Technical Subjects*［S］. Washington，D.C.：CCSSO & National Governors Association，2010：6.

拓展。首先，媒体技能贯穿语文能力标准的始终，学生需要具备搜集、理解、评价、综合以及报告信息的能力，创造性研究或解决问题的能力，通过媒体培养和提高印刷或非印刷文本的分析能力，以及提高学生独立阅读复杂文本的能力。[①]其次，文学性文本和信息性文本的提出，不仅体现了美国语文教育界对21世纪人才培养素养的新诉求，而且反映了为造就美国新一代公民所需要的语文能力的新认识。

（3）以重建美国核心价值观与文化认同为中心

美国是一个分权制国家，各州均有地方课程标准。在这样的教育状况之下，要建立一个国家课程标准，如何处理与地方课程标准的关系是一个棘手问题。如果说1996年标准旨在激发各地方课程与教学的创造性，那么，2010年标准则是在充分吸收前一个标准的经验基础之上，参考各州使用的标准，在谋求内容共识基础上，探索与重建更高的标准，以反映国家语言文字教育的诉求。正如课程标准研制者所说："我们的目的是尽可能清晰和专门地界定目前教师和研究者关于学生应当学习英语语言文学的什么内容的共识。"[②]具体地说，制订标准的意义与价值在于重建美国核心价值观和文化认同。

实际上，从阅读书目建议中就可以看出，美国中小学英语语言文学课程的价值取向，即旨在恢复西方经典文学的中心地位，塑造美国人所共有的或可能共有的文化与价值，在多元文化的基础上重建美国文化核心价值及美国文化认同。2010年的课程标准吸取了1996年以后文学界及教育界的意见，丰富和加大了文学教育的内容与分量，提出通过英语语言文学教学，培养共同文化传承及其联系和理解，从而成

[①] Common Core State Standards Initiative. *Common Core State Standards for English Language Arts & Literacy in History/Social Studies*，*Science*，*and Technical Subjects* ［S］. Washington，D. C.：CCSSO&National Governors Association，2010：4.

[②] Heidi Anne Mesmer. *What is the Standard for State Standards? An Investigation of the State English Language Arts Standards of Colorado*，Florida，Michigan，and New Hampshire ［J］. Reading Horizons，1997，37（4）：282-298.

为一个团结美国社会的强大力量，恰如亨廷顿所期望的那样，重建3个多世纪以来一种语言和一种核心文化——盎格鲁—新教文化的美国。^① 这种文化以美国文学和文化为核心，渐次扩展至欧美文学、文化以及世界文学、文化。换言之，它通过英语语言文学标准培养学生的美国文化与价值认同，在充分尊重学生的民族文化认同的同时，塑造一种"美国和世界的文化"。

---

① ［美］塞缪尔·亨廷顿：《我们是谁？美国国家特性面临的挑战》，程克雄译，新华出版社2005年版，第16、17页。

三 美国共同核心州立标准学业评价的框架与体系

2010年9月2日，美国教育部公布了"力争上游"（Race to the Top）计划当中学业评价项目的竞标获胜者："升学与就业准备评价伙伴"（The Partnership for the Assessment of Readiness for College and Careers，以下简称PARCC）和"更智能平衡的评价联盟"（Smarter Balanced Assessment Consortium，以下简称SBAC）。同日，美国教育部部长邓肯在竞标结果公布后的演讲中宣称："这一天标志着具有重大改进的新一代评价的开发工作开始了，标志着'评价2.0'的诞生……新一代的州立评价将彻底地改变美国公立教育。"[①]到这两套评价系统正式启用的2014—2015学年，预计将有超过3500万美国中小学生被纳入评价系统中体验"新一代的评价"。目前，在美国50个州中，至少有40余个州加入了上述两大联盟中的一个，它们将放弃各州原本互不相同的评价体系。

（一）共同核心州立标准出台的背景

PARCC和SBAC均是由多个州联合组建的旨在开发适应"共同核心州立标准"（Common Core State Standards，CCSS）的学业评价系统的大型联盟。2010年6月，美国全国州长协会（National Governors

---

① Duncan, A. *Beyond the Bubble Tests*：*The Next Generation of Assessments*［EB/OL］. http://www.ed.gov/news/speeches/beyond-bubble-tests-next-generation-assessments-secretary-arne-duncans-remarks-state-l.

Association，NGA）和美国州首席教育官理事会（Council of Chief State School Officers，CCSSO）共同研制了一份以"高质量"为特征的共同核心州立标准。这份州立标准在许多教育机构的协助下完成，它综合了课程标准的前沿研究成果以及各州先前的经验，包括英语标准和数学标准两部分。目前已经有45个州、华盛顿特区和4个海外领地接受了共同核心标准，各州有权在共同核心州立标准的基础上加入15%的内容作为本州的特色标准，不过大部分州都还没有做增添工作的计划，[①]因此这份标准实质上已成为国家标准。

在此标准正式公布的一年前，教育部部长邓肯就表示了对这一标准的支持并宣布教育部将为对应的评价系统的开发工作提供资助，[②]之后这一想法在"力争上游"计划的框架内得以实现。在共同核心州立标准公布仅仅三个月后，美国教育部就通过竞标确定了对应的评价系统的开发者，即PARCC和SBAC两大评价联盟。竞标成功后，PARCC和SBAC开发评价系统的计划分别获得了美国教育部1.7亿美元和1.6亿美元的巨额资助（之后又有追加资助），目前两个系统均处于开发和试验中。

评价联盟由加盟的各州共同领导，各州可以自愿加入或退出。PARCC中的成员分为理事州和加盟州，日常运行由"成就组织"负责；SBAC中则分理事州和顾问州，并以1630万美元的高价聘请"西部教育研究实验室"作为其项目管理合作伙伴。评价联盟建立后，成员多有变动。SBAC最近还迎来了新成员阿拉斯加州，这也是唯一一个没有接受共同核心州立标准却加入了评估联盟的州。发生变动的州大多是联盟中的加盟成员或咨询成员，而不是理事成员。总体上说，两个联盟都保有相当可观的规模以及稳定的核心成员。

---

① Kober，N. & Rentmer，D. S. *States' Progress and Challenges in Implementing Common Core State Standards* ［R］. Washington，D.C.：Center on Education Policy，2011.

② U.S. Department of Education. *Higher Standards，Better Tests，Race to the Top* ［EB/OL］. http://www.ed.gov/blog/2009/06/higher-standards-better-tests-race-to-the-top/.

在评价系统的推广方面，两大联盟在进度上保持了基本一致。它们都在2010—2012两个学年完成了对共同核心标准的内容分析以及评价系统的整体设计，进行了试题开发工作，并对评价系统中的部分要素做了试点测试。2012—2014两个学年则是开展田野实验，并依据实验数据以及共同核心标准对评价系统做校准的时段。到2014—2015学年，新一代评价系统将全面应用，替代各成员州现有的州立测验。

（二）基于共同核心州立标准开发的"新一代评价系统"的特点

基于共同核心州立标准开发的"新一代评价系统"，与以往由各州分别开发的测试相比，两大联盟的评价系统更好地反映了学业评价发展的新趋势，具体而言有如下四个显著的特点：

1.学术性导向：基于共同核心州立标准的评价

在评价系统的开发过程中，两大联盟特别强调共同核心标准的纲领性作用，它们提供的学生学业水平测试属于"标准参照考试"而非"常模参照考试"。共同核心州立标准要求采纳标准的各州保持相当的一致性，学生在这些州之间迁移将不再会遭遇由课程标准的差异所带来的学习障碍。与此相对应，评价联盟内各州的评价系统也保持了基本一致，两大联盟通力合作，保证两个系统的测验之间存在可比较性。

除"共同性"这一基本特征外，共同核心州立标准比以往的州立标准更简略，而难度要求则更高。尽管此次的标准只包含数学和英语两部分，但其目标是通过这两大基础科目，全面提高学生对科学、技术、工程和数学（即所谓"STEM"）以及历史、公民和商科等人文社会学科的兴趣和知识累积，以保证毕业生在中学教育结束以后，为进入高校或职场（College and Career Readiness）做好充分的准备。共同核心州立英语标准的全称为"历史／社会科学和科学技术学科中的英语言文学共同核心州立标准"（Common Core State Standards For

English Language Arts & Literacy in History/Social Studies，Science and Technical Subjects）。

除了文学文本，标准中特别提出对信息性文本（informational text）的学习，在读写和听说等部分，要求学生能具备运用学术术语、阅读复杂的大信息量文本、开展学术性的讨论和写作的能力，同时强调学生要学会运用论据（evidence）。这是因为，对学生而言，无论是在今后的学术或职业课程里或者未来的职场生活中，都将面对各种各样的信息性文本，如新闻资讯、研究报告、政策法案等，缺乏处理这类文本的能力相当于阻断了他们接受信息的管道。与此相对应，评价系统的学术取向也十分明显，测验中英语选文偏向于使用学术语言复杂的文本，并且随着年级的增长，文本的难度不断增加。尽管评价系统没有刻意要求学生掌握生僻晦涩的词汇，但是从评价标准注重考查学生对文本中关键的学术性用语的理解可见其取向。测验中，学生往往需要细致地阅读文本才能正确作答，以此鼓励学生细致耐心地阅读学术性材料，而不像某些阅读测验那样鼓励有技巧地略读和跳读。核心标准对"引用论据"的强调，在评价系统中也有反映。例如，如果前一道题目要求学生根据文中的某一重要观点做出选择判断，后一道题目通常就会要求学生指出原文中哪些论据可以支持这种判断，这被称为"基于证据的选择式作答"（Evidence-Based Selected Response）题目。除此之外，短文的建构式作答（Prose Constructed Response）也要求学生从阅读的文本中提取论据来支撑自己的观点。共同核心州立数学标准要求学生能够对他人的思维过程进行分析和批评，评价系统相应也就开发了要求学生比较和分析两种不同的解题思路是否都正确的题目，以此考查学生借鉴他人研究和思考过程的能力以及批判、反思的能力。

总之，评价系统的开发严格按照共同核心州立标准展开，学术能力成为评价的重中之重。PARCC在其官方网站上展示了三组已经开发出的例题，并逐题详细分析试题内容和标准的对应情况，列出题目所涉及的标准条目。[①]PARCC称自己的主要目标之一就是开发能全方位评价共同核心标准中涉及的知识和技能的测评系统，包括那些最难通过测评反映出来的部分。[②]SBAC也同样强调了测验中的题目和任务与共同核心标准相对应，同时它还公布了评价系统将采用的学业成就水平的描述方式，这种水平描述实质上就是一种关于学生对大学课程学习适应程度的操作性定义。

2. 真实完整的任务情境："基于表现"的评价

"表现"（performance）是两大评价系统的一个共同关键词，也是教育部部长邓肯一再夸赞两大联盟的设计超越了传统标准化测试的新一代评价系统的一个关键特征。传统的标准化测验由大量的选择题组成（比如SAT），由于每个选项前都有一个用于勾选或点击的圆圈而被形象地称作"泡泡测验"（bubble test）。很多学者和教师都对此种标准化测试提出了尖锐的批评，指出这种测验给学生带来多种不良的影响，鼓励他们机械刻板地记忆而不思考，学生可以使用试误、排除和对比等方法解题而逃避高层次的思维过程。标准化测验不重视写作，只能从现有事物中选择而不会建构和创造等。为了克服这一弊端，PARCC和SBAC开发的测试减小了单项选择试题的比重，在回答问题时，学生需要更多地用"技术增强型建构式作答"和作文等方式。试题的形式多样，往往要求学生将自己的理解过程和思考过程展现出来，而不是单纯关注一个最终的结果。这两大测验系统都要求学生在完成高阶任务（比如研究和论文写作）的过程中展现自身的读、写和数学推理能力，从而评价他们是否为升学和就业做好了准备。另外，两大联盟在"表现性活动"（PARCC）或"表现性任务"（SBAC）的

---

① PARCC. *Advances in the PARCC ELA/Literacy Assessment*［EB/OL］. http：//www.parcconline.org/sites/parcc/files/PARCC_Shifts%20and%20Sample%20Items%20Overview_ELA%20Literacy%2008182012_0.ppt.

② PARCC. *PARCC Assessment Design*［EB/OL］. http：//www.parcconline.org/parcc-assessment-design.

开发方面都下了一番功夫。在PARCC的测验中，学生可以在数学中的"建模与应用"和英语中的"模拟研究"部分获得充分表现自己更高层次思维技能的机会。"模拟研究"要求学生对围绕同一主题的多项文本或多媒体材料进行分析综合，回答一系列问题并完成两篇论文，其过程即模仿学术研究的开展。SBAC的"表现性任务"同样希望更好地评估学生复杂分析、深度理解、有技巧地研究等方面的能力，这是传统的选择题和简答题很难充分考察的素养。因此，"表现性任务"要求学生完成"有深度的项目"，以有助于解决现实世界中的问题，整合共同标准中要求的多种知识技能。SBAC的中期和总结性评价当中都包含"表现任务"，其评分过程除计算机自动评分外，还需要进行大量的人工评分。

　　学生在"表现性任务"中面对的都是贴近学生日常生活的、能引起学生兴趣的任务情境（例如策划一次集体旅行）。"表现性任务"测验当中包含教师组织的课堂活动和学生作答两个环节。首先要借助教师的导语、实物／图片／视频的呈现以及师生问答等，创制一个真实、完整的问题情境（例如和学生们一起讨论旅行的目的地，通过头脑风暴尽量列举一些选择目的地所需考虑的因素，包括安全性、成本等），此时学生之间也可以自由交流。但进入学生作答的环节之后，学生必须各自独立地完成任务，作答环节中需要回答多道题目，而且题目都是在当前任务的情境中设置的有意义的真问题（例如根据旅行目的地投票统计表决定去哪里旅行）。学生解决的是真实的"非良构问题"，即问题的答案可能不是唯一的，解决问题的途径也不唯一（可以按第一选票得票数、总选票得票数或者加权得票数做决定，只要言之成理又计算正确，都可以得分）。教师在评价的导入环节所组织的课堂活动具有教学和评价的双重意义，评价开展的整个过程看起来更像是一次普通的授课而不像是一次考试，评价与教学有机地融合。当然，为了保证测验的公平性，教师在课堂活动环节可以提供给学生哪些信息是有明确限定的，需要严格地按照评价系统规定好的脚本开展活动。

3. 技术形态：基于计算机网络技术的评价

两大评价系统都使用计算机测验取代传统的纸笔测验，用连接了互联网的电脑作为评价系统的载体，希望通过计算机和网络技术的引入提升评价的质量、适用性、效率和效益。

第一，计算机测验具有很强的交互性，可以使学生在作答时不仅更方便快捷，而且可以使用更多样的行为方式来展现自己，这是传统的纸笔测验做不到的。例如在阅读题中，学生可以在原文上通过点击和框选直接完成作答，还可以方便地进行复制和粘贴工作（如上文所述，共同核心标准强调对论据的使用，因此测评中经常要求学生引用原文中的语句来证明自己的判断或支撑自己的观点），如此可以在很大程度上减少学生的重复性工作，减轻认知负荷。更重要的是，在"技术增强型建构式作答"（Technology-Enhanced Constructed Response）类试题中，学生可以通过拖拽界面上的元素实现排序、拼贴、组装。相对于传统的由单项选择题组成的标准化测验，新的评价系统利用技术支持使学生更具创造性、多样化地展现自己在认知和技能方面的进步。与纸质试卷相比，计算机提供的答题界面与现实的相似度更高，学生可在其创制的模拟现实的环境中，做一些接近日常活动的操作。例如，在SBAC的一道数学试题中，学生在界面上可看到几个承重能力不等的购物袋（比如最高承重量为7磅、10磅等），以及每瓶重三又四分之三磅的果汁。学生可以使用鼠标拖拽，将果汁放入袋中，题目要求学生在购物袋不破的前提下尽量多装几瓶果汁，从而考察他们的分数加法运算水平。又如图5-2所示，在PARCC的一道关于厘米和英寸之间换算关系的试题中，学生可以拖动下方三角形的虚拟游标，上面的虚线会随游标一起滑动，学生通过动手操作，并对比两个尺子的读数，找出单位换算的比例关系。这样一来，测验中解题的过程同时也是学生动手探究的过程。可以说，评价系统对人机间交互性的充分利用，一定程度上改变了传统的教育评价中被试的行为模式，使之更为丰富，也更贴近学生的日常生活。也就是说，计算机技术为新型评价成为"真实性评价"和"表现性评价"提供了必要的技术支撑。由于网络如今已成为人们最重要的信息来源，考查学生在计算机和网络环境中的学习能力也是新一代评价系统必须包含的功能，因此PARCC和SBAC使用了大量的图片、视频和导航复杂的超文本作为试题材料，从而可以考查学生开展电子阅读这种"新阅读素养"。①

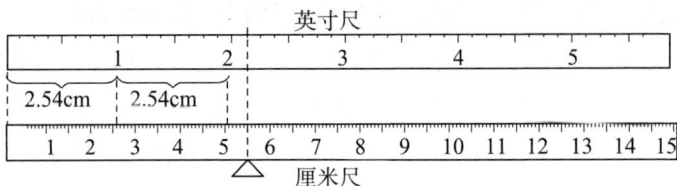

图5-2　厘米和英寸的换算试题图②

第二，两大评价系统都是基于计算机的评价，希望能借助技术手段帮助身体有缺陷的特殊学生，消除他们参与测试的障碍。两大系统从设计之初就考虑了测验对于轻度残障儿童的适应性问题，PARCC更是明确地提出以"通用设计"（Universal Design）原则作为评价系统开发的指导原则之一。两大系统都能有效地测量出特殊儿童在学业上的进步，利用技术手段消除视觉、听觉和肢体障碍对参与测评的影响。例如，学生可以自由调整屏幕上试题字体的大小，还可以加载出声朗读题目的功能模块，以方便视力有问题的学生参加评价。

第三，使用基于计算机的联网测评还能大大缩短评价的反馈周期。由于数据全部通过网络即时传输、大部分题目由机器自动评分，这样学生就可以更快地获知测试结果。SBAC还采用了计算机自适应测验，计算机会根据学生对前面的试题回答情况调整试卷难度，如学生

①　祝新华、廖先：《PISA2009阅读评估的最新发展：评价与借鉴》，载《教育研究与实验》2010年第3期。

②　The Charles A. *DanaCenter at the University of Texas at Austin. Inches and Centimeters*［EB/OL］. http://www.ccsstoolbox.com/parcc/PARCCP rototype_main.html.

回答正确，下一题计算机会自动挑选难度更高的题目，反之则降低难度。这样一来可以为学生"量身定制"试题，提高测验效率；同时降低了对高区分度试题的依赖，也减少了题库补充和更新的成本。

第四，技术手段的应用还有利于保障测试题目及学生评价信息的安全性，避免纸笔测试在试卷运输和管理等方面的麻烦，还能方便地实现评价数据的多样化利用。计算机联网测评系统只要为学生、家长、教师和教育管理部门等利益相关者设置不同的访问权限，并以不同的方式对数据做定制化处理，就能为上述多类主体在选择课程、家庭教育、调整教学、制定政策和问责考评等多方面的决策提供依据。

4. 教学支持系统：鼓励教师参与的评价

两大评价联盟不仅会邀请中小学教师代表参与评价系统的开发，而且每位教师随时可以在官方网站上参与调查，针对评价系统提出自己的建议。两大联盟都强调自己开发评价的目的是帮助教师了解学生的情况，更好地根据共同核心州立标准开展教学。因此，两大评价联盟声称自己会为教师提供有效支持，都在官方网站上提供了一些可能帮助教师更好地依据共同核心州立标准开展教学的资源链接，PARCC还在网站公布开发评价系统时使用的内容框架。两大评价联盟还希望通过骨干教师培训项目来使教师更好地理解共同标准和评价系统。PARCC已经在2012年7月、8月和2013年1月、2月举办过两次骨干教师培训，SBAC也在2013年夏季召集骨干教师共同学习使用测验工具。

两大联盟都声称对教师的支持不仅仅限于帮助他们了解评价系统。SBAC就希望能为教师提供课程和教材方面的帮助，使得他们根据标准展开有效教学，实现专业发展，并将对教师的支持看作评价系统的一个重要组成部分。[①]SBAC希望帮助教师紧紧围绕共同核心州立标准来开展教学，促进学生的深度学习，教会教师如何使用形成性评

---

① SBDC. *Theory of Action*［EB/OL］. http://www.smarterbalanced.org/pub-n-res/theory-of-action/.

价和中期评价工具，如何解读和使用评价结果来对后续的教学做出规划。他们会邀请教师参与"表现任务"的评分工作，以增强他们依据标准评价学生日常表现的能力。两大联盟都会向教师提供每一位学生和班级总体情况的在线评分报告，以帮助教师参照个人需求和班级环境调整教学。同时，它们还力争将自己主办的骨干教师培训打造成教师相互交流的平台，让教师在此共享教学资源和教学经验，在培训中体会合作教学和开展评价的优势。教师形成一个学习共同体，并将这种协作的模式带回自己的学校，带动自己的同事共同参与新的教学和评价实践。评估联盟把教师看作真正将新思想和新方法引入校园并在课堂上进行实践的人，教师可以成为联系政策推行者、评价开发者和学生的桥梁，也是形成政策推行过程良性循环的关键。

（三）基于共同核心州立标准开发的"新一代的评价系统"对我国的启示

美国教育部部长邓肯在题为《超越"泡泡"测验：下一代的评价》的演讲中，使用了多个"第一次"评价两大评价联盟为共同核心州立标准所开发的评价系统所带来的突破："这使学生、家长和教师第一次可以清楚地了解学生是否在为升学和就业做好准备的轨道上"；"第一次，教师将得到他们所渴望的州立评价，面向重要思维技能和复杂学习的评价，高质量的、实时的、可以为教学提供帮助的评价"；"评价第一次可以在全国范围内帮助我们设定一个成功的高标准，而这对美国在21世纪的全球经济竞争中取得成功并在未来保持繁荣来说至关重要。"这一将在全美范围内实施的重大评价变革也为我国中小学学业评价改革提供了一些启示。

1. 转向考察深层学习的新型学业评价

我国教育理论界一直在倡导教育评价和学业评价的范式转

移[1]，这是因为教育研究者已经认识到紧紧围绕"行为目标"、单一地采用量化方法、严格地控制测评环境展开的传统评价存在很多不足，倡导推行贴近真实的社会生活、全面反映学生发展的教育评价新方式。推动教育评价从"目标依赖"转向"目标游离"，从单纯量化转向兼顾质性，从情境无关转向情境关联，从"限定孤立"转向"支持合作"等，[2]在一定程度上已经成为教育界的共识。因为唯有促进教育和学业评价实现这些积极转变，才有可能在选拔甄别、教育问责与促进教学等不同的功能追求之间求得平衡。然而，要在评价实践特别是大规模的评价活动中实现这样的转变并非易事，例如在我国目前推进的高中学业水平考试和高校招生改革中就仍存在许多困难需要克服。高中学业评价考试既是基于新课程标准的"绝对评价"，要以教育质量而非选拔甄别为关注焦点，以此来引领评价方式的转变，同时又要能够为普通高校和高职院校的自主招生工作提供必要的参考。

PARCC和SBAC所承担的也是覆盖范围极广、涉及人口众多的学业评价工作，从上文介绍的前两个特点来看，两大评价联盟同样要依据新发布的共同核心州立课程标准进行开发测试，并在其中体现评估范式转变的新趋势。相比以往的大规模标准化测验，两大联盟在评价复杂学习和高阶思维技能方面有了相当的进步，突破了原本局限于考查基本知识和技能的狭窄评价取向。尽管相比其他一些即将出炉甚至已经在运行的评价系统，PARCC和SBAC并非激进的先行者。例如"共同表现任务"（Common Performance Tasks）和"C-PAS入学准备评估"（C-PAS College Ready Assessments）等新型的评价系统采用表现性任务作为评价的主体部分，需要学生对技能进行深度的整合，有

---

[1] 崔允漷、夏雪梅：《学生学业成就评价处在十字路口——兼论评价范式的转移》，载《教育发展研究》2006年第17期。

[2] 赵必华：《教育评价范式：变革与冲突》，载《比较教育研究》2003年第10期。

的甚至鼓励学生自己来设定任务，允许合作探究，如表5-2所示，两大联盟提供的测验则属于"折中"产品，即在由选择题和开放性试题组成的标准化测验的基础上，加上了一些短小的可以评价学生运用复杂知识技能的"表现性活动"或"表现性任务"测验，两个部分还未能熔于一炉。尽管如此，两大联盟无疑在由传统测试转变到"考察深层学习的评价"这一方向上迈出了重要的一步。

表5-2　转向考察深层学习的评价演变[①]

狭窄的评价⇒深层学习的评价			
传统测试	PARCC和SBAC的测验	共同表现任务	C-PAS入学准备、学生设计项目（Student Design Project）
由选择题构成的指向常规技能的标准化测验	标准化测验加上短小的表现性任务	标准化的表现性任务（时长1到2周），结构化的探究，更多的技能整合，考察合作能力	要求学生形成和开展自己的探究活动，并将自己的发现展示出来。有的调研时间甚至长达2到3个月，一些特点类似于高校中的毕业论文和毕业设计

而且，也正是由于PARCC和SBAC的学业评价转向考查学生深层学习和高阶思维的能力，并同时在小学到高中的多个年级展开，将形成性评价和终结性评价相结合，这种新型的评价系统能较完整地反映学生的发展过程，从而也更能适应高校对招生参考信息的需求，这样，新的评价系统就有了挑战SAT和ACT等传统大学入学考试的可能。两个联盟都十分注重吸引高校参与评价系统的设计和开发工作，都成立了"高等教育领导团队"以此保证测验能够较好地反映学生为高校学习所做的准备情况，为大学和学院选择学生，以及学生选择培

---

① Linda Darling-Hammond. *Frank Adamson Developing Assessments of Deeper Learning*：*The Costs and Benefits of Using Tests that Help Students Learn* ［R］. Stanford Center for Opportunity Policy in Education，2013.

养计划和课程提供必要的参考。这也就意味着虽然这一学业水平测试不是强调甄别功能的相对评价，是属于"标准参照型"的绝对评价，但也能为高校自主招生提供有用的信息。

2. 鼓励多种社会力量参与的系统变革

从上文介绍的两大评价系统的后两个特点中，可以看到专业的技术支持、教育工作者的共同参与，以及包括教学在内的相关工作整体推进的重要性。而"协同推进相关改革"，"加强专业基础能力建设"以及各地教育部门"加强组织领导、完善工作机制"，也同样被我国教育部作为"推进中小学教育质量综合评价改革"的关键。[①]

值得注意的是，美国联邦政府此轮以提升标准、提高质量为总目标的教育改革，坚持了联邦政府此前在教育事务中奉行的"新管理主义"逻辑，即充分地利用市场机制，鼓励多种社会力量参与。在整个改革推行的过程中，联邦政府没有增加任何常设机构，甚至几乎看不到多少行政干预，也没有尝试对以地方分权为主的教育权力格局做任何调整。然而，如图5-3所示，政府还是借助"竞争性拨款"这根杠杆，成功地撬动了以课程标准和评价体系为核心的全方位整体改革。

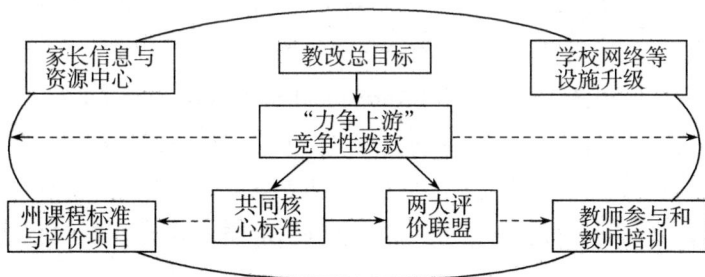

图5-3

---

① 中华人民共和国教育部.教育部关于推进中小学教育质量综合评价改革的意见［EB/OL］.http：//www.moe.gov.cn/publicfiles/business/htmlfiles/moe/s7628/201306/xxgk_153185.html.

联邦政府首先依靠"全国州长协会"这样的中央和地方政府间的纽带机构，帮助各州政府在教育标准问题上与联邦达成共识，并由全国州长协会和州首席教育官理事会启动了共同核心州立标准的研制工作。而后在"力争上游"计划的间接诱导下，标准得以迅速出台。在标准制定的整个过程中，联邦政府都没有直接参与，只是在共同核心州立标准出台后，立即又拨出款项推动与共同核心州立标准相适应的评价系统的开发。由于唯有公开竞标中获胜才能获得拨款，两个评价联盟都吸纳了专业能力很强的评价中介机构参与其中，保证了新教育评价系统的专业性和权威性。

采纳共同核心州立标准或类似的高标准并使用合理的评价系统，是获得"力争上游"款项的重要条件，在大笔竞争性拨款的刺激下，各州政府均不遗余力地推动本州采纳共同核心州立标准，或者比照共同核心州立标准对本州原有的标准进行调整，加入两大评价联盟，或者规划采用类似的评价系统（如刚刚由于成本原因退出PARCC的俄克拉荷马州就声称仍将坚持评价改革的方向[①]）。借助竞争性拨款，地方职能部门的积极性得到了充分的调动。评价系统的设计、开发和日常维护，试题的编制和更新等工作都由"成就组织"这类教育管理部门以外的专业机构承担。为了使自己的评价产品能够得到"用户"的接受，这些专业组织为州政府评估本州推行共同核心标准的状况提供了一套指标和自我评估工具（Rubric and Self-Assessment Tool），并提供政策建议。同时还承担起向教师宣传推广的任务，开展与评价系统相关的教师培训工作。由于共同核心州立标准所要求的"新型媒体素养"以及两大评价联盟基于计算机和网络的测验形态，都要求学校硬件设备逐步升级，承担评价系统开发的专业组织因此同时开发了"技

---

① Carrie Coppernoll. *Oklahoma wont 'test with national college readiness testing alliance*［EB/OL］.http://newsok.com/oklahoma-wont-test-with-national-college-readiness-testing-alliance/article/3858048.

术准备"(Technology Readiness）工具软件来帮助学区或者学校的管理者，他们只要输入学校各年级的人数、拥有的计算机数量、学校的网络带宽等基本数据，就可以得出一份报告。此报告会详细地说明本校的软件和硬件是否达到了组织实施测评的要求，哪些地方仍然存在差距，并且为新设备的购置提供建议。这种工具软件与教育部以及联邦通信委员会（Federal Communications Commission，简称FCC）提升学校网络带宽的相关资助计划相互配合，使得大部分学校都能在三至五年内达到运行新评价系统的硬件需求。

同样获得联邦政府的竞争性拨款资助的还有分布在全美各州的多个"家长信息与资源中心"（Parental Information and Resource Center，简称PIRC）。[①]这类非营利性的非政府组织旨在帮助家长理解自己在儿童教育当中的权利和义务，学会如何解读评价系统提供的学校绩效和教师的资质信息，及时了解儿童的学习状况，帮助家长在校内外的教育改革中发挥更为积极的作用。

可以看到，在这一轮的学业评价改革中，美国联邦政府充分利用市场原则，理顺了改革中中央与地方的关系，努力吸引政府和营利性企业以外的"第三部门"积极参与。联邦政府使用有明确指向性的竞争性资助来支持和引导，增加了地方政府、专业机构、教师、家长乃至其他社会公众对教育评价体系改革参与的深度和广度。政府无须政令便促使各项相关改革协同推进，这为课程与评价变革创造了有利环境。这也是除了坚定更新评价方式、拓展测评能力范围、关注深层学习的评价改革总体方向以外，美国此轮课程和评价改革的又一值得借鉴之处。

---

① 任玥：《促进家长参与推动教育改革——浅谈家长信息与资源中心在促进NCLB实施过程中的作用》，载《外国教育研究》2009年第7期。

四 以想象为中心构建文学教学：
朱迪思·朗格语言文学教育理论与实践

朱迪思·朗格（Judith Langer）以想象为中心的文学教育理论是当今美国最具影响力的文学教育理论之一。朱迪思现任纽约州立大学阿尔巴尼分校特聘教授，是阿尔巴尼教育研究协会创始人兼主任、国家英语学习与学业成就研究中心主任。以想象为中心的文学教育理论形成于1980年代，1990年代以后对全美中小学文学实践的影响逐渐扩大。

朱迪思以想象为中心的文学教育理论是美国读者反应理论早期代表人物路易斯·罗森布莱特（Louise Rosenblatt）沟通理论（transaction theory）在文学教育领域的实践和衍生。罗森布莱特认为，文学教育的主要任务在于培养想象力，她从读者反应角度将阅读活动划分为审美式阅读和输出式阅读。①（1）因为文学"代表了广泛的文化范式和人类关系，它可在多种层面上激发个体的想象力"，所以文学教育的功能是赋予文学参与社会的能力。经历了两次世界大战之后，罗森布莱特对于文学教育的价值寄予更高的期许，认为它可以催生"民主社会所需要的想象力"②。（2）朱迪思构建以想象为中心的文学教育理论的出

① LANGER J. *Envisioning Knowledge*：*building literacy in the academic disciplines*［M］. New York：Teachers College Press，2011：17.

② LANGER J. *Envisioning Knowledge*：*building literacy in the academic disciplines*［M］. New York：Teachers College Press，2011：21.

发点是反对1980年代文学课堂过于强调阅读技能、信息性内容而偏离文学教育本质的现象。她赞同罗森布莱特的观点，认为文学教育的核心应该是培养文学思维——一种与数学推理、科学思维具有同等地位的认知行为。在探索文学思维的本质及其培养过程中，朱迪思以罗森布莱特的沟通理论为基础，根据想象方式的不同，将阅读活动划分为"探索可能性视域"和"参照点维护"，并且指出二者想象形成的不同方式与路径。在朱迪思看来，在变化莫测的未来社会，文学能培养个体想象可能的选择以及选择的可能性后果的能力，使他们能更好地理解自我、他人和社会，成为更富人性的人。

（一）以想象为中心的文学教学理论

1. 文学思维

加德纳在《未来的五种智力》中指出，未来社会是对学生条理能力、综合能力、创造能力和超越自身兴趣的思维能力的挑战。[①]朱迪思对文学教育目标的设定也基于这一结论。她指出，文学教育应该培养学生应对不断变化的未来社会挑战的能力，提升他们在大学和工作中的表现，即文学教育的核心是培养文学思维。朱迪思所指的文学思维包括以下四个方面：

（1）文学思考（literate thinking）。文学思考指"个体在阅读或写作的情境之外对文学作品进行思考或推理的能力"[②]。例如，人们在读完某部小说后，与朋友讨论故事中人物及其行为原因，对他人的观点表示赞成或反对并说明理由。此时，虽然人们并没有真正进行阅读或写作活动，但他们的行为却属于文学思考的范畴。由此推论，学生在学校中的文学思考是指他们运用已有知识或经验来开启某方面知识的

---

① LANGER J. *Envisioning Knowledge*：*building literacy in the academic disciplines* ［M］. New York：Teachers College Press，2011：29，30.

② LANGER J. *Envisioning Knowledge*：*literary understanding and literature instrucition*［M］. New York：Teachers College Press，2011:38，39.

学习。文学思考并非传统意义上的阅读或写作技能的习得，而是通过经验与新旧知识的关联理解文本内容，形成自己的看法。

（2）语言能力（literacy）。语言学习是一种社会化的行为，因此，学生在与他人互动的过程中，不仅能学习语言的运用，也能获得一种自我价值的肯定。在朱迪思看来，文学思维的培养过程对语言能力的强调具有必然性，教师应创设一种社会化的教育环境来促进学生语言能力的提升。

（3）想象构建（envisionment-building）。过去，理解被视为一种块状的、单一的增长过程，朱迪思反对这种对理解形成过程的简化认识，她认为理解的发展受新旧观念交互影响，呈现螺旋状的变化趋势。为描述理解过程中个体认识的不规则变化，她以"想象"一词特指个体某一时刻对事物的理解状态。她解释说，理解是学生在阅读、写作或思考时"充斥在思维中的相关理念、图像、问题、分歧、期待等的动态集合"[①]。想象包括个体在某一时刻对某一事物理解或不理解的部分，它随着阅读过程中新的证据或观念的出现而不断变化发展，同时，个体的思考、写作、讨论与分享等行为也是促成想象改变的原因。实际上，想象即映射在思维中的文本世界，因此，由于人与人之间原有经验的不同，即使面对同一文本，不同读者也会生成不同的想象。在阅读过程中，新的想象不断产生，先前的想象或被保留或遭受摈弃，一种想象代表着个体在某一时刻的全部理解，它是个体与文本、环境互动的结果。[②]

（4）文学理解与探索可能性视域。个体在面对不同类型文本时意义生成的方式不同。例如，在阅读科普性短文时，意义的获取主要靠信息的搜集与分享；在阅读小说或看电影时，意义生成主要通过对文

---

① LANGER J. *Envisioning literature*：*literary understanding and literature instruction* ［M］. 2nd ed. New York：Teachers College Press，2011：17.

② LANGER J. *Envisioning Knowledge*：*building literacy in the academic disciplines* ［M］. New York：Teachers College Dress，2011：24.

本的思考或推理获得。朱迪思称前者为"维持参照点"性阅读，后者为"探索可能性视域"性阅读。"维持参照点"性阅读的目的是概念或信息的获取。"点"指阅读活动的出发点，即个体的已有知识；"参照"意味着整个阅读活动的内容和思考都被限定在一定范围内。[①]在这一阅读取向（orientation）中，个体关注特定主题范围内知识的不断增长，其暂时性想象生成过程也是不确定性逐渐消除的过程，理解逐渐趋近文本意义。探索可能性视域阅读的目的是获取文学体验，生成文学理解。"探索"意味着意义生成并无确切的目的性，因此，学生需要通过材料的学习与整理，结合自身已有知识与经验，形成新的猜测与想象。"可能性视域"意味着在思考新的各种可能性时，对文本总体的理解不断变化，而新的材料的出现又为理解打开了新的视域。

在确定了阅读行为的取向后，文本的意义生成过程如图5-4所示：

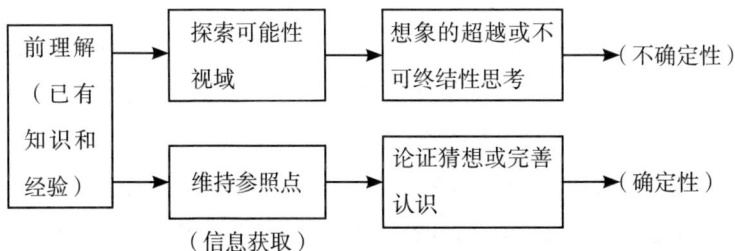

图5-4　意义生成过程（文学体验）

在阅读过程中，意义的生成可划分为探索可能性视域和维持参照点两种途径。在文学性文本的阅读中，由于其目的是文学体验的获得，因而它主要属于探索可能性视域取向，是一种对不确定性的追求，具有开放性与探究性。在这一探索过程中，由于新的可能性的出

---

① LANGER J. *Envisioning Knowledge*：*building literacy in the academic disciplines*［M］. New York：Teachers College Dress，2011：24.

现，原有的想象可能得以深化或遭到放弃，个体运用已有生活与文学中的经验来探索文本所体现的情绪、关系、动机、反应等。阅读结束后，思考并未随着文本的终结而停止，相反，想象可能超越文本中特定的情境，走向对自身、他人和世界的反思。在维持参照点取向阅读中，个体的前理解发挥着积极的导向作用，阅读过程是对原理解的论证、拓展或颠覆的过程，随着阅读的深入，个体的视域范围被缩小、限定，认知走向闭合、确定。[①]虽然，意义生成的两种方式都对文学思维的发展起重要的推动作用，但某一时刻的阅读行为不可能同时采用两种思维取向，二者以微妙的方式交互影响，促进想象发展。

2. 想象构建的立场

想象构建的过程即意义的生成过程，由于理解是一种阐释行为，所以，读者在面对不同阐释时有不同的选择，朱迪思称之为"立场"（stance）。立场本质上是读者看待事物的不同维度。[②]读者在意义构建过程中，不同时刻所处的立场也有所变化。朱迪思划分了阅读过程中的五种立场，并指出，它们并非线性的发展关系，相反，它们可能会随着阅读的深入而出现某种程度的反复。在每一种想象构建的立场中，个体与阅读内容的关系各不相同。

首先是文本之外与想象的进入。这一立场多发生于读者初次接触文本之时，当然，即使是较为成熟的想象形成之后，当遇到不熟悉的词汇或段落时，这一立场仍会重复发生。此时，读者试图将新知与旧识相关联从而构建想象，运用一切可利用的线索，如自身的知识与经历、文本的浅层含义等来构建初步的想象。通过材料的广泛搜集与阅读，读者形成了对故事人物、情节、情境的初步认识，建立预期，提出与材料相关问题，进一步找寻相关观点与证据。通过一系列材料整理与

[①] LANGER J. *Envisioning Knowledge：building literacy in the academic disciplines*［M］. New York：Teachers College Press，2011：25.

[②] LANGER J. *Envisioning Knowledge：building literacy in the academic disciplines*［M］. New York：Teachers College Press，2011：25.

学习，读者初步完成了构建想象的材料准备，虽然这一过程非常短暂，但它包含了学生对阅读内容的初步认识、假设等。

其次是文本之内与想象的演化。在这一立场中，读者已对文本有了初步了解，进而沉浸于文本世界，从中找寻新的信息，运用自身对文本、自我、他者以及生活的知识来增进或改变原有想象，深化原有意义或生成新的理解。此时，读者多着力于研究故事的情节、诗歌的感情、描述的意义，不断修正对已有问题的认知。

第三，摆脱文本与反思已有知识、经验。这一立场不同于其他立场之处在于，在其他立场中，读者通过已有知识与经验来促进想象的构建，在这一立场中，读者通过生成中的想象促进自身更好地理解、反思已有知识与经验。此时，读者暂时远离了对文本意义的挖掘，而将视线转向了审视新知对自身生活、观念和知识的影响。虽然这一立场发生的频次低于其他立场，但它对读者生活产生了巨大影响，通过反思，它可以映照出读者当前的自我以及通过努力可能形成的自我，促进他们更好地发展。

第四，想象的抽离与经验的客观化。这一立场具有明显的分析性：读者从形成中的想象里抽离，反思、分析、总结和评价这些经验。譬如，关注作者的写作技巧、文本结构、相关典故、从文学理论的角度进行分析性的阅读等。在这一立场的想象构建中，读者是批评家，他们在一定距离之外客观地审视文本与意义，发掘并理解其中的张力与平衡、冲突与权力等。他们反思自身想象，并对自我的知识发展进行内审和批判性思考。

第五，想象的远离与超越。这一立场出现的频率在五种立场中最低，它意味着个体的想象已经得到丰富且充分的发展，能将新知识运用于不同的情境之中。同时，这些较为完善的想象也将成为新的想象构建的基础。

立场的概念具有重要的教学启示意义，它使教师能更好地认识学生思维的发展过程，帮助他们形成理解。由于立场代表着学生在追寻意义过程中的不同选择及取向，因此，教师可以通过对学生所处立场的判断，给予他们适当的教学支持，促成意义生成。朱迪思以想象构建的五种立场为基础，提出了每一种立场中教师教学的侧重点和相应的教学策略。（见表5-3）

（1）当学生处于文本之外与想象的进入立场时，他们根据已有的知识及文本的阅读进行想象构建的准备，对学习内容进行初步了解。在此，教师应聚焦学生的注意力，提示试探性问题，帮助学生建立新旧知识的联系，诸如：

●你认为该文章／文件／视频的主题是什么？

●你认为我们将要学习的内容是什么？

●这与我们之前讨论过的／你已知的话题有什么联系？

●你认为这是在什么时候发生的？在什么样的情况下发生的？

●对于这些内容，你有哪些问题？具体说出你的问题。[①]

（2）当学生处于文本之内与想象的演化立场时，他们建立课堂内容与已有知识的关联，开始构建新的想象。这一立场是在固有意义基础上的意义构建，因此，教师的提示应着力于发掘与促进学生的局部想象，如：

●现在，你读到的内容让你对这个主题的原有认识产生了何种改变，或者说，这些内容有无让你增进对这个主题的认识？

●你认为你所学习到的内容中，最重要的是什么？说明理由。

●作者希望展示给你何种内容？

●对所学内容，我们可以从哪些不同角度去认识？讨论并给出依据。

●总结你刚看过／读过／讨论的内容。

●这些事件与当时的社会、经济、政治或地理环境有何联系？

---

① LANGER J. *Envisioning Knowledge*：*building literacy in the academic disciplines*［M］. New York：Teachers College Press，2011：26.

●你所阅读的内容让你想起过去或现在的什么事情？它们之间有怎样的联系？

●根据你的已有知识，还有没有其他办法可以解决当前问题？[①]

（3）当学生处于摆脱文本与反思认知立场时，他们在业已构建的想象之外，寻找可能改变已有认识的新的观念，因此，教师在这一立场中应引导学生意识到自身认知的转变，创设条件，促成这种转变。

其可供参考的提问方式如下：

●我们最近的学习如何使你对该人物／事件／时代／情境产生了不同看法？

●这个材料有无促使你反思对这一主题的已有认识？

表5-3　想象构建的立场及教学策略

想象构建的立场	教师策略
1. 文本之外与想象的进入	提出试探性问题，尝试构建文本世界
2. 文本之内与想象的演化	运用局部想象和个人知识构建，发展想象
3. 摆脱文本与反思认知	通过形成中的理解，反思已有观念、信仰、感受等
4. 想象的抽离与经验的客观化	抽离文本，审视、评价、分析阅读体验或文本某一方面
5. 想象的远离与超越	新知的迁移、超越

●你从历史或人物行为中得到了何种启发？请讨论。

●你从这一主题的学习中，学到了哪些以前不明白的东西？

●这则材料以何种方式改变了你对该人物／国家／事件／时

---

① LANGER J. *Envisioning literature*：*literary understanding and literature instruction*
［M］. 2nd ed. New York：Teachers College Press，2011：92.

代的看法？[①]

（4）当学生处于想象的抽离与经验的客观化这一立场时，学生在已构建的想象之外，对事件、问题、资料、概念和相关的社会现象等进行客观审视，思考原因、问题及解决方法。因此，教师的相关提问方式如下：

●在一定时代背景下分析与阐释事件发生的情境／观念／行为。思考如果它在其他时代（国家或背景）下发生，会有何不同？说明原因。

●这个材料中有无偏见？讨论并说明它如何影响了你对信息的获取。

●分析与批判主题或信息的呈现方式，给出相关证据证明你的观点。

●从不同角度分析并评价材料中的情境，提供相关数据以进行对比。

●运用概念图或其他直观方法，归纳主要观点并说明它们之间的关系。[②]

（5）当学生处于想象的远离与超越立场时，他们对特定学习内容已经形成较成熟的认识，能够将新的观念迁移到全新的情境之中。为促成学生在观念上的超越，教师可给予的相关提示如下：

●目前讨论的观念对该学科的核心概念有何促进？

●目前讨论的观念对发现历史与社会变化有何贡献？（结合你所学过的其他课程以及目前的社会时事进行思考）

●从历史的角度讨论当前的议题和行为，并指出其对未来生活的启示。

●如果我们将这堂课学到的方法运用到对当前的社会问题或过去

---

① LANGER J. *Envisioning literature*：*literary understanding and literature instruction* [M]．2nd ed. New York：Teachers College Press，2011：101.

② LANGER J. *Envisioning literature*：*literary understanding and literature instruction* [M]．2nd ed. New York：Teachers College Press，2011：107.

的历史事件的思考中，会有何不同结果？①

想象建构的过程正是意义生成的过程，它代表着学生在某一时刻对文本的理解情况，也因新观念的产生或新角度的采纳而时刻发生改变。教师在课堂教学中，需首先确定学生的想象构建处于何种立场，然后根据上述问题设计相应教学活动，帮助他们进一步构建想象，丰富阐释与理解。

（二）以想象为中心的文学课堂实践

1. 文学课堂的基础

文学课堂不仅是引导学生完成某一类型的文本的阅读，更是在社会化的背景中对学生思维的培养，促进他们在不同情境的想象构建。朱迪思指出，在促进想象构建的课堂中，每位参与者都具有复杂的社会身份，他们既是独立的思考者，同时也隶属于不同的社会和文化群体。对教师来说，他们应最大限度地平衡课堂中不同个体或群体之间的冲突，利用课堂参与者间的差异性，促进理解的丰富与深化，提升学习效果。具体地说，以下五项基本原则构成了朱迪思文学课堂的基础：

（1）学生的绝对主体地位。将学生视为独立的想象构建者。学生是积极的意义创造者，他们通过不断构建的想象理解自身及周围的世界。教师需意识到，每位学生都有能力在已有经验基础上生成对文本的理解。在课堂教学中，教师应将学生视为终身的想象构建者，设计合理的教学环境，帮助与引导学生进一步深化理解：学生自主掌控着自身理解的形成与发展，通过交流与对话，运用已有知识来深化理解并给予他人帮助，教师则扮演倾听者的角色，尝试理解学生的观点，适时予以点拨，以便使学生能独立地完成想象的构建。

（2）将提问视为文学体验的一部分。文学理解是具有开放性的探究式行为，是对新的可能性的探究过程。在大量的思考与讨论后，

---

① LANGER J. *Envisioning literature*：*literary understanding and literature instruction* [M]. 2nd ed. New York：Teachers College Press，2011：106.

学生对每一种想象发展的可能性都充斥着各种猜想。从想象构建的角度来说，个体对某一时刻想象的疑问也属于其文学体验不可分割的组成部分，与传统课堂对问题讳莫如深的态度相比，想象构建的课堂欢迎提问，因为这意味着学生正在积极地探索可能性，它是优秀读者的标志。

（3）讨论是理解形成的过程与手段，以课堂讨论促进理解深化。由于想象即个体理解的过程，因此，课堂教学的主要目的是帮助参与者探索与深化理解。课堂讨论始于学生的初步印象以及他们在特定时刻的有待于完善的认识，因而在讨论过程中，学生以自己的初步想象图景为基础提出问题，从各自角度重审对文本的阐释并探索可能性，深入理解文本。

（4）多角度思考以丰富阐释。在构建想象的课堂中，多角度思考显得尤为重要，它不仅可以拓展学生个人想象的宽度与深度，同时，也可以增强学生看待文学、生活的敏感性。师生在诸多可选择的角度中，采用有利于自身认识深化的视角分析问题，以批判性的眼光考察文本。朱迪思以想象为中心的文学理论的最重要的基础是否定"最优"阐释的存在，确定任何理解的合法性。因此，理解是不可终结的，它可能随着历史、社会等因素的变化而生成新的意义。读者在与文本、他人的互动中产生并生成理解，不同读者因个人、文化、历史、社会以及学术经验的不同而产生不同的阐释角度因而形成不同理解。以想象构建为基础的文学课堂以学生为中心，尊重意义的多样性，强调开放性，重视学生文学思维的培养。

（5）教师是课堂讨论的参与者与促进者。基于想象构建的文学课堂中，学生是意义探索的主体，教师扮演参与者与促进者的角色，给予学生充足的想象空间与讨论自由，在适当时机为学生提供帮助。在想象构建的文学课堂中，由于学生是独立的思考者且任何阐释都具有可行性，因此，师生关系是协作性的平等关系，教师不是知识的唯一持有者和评判者，课堂成为知识共享的场所，学生在班级成员形成的共同体中探索意义，通过讨论增进认识。

朱迪思指出，在想象构建的课堂中，教师主要为学生提供两类支持：一是讨论支持，二是思考支持。

学生刚着手讨论某一主题时，可能会在如何进入讨论及适应思考方式方面遇到困难，因此，教师需要提供讨论支持，帮助学生界定讨论范围，了解讨论的规则，协调讨论的进行。例如，何为适切的讨论内容、如何让他人理解自己观点、如何确定讨论秩序等。

思考支持，即协助学生对正在讨论的问题进行推理分析，帮助他们了解相关概念，拓展技能以解答疑问。教师的这一支持包括：观点聚焦与细化主题范围；认识的重组、深化与简化；将认识与文本、讨论、个体经验相结合；进一步提供新的、隐性的支持。

表5-4　教师支持

讨论支持	促进学生理解：教师提出问题，学生必须讨论对问题的思考 澄清确认理解：教师帮助学生确认他们的回答是否让所有学生都理解 鼓励参与讨论：教师向学生说明参与讨论的方式 协调讨论过程：教师帮助学生维持讨论
思考支持	聚焦：教师帮助学生聚集关注点塑造；教师帮助学生形成认识关联；教师帮助学生运用当前讨论和已有认知、体验来丰富理解；深化：教师帮助学生重构认知，为他们提供新的思考点

2. 文学课堂的设计与实施

（1）课程活动设计

传统的文学课堂根植于一种"老套路"，即对课堂教学步骤的预设和按部就班地推进。通常，教师很大程度地受到某种传统教学法的影响，以复述文本内容（故事简介或突击测验）切入主题，接着对故事深层意义展开探索（通过引导性问题向学生灌输某种确定的阐释），最后，在教师引导下，学生掌握教师预设的某种共识。实际上，这是一种理想化的课堂观，也是传统课堂的常规模式。但是，当课堂教学的目的并非达成某种共识而是生成多样化的理解时，它就不再适用。朱迪思指出，想象构建的文学课堂应将文学课程视为一项活动，教师应该是课堂活动的设计者和引导者，向学生提供非干预性的协作支持，学生自主地探索意义。为使想象构建的课堂更具操作性，应对课堂中变化多端的突发状况，在进行课堂设计时，可从以下五个方面进行思考：①

第一，阅读引入。在课堂引入时，教师应将学生带入文学体验，告知他们课堂主要目的是进行可能性视域的探索，以开放性的问题唤起学生的相关体验，帮助他们将已有的文化、历史知识与文本主题相关联。

第二，形成初始认识。教师应首先让学生明白，课堂是通过学生的自我探索而发现意义的活动。教师在学生完成阅读后应帮助他们挖掘文本意义，促进初步理解的形成。在这一过程中，学生新生成的想象可能是对原有想象的延续，也可能是完全否定后的全新认识，教师应允许并鼓励学生认识的变化，创设能自由发表观点，分享认知的空间。

第三，发展阐释。教师在明晰学生的初步认识之后，可以通过提问和理解来帮助他们探索与拓展想象。教师可鼓励学生探索诸如动机、感受、关系、冲突、行为以及上述因素与课堂内容的关系，引导他们从不同角度思考问题。学生在教师的引导下，也会对自己的思想进行反思，形成对文中人物或事件的更深层理解。

第四，采取批判性立场。学生在教师的指导和帮助下，通过审视文本、历史、文学及生活相关主题，客观地审视自身经验。教师鼓励学生通过思考文本，从课堂内外不同参与者的视角发掘相关可能性，挑战和丰富自身的理解。在这一过程中，一些文学性的元素和经典的阐释也应受到关注。如讨论某种社会批评、作者写作手法、批判性地阅读一些经典作品的书评等。

---

① 和学新：《课程意识是课程实施的首要因素》，载《教育发展研究》2003年11期。

第五，总结。由于文学体验关注不断变化的视域，因此，我们不必追求达成某种共识或想象的终结。但是，在课程结束时，教师仍需要总结课堂讨论中出现的不同阐释与观点。此时，教师可总结学生提出过的重要问题、厘清他们观念的变化路径、认识的共识与分歧、指出之前尚未得到充分正视的问题等。最重要的是，教师帮助学生认识到，课程的结束并非思考的终止，学生在任何文本中获得的体验、认识都可能为未来的思考服务。

当然，上述五个方面只是教师在进行课堂设计时的建设性意见，并非某种必须遵循的线性教学模式，也不是促进学生想象构建的唯一方法，它们只是帮助教师更好地认识学生阅读过程所处的立场，做出教学选择，催生可替代传统教学的新思路。

（2）促进想象构建的策略

讨论是学生理解形成的主要手段，因此，为促进教学的有效性，在课堂教学中，教师可以采用以下策略：

① 书面对话。即将学生分为若干小组，小组内学生共用一张白纸，将自己的想法写在纸上，互相询问彼此观点。它类似于当今的社交网络对话。

下面摘录即为几个学生以书面对话的形式对某本小说的讨论：

亲爱的Barbara：我读得比你们慢，所以不要向我剧透好吗？

Sally：我喜欢这本书，但我不喜欢里面的Lisa，因为她控制欲太强了，她说话时总是吼小孩子。现在你读到第几页了？我在读128页。

Barbara：我在读103页。我也不喜欢Lisa，但好像书里每个人都任由她掌控……①

———————

① 案例引自美国教育部教育研究和改进办公室（U. S. Department of Education, office of Educational Research and Improvement）官方文件之*Improving Literary Understanding Through Classroom Conversation*。

② 回答记录。它的形式多样，具体取决于教师和学生的需要，但本质上，它的目的是记录学生对某一问题的思考，方便后继的小组或课堂讨论。

③ 讨论指引。即为学生构建复杂想象提供支持。在学生深化理解的过程中，教师可能向他们提出一些角度不同的问题，帮助他们深入理解阅读内容。

④ 有声思维。当学生思维陷入僵局时，教师将他们分为若干小组，让他们朗读课文，当对课文产生了新认识或新问题时，停下阅读并说出自己看法，与同学分享自己的思维过程。

⑤ 速记。在课堂上，教师让学生简要地记录自己的想法，以方便进一步讨论。学生主要应该记录阅读过程中对故事或人物的认识，产生的疑问或关注的问题。由于这类写作只为记录即时的想法，因此并不强调学生的语法和拼写问题等。

（3）教学评估：不间断评估法。想象构建课堂注重学生对所读文本的反思与多角度理解的形成，因此，用以评定有效学习的标准也应有所变化。由于想象构建课堂的教学活动是非预设的，教师不断生成新的教学思路，而学生也根据即时的文学探索情况而不断变换理解的角度与方式，为对这一充斥着不确定性的课堂进行有效评估，朱迪思提出"不间断评估法"。不间断评估属于一种互动型评估，其评估目标是生成性的，在文学教学的过程中进行，它要求师生的共同参与。它关注学生曾经和当前的思考，可能的行为或者未来可能进行的尝试。同时，它也关注特定情境中学生与文本的互动，以此考察社会背景中的某一因素是否对学生的思考产生影响。不间断评估法以促进教学为目的，反映师生教学、学习、反思的变化，成为学生课堂学习的有效反馈机制。

在具体的评估目标上，教师应根据学生阅读与讨论文学时所采取的策略以及想象构建所处的立场而定。教师所确定的每项目标应以促进学生理解为出发点，在实际操作过程中，根据学生不断变化的关注

点而做适当调整。一般说来，在对一篇课文的完整教学中，学生应该能够实现以下目标：[①]

在阅读后分享初始印象；提出与阅读文章相关的问题；超越初始印象，能反思、发展与丰富理解；发现文本内外关联；以多角度思考文本。

●反思其他可能阐释，批判或支持其中之一。通过文学获得对自我和生活的理解；通过阅读，增强对其他文化和背景的敏感性。

●将写作作为反思与交流文学理解的途径之一。

●以典型的文学话语说或写一段话[②]。

由上可见，"不间断评估"体现了文学课堂对意义分享、多角度思考、批判性思维、写作应用等多方面能力的强调，有效促进了教师的教学、评估以及师生的社会互动。

值得注意的是，虽然想象构建的课堂赋予课堂生成的任何阐释以合法性，但意义生成与发展并非完全无序的状态，朱迪思借用离心力与向心力的概念揭示意义生成规律背后的选择机制。她指出，学生在探索可能性范围时，从不同的角度出发，可能生成各种不同的意义，通过课堂对话中教师的引导及同伴的交流，形成离心力与向心力，在两股力量的共同作用下，课堂讨论成为意义选择的工具，学生在与他人交流中，倾听与反思，完善想象的构建。[②]

---

① 刘正伟、郑园园等：《美国中小学英语国家课程标准建构》，载《课程·教材·教法》2015年第3期。

② Common Core States Standards Initiative. *Frequently asked questions* [EB/OL].
[2014-12-13]. http://www.corestandards.org/about-the-standards/frequently-asked-questions/.

五　20世纪美国写作教学研究的三种取向

写作教学研究既有在语言学视角下分析某个话语片段，也有在心理学视角下记录个体创作的思维过程，还有在社会学视角下阐释诸多社会因素与个体话语之间的相互关系与影响。综观20世纪的美国写作教学研究，主要存在三种取向：文本取向、写作者取向和读者取向。以文本为取向的研究者，或持文本封闭观，认为文本是"自治"的；或持文本对话观，将文本视为开放性的话语。以写作者为取向的研究者，受不同理论影响，将写作行为或看作个人的情感表达形式，或看作个人的一种认知过程，或看作特定情境下个体的读写行为。以读者为取向的研究者，将写作行为或当作一种社会互动，或视为一种社会建构，抑或是社会权力与意识形态的体现方式，等等。

（一）文本取向

1. 文本自治观

以文本为取向的写作研究者，秉持"写作结果观"，将写作视为"文字产物"，借助语言学理论和修辞学理论分析这些文字产物。从语言学角度分析，文本自治观点主要受结构主义语言学派和麻省理工学院语言学教授乔姆斯基（Noam Chomsky）的转换生成语法影响。乔氏认为，语言学的研究焦点在于如何通过掌握语言的规则体系衍生出无限的话语，以此来培养语言习得者认知结构中的语言能力。"自治"是对文本独立性的一种隐喻，即文本可以脱离语境、写作者和读者单独分析。决定文本产出的关键因素是"是否能够正确运用写作规范与惯例"。

研究指出，人类交流的目的是思想观点的互换，即一方通过语言将观点传递给另一方。写作行为是没有实质内容的，因为在写作之后，写作的内容和意义都留在文本之中，读者只需懂得同样的技巧就能解码阅读，理解文本意义。在文本自治观之下，写作被当作一种脱离语境的知识实体来教授。"客观罗列事实，并清晰阐述"被当作"好的写作"标准。研究则聚焦于文本微结构，即对文本语料量化分析后得出数据，电脑语料分析是最常用的写作教学研究方式。如1965年语言学家亨特（Kellogg Hunt）首次使用的T单位研究，除分析整篇文章的"句长、从句长度、从句比率、从句种类"之外，还更为细致地剖析每个从句中的"从句结构、名词性、助动词、中心动词、修饰语"[①]等要素，以此来分析学生随着年龄的增长，以及教育水平的提高，写作文本之中的句法复杂性的变化。

文本自治观发展至今，研究者也不再仅仅局限于对文本结构的分析。他们认为，写作过程可以看作写作者将"信仰与知识"交给隐形读者的过程，即编码过程；读者也需要拥有与写作者持平或者高于写作者的素养才能够解码。对"文本正确性"的追求不是指文本规则的无误，而是在文本内部，"必须要说的"和"可说可不说的"之间维持一种平衡，写作者面对的问题不是怎样说正确，而是把什么说正确。

2. 文本即话语

从修辞学角度分析，研究者们认为写作者之所以按照写作规范创作文本，是为了与读者交流。文本是开放的，它是社会性文本。其研究重点在于，写作者怎样将自己的意图隐匿于文本之中，从而实现交流的功能。文本即话语，是指写作文本除了文本表面的框架结构，还有深层的目的与意义——写作者想与读者沟通的意图。英国当代语言

---

① Hunt，K. *Grammatical structures written at three grade levels*［R］. NCTE Research Report No.3. Champaign，IL，USA：NCTE，1965.

学家、系统功能语言学创始人韩礼德（M.A.K.Halliday）所阐述的"主位—述位"概念，为研究者对文本句子进行功能性要素分析提供了框架与方法。他所研究的恰恰是被乔姆斯基排除在外的内容——语言使用与功能，与其说是对乔氏语言学的质疑与批评，不如说是立足语言功能视角的理论补充。1970年代初，韩礼德的语言学理论逐渐开始影响美国中小学语言文学教学实践。

"主位"指话语的出发点，"述位"是围绕主位所说的话语。研究者通过分析文本的"主位—述位结构"，获知写作者的写作目标与意图，即为了达成写作意图所作的文本结构安排。韩礼德的语域理论框架是一种简单而有效的选择文本话语的方式。他将语域分为语场、语旨和语式三类。写作者可以通过这三个变量的考虑，确定对话的意义范围：通过语场变量确定概念意义，即语言活动的情境；通过语旨变量确定人际意义，即写作者与读者之间的权力、地位关系；通过语式变量确定语篇意义，即以何种话语类型来组织文本、串联信息。①

在此基础上，研究者还从认知修辞学角度入手，分析各类语式的修辞功能，即各类话语文本以怎样的方式融入整个文本的结构之中。如温特（Eugene Winter）和霍伊（Michael Hoey）的分析框架，他们在语义单位关系理论视角下，将话语类型分成问题—解决类、假设—真实类和一般—特殊三类。②以问题—解决类话语为例：首先分析语言活动的情境，将写作暂时当作对话来考虑；对话思维与写作语法同时在大脑中出现；写作者开始搜寻大量语料与惯例；最终找到既符合语法规范，又能实现与读者交流的话语。

在"文本对话观"视角下，体裁教学是研究者的主要研究对象。新修辞学派的代表人物之一米勒（Carolyn Miller）1984年在《口头演讲季刊》发表的《体裁作为社会行为》一文，开启了新修辞学派体裁

---

① 胡壮麟：《系统功能语法概论》，湖南教育出版社1989年版，第176、177页。

② Hoey M. *On the Surface of Discourse* [J]. Language，1983：210-220.

理论研究的大门。他将"体裁"定义为"以频繁使用为基础的典型化的修辞行为"。体裁所指的不仅是形式特征与言语集合，而且是一种典型化的社会行为，随着时间的推移逐渐被惯例化，"目前以稳定态势存在"。由于体裁是以特定的材料工具为载体而存在，并以特定的方式被写作群体所使用，所以这种使用是频繁和循环的。写作过程可以看作写作者与体裁发生互动的过程，也是写作者参与社会行动的过程。[①]

（二）写作者取向

1. 写作即个人的情感表达

以写作者为取向的写作教学研究，将写作教学的目标设定为"培养优秀的写作者"，他们致力于探究"面对一个写作任务，优秀的写作者会应用怎样的技巧来应对，以及如何令写作者获取这些技巧"。基于这一目标，研究焦点集中于三个方面：写作者的个人创造力、写作的认知过程和写作者的创作情境。这三种研究视角分别基于不同的观点。

持表现主义观点的研究者认为，写作者不应拘泥于对语法、用法正确性的追求。写作者所进行的写作活动，旨在发出个人的声音，借助文字表达头脑中独特而鲜活的想法。在写作过程中，思维先行，写作者被赋予极大的表达自由，它是一种自我发现、思维逐渐成熟起来的过程。写作能力的进步与个人的自我发展是同步的。美国马萨诸塞大学教授皮特·厄尔博（Peter Elbow）是持表现主义写作教学观的代表性学者。厄尔博认为，他与其他学者在写作教学方式上的观念冲突，源于追求目标的不同——成为作家和成为学者。他自身兼有两种身份——学者与作家，时常能感觉到这两种身份所产生的话语模式的矛盾。

---

① David R. Russell. *Writing in Multiple Contexts：Vygotskian CHAT Meets the Phenomenology of Genre*［M］. In Traditions of Writing Research. Ed. Charles Bazerman. New York：Routledge，2010：353-364.

厄尔博认为，在学者目标取向和作家目标取向下，两种写作者的身份不同。前者所面对的读者一般在知识方面优于自己的教师，所论述的内容往往为"是否深刻，是否正确"的问题；后一种写作，学生写作行为的潜台词是，"听我说，我有事情告诉你"。写作者拥有绝对的权威。[①]他表示，尽管会遭受质疑，也要争取实现"成为作家"这个目标，并通过自己的教学经历来诠释个人性写作的合理性。他举自己设计和教授的一门写作课程为例。首先是阅读材料的选择。倘若是学术写作，阅读材料理应选择"关键性文本"——优秀出版物、标志性的文化或文学作品等。但是出于"成为作家"的目标考虑，他选择将学生的作品出版，当作他们的读物，之后面对的问题是"怎样阅读这些文本"。他秉持的原则是，不论好坏，决不把这些文本当作范本来评判，即要"使用它们而不是服务于它们"。至于阅读的数量问题，他认为，学术性写作强调大量阅读，而在他的课堂上，大部分时间用于写作，阅读作为辅助写作的工具。写作的作用在于：学生尝试将所知所想转化为文字，远远涵盖他们所说的，直觉和感觉会引导他们与之前未曾发觉的思想相连接，从而形成知识。

由此可见，持表现主义观点的研究者大多恪守自身对浪漫主义的追求。他们认为，写作行为所追求的目标甚至都是模糊的，如果非要定义一个目标——"自我实现"可能比较恰切。"好的写作"标准就更模糊了，原始的、真挚的或是自发的创作都可能被接受，甚至被公认为"好的写作"，"创造性表达"是写作者应秉持的原则，但不可否认它忽视了写作者与真实世界的交流。

2. 写作即认知过程

持认知主义观点的研究者将写作过程作为研究的中心，把写作行为看作一种问题解决活动。海耶斯（John Hayes）和弗劳尔（Linda

---

① Elbow.P. *Being a Writer vs. Being an Academic：A Conflict in Goals*［J］. College Composition and Communication，1995，46（1）：72-83.

Flower）是认知主义写作教学观的代表性学者。海耶斯是美国卡耐基—梅隆大学的心理系教授。1980年，海耶斯与本校英文系教授弗劳尔合作研究，提出了著名的"写作认知过程模型"，把写作看成一种循环非线性的程序性过程。写作认知过程模型的核心是，写作各个阶段是可识别和独立的，而且整个写作过程是可循环的。这种"可循环"不同于传统的过程模型（即左右模型，分写作前—写作中—写作后三个阶段），它是一种非线性的循环模式，将写作思维过程中的多个要素析出，"大声思考"成为一种新颖的研究切入点。"大声思考"主要表现为学生的自我写作报告，即记录自己的写作过程。海耶斯和弗劳尔的研究在很大程度上依赖于学生的自我报告，所以这种研究方式也存在一种弊端：写作过程中的一部分行为是无意识的，学生无法将这些行为有意识地描述出来。

如果说海耶斯和弗劳尔注重研究的是个体写作者写作认知过程的共性，那么，贝莱特（Carl Bereiter）的模型则侧重于不同写作者之间的能力差异。贝莱特是多伦多大学安大略教育研究所的教授，也是美国教育学会成员，参与并影响了美国教育界1980年代以认知心理学为基础的教育改革运动。他认为，应该将拥有熟练技巧的写作者与新手写作者区别开来，用两套写作认知模型进行教学，而不是单一模型。基于此种考虑，他与斯卡达玛亚（Marlene Scardamalia）提出了"知识陈述模式"和"知识转换模式"双模式理论。前者针对写作新手，即不善写者，写作模式简单直接：首先大脑接受写作任务，之后进行内容、篇章以及题材知识搜索。若是符合任务主题要求则应用，不符合继续搜索。后者针对善写者，完成的是比较复杂的写作任务：写作者以写作任务为核心分析问题和设立目标，统筹内容与形式，考虑读者意识与写作风格，全面体现了写作任务的复杂性。他们为自己支撑起一个内容与修辞空间，让文本与思维在其中持续互动，于反复斟酌之中推进写作活动。

贝莱特认为，写作者从"不善写者"成长为"善写者"，要历经五个不同的层级性阶段：联想式写作、表述式写作、沟通式写作、统一式写作和认知式写作。①在较低的层级"表述式写作"中，写作者还仅是按照写作惯例进行创作，最高层级的"认知式写作"则已经把写作者当作"一个寻求意义的人"。贝莱特指出："传统的写作教学，依照风格手册、固定模式和教师纠错，所做的不过是从'联想式写作'到'表述式写作'进阶罢了。"②

3. 写作即特定情境下的行为

第三种以写作者为研究取向的研究者，是将写作者的写作行为置于社会情境之中，小到一间教室、一个社群，大到整个社会的读写行为。人种志研究是该取向采用的主要研究方式。研究者通过对写作行为进行细节观察，对写作者进行访谈，对周边情境进行分析，进而对写作者的写作经验进行比较立体的描述。海斯（Shirley Brice Heath）1983年撰著的人种志研究专著《言语策略：群体和教室中的语言、生活和工作》和斯特里特（Brian Vincent Street）1984年和1995年撰著的读写素养研究专著《读写素养的理论与实践研究》和《社会读写素养：素养发展、人种志和教育的批判性分析方法》受到研究者的普遍推崇。在社会文化情境下，研究写作教学成为1990年代的主导性取向。众多的学者开始把写作教学融入一种广阔的生态学情境中去。

美国威斯康星大学教授勃兰特（Deborah Brandt）是使用人种志研究方法进行素养研究的代表。她在《写作的崛起：重新定义大众文化素养》中提出：若是写作素养已经崛起，成为大众文化素养的核心，这种转向会给社会带来什么影响？个人又应如何培养写作素养以应对这种转向？勃兰特认为，"我们如今置身于写作共同体中"，提升写作素养的最好方式便是"参与到群体写作之中，大家互为听众与修正

---

① Bereiter, Carl. *Development in writing* [M]. In: Gregg, L.W. & Steinberg, E. R.（eds.）Cognitive Processes in Writing. Hillsdale: Erlbaum, 1980: 73-93.

② Bereiter, Carl. *Development in writing* [M]. In: Gregg, L.W. & Steinberg, E.R.（eds.）Cognitive Processes in Writing. Hillsdale: Erlbaum, 1980: 88.

者"。至于学校写作教育，"比起阅读行为，写作是思维的外化，它是一种创造"。

如果学校有意将写作素养作为学生的基础素养培养，这将为社会带来极大的希望与鼓舞——写作素养是出于公民目的，而不仅是商业目的。"因为学校是一个可以接受革新性写作理念并且自然而然地保护学生'庄重而自由'出版权的地方，如同它们自然而然地保护阅读权利一样。"[①]在1990年代之前，写作认知过程模型的倡导者将写作活动看作处于任务情境之中的个人的写作过程，以问题解决为目标设计过程模型。1990年代之后，他们都修改自己的写作认知模型，把社会和文化情境作为影响写作过程的因素。弗劳尔在1980年代的写作认知模型中，将社会情境作为影响写作者和读者读写活动的因素之一，补充之前1990年的模型。海耶斯也在1996年修改了写作模型，增加了社会环境作为影响写作者写作过程的因素之一。

（三）读者取向

1. 写作即社会互动

以读者为取向的写作研究者认为，在写作过程中，须有读者参与其中，与写作者交流，二者对文本产生共鸣。威斯康星大学教育学教授尼斯特兰德（Martin Nystrand）是"写作互动观"的提倡者。早在1986年，他在《写作交流的结构：写作者与读者相互性研究》一书中便指出，写作绝非孤立的行为，写作行为与社会及其他因素相联系，写作文本必然会体现出一种社会文化演变过程。尼斯特兰德认为，在社会互动模型中，读者与写作者将一种独特的互动式配置带入文本之中，正是这种互动催生了文本意义。在此配置中，写作者为自己营造了一个文本空间，在自己的意图与读者的期望之间不断寻求平衡。基于符号学理论，尼斯特兰德认为，文本是有语义潜力的，即文本可能

---

① Deborah Brandt. *The Rise of Writing*：*Redefining Mass Literacy*［M］. Cambridge University Press，2014：160-166.

产生多重意义。但这种意义，经由写作者的意图、读者的认知以及文本自身的客观性三重限定，拒绝大多数的可能性。换言之，意义并非被封存于写作者、读者和文本三者的某个要素之中，而是穿梭于三者之间，在互动中产生。①在文本互动观中，研究者关注的核心议题便是"读者意识"与"互文性"。"读者意识"是读写研究中比较有争议性的一个概念，长久以来被置于修辞学语境之中讨论。在文本互动观的视阈下，"读者意识"并非被当作一个绝对存在的事实，即可以用学术话语进行阐释的术语，而是表现为一种建构性——写作者在写作过程中不断发现和探索的过程。②1984年，艾德（Lisa Ede）和伦斯福德（Andrea Lunsford）提出的两种读者意识模型对写作研究领域影响甚大。她们分辨了直至型读者意识与唤起型读者意识之间的区别，前者是脱离文本而独立真实存在的，后者是写作者运用修辞技巧将自身意图与读者的期许隐藏于文本之中，存在于写作者的思维活动之中。③

至于读者意识的培养方式，很多研究者引入文学批评理论中的"互文性"概念，通过分析文学文本中的互文性——即在文本之中，写作者和读者进行着持续的对话，文本与其他文本存在关联以培养写作者的话语直觉。巴赫金（Mikhail Bakhtin）认为，文本中的每一种表达都是多个声音渗透与对话的结果，须与文本进行互动理解，理解不同语言方式的共存与互动。在巴赫金的互文性概念基础之上，费尔克拉夫（Norman Fairclough）又将互文性分为两类：显性互文性与建构性互文性。前者指文本明显指涉其他文本，或明确标明，或通过表

---

① Nystrand M. Greene S &Wiemelt, J. *Where Did Composition Studies Come From？ An Intellectual History* [J]. Written Communication，1993，10（3）：298–333.

② Park，D. *The meanings of 'audience'* [J]. College English，1982，44（3）：247–250.

③ Ede，L. &Lunsford A. *Audience Addressed/Audience Invoked：The Role of Audience in Composition Theory and Pedagogy* [J]. College Composition and Communication，1984（35）：15–171.

层特征加以暗示；后者的核心在于"话语秩序"，即话语秩序的组织方式，写作者如何应用体裁、风格等自身具备的惯例性知识来建构一种新的话语类型。

2. 写作即社会建构

社会建构观深受社会学和后现代哲学思潮影响。在其看来，写作是一种社会行为。写作教学的目的在于，通过在写作教学过程中展开重重对话，使写作主体的多元文化声音实现交流，学生的写作身份也从"个体写作者"转换为"群体写作者"。

首先用社会建构理论话语对写作行为进行探讨的是布鲁菲（Kenneth A. Bruffee），他在1984年发表的论文《协作学习与人类对话》中指出："每一类知识的产生均源于社会上某一群话语共同体的共同创造，写作知识亦如此。知识是思想的集合，而写作是介入思想的心理工具。"[①]布鲁菲认为，写作行为是通过一种泛化的"对话关系"得以组织的，对话关系不只局限于文本中的单纯对话，而是牵涉面非常广的现象，渗透在人类言语和人类生活的一切关系和表现形式之中。他分析了课堂写作行为，认为"写作者写作行为中涉及的事实、知识、思考、文本等均来源于与写作者有相同意向或目的的同伴群体"[②]。在这种建构视角下，他把写作学习看作一种"共有性取向"的学习模式。受布鲁菲影响，1987年，勒费夫尔（Karen Burke LeFevre）在其著作《作为社会行为的创作》中从作品创作的角度细致解释了写作的社会建构性：（1）写作者受社会情境影响；（2）写作术语与题材均来源于之前社会的知识建构；（3）写作技能可以通过一种与他人虚拟的"对话想象"得到提升；（4）写作者会把写作行为中的其他个体看作修改者、合作者甚至是批评者；（5）社会情境不仅影响写作

---

① Bruffee, Kenneth A. *Collaborative Learning and the "Conversation of Mankind"* [J]. College English, 1984, 46（7）：635-52.

② Karen Burke LeFevre. *Invention as a social act* [M]. Carbondale, IL: Southern Illinois University Press, 1987: 110-119.

者，而且会影响文本的接受、评价与使用。①勒费夫尔意在证明，写作行为并不单是个体的创作行为，各相关要素都与社会相关联，写作行为具有社会建构性。在社会建构视角下，研究者提倡教师组织协作式写作教学。协作式写作教学为学生提供的是一种社会情境，学生可与同伴、教师以及课堂外的人展开对话，写作文本也并非由个人完成，而是由小组（写作共同体）历经多重磨合之后呈现。

3. 写作即权力和意识形态

将写作当成一种权力与意识形态，主要是强调话语的批判性与力量性。这种理论学派把写作看作一种权力中介，于话语和各社会群体之间发挥作用。它主要受费尔克拉夫的批判性话语分析理论影响。

费尔克拉夫提出一种三维向度的话语批判性分析方法。他认为，"话语事件"产生之后，可以从文本向度、话语实践向度和社会实践向度进行三重分析。文本向度单纯聚焦于语言层面的分析，话语实践向度旨在探索文本生产的过程并对这个过程进行阐释，社会实践向度则将话语进行社会分析，分析话语与权力的相互制约，以及其他社会因素对文本话语形成的介入。在这种视角之下进行写作教学研究，研究者的出发点在于，通过培养学生的批判性话语分析素养，让学生理解写作实践与社会结构之间的关系，并将这种批判性素养内化为写作素养的基础。②基于培养写作素养考虑，沃达克（Ruth Wodak）提出的话语历史性分析方法更为细致地分析批判性话语分析的原则和维度，对写作者生产文本和解读文本有直接指导意义。③

---

① Bruffee，Kenneth A. *The Art of Collaborative Learning*：*Making the Most of Knowledgeable Peers*［J］. Change，1994，26（3）：39~44.

② Fairclough，Norman. *Discourse and Text*：*Linguistic Intertextual Analysis within Discourse Analysis*［J］. Discourse and Society，1992，3（2）：193~217.

③ Wodak，Ruth. *The discourse historical approach. In Ruth Wodak and Michael Meyer*，*Methods of critical discourse analysis*［M］.London：Sage，2001：63~95.

表5-5　沃达克话语历史性分析方法框架

分析原则：CDA强调以语言为手段分析社会问题；话语建构了社会与文化，源于所有语言形式的共同创造；话语承担着阐释意识形态的责任，以特定的方式阐释文化及其表征；话语是历史性的，某种话语无法独立存在，必然与其他话语有着千丝万缕的联系；文本通过"话语秩序"介入社会；话语是社会行为，需要系统化的分析方法与范式。
理论框架：双层面——文本生产、文本解读 　　三维度——认知学、社会心理学、语言学 　　分析路径——内容→话语策略→语言形式

　　将写作看作权力和意识形态，渗透于很多高阶写作课程的课程设计之中。如戛纳与斯威特（Jeanne Gunner & Doug Sweet）所著的《写作者的基础：多维批判性阅读视角》，列出了写作者需具备的四种分析框架：精神分析框架、唯物主义批判框架、后殖民框架与符号学框架。每一种框架均通过解读经典文本的内容、语言形式与言语技巧，理解话语蕴含的社会问题与意识形态，总结出一种范式，便于写作者之后批判性的"文本生产"。

　　若要归纳写作活动的本质，一言以蔽之：写作是复杂情境之下以交流为目的的读写活动。写作活动确实会受多个因素制约，如写作者、读者、文本、生活和社会实践等，各个因素对写作活动不可或缺且互相关联，每个因素均可部分观照写作的属性，成为写作理论研究的起始点和研究取向。

　　写作行为反映了封闭自足性与互动开放性的矛盾统一：一方面，写作者所具备的写作能力与素养能反映所见所闻所感的客观世界，写作具有封闭自足性；另一方面，写作者的创作文本与读者、社会发生互动，这种互动也会影响写作者创作文本的某些动机和意识，写作具有互动开放性。写作研究的各个取向并不互相矛盾，其中每一种取向只是深入分析写作活动的某个影响要素，赋予其理论意义，并进行实践探索。实质上，它们构成了写作教学理论的分支，呈现了写作学科"科学化"进程中应有的价值标准和思维判断。

六　美国2019年NAEP阅读评估框架评述

美国国家教育进展评估（The National Assessment of Educational Progress，简称NAEP）是一个持续开展的全国性评估项目，由美国教育部国家教育统计中心负责管理，美国国家评估监管委员会负责监督与制定政策。①自1969年以来，NAEP定期评估美国中小学生在阅读、数学、科学、写作、历史、公民等学科的学习成绩变化趋势。通过收集和报告国家、州和地区各级的学生成绩信息，NAEP帮助公众、教育工作者和决策者了解学生学习的优势与不足，以便做出相应的教育决策及改进措施。NAEP是美国评估本国教育状况的重要参考。

阅读评估是NAEP的主要项目之一。美国K-12教育将阅读视作儿童学习语言文字的基础学科和关键技能，其目标是希望每一位孩子成为"人性化"的终身阅读者，并且造就一个"读者国家"。自2001年《不让一个孩子掉队法案》（No Child Left Behind Act）和2015年《每个学生成功法案》（Every Student Succeed Act）颁布以来，NAEP每2年评估各州四年级和八年级学生的阅读水平，每4年评估十二年级学生的阅读水平，通过组织各年级的学生阅读指定文章，根据所读内容回答问题来测试他们的阅读理解能力，并且通过"国家报告卡"的方式呈现学生的阅读表现。

---

① *What is NAEP* ［EB/OL］.https://www.nagb.gov/about-naep/what-is-naep.html，2019-10-10.

一、《2019年NAEP阅读评估框架》的主要内容

（一）核心理念：阅读即"建构意义"

NAEP将阅读定义为一个动态、积极且复杂的认知过程，包括理解书面文本，发展和解释意义，根据文本类型、目的和情境使用适当的意义。[①]三个认知过程由浅入深，最终形成一种基于文本又超越文本的理解。

1. 理解书面文本：读者通过定位和回忆信息对文本进行推理，从而关注文本中的观点和内容。这一过程是读者在利用他们的基本技能解码书面文字和获取词汇知识。

2. 发展和解释意义：读者将文本理解、对其他文本的知识和他们的外部经验相结合，并使用更加复杂的推理技巧理解文本中隐含的信息。当读者遇到新的信息或观点时，他们会修改对文本的理解。

3. 使用意义：读者利用从文本中获得的观点和信息来满足特定的目的或情景需求。文本的使用可以是简单的，也可以涉及更复杂的行为。

理解文本与建构意义是NAEP阅读定义的关键特征，这一定义主要是基于建构主义的理论。建构主义理论认为，知识是学习者基于经验世界主动建构意义的产物，而如何从文本阅读中建构意义一向是阅读研究领域中的重要话题。早期受到行为主义心理学的影响，阅读往往被认为是读者从文本中被动接受意义的单向过程，1960年代以来，随着认知心理学和建构主义理论的兴起，阅读逐渐被视为作者、文本、读者三者之间的互动过程，读者的主体性尤其受到关注。基于这样的理论发展，一些致力于探索阅读过程本质的阅读模型开始出现，如早期的信息处理模型、心理语言学模型、互动模型、图式理论等。

---

① The National Assessment Governing Board. *Reading Framework for the 2019 National Assessment of Education Progress* ［S］. 2019.

NAEP的阅读认知过程主要基于普莱斯利、阿夫勒巴赫开发的"建构性反应阅读"理论模型，这一模型吸收了读者反应理论、图式理论、执行处理模型，以及从单词和短语层次的理解到高阶意义的归纳等理论成果。它的核心观点是，阅读是一种"建构性的反应"——读者在遇到各种文本时作出反应，阅读的首要目标是从文本中建构意义，好的读者总是根据阅读的文本改变他们的处理方式。建构性反应阅读模型揭示的是读者阅读时有意识产生的策略和反应，即读者阅读时会做何种决定，为了了解文本他们会做什么，读者是怎么控制文本阅读的。建构性反应阅读模型提出：阅读认知过程有三种主要活动，一是意义建构和学习过程，二是监控，三是评价。首先，大量的阅读活动是为了建构文本的意义，读者的意义识别、意义建构和文本意义编码分别发生在阅读前、阅读中和阅读后。其次，理解和学习在一定程度上是通过监控活动来调节的，优秀的读者会监控他们对文本的理解，识别出文本是否有意义，并采用一系列策略来增强他们的理解。最后，好的读者也会评价文本的质量，这些评价决定了文本能否被读者记住，也可以对读者的知识、态度或行为产生影响，读者对文本的评价报告中可明显体现出读者的先验知识。[①]另外，意义建构过程、监控和评价三者之间有动态的相互作用，且都受到社会文化语境的影响，阅读的社会性在这些活动的叙述中产生了共鸣。正因如此，NAEP阅读评估中加入了学生背景问卷调查。基于以上建构性反应阅读的三种认知过程，框架阐述了阅读行为的过程性本质。

此外，NAEP根据《不让一个孩子掉队法集》和《每个学生成功法案》修订的《中小学教育法》和美国国家阅读小组研究报告确定了阅读的内容性定义，即阅读有五个基本组成部分：（1）音素意识，是一种能够听到、识别和处理口语单词中单个音素的能力；（2）拼读，

---

① Pressley, M. & Afflerbach, P. *Verbal Protocols of Reading*: *The Nature of Constructively Responsive Reading*［M］. New York: Routledge, 1995: 30-39.

即能够理解音素（口语的声音）和字素（代表书面语声音的字母和拼写）之间存在一种可预测的关系，学会拼读可帮助学生读出陌生单词；（3）阅读流畅性，是准确、快速地阅读文本的能力，进行口语重复阅读可帮助学生流利阅读，直到阅读过程变得自动化；（4）词汇，包括文本中出现的单词和单独引入的单词；（5）理解，为了理解的阅读者往往是具有目的性，并且思维活跃的。[①]据此，NAEP阅读评估测试学生的意义词汇量和理解能力。学生会运用他们的音素意识和拼读知识展示对所读内容的理解；他们阅读文章和问题的能力反映了其阅读的流利程度；学生在整个评估过程中都在利用他们的词汇知识，并且在文章中选定目标词汇来回答具体问题。

（二）依据文本类型的评估内容

NAEP阅读评估框架认为，读者会随着不同文本结构而调整阅读行为，也经常出于不同的目的选择各类阅读材料，而文本的性质会影响理解，不同的文本类型必须使用不同的技能策略来阅读和解释，因此有必要区分不同的文本类型。框架评估两种类型的文本：文学性文本和信息性文本。

1. 文学性文本，包括小说、非虚构文学和诗歌三类。例如，故事和小说具有一种连贯的文本结构，背景、情节、人物需要面临挑战，解决问题和冲突，以及反馈对结局的感受，以上要素构成了故事的普遍结构，称为"故事语法"。

2. 信息性文本，包括说明文、议论文和说服性文本、程序性文本和文档三类。各类信息性文本具有特定的结构模式，如描述、顺序、比较、因果关系、问题／解决方案等，[②]并且辅以图片、图表、表格等

---

① The National Reading Panel. *Teaching Children to Read：An Evidence-Based Assessment of the Scientific Research Literature on Reading and Its Implications for Reading Instruction—Reports of the Subgroup*［R］.2000.

② Meyer，B. J. F. *Text coherence and readability*［J］. Topics in Language Disorders，2003（23）：204-224.

图形元素，以帮助读者更清晰地了解文本所要表达的内容，组织阅读过程中产生的新意。

NAEP为每种类型的文本设计开发了要素标准模型，考察的维度包括：（1）文本的体裁/种类，是文本类型的理想化规范；（2）文本结构和特征，定义了文本中的组织和元素，是观点被组织和相互联系的方式；（3）作者技艺，是作者选择用来传递信息的策略。NAEP阅读评估看重的是学生对上述维度的应用，而不是孤立地评估学生对特定术语的认知。NAEP阅读评估的材料选取方式以专家判断为主，辅以故事和概念映射、词汇映射以及适读性公式的方法。被选为NAEP阅读评估材料的文章必须符合严格的标准，具备真实性、连贯性、周全性和趣味性的特征，适合各年级学生的水平和各地学生的生活背景。[①]表5-6具体说明了选择阅读评估内容的考虑因素，包括文本的基本特征，年级是否合适以及协调性。

表5-6 选择阅读评估内容的考虑因素[②]

	文学性文本	信息性文本	信息的图表显示
基本特征	吸引读者的能力/写得好且内容丰富/公认的文学价值/按年级划分的主题适当性	吸引读者的能力/写得好的周密文本/连贯性/按年级划分的主题适当性	连贯性/清晰性/相关性（嵌入）

---

① Baumann，J. *Effect of rewritten textbook passes on middle-grade students' comprehension of main ideas：Making the inconsiderate considerate*［J］. Journal of Reading Behavior，1986（18）：1–22.

② The National Assessment Governing Board. *Reading Framework for the 2019 National Assessment of Education Progress*［S］. 2019.

	文学性文本	信息性文本	信息的图表显示
年级是否合适	人物复杂性／人物数量／词汇／文学策略运用的复杂性／对话的复杂性／观点／主题的复杂性／多个主题（主／次）／利用时间（倒叙、递进／离题）／插图	主题／词汇／观点（数量、熟悉度、抽象性）／课程适合于年级水平／结构完整性／辅助工具的类型／视角的明确性／风格	结构复杂性／主题词汇／观点（数量、熟悉度、抽象性）／展示信息类别的数量／类别内的信息量
协调性	反映本国文学遗产／风格／体裁／句子的多样性和词汇的复杂性／模式的适当性（散文与诗歌）／兼顾古典风格和现代风格／代表不同的历史时期、文化、社会经济背景等	不同的内容领域／风格／体裁／句子的多样性和词汇的复杂性／模式的适当性	嵌入文档与独立文档的协调（12年级）／格式

（三）基于认知目标的评估标准

"认知目标"一词指的是构成阅读理解基础的心理过程或思维方式，NAEP阅读评估中的认知目标以阅读的定义为核心，综合大量有关阅读理解的科学研究，确定了包含三个认知目标的阅读过程：定位和回忆、整合和解释、批判和评价。[①]

1. 定位和回忆。学生从所读内容中定位或回忆信息时，能够清晰地识别出文本陈述的主要观点或支撑论据，也能够发现故事的基本元素，如人物、时间或背景。当学生参与这些行为时，他们会监控自己是否在进行理解性的阅读，即根据文本建构意义。在回答这一类问题时，学生

---

① The National Assessment Governing Board. *Reading Framework for the 2019 National Assessment of Education Progress*［S］. 2019.

需要先将题目中给出的信息与文本信息进行匹配。这一认知目标属于最基本的理解技能，关注的是文本中相关的句子或片段，它是确定文本中重要信息的基本认知目标，也是深入理解所读内容的基础。

2. 整合和解释。这一认知目标代表的是文本细读的阅读行为，学生不仅知道阅读了什么，而且知道为什么阅读，即了解文本的特点和自己的阅读目标，能够概括和解释阅读内容。学生需要关注完整的文本或多个文本，对信息或角色行为进行比较和对比，研究文本各方面的关系，或考虑文本呈现内容的替代方案；学生会经常产生问题，并利用抽象思维和逻辑思维在脑海中产生图像；他们还会利用自己对文本结构和要素的先验知识来理解文本，或与内化的标准和逻辑联系起来。这一认知目标对理解至关重要，是学生真正超越文本中离散的信息、思想、细节、主题等，通过逻辑思考完整地处理信息，并拓宽最初印象的阶段。

3. 批判和评价。这一认知目标要求学生从所读内容中退后一步，客观地看待文本。尽管仍然基于文本，但学生会批判性地思考文本，从多个角度进行评价，并将所读内容与其他文本和经验综合起来。因此，批判和评价这一认知目标的焦点从作者转移到作为读者的学生身上。题目可能要求学生评价文章的整体质量、论点的可信性、事件解释的充分性等。

例如，根据表5-7的阅读材料提出的三个问题，分别体现了对三种认知目标的要求：

表5-7　NAEP阅读评估材料《打开的窗户》[①]

1. 下面哪个选项最能描述故事中发生的事情？ A. 一个年轻人拜访他的姑妈，告诉她最近发生的一件悲剧。 B. 一个小女孩给她的家人讲恐怖的故事来逗乐他们。 C. 一个小女孩编了一个故事，吓坏了一位紧张的来访者。 D. 一家人捉弄了一个外地来的年轻人。 参考答案：C

---

① National Centre for Education Statistics. *2019 Grade 12 Sample Questions*［EB/OL］. https：//nces.ed.gov/nationsreportcard/about/booklets.aspx，2019-8-19/2019-8-29.

续表

2. 用故事中的具体细节，解释薇拉做了什么或说了什么让弗雷姆顿相信她。

参考答案：薇拉让弗雷姆顿相信，当她讲述这个故事的时候，她的声音失去了控制，并且真的变成了人类。她还以不寒而栗的方式结束了故事的讲述。她是个看起来非常可信但很善于说谎的人。

3. 一位评论家将萨基描述为一位在写作中同时运用喜剧和恐怖的作家。引用故事中的具体内容，解释对评论家的描述如何适用于《打开的窗户》一文。

参考答案：萨基一开始用恐怖来描述萨普顿夫人一家的悲惨故事。她写了一个详细的故事，读者也相信了。当萨普顿夫人表现得好像什么也没发生过一样时，恐惧加剧了。当她的儿子和丈夫走回来时，在读者看来，这些人物就像可怕的幽灵。然而，当你意识到这一切只不过是薇拉的一个恶作剧时，结局充满了喜剧效果。

表5-8展示了基于认知目标的NAEP阅读评估标准，既包括可推广到各类文本的评估标准，也展示了特定类型文本的具体标准。

表5-8　基于认知目标的NAEP阅读评估标准[1]

定位 / 回忆	整合 / 解释	批判 / 评价
识别文本中的显性信息，并在文本内和跨文本进行简单推论：定义 / 事实 / 支撑性的细节	在文本内和跨文本进行复杂推论：描述问题和解决方案或因果关系 / 比较或连接想法、问题或情况 / 在论证中确定未陈述的假设 / 描述作者如何使用文学手段和文本特征	批判性地思考文本：评价作者的写作技巧 / 在文本内或跨文本评估作者的观点 / 对文本采取不同的观点

[1] The National Assessment Governing Board. *Reading Framework for the 2019 National Assessment of Education Progress* [S]. 2019.

续表

定位／回忆	整合／解释	批判／评价
识别文本内和跨文本的显性信息：性格特征／事件或行为的顺序／背景／识别形象比喻的语言	在文本内和跨文本进行复杂推论：推断语气或语调／整合想法来确定主题／识别或解释角色的动机和决定／检查主题和背景、角色之间的关系／解释诗歌的节奏、韵律或形式对意义的影响	批判性地思考文本：评价文学手段在传达意义中的作用／确定文学手段对文学作品的提升程度／评估角色的动机和决定／分析作者的观点
识别文本内和跨文本的显性信息：主题句或主旨／作者的目的／因果关系／定位文本或图形中的特定信息	在文本内和跨文本进行复杂推论：总结主要观点／得出结论并提供支持信息／找出支持论点的证据／区分事实与观点／确定文本内部和跨文本信息的重要性	批判性地思考文本：分析信息的表达／评价作者选择语言来影响读者的方式／评估作者论据的力度和质量／确定文本内部和跨文本反驳的质量／判断论点的连贯性、逻辑性或可信性

（四）开发项目地图作为评估工具

框架设计了阅读理解评估的标准规范与实施策略，通过让学生阅读英语短文并回答问题，来测试学生的阅读理解能力和应用词汇知识的能力。题目分为选择题、简述题和详述题三种，其中，简述题和详述题又被称为建构反应题，需要学生根据文本建构意义，形成自己的理解。有些问题涉及课文中的事实，有些则需要通过清晰的分析或连贯的论据支持来写出完整答案。

值得一提的是，NAEP开发了一种周密的项目地图作为评估学生阅读表现的重要工具。项目地图呈现每个年级每项标准的等级和分数量表，对单个评估项目进行定位和描述，从而说明学生在NAEP阅读评估中的知识和能力。出现在实际评估中的项目，在地图中都有对应的示例问题、详细的答案解析、得分标准以及学生答题的正确率。2019年阅读评估在四年级和八年级开展，表5-9是2019年四年级、八年级阅读评估的项目地图，地图中除了成就水平、分数和项目标准对应的技能描述，还将每项技能归入不同的文本类型和认知目标，并注明评估时采用的题目类型，将阅读框架与评分标准对应结合，很好地体现了NAEP阅读评估的完整性和连贯性。

表5-9　2019年四年级阅读评估的项目地图[①]

成就水平	分数	得分与所需技能	认知目标与题型
高阶	500	（信）336解释文中未明说的相关抽象概念，并用两个例子解释	整合／解释（CR）
		（文）336从故事和诗中推断出共同道理，根据文章解释其含义	整合／解释（CR）
		（信）333根据图片和文章，解释与文章内容相关的照片	批判／评价（CR）
		（信）317根据视频和文本，评估视频与文章文本的关系	批判／评价（CR）
		（文）313使用诗中的证据来解释诗中的隐含信息	整合／解释（CR）
		（信）303选择并解释哪个文章或视频对特定问题最有说服力	批判／评价（CR）
		（信）298评价与说明文章标题的适当性，并提供论据	批判／评价（CR）
		（文）282通过多重背景来识别一个故事所隐含的特定背景	定位／回忆（MC）

　　① *Item Maps*［EB/OL］. https://www.nationsreportcard.gov/itemmaps/?subj=RED&grade=4&year=2019，2019-11-17.

续表

成就水平	分数	得分与所需技能	认知目标与题型
高阶		（信）281识别隐含在文中而未明说的行动原因	整合／解释（MC）
		（信）279从说明文的高亮选项中选择某种对象的四个例子	定位／回忆（SR）
	268	（文）273从诗中的选项中识别出诗中的短语指称	整合／解释（MC）
熟练	267	（文）266评价故事事件以形成对角色行为的看法，并支持观点	批判／评价（CR）
		（信）263知道圆形图在说明文中的作用	整合／解释（MC）
		（信）262根据说明文的单独介绍，对识别作者身份作简单推断	定位／回忆（MC）
		（信）258根据文章的开头，识别文章结尾观点的原因	整合／解释（MC）
		（信）254评价信息性文本某一部分对读者是否有说服力并论证	批判／评价（CR）
		（信）253从两篇文章的多个句子中选择最能描述视频的句子	整合／解释（MC）
		（文）250根据事件发生时间，对故事中引用或描述的事件排序	整合／解释（SR）
		（文）250在非虚构文本中，识别作者组织信息方式的最佳描述	批判／评价（MC）
	238	（文）245识别诗歌某一小节所传达内容的最佳描述	整合／解释（MC）

续表

成就水平	分数	得分与所需技能	认知目标与题型
基本	237	（信）236根据两篇说明文解释行为原因，选一篇详细说明原因	整合／解释（CR）
		（信）232根据两篇说明文，识别文中问题难以解决的两个原因	整合／解释（SR）
		（文）231识别诗句中描述叙述者感受的词	整合／解释（MC）
		（文）229明确描述故事中角色的动机	整合／解释（CR）
		（信）225识别文中描述人物特征的概括	整合／解释（MC）
		（信）221识别文中描述的明确的因果关系	定位／回忆（MC）
		（文）213识别故事某个部分中所隐含的角色行为的原因	定位／回忆（MC）
	208	（文）212对角色的行为形成观点，并用故事中实例来支持观点	批判／评价（CR）
	207	（文）206识别故事中单词的多重含义	整合／解释（MC）
		（文）203识别故事中角色行为的明确描述	定位／回忆（MC）
		（文）203根据文本描述，识别对故事人物感受的概括	整合／解释（MC）
		（信）199识别信息性文本中明确陈述的详细信息	定位／回忆（MC）
	0	（信）188识别说明文中习语的含义	整合／解释（MC）

注：SR表示选择题，MC表示多项选择题，CR表示论述题（包括简述题和详述题）。

表5-10（续）　2019年八年级阅读评估的项目地图[①]

成就水平	分数	得分与所需技能	认知目标与题型
高阶	500	（文）400解释叙述者在诗的结尾给出的寓意，评价其方式好坏	批判／评价（CR）
		（信）369解释文本框中信息如何有助于说服读者理解本文论点	批判／评价（CR）
		（文）367选择一则寓言的最佳主旨	整合／解释（MC）
		（文）359描述自传体故事的主人公所经历的两种不同情感，用两个具体事例来解释它们为什么对他的人生故事很重要	整合／解释（CR）
		（文）357评价并举例解释故事主人公的感情从头到尾如何变化	批判／评价（CR）
		（信）346推断文中人物的思想如何受个人经历影响，提供论据	整合／解释（CR）
		（信）345解释一篇说明文的信息如何支持第二篇说明文的论点	整合／解释（CR）
		（文）337对作者如何成功制造故事悬念表达观点，并提供论据	批判／评价（CR）
		（信）336从网页搜索结果中选择最可能提供问题答案的网站	整合／解释（MC）
	323	（信）335对是否需要依靠照片理解文章发表观点，并提供论据	批判／评价（CR）

① *Item Maps* [EB/OL]. https://www.nationsreportcard.gov/itemmaps/?subj=RED&grade=8&year=2019, 2019-11-17.

续表

成就水平	分数	得分与所需技能	认知目标与题型
熟练	322	（文）319对传记故事是否有好的开头表达观点，并提供论证	批判／评价（CR）
		（文）309解释故事中角色的表达方式如何应用于另一角色	整合／解释（CR）
		（信）306通过综合两篇说明文的信息来描述两个地点的异同	整合／解释（CR）
		（信）305从论证文本高亮部分中选择两个提供特定解释的句子	整合／解释（SR）
		（文）299对故事和诗歌中的思想联系表达观点，并提供论据	批判／评价（CR）
		（信）294选择论据类型的最佳描述，以支持文章中提供的信息	批判／评价（MC）
		（文）288解释故事中的对话如何揭示主人公的感受	整合／解释（CR）
		（文）286解释文中包含的文本和图片如何提供关键主题的信息	整合／解释（SR）
	281	（信）285识别文本中隐含但未声明的某一行为的原因	整合／解释（MC）
基本	280	（信）277提供说明文的论据，并解释它如何支持文中的声明	定位／回忆（CR）
		（信）275提供案例说明作者如何引起读者兴趣，评价其有效性	批判／评价（CR）
		（文）271从寓言中选择句子，以识别对情节有意义的对象特征	整合／解释（SR）

续表

成就水平	分数	得分与所需技能	认知目标与题型
基本		（信）266根据文章开头的信息，识别文章结尾的观点	整合／解释（MC）
		（信）264识别论证文本主要目的的最佳描述	整合／解释（MC）
		（文）261识别对自传体故事中的引用的最佳解释	批判／评价（MC）
		（信）256论证作者所作比较能否很好地描述文章主题	批判／评价（CR）
		（文）249识别寓言中明确陈述重要行为的理由	定位／回忆（MC）
		（信）246简单判断包含文中特定单词的选项来识别文中信息	定位／回忆（MC）
	243	（信）243通过说明文中描述的疑问来识别主要问题	整合／解释（MC）
	242	（信）239对文中描述的主要问题进行简单推断	整合／解释（MC）
		（信）238识别文中描述的人物特征的概括	整合／解释（MC）
		（信）237使用文中信息来回答文中提出的问题	整合／解释（CR）
		（信）229描述一篇说明文中明确阐述的关键观点	定位／回忆（CR）
		（文）229识别寓言中三个事件的正确顺序	整合／解释（SR）

成就水平	分数	得分与所需技能	认知目标与题型
	0	（文）224提供寓言中事件所产生影响的一个例子	整合／解释（CR）
		（文）214识别故事中明确陈述的角色行为动机	定位／回忆（MC）

注：SR表示选择题，MC表示多选题，CR表示论述题（包括简述题和详述题）。

二、《2019年NAEP阅读评估框架》的实施

（一）实施方法

美国教育部国家教育统计中心实施NAEP阅读评估的程序涉及多个阶段，包括制定评估框架，创建评估项目，试点审查，选择评估对象，打包分发项目，由NAEP代表与学校协调员合作管理评估现场，评分与分析数据，撰写与发布评估结果。

评估结果以两种方式报告：一是使用NAEP 0—500分数量表呈现平均分数，这一量表的开发目的在于总结学生在知识和技能方面的表现，量表的使用基于阅读是一个发展的认知过程的理念，学生的阅读技能会随着其阅读的多样化和复杂化而逐渐成熟；二是达到基本、熟练和高阶三个成就水平的学生的百分比，基本水平的学生部分掌握该年级的基本必备知识和技能，熟练水平的学生获得阅读知识和分析能力，并且能够将知识应用于实际情况，高阶水平表示学生在阅读方面表现优越，在NAEP评估中达到或超过熟练水平的学生具备扎实的学业成绩和应对挑战性主题的能力。

2019年阅读评估"国家报告卡"中呈现的评估结果主要报告国家、州和地区三个层面的成绩水平、量表分数和百分位数，并展示不同学生群体的评估结果。NAEP评分是在整体水平上报告，分数不针对

个别学校或学生。2019年NAEP阅读报告卡还呈现了1992年至2019年的阅读表现趋势，各年级的平均阅读分数有所提升，与2009年相比则没有显著差异。

1. 国家层面。国家层面的成绩是与往年进行纵向比较，以观察全国学生整体的阅读水平是否有所提升，从而进一步反思实施的国家政策和标准的有效性，为国家标准的制定提供研究基础。

2. 州层面。NAEP评估结果可用来比较各州学生的阅读水平。以往由于各州的标准不同，评估结果不能直接比较，因此，需要将一个州的能力标准映射到NAEP阅读评估的通用度量标准上。[①]

3. 地区层面。2002年，NAEP在五大城市学区（亚特兰大、芝加哥、休斯敦独立学区、洛杉矶联合学区和纽约公立学区）发起了市区评估试验（Trial Urban District Assessments）。2019年，参加TUDA的地区增加到27个，NAEP会将这些地区的阅读评估结果进行比较。

4. 各种学生群体。NAEP阅读评估会对每位学生的背景变量进行问卷调查，收集关于学生、教师和学校的背景数据，并且按照种族或民族、性别、社会经济地位、家长教育水平、学校类型、残疾和低英语水平等方面进行分类，以上背景因素均与学生的阅读成绩相关，这使得NAEP的研究结果能够为了解美国学生的阅读成绩提供一幅丰富、广泛和深刻的图景。

（二）拓展应用

NAEP阅读评估项目不仅呈现评估结果，还拓展成为一种教育资源。从评估框架到创新地评估问题，再到数据丰富的结果，NAEP阅读评估逐渐融入美国各州、各地区的课程标准和实际教学之中。

1. 将框架作为修订州或地区课程的指导方针。NAEP框架介绍和解释了阅读领域专家最重要的研究成果，该信息可以作为"路线图"，

---

① *Mapping State Proficiency Standards Onto the NAEP Scales*［Z］. US：Department of Education，2019.

帮助教师和课程规划者评估和修订当前的课程标准。美国《英语语言艺术共同核心州立标准》就是在NAEP阅读评估的引领之下，达成阅读文学性文本和信息性文本（包括历史／社会研究、科学和技术学科的文本）之间的平衡协调。由于美国的英语课堂学习向来集中于文学（故事、戏剧和诗歌）以及非虚构文学，信息性文本相对受到忽视，随着NAEP越来越重视高年级学生学习信息性文本，以使更多学生能够满足大学和职业准备的要求，《共同核心州立标准》与其保持一致，也要求在英语课堂内外和其他学科课堂上进行大量的信息性文本阅读，其评估内容遵循NAEP阅读评估框架中各年级的文本分布（表5-11）。[①]

表5-11　文学性文本与信息性文本各年级分布比例[②]

年级	文学性文本	信息性文本
四年级	50%	50%
八年级	45%	55%
十二年级	30%	70%

2. 使用框架指导课堂教学如何关注每个学生的认知水平。框架提供了基于阅读研究的重要高阶技能，可以帮助教师提升他们的教学水平，将更复杂的问题解决练习纳入相应的年级阅读教学中。

3. 将NAEP阅读评估论述题及相应的评分指南作为衡量特定技能的模型，帮助教师改进他们对学生回答的评分方式。[③]NAEP阅读评估

① Common Core State Standards Initiative. *the English Language Arts Common Core State Standards* ［S］. 2010.

② The National Assessment Governing Board. *Reading Framework for the 2019 National Assessment of Education Progress* ［S］. 2019.

③ National Assessment Governing Board. *How to Use NAEP Frameworks* ［EB/OL］. https：//nces.ed.gov/nationsreportcard/frameworkhow.aspx，2005-12-29/2019-8-29.

模型不仅可用于测量是否达标的总结性评价，也可运用于促进学生成长的形成性评价中。

三、《2019年NAEP阅读评估框架》的特点与启示

"实然"与"应然"之间的微妙平衡是框架开发过程的核心。NAEP阅读评估框架既反映了当前的课程教学与认知发展研究的最新进展，也体现出国家未来的需要和理想的成就水平。[①]从2009年至2019年，NAEP阅读评估为衡量学生表现趋势而保持框架的稳定性，同时，为应对新的读写需求而不断调整具体评估内容，呈现出关注意义词汇与背景知识，培养基于文本论证的批判性阅读能力，以及重视多模态、多文本阅读的特点。2018年3月，国家评估监管委员会邀请了5名阅读专家和起草现行NAEP阅读框架的专家参与"NAEP阅读理解评估"的讨论会议，审查往年的阅读框架，并提出修订建议，以反映当前在阅读理解方面的重要研究。NAEP阅读评估框架在平衡当前的教学实践和研究之中体现其现实性和前瞻性。

（一）以意义建构为理论基础，关注意义词汇与背景知识

阅读是一种由读者主体要素与文本特征要素交互作用的意义建构过程，以意义建构为理论基础的阅读评估框架可以更好地关注学生作为读者的主体性地位，促进学生自主建构和创造，显示作为读者的价值。2019年的框架提供了有关阅读理解研究的丰富信息，并通过评估向学生展示这种理解，如影响学生阅读理解的主要因素包括：阅读语境，熟练识别单词，了解关键词汇的意义，文本内容的背景知识或领域知识，对理解的监控等。[②]其中，受到较多关注的是意义词汇与背景知识。

---

① *Framework Development Policy Statement* ［Z］. US：National Assessment Governing Board，2018：1-9.

② The National Assessment Governing Board. *Reading Framework for the 2019 National Assessment of Education Progress* ［S］. 2019.

自框架问世以来，意义词汇始终是阅读理解的中心。意义词汇是指一个人将对词义的理解应用于文章理解中。研究表明，理解是随着读者将词义和语境结合在一起而发展的，读者对词汇多维度的熟练掌握是这种结合的关键。[①]因此，框架对意义词汇的评估是在文章的语境中进行的，既可以作为对文章理解的一种衡量，也可以测试读者对文章作者意图表达的词义的具体认知。评估意义词汇的目的是确定学生是否知道和理解作者用来传达新信息或意义的单词的含义，而不是衡量读者学习新词汇的能力。因此，NAEP阅读评估选择词汇的标准包括：（1）呈现成熟语言使用者的书面语言词汇；（2）传达学生最有可能知道的概念、想法、行动或感受；（3）词汇有助于理解文章的背景和中心思想；（4）可在对应年级的阅读材料中找到。

学生对知识的理解还需要基于背景知识进行建构。研究表明，背景知识将极大地影响学生对文本的理解。[②]掌握文章的相关背景知识有助于推理的产生，提高阅读流畅性，处理词汇和管理陌生词汇的能力，以及与文本建立更高一致性的能力。[③]在阅读过程中，背景知识与文本信息相互作用产生推理，形成意义的连贯表达，[④]从而使读者建立联系，看到关联，在文本之上构建新的意义。框架考虑到每位学生的背景知识存在很大差异，选取跨越不同领域和主题的文章。鉴于意义词汇与背景知识之间的相互影响，阅读专家建议，提供与《社会

---

① Margaret G. McKeown. *Considerations for Revisiting the NAEP Reading Framework* ［R］. US：The National Assessment Governing Board，2018：1-7.

② Duke，N.K. & Pearson，P.D. *Effective practices for developing reading comprehension* ［J］. Sage Journal of Education，2017，189（1-2）：107-122.

③ Nell K. Duke. *Recommendations for Revision of The Reading Framework for the National Assessment of Educational Progress* ［R］. US：The National Assessment Governing Board，2018：1-7.

④ Elbro，C. & BuchIversen，I. *Activation of background knowledge for inference making：Effects on reading comprehension* ［J］. Scientific Studies of Reading，2013（17）：435-452.

研究的学院、职业和公民生活框架州立标准》（*College，Career，and Civic Life Framework for Social Studies State Standards*）和《下一代科学标准》（*Next Generation Science Standards*）相一致的主题或知识领域列表，以达成意义词汇、背景知识与文本理解三者的一致性。[①]

（二）培养基于文本论证的批判性阅读能力

NAEP阅读评估的框架设计旨在培养基于文本论证的批判性阅读能力，促使学生有效参与民主社会。框架中的三种认知目标都是基于文本论证的阅读过程，定位和回忆文本的关键词句、整合和解释文本的深层内涵、批判和评价文本的技艺水平，均体现对批判性阅读能力的运用。即一方面能够分析文本，发现论点、文本论据及两者之间的相互连接；另一方面涉及推理过程，思考并解释文本内容，结合背景知识考察文本的论证过程。

2019年的阅读评估尤其强调以文本论证为中心，而不是简单地从传统理解角度使用不同的文本结构和提问。[②]在具体测试项目中更加重视要求学生引用文本中的关键内容，作为答题的主要依据。从批判性阅读的角度来看，NAEP阅读评估试图引导学生从以下方面评价文本：（1）具备特定主题；（2）明确术语定义；（3）出示证据；（4）原因先于结果，并能产生结果；（5）结论能从先前的论证和证据中有逻辑地推导出来。在此阅读过程中运用的批判性思维能力是能够评估证据，从而判断其信息的可信度和论证的有效性，如表5-12所示。

----

① Whitney Whealdon. *The Reading Framework for the National Assessment of Educational Progress Feedback*［R］. US：The National Assessment Governing Board，2018：1-7.

② James V. Hoffman. *The Reading Framework for the National Assessment of Educational Progress：Challenges and Opportunities Moving Forward*［R］. US：The National Assessment Governing Board，2018：1-19.

表5-12　基于文本论证的批判性阅读能力的评估题目

信息性文本	《万物皆有时节——新鲜采摘的食物非常好》
评估项目	评价作者使用证据支持论点的情况
具体问题	作者在文中使用了哪两种类型的证据来支持她的论证？解释为什么同时使用两种证据来增强作者的论证。
参考回答	① 在这篇文章中，作者用统计数据和意见来证明她的观点。她用数据来告诉人们客观的事实。当她谈到仅在5到10天的运输食物中就失去30%—50%的营养时，她向人们展示了全球购买的影响。但是如果没有一些意见，数据就没有那么有影响力。作者用孩子们的意见来证明她的观点。她让孩子们谈论自己吃过的最好的食物是如何简单地在他们的后院种植的。这些意见使读者理解了她的观点，这些数据足以证明她的观点是正确的，两种策略结合在一起证明了这是一个非常有说服力、很难否认的观点。 ② 作者使用了科学的和主观的理由，将主观的回答作为证据有助于在文章与读者之间建立联系。另一方面，科学的理由显示出真实的证据，帮助说服读者。

（三）实施数字化评估，重视多模态、多文本阅读

今天的学生是数字时代的原住民，被快速更迭的技术所包围。学校通常配备了计算机，数字工具是学习环境的必要组成部分。为了适应技术在课堂中日益重要的作用，美国国家教育统计中心逐渐将NAEP从纸笔评估过渡到数字评估。2019年，NAEP阅读评估在数字平台上进行，实现了数字化评估，以反映学生的阅读经验和他们使用技术的方法。

在跨媒介阅读渗透于日常生活的时代，文本中包含的信息类型除了文字和图片，还包括嵌入式视频、交互式图表、超链接等，NAEP需要以多模态文本和相关测试项目适应这种媒介的变迁，并且关注不同

的信息模式如何影响阅读理解。①阅读多模态文本让学生沉浸于真实世界，进入基于问题的情境之中，包括动态文本、视频、动画等，这就要求学生进行批判性思考、评估内容和解决问题。数字化评估可以获取更丰富的学生表现信息，包括学生如何处理和解决问题、定位信息和利用时间的能力，这在传统纸笔测验中是较难测量的。②2019年四年级新增了"根据视频和文本，评估视频与文章文本的关系"，"选择哪个文章或视频对特定问题最有说服力，并解释"；八年级新增"从网页搜索结果中选择最可能提供问题答案的网站"等多模态文本阅读的评估项目。

　　数字化阅读评估不仅仅意味着文本形式和阅读方式的丰富，也指向文本内容的多样化和思维路径的变革。知识在数字时代成为开放共享的信息，不断走向大众化，纷繁复杂的知识内容大量呈现于数字平台上。因此，在真实的阅读环境中，学生要面对的是多文本、跨文本阅读。NAEP阅读评估要求学生阅读一组互文性的文章，整合后获取完整的信息，关注多文本的内容和风格、观点和证据以及创作方法。在此基础上，还要求学生综合多文本中的相关信息，识别相似和相反的信息，确定文本或作者的偏见，并检查每一个文本的准确度和可信度。NAEP扩展了对多文本阅读理解的概念，提出学生多文本阅读的认知目标，包括：（1）确定文本的相对可信度和实用性，并权衡所见信息的能力；（2）跨文本综合的能力；（3）多模态文本阅读的能力（如图表、视频剪辑、书面文本）；（4）在多

---

① Peter Afflerbach. *Recommendations for Revision of The Reading Framework for the National Assessment of Educational Progress* [R]. US：The National Assessment Governing Board，2018：1-7.

② Going Digital. *NAEP Assessments for the Future* [Z]. US：National Center for Education Statistics，2018：1-5.

文本阅读中使用专业学科视角的能力。[①]2019年四年级新增"从故事和诗歌中推断出共同道理,并根据两篇文章解释其含义","根据两篇说明文,识别文中问题难以解决的两个原因"等多文本阅读评估项目。

① Nell K. Duke. *Recommendations for Revision of The Reading Framework for the National Assessment of Educational Progress* [R]. US:The National Assessment Governing Board,2018:1-7.

七 美国2017年NAEP写作评估框架评述

NAEP是美国国会授权的项目，由美国教育部及教育科学研究所下属的国家教育统计中心（National Center for Education Statistics）负责监督和管理。美国国家评估监管委员会（The National Assessment Governing Board）是由教育部长任命的一个独立机构，负责制定NAEP的相关政策。①

NAEP通常被称为国家成绩报告卡，是国家层面的代表性和持续性评估项目，任务是评估美国公立和私立学校学生各个科目的学业成就。②NAEP由评估专家、学科专家、教育专家以及来自全国各地的教师共同制定而成，因此也被视为评估的"黄金标准"。③

NAEP包括两种评估，分别是NAEP主评估（main NAEP）和NAEP长期趋势评估（long-term trend NAEP）。④NAEP主评估所包含的科目为艺术、公民、经济、地理、数学、阅读、科学、写作、技术和工程素养以及美国历史，评估对象为四、八和十二年级的学生。国家评估监管委员会认为，这三个年级是美国教育的关键转折点。⑤主评估实施的时间

---

① *National Assessment of Educational Progress*［EB/OL］.［2019-7-1］. https：//nces.ed.gov/nationsreportcard/.

② U.S. Department of Education. *An overview of NAEP*［Z］，2019.

③ U.S. Department of Education. *An introduction of NAEP*［Z］，2010.

④ The National Assessment Governing Board. *Policy Statement on Redesigning The National Assessment of Educational Progress*［Z］，1996.

⑤ The National Assessment Governing Board. *Policy Statement on Redesigning The National Assessment of Educational Progress*［Z］，1996.

在1月至3月，分别在国家、州和试验城市地区三个层级开展。主评估在国家一级对所有科目进行测评；在州一级对数学、阅读、科学和写作进行测评；在试验城市地区对阅读、数学、科学和写作进行测评。本文介绍的是NAEP主评估中的写作评估。主评估中的写作评估主要测评美国学生在K-12期间所获得及发展的最重要的技能之一——写作能力。

一、《2017年NAEP写作评估框架》的主要内容

《2017年NAEP写作评估框架》描述新的NAEP写作评估框架如何测评学生的写作，主要目标为：（1）鼓励学生在写作中打破规定性或格式化的方法；（2）测评学生利用文字处理软件中的工具进行写作的能力；（3）测评学生在随需应变情景下写作的反应能力。

（一）核心理念：写作即"交流"

《2017年NAEP写作评估框架》（以下简称"框架"）认为，写作即"交流"，写作能力即与读者进行交流的能力。具体地说，框架将写作理解为写作环境的要求（目的与读者）和为了完成写作与满足读者需求而采取的行动之间的协商。框架指出，书面语言的使用已经成为人们日常生活的重要组成部分，使用书面语言与他人进行交流的能力愈加重要。因此，框架侧重以交流为目的的写作。其次，框架认为，写作不仅是为了某个目的，有时也是为了向他人传达想法。[1]现代写作者必须能够有效利用与读者进行交流的方式去表达思想。因此，对读者的认知能力也是最重要的写作技巧之一。

（二）任务设计

框架强调以交流为目的的写作。因此，框架所设计的任务主要测评三个交际目的。

1. "以说服为目的的写作"。在一个视角多元、观点多样的复杂社会中，学生需要清晰而有逻辑地表达观点以说服他人。因此，框架首先

---

[1] The National Assessment Governing Board. *Writing Framework for the 2017 National Assessment of Educational Progress* ［Z］, 2017.

将改变读者的观点和影响读者行动的说服能力列为测评的重要指标。

2."以解释为目的的写作"。在一个信息驱动的社会中，向他人传达想法和观点的能力也是至关重要的。因此，丰富读者理解的解释能力也被列为测评的重要指标。

3."以传达经验为目的的写作"。在这个时代，许多边界都十分模糊，世界中的人们处于长期分隔状态，通过写作探索和分享人类经验有助于定义个人身份和人们共享的普遍联系。因此，传达真实或想象的经验的能力也是测评的重要指标。

框架中的写作会明确规定或隐含写作测试的读者对象。四年级学生的读者包括同龄人、教师、学校行政人员以及家长。八年级和十二年级的学生经常要为不太熟悉或更具权威性的读者写作，如学校或社区的领导与政府官员。

表5-13　相关任务示例及分析

示例任务 科学家最近宣布，你所在州的一个州立公园中含有大量的石油——一种可以转化为汽油或用于家庭取暖的物质。州立法机关正在讨论是否允许能源公司进入该公园的保护地以开采石油。在对该州居民的演讲中，一位州立法者指出了辩论的两个方面：	任务的分析
	目的：说服
	读者：州立法机关的成员
	思考和写作的方法的例子：学生可以使用多种方法（单独或相互结合使用）来写作，例如： 1.讨论政府在保护自然资源方面的作用，以及是否应保护能够带来经济效益的土地（分析、评估）； 2.总结和回顾当前人们对该问题的观点，注意这些观点如何影响环境或经济（总结、分析）；

"关于州是否应该允许能源公司在受保护的土地上开采石油的争论对州的未来至关重要。（1）一些州立法者认为，允许开采将会创造很多就业机会并降低商品和服务的成本，这有利于州的经济。（2）然而其他州立法者认为，保护州的自然环境和为州公民提供高质量的生活更加重要。" 州立法机关呼吁该州的公民就这个问题发表意见。采取一个立场并为此写一份回复，说服州立法机关的成员支持你的立场。	3. 评论开采支持者和反对者所提供的解决方案，通过找到突出对立观点的中心思想来说明替代方案（评估、综合）； 4. 分析州立公园或强大的产业对州的重要性（分析、评估）； 5. 描述如果能源公司开采或不开采石油，该州的某个地区可能会是什么样子（描述）； 6. 撰写个人轶事来说明在州立公园或受保护的自然地区的经历如何影响他们对该事件的看法（描述、叙述和反思）。 可能的形式：信件、文章、意见书

当写作的目的和读者确定时，写作者要决定如何发展和组织观点。写作不会具体说明如何使用特定的思考和写作方法，但会鼓励学生利用各种方法支持观点的发展和组织。八年级和十二年级的学生可以根据写作选择适当的写作形式，而四年级的学生只能使用特定的形式。写作的具体要求也因年级而异：（1）在说服性写作中，四年级的学生需要表达和支持一个观点。八年级的学生需要评价所给出的建议或者利用详细的证据说明该建议的合理性。十二年级的学生需要形成一个论点，并围绕该论点发展和组织观点，以展示对其他观点的理解并利用具有逻辑性的理由提供支持；（2）在解释性写作中，四年级的学生需要对个人知识作一个基础的解释或者解释一系列图片或步骤。八年级的学生需要分析一个过程或者比较两个事件或想法之间的异同点。十二年级的学生需要发现一个问题产生的原因或定义一个观点；（3）在传达经验的写作中，四年级的学生可以通过叙述事件、描述背景和人物来创作一个短篇故事。八年级的学生需要进行一次关于自己

最喜欢的回忆或经历的叙述性写作，并表达它是如何影响自己和他人的。十二年级的学生需要用写作来探索、反映和评估自己的性格或成长，并用丰富的例子和自我提问展开讨论。

（三）评估标准

框架将写作视为"交流"，因此，框架评估的重点是"有效沟通"的写作能力，"有效性"主要体现在实现写作目的和满足读者需求上。框架指出，"最成功的写作者在写作的各个方面都做出有效的选择，以达到写作的目的，并满足预期读者的需求。"[①]这就意味着，框架评估的核心是为满足特定写作目的以及有效与读者沟通而进行修辞选择的能力。据此，框架的评估标准包括：（1）观点的发展。为了与他人进行交流，写作者需要充实自己的观点，避免浮于表面；（2）观点的组织。"组织是指为了连贯地表达读者能够理解的观点而对句子和段落进行的逻辑安排"[②]；（3）语言能力和使用规范。语言能力是指写作将想法传递给读者时的文体有效性和语法清晰性。具体如下表所示：

表5-14　评估标准细则

评估标准		具体描述
观点的发展	深度和复杂性	成功的写作者会通过展示洞察力、理解力和知识的丰富性来显示写作的深度和复杂性
	思考和写作的方法	在这一方面，学生有很大的选择空间
	细节与示例	优秀文本的细节与示例是令人信服的

---

① The National Assessment Governing Board. *Writing Framework for the 2017 National Assessment of Educational Progress*［Z］，2017.

② The National Assessment Governing Board. *Writing Framework for the 2017 National Assessment of Educational Progress*［Z］，2017.

续表

评估标准		具体描述
观点的组织	文本结构的逻辑性	框架评估写作的组织方法如何促进观点的逻辑性发展
	连贯性和聚焦性	优秀的文本是条理清晰的，其观点、细节和例子与写作的目的、主题和读者相关
语言能力和使用规范	句子结构和多样性	优秀的写作者能够精心设计句子的结构和展示句子的多样性
	单词选择、语音和语调	成功的写作者能够有效地选择单词以清晰地表达想法，并根据写作背景有意地转换风格和语言，有两种方式实现这个目标：（1）语音，即利用语言去表达个性或态度的能力；（2）语调，即写作者对主题或读者的态度
	语言使用规范	"语法是根据给定的内部规则对一种给定的语言进行排序的系统；用法是指通常用于交流的书面语言的既定规范；机制是指大写、标点和拼写的使用规范。"[1]优秀的写作者能够熟练掌握以上规范

（四）评估方法

框架建议，使用整体准则作为评估的基本工具。传统上，整体评分用于文本的等级评价[2]，它的目的不是诊断、编辑或纠正写作的不

---

① The National Assessment Governing Board. *Writing Framework for the 2017 National Assessment of Educational Progress* ［Z］，2017.

② Keech，Charles Kinzer and Sandra Murphy. *The Effects of Assessment Prompt and Response Variables on Holistic Score*：*A Pilot Study and Validation of an Analysis Technique* ［A］. In J. Gray and L. Ruth （Eds.），*Properties of writing tasks*：*a study of alternative procedures for holistic writing assessment.* Berkeley：University of California，Graduate School of Education，Bay Area Writing Project，1982：317-318.

足，而是形成对写作的总体印象。[①]因此，整体评分侧重于对写作整体的评估，而不是对其中个别部分进行评估。换句话说，框架不会用每个写作特征的单独分数来评估学生的写作，也不会通过将每个单独特征的分数相加而得出总体分数。相反，整体评分通过评估多个标准的表现而得出结果。框架依次按照1至6的等级进行评估，其中1级为低，6级为高。框架包括三个评估准则，分别面向三种类型的写作。如下表所示：

表5-15　观点的发展评分指南

等级	深度和复杂性			思考和写作的方法	细节与示例
	说服性写作	解释性写作	传达经验的写作		
6	确切表达一个清晰的立场／发现并解决写作的各种重要方面，有效地解决写作的复杂性／通过充分阐述观点、评估自己立场的含义和／或使用具有说服力的情感论据来展示洞察力	通过全面审查主题、确定和充分讨论主题的重要方面、和／或评估并全面讨论这些方面的重要性为主题提供一个深思熟虑和富有洞察力的解释	有效地传达经验的重要性（不论是明确的还是含蓄的）／有效地传达经验的复杂性（不论是真实的还是想象的）	巧妙地支持写作目的	有效地支持写作目的并保持有效的平衡

① Margaret L. Glowacki. *Reliability of the Holistic Scoring Procedures for the Blue Ribbon Committee Writing Assessment* [C]. In James E. McLean（Ed）. The annual meeting of the Mid-South Educational Research Association，Knoxville，TN，1992：13-25.

续表

等级	深度和复杂性			思考和写作的方法	细节与示例
	说服性写作	解释性写作	传达经验的写作		
5	确切表达一个立场／通常发现并解决写作的各种重要方面，可能不能完全解决写作的一些复杂性／通过部分阐述其他观点，评估自己立场的一些含义和／或使用通常具有说服力的情感论据来展示一定的洞察力	通过审查主题、确定和讨论主题的各个方面、和／或评估并讨论这些方面的重要性为主题提供一个清晰的解释	清晰地传达经验的重要性（同上）／传达经验的一些复杂性（同上）	通常巧妙地支持写作目的	通常支持写作目的并保持有效的平衡
4	表达一个立场／可能发现写作的重要方面／展示对其他观点的一些认识、可能评估自己的立场、可能使用具有说服力的情感论据	通过解决主题的多数方面并且可能包含这些方面的一些重要部分的评估来提供解释	适当地传达经验的重要性（同上）／可能传达经验的一些复杂性（同上）	合格的／与写作目的之间可能存在不清晰的关系	支持写作目的，但是发展可能在一定程度上存在不平衡
3	陈述一个立场／只解决仅有的一些方面／写作中的大部分观点与写作目的相关，对其他观点展示出极少的认识	解释主题的一些方面	传达经验重要性的一些要素／可能展示对经验复杂性的一些认识	明显的／与写作目的之间可能不存在清晰的关系	可能存在一些相关的细节和示例，但发展不足以支持写作目的且可能是不平衡的

329

续表

等级	深度和复杂性			思考和写作的方法	细节与示例
	说服性写作	解释性写作	传达经验的写作		
2	陈述一个立场／提供少数不足以让人信服的理由来支撑自己的立场	解释主题的少许方面	传达经验的一些要素		简短的、概括性的或发展不充分的并且可能不与写作目的清晰相关
1	可能陈述一个立场／提供少数过分简单化的理由来支撑这个立场	几乎或者根本没有解释这个主题	很少传达经验的要素		简短的、概括性的、发展不充分的或与写作目的不相关

表5-16 语言能力和使用规范评分指南

等级	句子结构／句子多样性	单词选择	语音和语调	语法、用法和机制
6	得到很好的应用／具有多样性	精确的、可评价的，支持写作目的	得到很好的应用／有效的	存在少数极小的错误，但意义是清晰的
5	得到很好的应用／句子能够根据目的发生适当的变化	通常是精确的、可评价的，通常支持写作目的	通常得到应用／有效的	通常是正确的，虽有少数分散注意力的小错误，但意义是清晰的

等级	句子结构 / 句子多样性	单词选择	语音和语调	语法、用法和机制
4	得到适当的应用 / 句子在某种程度上发生变化	清晰的、常常是可评价的，适当地支持写作目的	大体上得到应用 / 通常是有效的	大部分是正确的，虽有一些分散注意力错误，但意义是清晰的
3	通常是正确的 / 可能有一些句子发生变化	通常是清晰的、有时是可评价的，有时可能不适合写作目的	展示出对写作目的和读者的一些理解	大部分是正确的，伴有一些分散注意力且有时会妨碍理解的错误
2	有时是正确的 / 句子的种类很少	极少是明确的，极少支持写作目的	展示出对写作目的和读者的极少理解	通常是正确的，但有很多分散注意力且妨碍理解的错误
1	句子结构常常是不正确的	常常是不清晰和不合适的	几乎或根本不受控制	有时是正确的，但经常出现分散注意力且妨碍理解的错误

"观点的组织"主要评估观点的发展是否具有逻辑性、结构是否清晰、是否使用相关的组织方法、观点之间是否连贯以及观点是否明确集中在主题上等。

总之，不同等级代表不同的总体写作能力，如下表所示：

表5-17　总体写作能力分级的描述

等级	总体写作能力	具体描述
6	有效的	写作的所有要素得到很好的应用，有效地契合写作的目的、读者和形式
5	不错的	写作的所有要素通常得到很好的应用，清晰地契合写作的目的、读者和形式

续表

等级	总体写作能力	具体描述
4	合格的	写作的大多数要素得到应用，契合写作的目的、读者和形式
3	待进步的	写作的一些要素得到应用，并且部分契合写作的目的、读者和形式
2	微不足道的	写作要素有时得到应用，很少契合写作的目的、读者和形式
1	几乎或根本不具备写作能力	写作要素很少被应用，几乎不契合写作的目的、读者和形式
0	分数无法计算	作文过于简短、没用英语写作、离题或难以辨认

各年级的评估标准的解释或应用不同，最终评估标准将根据NAEP写作评估现场测试中获得的学生的实际答案制定，但作为评估写作的基础特征不会改变。①

二、《2017年NAEP写作评估框架》实施方法及呈现

（一）评估实施方法

框架使用计算机进行评估，提供文字处理软件及其附属工具。框架认为，这有助于学生在写作过程中进行修改和重新思考，为学生带来巨大的好处。②2017年NAEP写作评估将考虑以下类型的工具：预编写工具（例如记事本窗口、纸张）；编辑工具（例如剪切、复制、粘贴）；格式化工具（例如行间距、缩进）；拼写工具（例如拼写检查、自动大写）；语法工具（例如语法检查）；参考工具（例如字

---

① The National Assessment Governing Board. *Writing Framework for the 2017 National Assessment of Educational Progress*［Z］，2017.

② The National Assessment Governing Board. *Writing Framework for the 2017 National Assessment of Educational Progress*［Z］，2017.

典、同义词库）。随着技术的变更，NAEP评估中所能使用的工具也会发生相应的变化。

正常情况下，学生将被分配两个各限时30分钟的任务。但是，框架也面向特殊学生群体，如英语语言学习者和残疾学生。因此，为了让该类学生拥有平等的机会参与评估，NAEP会提供适当的调整手段，包括：（1）拥有更长的写作时间；（2）小组测试；（3）一对一测试；（4）大字排版的小册子；（5）其他：格式或设备安排，如评估的盲文版本、放大装置或设备。NAEP也会根据需要同时采用多种调整手段。

（二）评估呈现

评估结果以下列三种方式呈现：

1. 等级分数。等级分数是根据学生对评估项目的回答而得出的，体现一组学生的总体表现水平。

2. 成就水平。成就水平是向公众和决策者报告结果的主要手段，总体上定义了四、八和十二年级的学生在基础、熟练和高级水平上应该知道并且能够做什么。

3. 学生写作概况。框架选择和监测四、八和十二年级学生写作的全国样本，获取关于学生写作水平重要特征的更多深层信息，以便使分析结果推广到全体。其中包括四项研究：（1）观点的发展分析：分析学生在发展观点时所做的决定（特别是与所评估的交际目的相关的决定）、写作的修辞灵活性以及用于评估观点发展的标准；（2）观点的组织分析：分析学生的组织方法、文本结构以及与交际目的相关的形式的使用；（3）语言能力分析：根据学生成绩和背景因素，分析学生的语言使用和文体选择、语言规范使用的常见错误以及语言复杂程度（如单词选择、句子长度）；（4）探索性分析：根据成绩和背景因素对上述三项研究所产生的数据进行分析。背景因素是指NAEP对学生、教师以及学校进行问卷调查以收集相应的背景信息。学生问卷收集有关学生的人口统计特征，课堂内外的学习机会和教育经历的信息（由参与评估的学生完成）；教师问卷收集有关教师培训和教学实践的信息（由负责被评估学科的教师完成）；学校问卷收集有关学校政策和特征的信息（由校长或助理校长完成）。

政策制定者、教育者和公众可以将评估所产生的数据作为监测学生写作水平的工具。报告的信息不评价结果，也不提供关于K—12学生成就水平的结论性陈述。NAEP的写作评估并非旨在指导如何教授写作抑或推动写作课程，只是为了测评四、八和十二年级学生群体的代表性样本以及学生在此框架评估背景下的表现。NAEP写作评估的结果将以纸质和在线的形式向公众发布。

三、《2017年NAEP写作评估框架》的特点与启示

国家评估监管委员会秉持"写作即'交流'"的理念设计该框架，将写作视为一种交流手段，强调"有效沟通"的重要性，在21世纪人类交流方式空前扩展的背景下赋予"有效沟通"新的内涵与意义。

（一）认知过程理论和社会文化理论下的写作

对于写作是如何学习和实践的以及通常如何教授写作，代表性的理论有两种，即认知过程理论和社会文化理论。[①]认知过程理论倾向于将写作研究作为对个体及其写作时思考方式的检验。然而，社会文化理论倾向于将写作研究作为对写作中及其周围的交流实践的检验。

认知过程学派认为，写作是一种基本的个体行为，受到记忆、计划和组织等心理过程的制约。优秀的写作者在完成一项写作时会探索不同的想法和方法，直到找到一种富有成效的表达方式。[②]受此学

---

① Peterson S S. *Handbook of Writing Research*（Charles A. MacArthur, Steve Graham, & Jill Fitzgerald, eds.（2006）［J］. Curriculum Inquiry, 2008, 38（4）：449-453.

② ALECIA MARIE MAGNIFICO. *Writing for Whom? Cognition, Motivation, and a Writer's Audience*［J］. Educational Psychologist, 2010, 45（3）：167-184.

派的影响，框架的评估标准便是观点的发展、观点的组织以及语言能力和使用规范。框架允许写作者使用其认为能够达到特定目的和满足预期读者的思考和写作的方式来写作，在修辞选择上具有很大的灵活性。框架整体上也体现了这样一种理念，即优秀的写作者能够利用有效的表达方式完成自己的写作任务，同时对何谓"有效的"进行了清晰的阐述。

社会文化理论认为，人们在与他人及其周围环境进行互动时，通过使意义具有社会性来思考和学习。人们将语言作为一种社会符号系统来解释和检查周围世界的经验。人们如何描述自己在世界上的行动，以及自己对谁描述行动，也成为行动本身的一部分。社会文化理论认为写作始终是解释性的，并且总是与写作者的语言社区、社会地位、价值观和行动交织在一起。[①]基于此，该框架将写作视为一种社会行为，强调写作的交际目的和预期读者的重要性，对学生进行问卷调查以收集学生的社会背景信息来综合分析。

有研究认为，有影响力的写作认知模式大多忽略了文化、社会、政治和历史对写作的影响。而社会文化写作视角"对专业人士来说并不是特别好"，因为其忽视了一般写作者在写作时所产生的认知和动机。[②]而框架却能两者兼顾，取长补短，更加全面地评估学生的写作。

（二）强调读者意识的培养

长期以来，人们一直认为培养有效的写作技能包括培养读者意识以及在写作过程中反思和利用这种意识的能力。[③]一个特定的写作受众有利于写作者超越自己，构思自己的写作如何被接受，将个人的知识

---

① ALECIA MARIE MAGNIFICO. *Writing for Whom？ Cognition，Motivation，and a Writer's Audience* [J]. Educational Psychologist，2010，45（3）：167−184.

② Steve Graham. *A Revised Writer（s）−Within−Community Model of Writing* [J]. Educational Psychologist，2018，53（4）：258−279.

③ Ceoff Thompson. *Interaction in Academic Writing：Learning to Argue with the Reader* [J]. Applied Linguistics，2001，22（1）：58−78.

和记忆与读者的兴趣和阅读偏好相连接。[①]通过与读者建立关系，写作者开始优先考虑写作的内容和创造力，而不仅仅关注准确性和形式。[②]

框架很好地体现了读者意识的培养。在任务设计中，所有写作都明确规定或隐含特定的读者对象。框架指出，"读者的设定将鼓励学生决定如何发展和组织观点，以及如何创作满足特定读者需求的语言。"[③]

总之，框架将写作视为一种与他人进行沟通交流的手段，满足读者的需求便是评估"有效写作"的标准之一。

（三）指向大学与就业

受到美国非营利性组织——成就组织（Achieve，Inc.）的影响，框架将写作视为一项终身技能，总体上旨在为大学和就业做好准备。

成就组织由美国领先的州长和商业领袖于1996年的美国教育峰会上成立，目的是帮助各州提高学术标准，改进评估并加强问责制。[④]2001年，成就组织、美国教育信托公司（the Education Trust）和托马斯·B.福特汉姆基金会（The Thomas B. Fordham Foundation and the National Alliance of Business）共同发起了美国文凭项目（The American Diploma Project，简称ADP）。[⑤]2004年，成就组织发布了《准备好了吗？创造一份有价值的高中文凭》报告，这是美国文凭项目的首次公开亮相，这项研究成果确定了英语和数学学科知识和技能

---

① ALECIA MARIE MAGNIFICO. *Writing for Whom？ Cognition，Motivation，and a Writer' s Audience*［J］. Educational Psychologist，2010，45（3）：167-184.

② Kevin M. Wong Benjamin L. Moorhouse. *Writing for an audience：Inciting creativity among young English language bloggers through scaffolded comments*［J］. Special Issue：Creativity in Pre K-12 Classrooms and Contexts，2018，9（4）：1-6.

③ The National Assessment Governing Board. *Writing Framework for the 2017 National Assessment of Educational Progress*［Z］，2017.

④ Achieve，Inc［EB/OL］.［2019-8-29］. https://www.achieve.org/.

⑤ Achieve，Inc. *Twenty Years of Driving Students Success*［Z］，2017.

的共同核心或基准，旨在使高中毕业生达到大学和职场的要求。[①]ADP
基准为《共同核心州立标准》的制定发挥了基础性作用。[②]因此，
《2017年NAEP写作评估框架》取代了1998年至2007年的写作评估框
架，在许多方面都充分体现了高等教育与职业对学生写作的期望。

成就组织提倡评估多种类型的写作，而不是将写作限制在固定模
式内。[③]同时，成就组织十分重视交际能力，指出书面交际能力对大学
和21世纪的大多数工作至关重要。[④]2017年的写作评估框架改变了以往
的写作框架将写作限制在说服模式、信息模式和叙述模式的做法，主
要评估三种交际目的的写作，即说服性写作、解释性写作以及传达经
验的写作。"在K—12、高等教育以及职场中，所需求的大部分写作都
属于说服性文本、事件和现象的解释性文本，以及叙事或反思性文本
（不论真实的或想象的）等类别。"[⑤]

写作中的各种背景也与许多学术和职业背景下的写作场景相似，
是一种按需写作。"虽然学校或职场的写作通常涉及持续数天或数周的
写作和编辑过程，但在学术和职业环境中都会出现按需写作的情况，
在这种情况下，写作者必须经常写作才能在时间限制内完成目标。"[⑥]
同样，读者和评估标准的设定与改变也是指向大学与就业的。

除此之外，《2017年NAEP写作评估框架》也考虑到了学校和职

---

① Achieve, Inc. *Out of Many, One: Toward Rigorous Common Core Standards From the Ground Up* [Z], 2008.

② Achieve, Inc. *Twenty Years of Driving Students Success* [Z], 2017.

③ Achieve's Benchmarking Initiative. *Measuring Up, A Report on Education Standards and Assessments for MASSACHUSETTS* [Z]. 2001.

④ The American Diploma Project. *Ready or Not: Creating a High School Diploma That Counts* [Z], 2004.

⑤ The National Assessment Governing Board. *Writing Framework for the 2017 National Assessment of Educational Progress* [Z], 2017.

⑥ The National Assessment Governing Board. *Writing Framework for the 2017 National Assessment of Educational Progress* [Z], 2017.

场中计算机技术的普及、未来计算机测试的大规模增长以及计算机在国家经济和教育活动中重要性的日益增加，因此，极力促进评估的计算机化。框架指出，基于计算机的写作评估相较于纸笔评估更类似于高等教育和职场的写作环境。[①]

---

① The National Assessment Governing Board. *Writing Framework for the 2017 National Assessment of Educational Progress* [Z]，2017.

第六章
学科之维

一　语文学科教学论：知识生产与
身份认同建构

（一）学科教学论学科建设和学科教学研究的艰难发展

1988年，德勒兹（G. Deleuze）和加塔利（F. Guattan）在《1837：副歌》里描绘了音乐在划分边界与保护领土上的功能："现在我们都有家，但家园却不是预先存在的；我们有必要在那个不确定的、脆弱的中心的周围划个圈，建构起一片有限的空间……划出一道声音的墙壁，或者至少也得是包含一些声音砖块——一堵墙。"音乐教育家A. 戴维斯称赞说，他们两人就像特拉哈波那样谱写了一曲摇篮曲，因为这恰是母亲或保姆最初给新生儿粗略划定世界疆界的方法。① 1980年代初期中国的大学，特别是师范大学，

---

① 周宪：《文学与认同：跨学科的反思》，中华书局2008年版，第140页。

在相关系科设立学科教学论专业硕士点时，也正像在学科"脆弱的中心的周围划个圈，建构起一片有限的空间"，在制度上建立了专业人才生产的领地和家园。尽管在教育学研究发达的欧美国家，不仅世界一流大学早已设立了专门研究中小学学科课程与教学的硕士、博士项目，培养学科教学的硕士和博士已成为专业人才生产的基本途径，而且国际上许多著名的教学理论也都来自学科教学实践，如苏联时期赞可夫的《教学与发展》即基于他的小学数学教学实验。然而在中国，1980年代初期，学科教学论专业点的创立不仅遭受物议，而且所划定的领土也不断"被挪移"和排挤。一些师资构成相对单一的学科点，对于所在的科学或社会学科本身的认同与忠诚远超过学科教学论专业。而一些师资构成相对多元的机构，又因为研究方向不明确或研究问题不集中，其成果的实践适切性不强，而被中小学教育界视为可有可无。

在学科教学论专业硕士点建立之前，甚至在建立以后的相当长一段时期，学科教学研究始终以实用及服务中小学教学实践为取向，而优秀中小学教师的教学经验研究在当时具有重要意义。大学的学科教学研究不仅领土属于"争议"区域，而且其研究的价值尚没有被中小学教学实践及社会所认同。1986年，北京师范大学叶苍岑先生组织大学中文系教材教法教师与北京市中小学优秀语文教师共同编写了一本《中学语文教学通论》，张志公为之作序说，这次高校从事学科教材教法的同志做了一件"正经事"。言下之意，不外乎这本书的编写贴近了中小学语文教学实践，对中小学语文教育有帮助。无独有偶，1980年代末，上海师范大学对上海市优秀教师成长经验的一项大规模的调查表明，绝大多数中小学优秀教师没有把成长的经验归功于大学学科教材教法这门课程，认为这门课程对他们的成长帮助不大。两个例子可以说明当时教育界对学科教学研究的认识状况：一是中小学教师对学科教学论这个学科教学研究的范式尚缺乏认同；二是这一学科在初建时其应有的职能还没有被广泛认识。

专业学科点建设以后，引起了专业人才生产与培训方式的变化。以前，大学机构中学科教学研究者主要来自两个渠道：第一个是从中小学选择具有相当经验的优秀教师充当，教学经验是衡量选拔的重要标准；第二个是通过举办讲习班培养学科教学的专业研究人员。当时国内一些重要师范大学先后举办过多期这样的讲习班或进修班。如果说前者主要还是以经验和教学实践为取向，把学科教学研究定位在课堂教学上，那么，后者则是通过专业转换学习方式实现专业知识人才的生产。

"知识的学科化和专业化，即创立了以生产新知识、培养知识创造者为宗旨的永久性制度结构。"1980年代中期，当学科教学论这一学科"作为大学里的一个学科而被制度化"时，它与其他学科一样，开始按照制度化学科知识生产方式，拥有"共同制订的课程表"，确立研究方向，招收研究生，进行学科教学实践，撰写学位论文。和当时一般师范大学在系科设立单纯的学科教学论点不同，一些师范大学的院系，比如上海师范大学中文系，在设立学科教学论硕士点时，就利用本专业师资的优势在跨学科基础上确立了不同的研究方向。该专业点确立的研究方向包括语文教学心理、优秀中小学语文教师的教学经验和语文教育史研究。三位指导教师中，钟为永教授大学中文系毕业，后在中国科学院心理所从事教学心理研究，他在上海师范大学指导研究生的方向是语文教学心理学；何以聪教授早年毕业于无锡国专，有深厚的文史修养，1940、1950年代曾在上海市中小学执教语文，进行多项教改试验，对中小学语文教学实践偏爱有加；俞越龙教授1950年代毕业于北京师范大学教育系，是教育学科班出身，他用教育科学研究方法研究现代语文教育改革，特别是教材史，他指导的研究方向为现代语文教育史。这种学术结构为学科专业人才的培养提供了多种选择和取向。

众所周知，在西方学术界，教育学一直被视为次等学科。人们将其定位为"教师培训"的工具性科目，认为它经常"东拉西扯地掺进其他一些学科理论"。学科教学论专业硕士点虽然于1980年代初期在中国大学建立，并开始培养专业人才，但它和体现大学"求真求知"的认识论的价值学科相比，仅仅处于"用"的地位。相对于早先建立的"有学问"的教育学博士点，它更属于"次等学科"无疑。"实用性"是它在教学实践中的命脉所系，也是大学创立这一学科点的缘起。而在早期学科教学的研究中，还没有产生或形成属于自己的理论。即使其研究提出了一些建设性的意见，这在当时教育界普遍以中小学优秀教师创造的实践经验为主流的叙事中，甚至在以课堂上对学科教材教法的处理技巧和技艺为取向的语境中，很难被认同。因而，大学的学科教学研究者处在两边（大学和中小学）受敌或两面（理论和实践）都不讨好的尴尬境地。这使得这一学科培养的专业人员不但对"专业性"产生怀疑，甚至对自己的研究身份也难以认同。当时那些接受了学科教学论硕士专业规训的初出茅庐的年轻学者不得不转向相关学科的博士项目继续深造，通过接受相关学科博士专业的规训，完成博士学位论文的撰写，改写和改造早期学科教学论专业人员的研究身份和资格。通过早期学科教学论专业研究人员的学科转向，这一学科的部分专业研究人员不仅获得了相关学科更高一级制度的规训，完成了博士学位论文，而且，这些跨学科的规训经历，帮助他们开拓了研究方向，对一些相关的"学术性"学科的研究旨趣有了深入的理解。这为以后他们返身学科教学论的疆域、重构研究和重写身份提供了重要基础。

（二）"书写中心主义"的学科教学专业知识生产与新学科规训制度的产生

"国家一方面促成大学的复兴，使大学成为生产知识的主要场域，又引导大学的学科知识往实用的政策导向研究。其结果是使以牛顿力学为模型的科学主义逐渐取得主导地位，这种强调探求事物普遍规律的学问法则，使精确度和实证性成为量度一切知识的标尺。"①1990年代后期，国内重点师范大学教育学科在国家学科大发展的政策引导下，在课程与教学论二级学科建立了学科教学论研究的专业博士点，语文、数学、历史等各学科教学论作为学科教学论分支，开始在课程与教学论学科的统摄之下进行博士层面的专业人员的培养。此类学科点的建设彻底改变了学科教学专业研究人才的培训方式，从过去的实践取向转向了"书写中心主义"，并且承担起生产着更高一级的学科教学知识专业工作者的责任。众所周知，现代知识主要由三种系统构成，即常识系统、科学系统和形而上学系统。三种系统的知识类型不同，在思维方法和话语表述，即知识生产的方式上，也有很大差异。概括地说，常识系统的知识主要依靠知觉的方法获得，"凡事都以征诸一己而推断……把自己对于自己的觉得——都推广到所见所闻的对象上"，即"以自己的经验以及自己对于经验者的解释作比附来了解处理一切事物"。②尽管常识系统的知识常利用因果性原则，在许多判断中确定了明白、简单、易懂的原理，"不容许任何形而上学的、冒充意义深刻的、冒充有学问的以及诸如此类的奸计和机智把自己引入歧途"。但不可否认，"在'常识'里面有一定分量的'实验主义'和即使是单凭经验的和有限制的对现实的直接观察"③。"科学乃在量的范畴下想象世界之试图。"科学知识系统依靠"理智的分析工夫"，通过"测度与实验"的方法探讨由系统"抽绎而成"的"事实界"的关系、意义与问题；形而上学知识系统则依恃"透智"（即彻悟），通过"对演法"对"理想界"的"有"和"体"进行追问，尤

---

① ［美］华勒斯坦等：《学科·知识·权力》，刘健芝等编译，生活·读书·新知三联书店、牛津大学出版社1999年版，第3页。

② 张耀南：《知识与文化——张东荪文化论著辑要》，中国广播电视出版社1995年版，第302页。

③ ［意］安东尼奥·葛兰西：《狱中札记》，葆煦译，人民出版社1983年版，第31页。

其关注其中的文化方面，诸如道德、社会及政治问题。[①]形而上学知识，也就是舍勒所说的"其来源和起源不可说了"的知识，即哲学性知识。[②]一般地说，那些具有强烈的常识思维态度与方法取向的人无法接受形而上学思想，更不用说从事形而上学知识的生产了。如果说学科教学论硕士专业点建设以后，学科教学研究开始转向，专业知识生产方式发生的变革还不太明显的话，那么，学科专业博士点建立以后，其专业研究及专业知识生产方式无疑发生了根本性变革。从学科知识生产的性质及形态上看，如果说以往以实践取向的知识生产主要推崇经验知识，属于常识系统，那么，转向"书写中心主义"以后，其知识生产则以科学知识和形而上学知识为主，属科学及形而上学的系统。

的确，在大学，学科教学论专业博士点的建立不仅改变了学科教学专业知识生产的类型及方法，改变了过去单一的实用主义研究的路径与取向，转向了"书写中心主义"，而且形成了新的学科规训制度，在专业人员资格上确立了新的标准。在新的"学科规训"制度之下，专业研究者通过系统的专业知识的学习，严格的科学研究规范的训练，开展专题研讨活动，以探讨和解决学科教学中的一些重要理论或实践问题为目的，撰写博士学位论文，最终完成从知识、思想到风格的整个塑造。在学科"书写中心主义"转向中，"每个人不仅需要学习阅读，并且要书写。每个人都要学习不同的学科，以接受纪律规训"[③]。换句话说，阅读足够的专业理论文献，掌握相关的理论和专业基础，面向理论和实践问题，是进行专业知识生产的必备条件和资格。如果说以往的学科教学论专业硕士点在创立以后，其研究成果及

---

① 张耀南：《知识与文化——张东荪文化论著辑要》，中国广播电视出版社1995年版，第306页。

② 刘小枫主编：《舍勒选集》（下），上海三联书店1999年版，第1391页。

③ ［美］华勒斯坦等：《开放社会科学》，刘锋等译，生活·读书·新知三联书店1997年版，第76页。

知识形态还以实践为主，那么，学科教学论专业博士点创立以后，其研究成果及知识形态便不再耽于"术"，局限于教学技术层面问题的研究，在跨学科视野中，其专业研究转向了科学、形而上学系统知识的生产。这一转向，从知识的活动形态上看，"并不是更加依赖于娓娓动听——外表上活跃一时的激奋与热情的媒介物，而是依赖于'不停地坚信事业'的——不仅是夸夸其谈的，而且是提高到抽象—数学精神的作为建设者、组织者和实践生活积极的融合；必须从劳动活动形式上的实践，推进到科学活动的实践以及历史的人道主义的世界观……"①

此外，对专业人员学科范式、思维方式等的训练也构成了学科规训的重要内容。华勒斯坦把它概括为自己发现了一种新型知识—权力，即"反思权力"，一种对思想问题经常作审核、评价、估量的力量。"新生的反思权力给新学习者套上了一大套新的建构知识的方法系统。作为新的自我，他们以新的语言提问、思考，并且书写。结果，他们生产了性质上崭新的知识形式。"事实上，学科专业硕士点建立以后，之所以其研究不能被教育界所看好或认同，重要原因在于，其知识生产仍然局限于常识系统，即经验知识的生产，而恰恰是研究者没有实践经验使得学科教学研究成果失去了应有价值。进入21世纪以来，一些接受了学科教学博士专业规训的研究者，以探讨学科课程与教学中的一些重要理论和实践问题建构了学科教学的新的知识，不但开始获得专业研究的身份认同，而且在国家基础教育新课程改革中，又因专业理论优势参与学科课程标准的解读及实践指导，在学科教学研究的争议中，将过去那些以经验为主，即从事"非科学性的学术活动的竞争对手压倒，使其失去权威和资源"②。

①［意］安东尼奥·葛兰西：《狱中札记》，葆煦译，人民出版社1983年版，第423页。

② 周宪：《文学与认同：跨学科的反思》，中华书局2008年版，第33页。

（三）无法回避的问题：现代学科的规训制度中如何建构学科专业认同和专业身份

学科教学论的创立与发展是我国40年大学学科规训的一个缩影，也是学科规训制度的重要产物。在近40年的学科发展中，学科教学论应运而生，应时而设，从仅为教师提供教学技能技巧准备，到建立专业知识生产及人才培养的博士点，其从业者身份几经变化，逐步获得了社会的认同。在知识不断爆炸、新的学科不断被创造出来的时代背景之下，如何在现代大学学科的规训制度中建构学科专业认同和专业身份，这是学科教学论研究及发展无法回避的一个话题。它既涉及对这一学科属性的认识问题，也涉及如何规训学科领域知识生产的方式、路径与取向等问题。

不可否认，在过去以实战经验为主的研究取向中，因为强调在具体情境中师徒互相参与，以及定向指导，结果不仅造成学科教学研究与社会学术思潮相隔膜，而且与教育改革的潮流也常常不合拍。"我们所有人，之所以能够成为我们所是（无论这种所是是如何的短暂、多元或变动不居），乃是因为我们被置于或自己置身于（通常也是不自觉地）社会叙事当中，尽管这些叙事很少出自我们之手。"①简言之，在社会变革的时代，特别是教育变革的洪流中，学科教学研究必须置身并主动地融入其中，在社会变革中不断追逐潮流，变革自身，这不仅是学科自身发展的力量源泉，也是获得社会认同的重要途径。置身于社会变革之局外，终将被社会变革所抛弃。霍尔说："不是我们是谁或我们从哪儿来的问题，更多的是我们会成为谁，我们如何再现，如何影响到我们去怎样再现我们自己的问题，所以，认同是在再现之中而非再现之外构成的。认同与传统的发明有关，也与传统本身有关，认同使我们所做的并不是永无止境的重复解读，而是作为'变化着的同一'来解读：这并不是所谓的回到根源，而是逐渐接纳我们的'路

---

① 周宪：《文学与认同：跨学科的反思》，中华书局2008年版，第33页。

径'。"①

在现代社会，学科之所以产生，是"由于现实被合理地分成了一些不同的知识群，因此系统化研究便要求研究者掌握专门的技能，并借助这些技能去集中应对多种多样、各自独立的现实领域。这种合理的划分保证是有效率的，也就是说，具有思想上的创造性垫底"②。学科教学论之所以在近40年产生及发展，正是教育领域变革的需要。但是，作为现代大学的一个学科，它一经创立就具有大学学科的一般功能和范式，遵循大学学科知识生产的游戏规则。学科在大学机构之建制，意味着建立了应有的学科范围和边界。学科边界的设立是必要的，一方面，它可以使学科朝着专业化的方面发展，进行"完整而融贯的理论传统和严格的方法学训练"；另一方面，又要谨防因学科边界的划分而导致产生偏见。华勒斯坦提醒研究者注意学科边界这一二重性特征，他说："一方面框限着知识朝向专业化和日益互相分割的方向发展，另一方面也可能促使接受这些学科训练的人，日益以学科内部的严格训练为借口，树立不必要的界限，以谋求巩固学科的专业地位。"③

西方学者指出，现代学科规训制度带来了一种新的训条，这就是知识领域本质是开放的，具有无穷的增殖潜能（无穷的意思是在任何时刻都无法为学术科目列出一张最后清单）。

从学科的属性上看，学科教学论无疑是一个交叉性学科。按照知识社会学的观点，交叉性学科是通过"分裂与交杂"双重过程实现的，由学科"分裂和交杂"产生的交汇区域，过去往往是无人问津的地方，而今非但是新学科产生的地方，也是新知识创造之所。学

---

① 周宪：《文学与认同：跨学科的反思》，中华书局2008年版，第242页。

② ［美］华勒斯坦等：《学科·知识·权力》，刘健芝等译，生活·读书·新知三联书店、牛津大学出版社1999年版，第2页。

③ ［美］华勒斯坦等：《开放社会科学》，刘锋等译，生活·读书·新知三联书店1997年版，第4页。

科教学论研究实质上是在所在学科及教育学科的"碎段"与飞地之间创立了一个新的交汇之区。正是在所在学科的边缘，或与教育学科之间，学科教学不断开辟新的研究领域与空间，这是学科教学研究的区域所在，也是建构专业研究者的身份领地。曼海姆指出，交叉性学科知识的特征是"能动的、富有弹性的处于不断的流动状态，永远面临新的活动"[①]。可见，学科教学论的研究不能恪守学科边界或进行没有任何实践价值的问题研究，那样的研究只能使这一学科的发展愈来愈封闭，越来越狭隘，逐渐失去活力，最终丧失其在教育变革中的话语权。

"'学科规训'一词不单是指知识的划分，更是包含学生在个体中产生的习性。"[②]从学科教学论看，学生个体中产生的"习性"主要包括两个方面：一是学科性视角的获得。学科性视角指面向学科提问的方式、学科研究的路径选择，最重要的是，学科观察与思想的独特方式。"'视角'在这种意义下表示一个人观察事物的方式，他所观察到的东西以及他怎样在思想中构建这种东西，所以，视角不仅仅是思想的外形的决定，它也指思想结构中质的成分，而纯粹的形式逻辑必然忽略这些成分。"[③]二是话语的多元性与多语性。学科教学论交叉性学科属性决定了这一学科的专业研究多元性特点。的确，在面向中小学各学科教学实践问题时，研究者不仅要熟悉每一个具体学科，如语文、数学、科学、历史、地理等学科特性，而且要在研究中倡导多重的、交叉性的理论与实践立场与话语。这是学科研究认同的基础，也是学科研究构建身份的重要策略。"认同从来就不是一种单一的构成，

---

① ［德］卡尔·曼海姆：《意识形态与乌托邦》，黎鸣等译，商务印书馆2000年版，第159页。

② ［美］华勒斯坦等：《学科·知识·权力》，刘健芝等译，生活·读书·新知三联书店、牛津大学出版社1997年版，第26页。

③ ［德］卡尔·曼海姆：《意识形态与乌托邦》，黎鸣等译，商务印书馆2000年版，第277页。

而是一种多元的构成，包括不同的、常常是交叉的、敌对的话语、实践和立场。它们完全服从于历史化，永远处于变化和转变的过程中。"①如果说学科性视角的获得是学科教学研究身份建构及"传统"再发明的重要向度，也是其研究价值之所在，那么，深入复杂的教育变革的社会语境中面对各种理论与实践问题，探讨通过不同的立场、观点、途径与策略寻求问题解决之道，诸如科学、形而上学等，进行不加预设的逼近则是学科研究主体建构的关键。正是出于这样的立场，西方学者指出，任何专业研究"在形塑着研究对象的同时，也在构筑着创造这些历史的不同主体"②。可以说，正是在这样的叙述中，学科教学研究的身份得以建构。

华勒斯坦曾经告诫社会科学的研究者们，在生产新的知识及培养专业知识人才时不要把学生局限于封闭的单一学科之内，他说："为什么不强制性地要求攻读某一门学科的博士学位的学生到外系听一些课，或者搞一点属于外系专业的研究呢？这也许会导致一系列不可思议的组合形式。一旦采取一种自由的但却严肃的办法来进行管理，那就会使我们的现在和未来得到改变。"③的确，学科教学论作为一个交叉性学科，其开放性不仅体现在对研究问题的不断探索上，而且，应该体现在对其他相关学科研究问题与研究方式的兴趣与开放上，"欣然吸收相邻的知识领域的概念和方法"④，从而使专业研究人员形成相对开放的知识结构。

---

① ［美］华勒斯坦等：《学科·知识·权力》，刘健芝等译，生活·读书·新知三联书店、牛津大学出版社1997年版，第4页。

② 周宪：《文学与认同：跨学科的反思》，中华书局2008年版，第8页。

③ ［美］华勒斯坦等：《开放社会科学》，刘锋等译，生活·读书·新知三联书店1997年版，第113页。

④ ［美］华勒斯坦等：《学科·知识·权力》，刘锋等译，生活·读书·新知三联书店、牛津大学出版社1997年版，第22页。

二　论语文学科教学论的范式转换

在教育学诸多分支学科中，学科教学论随着教师教育走向一体化，以及基础教育课程改革的推进，显得越来越重要了。这既给这一学科的发展带来了历史机遇，也提出了挑战。一个不争的事实是，现行学科教学论课程无论是在学科定位、培养目标，还是在课程体系、教学内容和研究范式上，都严重滞后于形势的发展和改革的需要。因此，如何从适应时代发展和改革需要出发，对学科教学论进行重新审视和定位，更新陈旧过时的课程体系及研究范式，培养和造就具有反思意识的教育实践专家，是一个亟待思考和解决的重要课题。

（一）学科定位：为教师职业之旅奠基

作为高师院校师范专业本科生的一门必修课程，学科教学论的定位几乎不言自明，即培养中小学合格教师。在这一定位之下，学科教学论的主要职责在于帮助高师院校学生度过教育实习这一关。至于其是否真的合格、以后专业如何发展，学科教学论以及高师院校都不容置喙。这种状况不仅使这一学科失去了应有的学术张力，而且割裂了教师专业成长之间的联系。从这个角度说，学科教学论实际上又被排斥于教师教育之外。随着旧的师范教育体制被教师教育一体化取代，作为教师教育的一门重要课程，学科教学论的地位和作用也随之发生了变化。因此，重新审视和确定这一学科的定位则是势之必然。

第一，打破过去封闭的结构，从教师专业成长的全程重新认识学科教学论的地位和作用。教师专业成长是一个连续的、不断发展的过程。过去由于受旧的师范教育体系的局限，学科教学论在高师院校虽然作为一门课程开设，其职责仅限于职前教育，与教师整个职业生涯是隔断的，其功能也没有得到充分释放。教师教育走向一体化之后，原有的教师培训格局发生了变化。学科教学论作为教师教育的一门重要课程，不仅要承担职前教师培养的任务，而且要参与其在职和继续教育的培训，其主要任务不再仅仅是掌握简单的教育、教学技能。如是，学科教学论等教育学课程必须改变过去固守一隅的观念，从教师专业成长的全程出发，对本门课程在教师教育各个阶段的培养目标、课程内容及侧重点等方面做出通盘考虑，突出其阶段性、层次性等特征。同时打通教师教育各个阶段的环节，使之形成有机的联系，从而避免重复和浪费。换句话说，在教师专业成长中，学科教学论课程的使命不再止于教育实习，也不再是教师接受专业教育的终点，而是渗透到教师教育的全程，为教师职业之旅奠基，是教师专业成长的起点。

第二，在强调学科教学论之于教师入职教育与整个专业成长有机联系的同时，突出其入职教育及其特点。一般地说，教师在专业成长过程中，总要经历几个不同发展阶段，每一阶段都有其不同的目标和任务，学科教学论只有在不同发展阶段提出各自不同的目标和任务，并实施教学，才能使教师的专业成长沿着既定的轨道行进。从这个角度说，过去把高师院校入职教育的学科教学论定位为具有一定教育理论基础，掌握学科教学的基本知识和基本技能，具备从事学科教学和进行教学研究的初步能力[1]，即"学会教学"是必要的。这是教师职业之旅的起点，是以后专业发展的基础，但入职教育仅仅强调上述几个方面又远远不够。因为它缺少了教师个人专业成长的核心因素，即在教育实践中不断进行反思的能力，以及培养其追求卓越的思想和理

---

① 王克勤等：《关于高师院校"学科教学论"发展的若干思考》，载《教育研究》2004年第2期。

念。在国际教师教育中，许多国家倡导将反思教学的能力贯穿于职前培训中，目的就是帮助学生获得职业视角。"拥有职业视角将帮助你意识到成为教师是一旅程——而不是一个目的。你能够而且应该打好你的行李，做好旅行计划，不过要记住'到达那里'的过程和'已经到达'是同样有意义的。沿着追求卓越的道路（通过反思和更新）是不会让你们努力徒劳无获的。"[①]尽管这一阶段的反思与教师日常教育实践中的反思还不能相提并论，有许多局限性，但教师因为具有了反思意识，从而唤醒了潜伏于个体内心深处的专业发展的自主意识和观念，挖掘到了个体专业发展的动力及源泉。这恰恰是那些因熟练掌握教学技能而在教育实习中获得成功者，在他正式成为一名教师后，其专业反而因此受到限制的原因。因为，成为一名熟练教师意味着他将永远处于塑造和未完成之中。他要积极地去适应教学的复杂性、矛盾和混乱，教师智慧及成长就蕴藏于这种专业的不断反思、追求和塑造中。

（二）培养目标：从教学技术能手到反思性教育实践专家

传统学科教学论的定位如上述，这种教师培养目标可以用"教学技术能手"概括，因为在这个培养目标中，掌握教学基础理论和基本技能是核心内涵。然而，这种基于"技术理性"之上的教学能手是无法反映教育活动及教育变革对教师形象的期待和要求的。教育活动是一项复杂的教育实践活动。它不仅仅是一项单纯的认知性活动，而且是包含着文化、社会和伦理等因素在内的综合性实践活动。教师要在复杂多变的教育实践中应付裕如，不但要具备宽厚的专业基础知识，掌握教学技能和技巧，而且要对教学过程及教学经验展开不断地反思，从而找到教师专业自主发展的动力及机制。这种教师培养目标可以概括为"反思性教育实践专家"。

---

① ［美］费奥斯坦等：《教师新概念：教师教育理论与实践》，王建平译，中国轻工业出版社2002年版，第313页。

以往学科教学论对培养目标的阐述,其偏差在于,把教师的专业内涵及专业发展狭隘地理解为获得专业知识,掌握教学技能和技巧,而它们又可以通过"教"的方式传递给高师学生。这种培养目标,对教师教育技能理解的狭隘且不说,比如,在教师教育技能中就缺少信息技术能力[①],更为重要的是,它忽视了决定未来教师质量的关键性因素——教学经验,或谓实践性知识。国外学者研究指出,教学经验是教师专业成长的决定性因素,即使在职前教育阶段,教师质量也极大地依赖于其职前教育经验的质量。正是教育经验能够使未来教师批判性地从事既定的教育实践。[②]尽管职前教师的教育经验与在职阶段教师教育经验有显著的差别。但它是教师专业成长的起点,是教师角色认同的第一步和专业发展的归宿,是不可或缺的因素。正是在这个意义上,舒尔曼强调,专业人员必须培养从经验中学习和对教育实践加以反思的能力。[③]教学过程千变万化,充满着不确定性,只有在自己及他人教学经验的反思与不断学习中才能获得驾驭复杂课堂的能力。显然,这不是教学技能型教师内涵所能涵盖的。把教师的专业内涵理解为被动地接受知识和技能的观念,不仅限制了教师职前教育阶段本来就有限的、旨在促进"专业发展"的专业活动范围,而且导致其难以应付变化多端的教学活动及过程。总之,教师的专业成长是教育经验的不断积累、借鉴和创造的过程,只有不断丰富教师个体的实践性知识,才能提高自己在不同情境中解决实际问题的能力。

和忽视教学经验相关,以往学科教学论在阐述其培养目标时,另一缺失是没有对教学经验的主体教师在教学活动过程中的反思意识及能力做出揭示。教师在教学过程中并不是被动地"合理技术的应用过

---

① 朱小蔓等:《走向自我成长型教师培养的高师素质教育》,载《南京师范大学学报》2002年第1期。

② 〔美〕费奥斯坦等:《教师新概念:教师教育理论与实践》,王建平译,中国轻工业出版社2002年版,第779页。

③ 〔美〕舒尔曼:《理论、实践与教师的专业化》,载《比较教育研究》1999年第3期。

程"，而是始终处于不断的反思中——既有教学行动前的期待性反思，又有对教学行动的记忆性和追溯性反思，还有教学过程中的情境性反思。在反思中，教师运用多种视角对自己或他人的教学经验进行审视、批判，辨析和识别属于自己之创造所在，追寻和探索那些被常识掩盖的对于实践经历的真正理解，从而做出决策和付诸行动。教师反思的价值还在于，借助诊断性及批判性活动，矫正教学实践中的偏差和失误，使教学经验保持动态发展，防止因教师过分依赖于教学经验而故步自封。对于职前教师而言，反思与其说是为了更好地解决教学问题，还不如说是为了获得教育意义的领悟更为贴切。[①]换言之，反思意味着获得一种职业视角，让他们意识到自己将成为教师，从而改变过去对技术知识和技能的过分依赖，培养用社会建构的方式去思考教育问题。

西方学者指出，"教师发展的起点是从教师作为实践走向作为个人"[②]。教师"从作为实践走向作为个人"的含义是，教师在教学实践中要具有强烈的自主发展意识，能够站在自己之外，"从扭曲的推理和行动方式中解放出来"，更清楚地了解自己的行动和自己本身，积极创造具有个性特点的教学风格。这是传统教师培养目标中没有加以阐明的内涵。雷伯曼说，教师日常生活的一个不可分割的组成部分应该是自身的发展。实际上，教学反思和自主发展是无法分离的，只不过强调的责任不同而已。反思强调批判与发展的自觉性和深刻性，自主发展则强调批判与发展的主动性和持续性，其目的在于，让教师洞悉自身的主体性力量。

以往学科教学论把教师的专业内涵看作一种封闭的、静态的结构，借助外在力量培训而成，之后则一劳永逸，没有对教师的专业

---

① ［加］马克斯·范梅南：《教学机智——教育的智慧蕴含》，李树英译，教育科学出版社2001年版，第136—138页。

② ［美］威廉·F. 派纳等：《理解课程》，张华等译，教育科学出版社2003年版，第586页。

发展做动态阐述。成为反思性教育实践专家，意味着教师在自己的专业成长中，要通过个体自觉地、不断地"反思"和"审察"，与时俱进地对自己的专业知识、教学生活及经验进行反省和更新，以适应社会发展的需要。如果说前者是以"技术理性"为基础，后者则以"活动过程的反思"为基础，主体是教师个体自身。当然，教师专业自主发展还代表了一种更为宽阔的思想。它不仅是教师和学生一起改进其实践的途径，而且它还意味着在学校中建立起一种相互合作的文化。[①]

（三）课程体系的改造

综观国际课程改革，有一个重要趋势是，传统的以百科全书为范式的"囊括式"课程内容选择模式逐渐被"精选式"课程内容选择模式所取代。其变化是，强调学习者自身进行建构式学习以及创造新知识框架的能力。[②]为适应这一变化，以及国内教师教育形势及基础教育课程改革的需要，学科教学论应该对传统的课程体系及内容进行反思、改造，抛弃陈旧过时的知识与内容，重新构建一套新型的课程体系。当然，在改造和更新学科教学论知识体系时，不必强求形式上划一，因为不仅每一学科的学科教学论体系各有其特点，即便是同一学科的学科教学论也应该追求不同个性，这是学科教学论走向丰富和成熟一个重要体现。

概括地说，学科教学论课程体系的改造与更新，应当注意和强化三个板块的内容：

1. 课程及学科课程知识。过去，由于受教学论"大教学，小课程"观念的影响，课程知识在学科教学论体系中，一直没有受到应有重视，即使有，也很零碎。学科教学论被简单地理解为关于"学科的

---

① 叶澜等：《教师角色与教师发展新探》，教育科学出版社2001年版，第224页。

② 钟启泉：《开发时代的学校课程——关于我国课程改革政策与策略的若干思考》，载《全球教育展望》2001年第4期。

教学问题"。实际上，这是一个误解。按照斯滕伯格的观点，"学科教学论"中的学科，实际上是指学校学科，即学科课程，而非专门化、系统化的学术学科。众所周知，新课程改革的一个基本理念是：教师不仅是作为制度性话语国家课程的实施者和执行者，而且随着课程权力的下放，还是地方课程及校本课程的参与者和开发者。由此看来，如何实施、参与和开发不同层面的课程，学科教学论显然不能置身于局外。非但如此，课程知识及学科课程知识还应该在其内容体系中居于重要位置。课程知识及学科课程知识包含两个层面内容：第一，关于课程的概念、课程的类型及特点，课程组织的维度，国家课程、地方课程及校本课程的关系；第二，学科的特点，学科课程组织的方式，学科的综合与分化的知识，以及学科的知识是如何创造、如何组织、如何同其他领域的知识整合。在学科教学论课程体系中，课程知识是基础，学科课程知识是重点。因为只有在宽阔的课程知识及理论视野内，未来的教师在课程，尤其是在学科课程的实施与教学中，才能掌握主动权，发挥创造性。否则，就可能是被动的、隶属的。

2. 学习科学知识。作为以中小学各门学科教学内容授受为研究对象的学科教学论，实质上，就是探讨和研究如何在教师的引导下，学生进行自主有效学习的问题。从目前课堂教学现状看，大多数学生学习仍然没有摆脱单一、被动和灌输的状态，即所谓"教的课程过剩，而学的课程贫困"。因此，在学科教学论课程体系中，引导学生学会学习是该门课程的中心问题。学生的学习不仅是知识的学习，而且是意义与关系即个体经验的建构。作为个体经验过程，学习是多层的认知的实践活动，同时也是社会的、政治的、伦理的实践过程。[①]通过学习这样一个有意义的活动过程，学习者掌握了知识、技能，获得了认知性发展。同时，发展了情感、价值、态度和个性，在伦理、情感和意志各方面都得到了提升。学习科学知识包括学习的目的、目标，学习

---

① ［日］佐藤学：《课程与教师》，钟启泉译，教育科学出版社2003年版，第224页。

内容、学习的活动方式和评价等内容。[①]

3. 教育实践及教师专业成长知识。学科教学论的主要任务是通过该门课程的学习，使高师院校学生学会教学，并从中汲取专业自主发展的力量。和学科专家及教育理论工作者相比，实践知识是教师职业的独特性、不可替代性和优势所在。[②]因此，教育实践知识在教师的专业发展中可谓举足轻重。教师教育实践知识来自学校及教学现场，一方面，它是教师充分利用专业学科知识，对教学过程中的矛盾及冲突的反思与解决；另一方面，又是教师从具体教学情境及需要出发，对教育理论的重新解读与建构。教师的专业发展，虽然离不开理论的学习，但说到底是在长期的职业生涯中通过许多实践问题的解决获得持续发展。教师教育实践知识包括"实践性知识"和"实践性思考方式"。实践性知识是指教学过程中的案例知识，对于既知事件的重新发现或解释所获得的"熟虑的知识"、情境性知识、潜在知识和个人知识等。实践性思考方式则包括"即兴式思考""对于不确定状况的敏感，主动的参与和对于问题表象的熟虑态度""实践性问题的表象与解决中多元视点的综合""临床地建构实践情境中所产生的问题现象相互关系的语脉化的思考"，以及"基于教学展开的固有性不断地重建问题表象的思考方略"。[③]

（四）研究范式的转换

学科教学论研究范式的转换是该学科范式转换的重要部分。以往学科教学论的研究范式存在着两个突出问题：一是研究方法的单调；

---

① 钟启泉：《现代学科教育学的概念、使命和发展》，载《课程·教材·教法》1997年第5期。

② 陈向明：《实践性知识：教师专业发展的知识基础》，载《北京大学教育评论》2003年第1期。

③ ［日］佐藤学：《课程与教师》，钟启泉译，教育科学出版社2003年版，第229页。

二是话语的陈旧过时。关于研究方法，过去学科教学论倡导的主要是一般教学论阐述的几种方法，诸如观察法、文献分析法、实验法等，注重从一般教学原理出发，去诠释学科教育现象和事实，它有比较严格的推理，逻辑性强，其功用自不能抹杀。但由于大多不是从教育实践，尤其不是从学科具体问题出发，因而，很少能解决实际问题。要改变这种状况，必须深入教学现场，从教育实践本身出发，选择研究方式、方法。

近年来，新课程研究所倡导的案例分析、叙事研究和行动研究等，就是基于教育实践产生的一些新的研究方法，它通过教学随笔、反思性日记及教学叙事等形式，反映教师的教学生活和教育实践诉求，自然、真实，不拘形式，因而成为教育研究的"新宠"。这些方法由于基础教育课程改革的推动，逐渐被中小学教师所认识和接受，学科教学论对此理应做出积极的回应，并将其纳入课程内容中。

一门学科的话语，尤其是中心话语反映了该学科的学术活力及其与相关学科的关系。学科教学论在很长时期处于教育学科的边缘位置，与相关学科难以对话，更不要说对其他学科话语产生影响了。一个重要的原因在于没有形成自己独特的话语体系，对相关学科话语的吸收和借鉴反应迟钝。目前作为学科教学论的两个上位学科——课程与教学论及学术学科的中心话语都已先后实现了转换，学科教学论焉能安之若素？不言而喻，时代呼唤学科教学论抛弃过去那一套陈旧过时的话语体系。概括地说，要实现学科教学论话语转换应该从三个方面着手：第一，从一般教学论以纯粹技术性为中心话语，转换为容纳文化学、社会学、价值学等各种学科的更为开放的课程话语体系。学科教学论既然隶属于教育学科，确切地说，属于课程与教学论之下的一个分支学科，其中心话语毫无疑问应该以课程论中心话语为取向。近40年来，国际课程论领域掀起了一场所谓概念重建运动。课程领域话语已经逐渐由过去以行为科学的心理学与技术学为宗的话语框架，转向以社会学与政治学为基础的话语体系。①学科教学论作为课程与教学论之下的一个学科，毫无疑问应该积极因应这一变化，从各自学科本身的特点和需要出发选择与重建学科课程的范式、话语。这种转换不仅使学科教学论与课程论、教学论对话成为可能，而且，对于提升本学科的学术性，拓展生存空间，都会产生巨大影响。第二，关注学术学科前沿研究，及时接纳学术学科的中心话语。每一个学科的发展都会诞生一些新的学术话语，新的学术话语的形成既是学科发展的表征，也推动着该学科的学术繁荣。毋庸讳言，学科教学论所使用的学术学科话语严重滞后于该学科的学术性话语及学术发展。翻开学科教学论教科书，不仅一般概念、术语抄袭"老掉牙"的教学论教材，就是其学术学科话语亦大多为早已被淘汰的二三十年前的陈旧概念与术语。20多年来，学科教学论所依托的各自学术学科发展可谓日新月异，不仅话语产生了多次革命，思维方式、分析框架也都发生了很大变化。而学科教学论仍然抱残守缺，沿袭过时的学术学科话语，它与所依托的学术学科产生隔绝就不难理解了。学科教学论应该对学术学科及相关学科保持着一种积极开放的心态，不断吸收相关学科的话语、概念体系及研究成果，这既是本学科与相关学科对话与交流的方式与手段，也是培养新型教师的重要途径。第三，从教育实践中不断吸收新的话语。教师专业成长的源头在丰富的教育教学实践。教师在教育实践中不仅积极探索与积累新的知识、经验，创造着可以言说的或不可言说的教学智慧，而且也创造了不少活生生的实践性话语，这些新鲜的实践性话语反映了某一时期教师在教育实践中的创新能力和丰富的想象力。学科教学论既然承担着培养作为未来教育实践主体教师的任务，就不能对来自中小学教育前沿及创造的话语熟视无睹。否则，不但造成与本学科课程隔膜，而且失去了在中小学课程改革中应

①［日］佐藤学：《课程与教师》，钟启泉译，教育科学出版社2003年版，第10页。

有的发言权。要使高师院校培养的学生走上教学工作岗位后尽快进入角色，学科教学论就不能不与基础教育课程改革保持必要的衔接和有机联系，就不能不参与中小学教育实践并及时从中吸收新鲜的、充满思想与智慧的实践话语，从而使两者始终保持着对话的状态。

三　教师专业日记与专业成长

（一）概念辨析：教师专业日记与教师个人日记及教学后记

在教师教育视域内，专业日记的写作被看作有效促进专业发展的重要手段和方式。教师专业日记的写作既是教师追寻教育理想、进行富有个性的教育研究的方式，也是教师在教育实践中寻找有"意义"的细节，改进和重建自己的教育生活，从而构筑专业成长的精神家园的历程。

专业日记的具体内涵是什么？它与教师的个人日记及教学后记有何区别？根据国外学者的研究，教师专业日记与个人日记的区别主要表现在：如果说个人日记记录个人日常生活及情感发展有关经历和事件的话，那么，专业日记则是从专业发展的角度反思个人成长的经验与教训，记录其中事件、过程及体验。个人日记具有隐私性特点，专业日记则既可以给自己看，也可以供同事及其他专业工作者参考。当专业日记被用于同事及其他专业工作者参考时，便成为专业工作者思想交流及学术反思的工具及渠道。

教学后记作为专业日记的一种，与专业日记的区别在于：第一，专业日记是专业工作者对教学实践活动各个方面的记录与反思。它所记载及反思的题材与内容比较灵活、广泛，凡教师有关专业发展的问题都可以进入专业日记写作的范围之内；教学后记侧重于对一堂课或一篇课文的教学反思，反思内容及范围相对集中。第二，专业日记可以跳出教师个人视野，从专业工作者视角审视教学实践。虽然最终还是着眼于教师个体专业发展，但它并不强调亲历性，它可能来自教师某一时刻的教学感悟和想象，或者得益于他人教育实践的观摩，比如从同事的经历中反射出自我行动的影像，有时，"他们也面临着与我们同样的危机和困境，当我们聆听他们讲述相同的经历时，就可以检查、重构和扩展我们自己的实践理论"①。教学后记是对教师教学方案及其在课堂教学中实施的反思、追溯及记录，强调个体经验的亲历性和独特性。第三，专业日记是对教育实践活动的反思，它并不局限于教学之后，而是一个包含更为广泛时段的教学观察与实录。从教学反思的角度来说，它包括追溯性反思（教学或经历之后）、情境性反思（教学或经历之中）及期待性反思（教学或经历之前），突破了教学时空的限制。教学后记，顾名思义，发生在教学之后，实际是对教学过程及事件的回顾与总结，是一种追溯式反思，着眼于既有教学经验及教训的总结与分析。

（二）促进教师专业成长：教师专业日记的价值

众所周知，教师的专业成长是从实践走向实践的过程，换句话说，它始终处于不断塑造之中。一方面，教师教育教学能力的获得与提升，教育智慧的生成来自长期反复不断的实践；另一方面，教师又要对个体的教育实践活动进行深入追问、审查和批判分析，以确认适合或属于自己的方面，并将其化为个体教学经验一部分。专业日记作为教师专业生活的一种反思与叙事，其价值在于通过反思，让教师"探究他们在教育方面所经历的事件的许多不同方面，让教师记录他们身上发生的事件、发生的事件对他们的重要意义，他们是如何影响

---

① ［美］斯蒂芬·D. 布鲁克菲尔德：《批判反思型教师ABC》，张伟译，中国轻工业出版社2002年版，第44页。

他们的专业意图与行为的"[①]，从而改造和促进教育实践，不断提高教师教育专业水平。

第一，强化职业意识。在教师专业成长中，职业视角或职业意识的形成是教师职业生涯的开端和基础，也贯穿于教育旅程之始终。从教育理想、教育信念、教育抱负，到教师对教育事业的热爱、对学生的尊重，教师的职业意识包括许多方面。作为教师的基本价值观，它们在深层制约着教师教育教学行动方式。教师职业意识的形成不是一朝一夕之事，而是在长期的教育实践中，确切地说，是在处理各种错综复杂的教学矛盾与冲突中逐步培养起来并走向稳定的。但是，不可否认，教师的教育实践在许多情况下是一种无意识的假定或教学行为。有时，甚至连教师自己也并不"知情"，通过专业日记的写作，教师可以把教育实践中形成的深层的教育思想、教育信念诉诸文字，"让那些无意识的行为在思想的清醒的聚集下变得明朗起来"。与此同时，揭示教师自己心路历程和理想期待，"让自己真实的声音"积淀在职业生涯中。毋庸讳言，教师的许多教育理想和教育抱负，不可能在教育实践中全部得到实现，从某种意义上说，专业日记又寄托了教师的教育理想、教育信念及教育期待，有时，甚至是一种"乌托邦"。不管他的这种"应然"之境是否可以转化为现实，都激励他向未知的理想奋进，引导着其专业发展。

第二，塑造自我。在教师的专业成长中，教师的自我意识的培养，是衡量教师能否从一个"教书匠"成长为独具风格"专家型"教师的重要标志。教师的教学经验主要是从教育实践中获得，此外还来自教师的自传经历、同事的教学经验，等等。所有经验最终能否成为教师的"自我"经验，关键看它是否适合教师的自身特点（性格、气

---

① ［英］克里斯汀·奥汉隆：《高等教育中的专业日志及其种类与个人发展》，见［美］霍林斯沃斯主编《国际视野中的行动研究——不同的教育变革实例》，黄宇译，中国轻工业出版社2002年版，第26页。

质和能力）和教学风格。换句话说，能否从"自我"出发对来自教育实践、自传经历以及他人的经验进行批判、分析和改造，确定和选择那些属于或适合于个人的独特经验，以不断补充和完善他的教育实践，这是教师专业成长能否实现的关键。教师自我意识的产生和形成固然来自于他对教育实践的领悟和直觉，除此之外，还需要教师有意识地站在教育实践之外对教育实践的思考、洞悉和揭示。教师的专业日记就是通过文字的形式对教师教育实践活动进行自觉的批判、分析、评价和激励。在专业日记写作中，它可以通过自我反思和自我对话，了解自我、发现自我、塑造自我，逐步形成教师的自我意识；也可以通过专业日记的交流，从同事及其他专业人员的批评与分析中，从他者的目光中，"越来越真实、越来越深刻地了解自己"。"自我意识感"的培养和增强是教师专业日记写作的重要目的和价值所在。当然，要谨防两种错误的"自我意识"倾向，一是"妄自尊大"，一是"妄自菲薄"，这两种倾向都会导致教师专业发展"自我意识"的偏离。

第三，提炼和扩充教学经验，提高教育实践水平。教师的专业发展离不开课堂教学实践。教师专业知识的增长，教育教学能力的提高，乃至教育智慧的生成，都是教学实践的结晶。所谓"熟能生巧"，说的就是这个道理。但是，这并不是说教师专业发展是通过机械重复的实践而实现。人类的任何活动都是有意识的、自觉的社会实践活动。教师专业发展也是如此。没有教师对所处教学困境的苦思冥想及艰难求索，很难想象会在突然之间生出一种教育智慧来。教师教育实践中的许多"神来之笔"也与教育实践之外的殚精竭虑，始终如一的反复琢磨、思考有着不可分割的联系。作为教师教育实践链条上的教学反思，专业日记写作就像动物通过反刍实现咀嚼、消化一样，需要对自己的或他人的教学经验进行分析、批判，去粗取精，去伪存真，不断丰富和补充教育实践知识。这种反思活动伴随着教师教育实践之始终，教师的教学经验亦由此得到不断扩展和提升。

第四，寻求对话与共同发展。任何一名教师的专业发展都离不开学术共同体。作为人群中的一员，教师当然不可能离群索居，否则，他不但会失去与别人对话和交流的权利和机会，也会变得孤陋寡闻。专业日记作为个人写作的一个文本，具有隐私性，但当它被公诸于世或与同事交流时，就变成了一个讨论交流的公共性文本。从某种意义上可以说，它不但为教师自我反思提供了文本，也为同事之间就专业内容对话和共同发展提供了重要资源。"它能让具有同一专业背景、任同一门课教学的老师进行对话，也能让任不同课程教学但在调查中经常有联系的老师交流思想。"作为一个社会的人，每一名教师在潜意识中都渴求着与别人对话和合作。只是许多时候，教师并不是很清楚自己在做什么，想说什么。实际上，当他把一些"不知所云"的东西写出来、说出来的时候，他会发现，那些同事面临着与自己一样的危机和困境。"当我们聆听他们讲述相同的经历时，就可以检查、重构和扩展我们自己的实践理论。"①总之，在专业日记写作中，教师既实现了了解自我、塑造自我的目的，又达到了与同事交流与分享各自经验的价值。也就是说，在一个更为广泛的范围内，专业日记具有实现教师之间渴望合作与共同发展的功能。

（三）叙事型与评述型：教师专业日记的两大类型

英国学者克里斯汀·奥汉隆认为，教师专业日记写作有四种类型：（1）报道性写作。真实地记录观察所得，描述专业方面发生的事件或存在的事实。（2）解释性写作。报道事实，也包含作者个人对事件的解释或理解。（3）审思性写作。在描述、解释事件之余，作者还在文章中加入自己的猜测、推理与自我评价。（4）完整性写作。它是以上三种类型的综合，是从个人及专业发展角度完整地表达教师对事件的看法。作者在文本中要真实地探讨事件的各个方面，包括与作者不同的观点与看法，从而将个人价值观与教师的专业实践结

---

① 欧用生：《教师课程理论的觉醒》，载《当代教师发展》2003年第1期。

合起来。①在克里斯汀·奥汉隆看来，上述四种专业日记写作中，只有审思性和完整性写作才具有反思性。用他的话说，在这两种专业日记的写作中，作者可以实现自我真诚对话，形成辩证知识及观点，批判其在教育实践中所持有的信仰和价值取向。

克里斯汀·奥汉隆对专业日记类型的划分比较细致，理论上的界定也不可谓不清晰，但在实际操作中，又很难区别解释性、审思性及完整性写作三者之间的不同。笔者认为，把专业日记大致分为两种即可：一种是叙事型，即客观地记录教学实践活动中的有关经历与事件；另一种是评述型，是在叙事的基础上，对事件、经历进行诠释、批判与反思，以寻找更加完善的教学思路和方案。

布鲁纳将人类的认知方式分为科学的（逻辑的）和故事的（客观的）两种，二者都是人类理性的认知方式，都有其合法性。故事的认识论由下而上、旨在寻找故事中隐含的理论，用故事来叙述人的行动，协助解释人类存在的完全性，探讨个人的特殊性。"与逻辑—科学的语言不同，叙说内蕴了多种潜力、可能性、不确定性、矛盾和沉默，创造多种有潜力的、而且矛盾的意义，创造重新思考和抗拒旧的解释的空间。"②科学的认识论是由上而下的，先设立假设，搜集资料，再加以验证。从布鲁纳的阐述中不难看出，叙事型专业日记是运用故事认知方式反思教师的教育实践活动；而评述型专业日记则在叙事的基础上，运用科学的认知方式认识和反省教育实践活动，二者都具有反思性。

作为教学实践活动的反思及记录，专业日记写作自有充分的自由，但比较而言，二者又有各自不同的规范。叙事型专业日记最重要的特点是选择可以记录和反思的教学实践故事。它是通过教师本人叙

---

① ［英］克里斯汀·奥汉隆：《高等教育中的专业日志及其种类与个人发展》，见［美］霍林斯沃斯主编《国际视野中的行动研究——不同的教育变革实例》，黄宇译，中国轻工业出版社2002年版，第200、201页。

② 欧用生：《教师课程理论的觉醒》，载《当代教师发展》2003年第1期。

述自己经历的专业生活，促进人们对于教育及其意义的理解，反思寓于故事之中。而评述型专业日记则将反思重点转向了事件和经历的批评与分析上，直接将反思的结果形诸文字。

叙事型专业日记重在养成教育研究的敏感性，因而，所叙述的故事并不一定都是精彩的。或者说，叙事的精彩之处主要是看故事里是否隐含着教学活动中新的"有意义"的问题，以及以何种方式追问这些问题。这是叙事的重心所在。叙事，"以叙事的方式反思并改变着自己的生活"。教师在叙述自己的故事时，也在创造、反省和体验着，并使其个人发展和专业发展进行对话，在探讨教育的多种可能性中引导自己成长，在重写和塑造中不断扩展自己。亲历性、真实性是叙事型专业日记的基本品格。叙事型专业日记反映了教师在专业发展过程中个人参与的重要性，因而有着独特的表达风格。它既可以是散文、随笔，也可以是诗歌和对话。有时，当教师感到无法用语言文字表达其经验及体会时，甚至可以借助线条、绘画、曲调等特殊的书写符号和工具。在毕加索的专业日记里，唯一的文字是洗衣单；荣格用曼陀罗填满自己的日记；爱因斯坦的日记里则写满计算抽象的方程式。这些特殊的符号反映自己在专业生活中的独特经历、体验及故事，往往比文字叙述给人的感觉更加深刻。从这些深刻的经历中，我们可以获得教学的洞察力和意义，从而对教师的专业成长产生更加深远和持久的影响。[①]

在评述型专业日记中，叙事只是评论的基础，因而叙事服从评论的需要。它不一定完整，也不一定连贯，关键是看它能否为教学反思提供批评的材料。评论是此类专业日记的主体。它与叙事类专业日记的反思方式不同，主要是通过逻辑性的抽象、分析与概括方式实现反

---

① ［英］克里斯汀·奥汉隆：《高等教育中的专业日志及其种类与个人发展》，见［美］霍林斯沃斯主编《国际视野中的行动研究——不同的教育变革实例》，黄宇译，中国轻工业出版社2002年版，第199页。

思。在这里，作为反思者的教师既是知情人，又是旁观者。作为知情人，他能够对自己的行为做出解释并且作出证明[1]，同时，他又可以站在自己之外，"从扭曲的推理和行动方式中解放出来，可以更清楚地了解自己的行为和自己本身"。评述型专业日记在揭示未说出的假定中，反思教学经验和教育理论之间的矛盾，在批判与反思中提升教学经验的质量。在批判反思中，教师所追问的可能是教育实践诸多层面的问题，既有教学技术层面的，更有社会和道德层面的。实际上，这个过程是对自己教育实践进一步地观察、监控及评估过程。

（四）专业日记：教学实践反思的重要媒介

教师的专业发展有多种类型，埃劳特将其概括为四种，即"补短"取向、成长取向、变革取向和解决问题取向。[2]不管是哪一种专业成长取向，都离不开对教育实践的反思（只是有许多教师不习惯把它用文字的形式表达出来而已），从某种意义上又可以说，都离不开专业日记的写作。

教师的教育经验主要是在教育实践中获得并在教育实践中不断提升，这一特点决定了教师专业日记的写作具有以下一些特点：

作为教育实践的反思及结果，专业日记的写作需要理论的参与和滋养。教师的专业成长取决于教育实践，但是，这并不意味着，理论学习在教育实践及教学反思中不起作用，更不能由此得出在专业日记写作中"去理论化"的结论。首先，教育实践，尤其是作为其结晶的实践智慧本来就是理论、经验以及教育理想等多种因素融合的产物。在教育实践中，如果没有养成从教育事实与现象中运用理论发现问题

---

① ［美］斯蒂芬·D.布鲁克菲尔德：《批判反思型教师ABC》，张伟译，中国轻工业出版社2002年版，第264页。

② Eraut, M.（1986），In service teacher education. In Michael J. Dunkin（ed）. *The International Encyclopedia of Teaching and Teacher Education*，pp 730-743 Oxford：Pergamon Press.

的习惯和能力，很可能为假象和经验所迷惑，陷入狭隘的经验泥潭不能自拔。况且，经验一旦形成以后，如果不进行反思、批判，经验将成为抽象的条条框框，制约和束缚着教师的专业发展，只有以批判、反省的态度辨析教学经验的独特性，以及随着社会发展，追问其经验的合法性与合理性，才能使教学经验保持着积极开放的结构，不断吐故纳新。其次，理论缺位的教育实践是盲目的，没有理论参与的教学反思和专业日记写作是无法使教师从教育实践中解放出来，其反思只能在低水平的技术层面徘徊，从而给教师的生活带来不安全感。基于此，在专业日记写作中，教师应该积极地从"教育学基础"方面吸取专业理论的素养，以获得广博而扎实的诠释性观点、规范性观点和批判性观点，使教学反思及专业日记的写作深入教育实践的各个层面和各种取向，通过批判性的反思来建构自己的价值观。[①]

教学反思是从多种角度对教学实践活动进行拷问与审查。在反思过程中，某一次认识可能使反思达到巅峰，从教育实践获得深刻的洞见，专业日记也可能由此获得比较充实的内容，但是，就教师专业发展整体而论，反思是一个持续不断的过程，永远没有终结。"反思过程的本质体现在我们总是处在发展的过程之中。我们从不敢奢求把自己看作完成的批判性结果，这种结果意味着我们达到了反思发展过程的顶峰。我们把自己的观念和实践看作需要被不断审查的对象。"[②]实际上，即使是一篇简短课文的教学，也不能指望通过一次反思完成，真正对其意蕴的洞悉和领悟需要教师反复不断地思索及揣摩，毕竟在某一特定时期对教学实践的认识有其局限性。从这个意义上说，在专业日记写作中，寄希望于一二次"偶然之作"，就能对教育实践及专业发展产生立竿见影的效果，是不太现实的。专业日记写作需要持之以

---

① 于泽元：《教育专业发展视野中的高师课程改革》，载《高等教育研究》2004年第3期。

② ［美］斯蒂芬·D. 布鲁克菲尔德：《批判反思型教师ABC》，张伟译，中国轻工业出版社2002年版，第264页。

恒、坚持不懈的努力。实际上，专业日记作为一种教学反思是教师专业发展链条上不可或缺的构件，它与教育实践的关系如影随形，构成了一个不可分割的辩证整体，只要教育实践存在，专业日记的写作就不会停止。

教学反思的价值在于诉诸教育实践，对教育实践进行改造和提高，所谓"和改变世界联系起来"。教学反思不仅需要将结果反馈于教学实践，对教育实践产生作用，而且，也需要通过教育实践来检验，为进一步反思提供条件和准备。专业日记要真正实现它的价值也必须回到教育实践中，为教育实践提供张本，否则，就失去了其真正意义和价值。教学反思的复杂性和长期性告诉人们，某些"偶一为之"或短期的专业日记的写作可能给教学实践带来更多的迷茫、犹豫和"教育口吃"，因为它对个人过去的实践方式提出了否定，又尚未建构新的行动模式。因而，只有坚持不懈进行教学反思，坚持不懈撰写专业日记，才能引导教师走出自我封闭的教育实践藩篱，步入专业发展的个性天空。

后 记

　　就像阿伦特在《过去与未来之间》一书前言里说的，一本随笔或论文集显然也可以包括更多或更少的篇目而不改变其性质："这种统一性——对我来说就是以书的形式出版它们的理由——不是一种整体的统一性，而是一系列的运动，就像按照相同或相关联的基调写的一套音乐组曲一样。它的序列是由内容决定的。"近30年来，我对语文教育现代性问题的探索乐此不疲，个中原因在于，在中国教育现代性中，语文教育的现代性发生不仅勇立潮头，而且卷入的程度之深，涉及的问题之复杂，触及了文化的深层，它所呈现的历史画面瑰丽而神奇，因而一直吸引我不断努力向前追寻。

　　我对语文教育现代性的探寻大致从观念、知识、课程、实践、国际和学科等不同维度展开。这就是这本书的由来以及内容的大致构成。第一章，从思想和观念层面探讨了语文教育现代性的发生及其变迁，其中包括对20世纪语文教育的一些关键性事件展开的考察与分析；第二章，从知识论角度探讨现代语文教学知识的生成与建构；第三章，从课程理论角度探讨了改革开放以来语文课程的改革与发展问题；第四章，剖析了20世纪后期语文教育实践展开的路径与语文教学经验的创造；第五章，从国际维度描述了世界范围内语文教育现代性展现的新的理论学说、思想肖像及新的面貌。第六章，从学科角度阐述了"作为方法的语文教学"与其知识生产及身份认同的建构。

　　坦率地说，我对这样的划分并不十分满意，但正如阿伦特所说，它的序列是由内容决定的。本书的划分反映了我对语文教育现代性的探索历程和所展开的多个侧面。需要说明的是，其中有几节内容是我与博士、硕士研究生李品、卢珠凤、庄慧琳、郑园园、樊亚琪、祁小荣、王荣辰、水鑫怡、董书婷等合作完成，收入它们，是为了记载我与年轻的学人在探索语文教育现代性过程中所经历的过程及所伴随的惊奇。"却顾所来径，苍苍横翠微。"方雷、谷亚同学在本书编辑过程中付出了辛勤的汗水。

本书收入"名家论语文丛书"，要十分感谢丛书主编曹明海教授和山东教育出版社的领导和编辑朋友们。他们对语文教育研究一向情有独钟，一向给予支持，这使我感佩不已，在此表示由衷谢意。

刘正伟

2020年7月